Elisabeth Castonier

# Dreimal Liebe

Erzählungen

W0370175

Fischer Taschenbuch Verlag

Fischer Taschenbuch Verlag
Januar 1977
Ungekürzte Ausgabe
Umschlagentwurf: Christoph Laeis
Fischer Taschenbuch Verlag GmbH, Frankfurt am Main
Lizenzausgabe mit freundlicher Genehmigung der
F. A. Herbig Verlagsbuchhandlung, München
© Elisabeth Castonier
Gesamtherstellung: Hanseatische Druckanstalt GmbH, Hamburg
Printed in Germany
1792-680-ISBN-3-436-02395-7

*»Plaisir d'amour ne dure qu'un instant –*
*Douleur d'amour dure toute une vie.«*

Inhalt

# LINA

# 1

Der Dampfer hörte mit einem Mal auf zu dröhnen und pulsierte nur noch leise. Unkenntliche, dunkle Umrisse glitten hinter dichten Nebelschwaden vorüber. Nebel legte sich schwer wie ein feuchtes Laken um sie wie zu Hause im Winter, wenn weißgraue Schleier die Bergspitzen verhüllten. Aber jetzt war Frühsommer. Vor vierundzwanzig Stunden war sie aus Bayern abgereist, an einem heißen, gewittrigen Abend, der alles in blaugraues Licht tauchte – in der Ferne, in der Richtung ihres Heimatdorfes, war ein schmaler rotgoldener Sonnenstreifen zu sehen gewesen, wie der Goldstreifen auf dem Heiligenbild in der Kirche, der aus dichten grellblauen Wolken auf das Bild des Heiligen Antonius fiel. Jetzt stand sie hilflos, verängstigt, fröstelnd an Deck, eingezwängt zwischen fremden Menschen, die leise in der Bewegung des Schiffes mitschwankten, dicht neben der süß parfümierten Lucy, deren Bekanntschaft sie während der Überfahrt gemacht hatte. »Da ist England, die weißen Klippen von Dover, sehr berühmt, es gibt ein Lied über sie«, sagte eine Männerstimme auf deutsch.

Lina dachte bloß: so, das wäre jetzt England, aber sehen kann man nichts davon.

Sie hatte noch immer das beklemmende Gefühl, alles wäre ein Traum, aus dem sie vergeblich zu erwachen versuchte – ihre überstürzte Abreise, der Abschied von den Geschwistern und vom Schulfreund Sepp, das langsame Anrücken des Zuges, die Gestalten der Zurückbleibenden, die schließlich zu dunklen Punkten wurden, so winzig klein, daß man die winkenden Arme nicht mehr sehen konnte.

Warum hatte sie sich entschlossen, ins Ausland zu fahren, wo doch alle Verwandten, besonders die Marie-Tant, ihr geraten hatten, im Lande zu bleiben und sich nicht vom fremden Gold verführen zu lassen? Dabei handelte es sich nicht um Gold, sondern um englische Pfundnoten. Wie hatte die fremde Dame in dem Gasthaus, in dem sie aushilfsweise bediente, es fertiggebracht, ihr einzureden, daß sie in einem Jahr in England so viel mehr verdienen würde als zu Hause?

Ich fahre auf eine Insel, Meer ist ringsum, ich kenne keinen Menschen, kann nicht verstehen, was die Leute reden, nur Lucy verstehe ich, weil sie eine Deutsche ist.

Lucy hatte ihr während der Überfahrt berichtet, daß sie bereits zum zweitenmal von langem Urlaub zurückkehrte. (»Natürlich alles bezahlt, die Rückfahrkarte und volles Gehalt – aber das nächste Mal reise ich Erster Klasse, die Dritte ist nicht komfortabel und immer überfüllt.«) Lucy sprach fließend Englisch, wie sie immer wieder versicherte und auch bewies, indem sie vorübergehenden Matrosen Unverständliches laut lachend zurief, ohne Antwort zu erhalten. Sie war elegant gekleidet, trug weiße Handschuhe, ihre große neue Handtasche enthielt glitzernde Gegenstände und ein stark parfümiertes Taschentuch, mit dem sie sich hin und wieder zufächelte. (»Ich kann den Geruch hier unten nicht vertragen.«) Ihre Stellung mußte ungewöhnlich gut sein, denn sie hatte ein eigenes Wohnschlafzimmer bei ihrer Londoner Herrschaft, ein eigenes Badezimmer (»Ohne mein tägliches Bad kann ich nicht leben«), einen eigenen Fernsehapparat. Fernsehen war ihr unentbehrlich, denn man muß doch wissen, was auf der Welt vorgeht. »Ohne Wildwestfilme langweile ich mich.« Als Lina berichtete, daß sie als Mädchen für alles zu einer Farmerin ginge (»Sie ist eine Miß«), verzog Lucy überlegen-spöttisch den rotgeschminkten Mund: »Kennen wir, Darling, kennen wir. *Die* Dummheit machen am Anfang die meisten Mädchen. Nur bleiben sie nicht auf dem Land. Uralte Häuser, stinkende Kamine, die in einem fort ausgehen – natürlich kein Bad, keinen Klub, keine Unterhaltung, keinen Anschluß – während in London – da tut sich immer was.«
Sie erwähnte, daß sie mit einem Engländer ginge, der freundlich und anständig sei, sogar etwas *zu* anständig – und sie gab Lina einen Rippenstoß: »Na, du weißt schon, was ich meine.« Aber Lina vermochte ihre Meinung nicht zu äußern, weil ihr wieder schlecht wurde und sie hastig den kleinen, übelriechenden Raum »Ladies« aufsuchen mußte. Dort thronte eine alte Frau gleichmütig neben einem Tisch, auf dem eine Schale mit Geldstücken stand, eine dicke alte Frau in einem hoffnungsvoll grünen Überkleid mit grünem Kopftuch, die ohne aufzublicken an einem grauen Gebilde strickte. Sie schien weder Lina noch die zwei Nonnen zu sehen, die mit ihrer Übelkeit kämpften, ihre Rosenkränze zwischen verkrampften Fingern, als schützten die Holzperlen sie vor Seekrankheit. Da sie keine Kupfermünzen besaß, nur die fremden Geldscheine und etwas deutsches Geld, sagte sie bloß: »Vergelt's Gott« zu der Strickenden und zu den Nonnen, die hilflos über die Becken gebeugt standen: »Gelobt sei Jesus Christus.« Aber die beiden Nonnen waren unfähig in diesem Augenblick, irgend etwas zu loben, sie gaben nur laute, rauhe Töne von sich.

»Na, endlich sind wir da«, bemerkte Lucy, als sie wieder neben ihr stand.
Lina blickte sie an, sagte unvermittelt: »Die Kirche ist nur eine Viertelstunde vom Hof entfernt, hat die Miß schreiben lassen. Das wär schon recht, wenns nicht zu weit ist. Man möcht doch nah bei der Kirche sein, wenn man schon so weit fort von daheim ist.«
Lucy nahm den Lippenstift aus der Handtasche, zog sorgfältig ihre Lippen nach, lachte:
»So, eine Kirchenmaus bist du. Wie altmodisch. Was mich betrifft, ich halte mich lieber an was anderes. Na, du weißt schon, was ich meine.«
»Ich glaub schon an den Herrgott, wir sind halt so erzogen.«
Lucy überhörte ihre leisen Worte, denn die Menschen um sie begannen sich vorwärts zu schieben.
»Hast du auch alles gut versteckt, die Zollmöpse machen Stichproben. Das letzte Mal haben sie mir eine Flasche ›Nuits de Paris‹ geschnappt, die ich unterwegs zollfrei gekauft hatte.«
»Ich hab nur mein Arbeitsgewand dabei und Wäsche und meine Hausschuhe, alles altes Zeug.«
Lucy zwängte sich vor sie, sagte über die Schulter hinweg: »Na, mach's gut, laß dir nichts gefallen, kündige gleich, wenn dir was nicht paßt. Stellungen gibt's wie Sand am Meer – ich hab elfmal in zwei Jahren gewechselt und mich jedesmal verbessert.«
»Ich bleib gern, wo ich bin, wenns ein gutes Platzerl ist.«
Sie wollte Lucy bitten, ihr behilflich zu sein, den Zug nach London zu finden, oder sich vielleicht bis London anschließen zu dürfen, aber Lucy war mit einemmal verschwunden. Jemand stieß sie in den Rücken, jemand zwängte sich an ihr vorbei, Lucys kleines, rotes, schiefsitzendes Hütchen mit dem Halbschleier tauchte in der Ferne auf und war dann nicht mehr zu sehen.
Das Schiff schwankte leise wie das Floß, auf dem sie mit dem Fischerseppl als Kinder auf dem Dorfteich »Wir fahren ins Amerika« gespielt hatte. Und jetzt fuhr sie auf einem Dampfer nach England, Reisende strömten die Gangway hinunter, Nebelschwaden huschten wie Rauchwolken vorüber. »Bleib daheim, steig aus, bleib bei uns, gehörst daher«, hatte der Fischerseppl gesagt, als sie schon im Zug war, während die Schwester vor sich hinweinte und die Marie-Tant, auf ihren Krückstock gestützt, wiederholte: »Fährst ins Unglück, Mädel, zu fremden Leuten, ich weiß, es geht schlecht aus. Ich hab vom Unglück für dich geträumt.«
Ein Matrose stieß sie an, rief Unverständliches, ein Gepäckträger tauchte auf, warf einen Blick auf ihren kleinen Handkoffer, packte

dann die schweren schweinsledernen Riesentaschen eines Herrn, der sie an die Reling drückte. Ihr schwarzer Strohhut mit dem Samtband und dem kleinen verblaßten Rosenstrauß rutschte in die Stirn, sie hatte keine Hand frei, ihn zurechtzurücken, wurde unaufhaltsam vorwärts gedrängt.

Sie fror in ihrem dünnen Kostüm, zugleich strömte Schweiß über ihr Gesicht. Sie hastete die Gangway hinunter, an deren Ende ein Mann stand, der etwas zu ihr sagte.

»Bittschön, was möchtens, Sir?« Sie wußte, daß man Herren mit Sir und Damen mit Miß anreden mußte.

Er wiederholte: »Ticket – Karte.«

»Das Billett wollens.« Sie setzte den Koffer ab, suchte in ihrer Handtasche, hinter ihr stauten sich die Menschen, eine Männerstimme sagte ärgerlich auf deutsch: »Was ist denn da schon wieder los – los, Frollein, Sie sind nicht die einzige.« Jemand lachte. Sie erschrak, ließ die Fahrkarte fallen, die sie die ganze Zeit in der Hand gehalten hatte, hob sie hastig auf, gab sie dem Beamten, der sie mit einer Handbewegung der großen Halle zuscheuchte, in die sich die anderen Reisenden langsam, eine endlose Raupe, hineinschoben. Fremde Stimmen riefen Unverständliches, ein Lautsprecher gurgelte dumpf, es roch nach Teer, Fischen, Wasser – es roch fremd, sie begann zu zittern, hastete der Menschenraupe zu. Die halbmondförmigen Metallspitzen und Absatzschoner, die der Schwager ihr angenagelt hatte, schlugen wie Pferdehufe auf den Steinboden. »Wer weiß, wann du dir wieder ein Paar Schuhe dort drüben in deinem England kaufen kannst«, hatte die Marie-Tant seufzend gesagt. Und auf ihre Entgegnung, die Dame hätte ihr versichert, daß sie sich von einem Wochenlohn ein Kleid und Schuhe kaufen könnte, hatte Marie-Tant bloß erklärt, diese Zugereiste sei genauso ein Gauner wie die Viehhändler, voller Lug und Trug, Leute, die alles versprächen und nichts hielten.

Aber die Fremde hatte ihr dann noch Einzelheiten geschrieben – über den verlockend hohen Lohn, die gute Stelle – und hinzugefügt: »Nur keine Angst. Sie steigen in Bayern in den Zug und steigen in London aus. Ihre Miß steht auf dem Bahnhof, holt Sie ab. Es ist genauso einfach wie eine Trambahnfahrt.«

Die Menschenraupe hinter ihr wuchs, schob sie langsam dem Eingang zu. Lautsprecher, Stimmen, Lärm verschmolzen zu einem einzigen mächtigen Dröhnen, aus dem, leise, eindringlich, die Stimme des Fischerseppl flüsterte: »Bleib da, steig aus, bleib bei uns, gehörst doch her.«

Sie konnte aber nicht mehr aussteigen, konnte nicht zurück,

ringsum war Meer. Sie konnte nicht einmal nach dem Zug fragen. Zwar hatte sie aus dem kleinen Buch »Deutsch-Englisch« *einen* Satz gelernt: »Von welchem Bahnsteig geht der Zug nach London?« Aber die englischen Worte fielen ihr jetzt nicht ein, und das Buch lag zuunterst im Handkoffer.

Damals, vor über dreißig Jahren, als Fünfzehnjährige, hatte sie auf dem Münchner Hauptbahnhof gestanden und nicht gewußt, was sie tun sollte – hatte gestanden und gestanden und gewartet und sich nicht zu rühren gewagt, bis ein Beamter sie fragte, wohin sie wollte, und sie ihm erklärte, daß sie nicht wüßte, wie sie die Leopoldstraße und die Familie Hottenreuter erreichen könnte, bei der sie ihren ersten Dienst antreten sollte. Hier war niemand, der sie fragte oder den sie zu fragen wagte. Die tausendfüßige Menschenraupe zwängte sich jetzt durch eine schmale Tür in eine Gasse, die von zwei Holzschranken gebildet war und in den größeren Teil der Riesenhalle führte.

Ein junger Polizist jenseits der Schranke lächelte ihr zu, als sie sich bückte, um ihren Strumpf heraufzuziehen. Sie erschrank, starrte ihn verwirrt an. Sie kannte keine freundlichen Gendarmen. Zu Hause wollte niemand mit der Polizei zu tun haben, seitdem ihr Vater vom Dorfgendarm und dem Bäcker, der zur Gestapo gehörte, auf dem Erntefeld verhaftet worden war, weil er am Stammtisch erklärt hatte, Hitler sollte endlich Frieden schließen, damit die Bauern wieder ungestört ihre Felder bebauen könnten, statt in Rußland zu krepieren; der Krieg sei sowieso verloren. Der Vater hatte recht gehabt, der Krieg war verloren, der Vater kam ins Konzentrationslager Dachau, wurde erst von den Amerikanern befreit, kehrte heim, verhungert, schwer krank und starb bald darauf an Entkräftung.

Der Polizist jenseits der Schranke bedeutete ihr jetzt mit einer Handbewegung, weiterzugehen. Sie erschrak, drängte vorwärts, eine vor ihr stehende Frau wandte sich um, sagte etwas Ärgerliches, das sie nicht verstand.

Die Schrankengasse mündete in einen hohen, hellen Raum mit Glasdach. Sieben Herren saßen da auf sieben hohen Stühlen hinter sieben hohen Schreibpulten, schmale, blasse, einander seltsam ähnliche Männer, die ernsthaft mit unbeweglichen Gesichtern jeden Reisepaß durchblätterten und ihn dann einem neben ihnen stehenden Mann reichten, der etwas in ein Buch eintrug.

Sie dachte an Bruder Karl und den Fischerseppl, die sie an die Bahn gebracht hatten, breitschultrige, stämmige Männer, sonnverbrannt und gesund mit starken Beinen, starken, nackten Knien über

weißgrünen Strümpfen. Diese sieben Männer sahen müde und kraftlos aus. Die haben bestimmt keine Waden wie unsere Mannsbilder zu Haus, dachte sie.
»Na los, Fräulein, immer knapp hinterm Vordermann bleiben, sonst verpassen wir den Zug nach London, die warten nicht«, sagte eine Männerstimme hinter ihr. »Immer feste nachrücken, darauf kommt's im Leben an, was?«
Sie wandte sich um, ein korpulenter Herr lächelte sie an, die Zigarre im Mundwinkel.
»Erste Englandreise, was?« fragte er.
»Ja, bitte – ich kenn mich nicht recht aus.«
»Es wird Ihnen nicht schlecht gefallen – sind soweit ganz nette Leute, diese Engländer, sehr höflich, nur fehlt's eben hier.« Er legte die dicke, breite Hand mit dem Diamantring auf seine Weste. »Hier, wo unsereiner das Herz hat, tragen die eine Teekanne – na, Sie werden ja sehn.«
Sie hätte gern etwas geantwortet, gefragt, wo der Zug nach London stünde, aber im Augenblick fand sie keine Worte. Die Dame vor ihr sprach erregt auf den unbeweglichen Beamten hinter dem Pult ein, der nicht zu hören schien, sondern sie bloß mit einer Handbewegung weitertrieb. Ein Herr im dunklen Anzug erschien, begleitete sie durch eine schmale Tür, während sie heftig gestikulierend protestierte.
»Da haben sie wieder einmal eine erwischt, sind jetzt etwas genauer, seitdem sie die Uhrenschmugglerin ertappt haben«, sagte der ältere Herr geruhsam. Und da sie zögerte weiterzugehen, fügte er hinzu: »Na, los, Fräulein, Sie sind an der Reihe, hoffentlich kommen Sie gut durch das Sieb.«
Sie ging auf das nächste Pult zu, hielt Paß und Arbeitspermit empor. Der Beamte durchblätterte alles, sagte »Thank you«, wies sie an den neben ihm Stehenden, der etwas in sein Buch eintrug und eine Handbewegung zur Tür hin machte, die in eine andere Halle führte. »Bitt schön, dank schön«, stammelte sie. Sie hätte gern geweint, sich hingesetzt, wäre noch lieber zurückgelaufen zu dem Schiff, das sie gebracht hatte, aber sie ging weiter wie die anderen Leute. Als sie vor dem Zollbeamten stand, riß ihr Strumpfband, der braune Baumwollstrumpf fiel über ihre Knöckel, sie beugte sich hastig nieder, rollte ihn um den Knöchel, öffnete ihren Handkoffer. Zuoberst lag das gute blaue Kleid mit den kleinen roten Sternen, einige Schürzen, die neuen Taschentücher, die ihr die Marie-Tant mitgegeben hatte. (»Weil du in der Fremde viel weinen wirst.«)
Der Beamte hielt ihr eine Liste in deutscher Sprache hin, fragte in

gebrochenem Deutsch, ob sie etwas zu verzollen hätte – Uhren, Schmuck, Parfüm.

»Nur mein Gewand und was man sonst zur Arbeit braucht, Sir.« Und hastig fügte sie hinzu: »Und etwas Brot und Wurst, Sir.«

Ein flüchtiger Blick aus blaßblauen Augen traf sie, er malte ein Kreidekreuz auf den Koffer, wandte sich ab. Die Halle dröhnte und schwirrte von Stimmen, dem unaufhörlich gurgelnden, unverständlichen Lautsprecher, dem Surren kleiner Gepäckwagen, die zwischen den Reisenden hin und her rollten. Sie glaubte aus dem Lautsprecher »London« zu hören, blickte sich um, aber niemand schien zu sehen, alle hasteten an ihr vorüber und verschwanden durch Türen. Sie stand eine Weile unschlüssig, ging in den Paßraum zurück, in dem die sieben ernsten Männer eben eine neue Menschenschlange gelassen-gleichmütig abfertigten. Wo war Lucy, wo war der deutsche Mann, der mit ihr gesprochen hatte? Ein Beamter neben dem Eingang sah sie fragend an. Sie blieb vor ihm stehen, sagte leise: »Wo ist der Zug nach London, Sir?« Sie fragte auf deutsch, denn der englische Satz war aus ihrem Gedächtnis gelöscht. Der Mann wies auf das Plakat neben einer der Ausgangstüren am Ende der Halle. In großen Buchstaben stand da London und noch etwas – was war dieses Etwas?

Sie eilte der Tür zu, sah einen langen Zug, sah Schilder mit »London« auf den Waggons. Der Bahnsteig war seltsam leer, der Zug vollbesetzt, hinter jedem Fenster saßen Menschen. Ein Beamter rief ihr etwas zu, öffnete die Waggontür, schob sie hastig in den Gang – im selben Augenblick setzte sich der Zug auch schon in Bewegung.

In einem Abteil war eine schmale Lücke, sie blieb in der Tür stehen, zögerte. Ein Herr blickte auf, nickte ihr zu, rückte zur Seite, sie setzte sich, sagte »Thank you, Sir«, und war froh, daß sie sich dieser Worte entsann.

Sie hätte gern den Strumpf von ihrem nackten, feuchtkalten Bein heraufgezogen, wagte aber nicht, sich zu rühren, sondern setzte sich nur zurecht und schob das bestrumpfte Bein vor das andere. Der Zug dröhnte jetzt rasch durch dichten, grauweißen Nebel, von dem Fetzen zum Fenster hereinwehten. Im Rhythmus der klopfenden Räder hörte sie mit einemmal wieder die warnende Stimme der Marie-Tant: »Bleib zu Haus, geh lieber stempeln, warts halt ab, bist halt nicht mehr jung, die Leut wollen jetzt nur die Jungen. Dort drüben auf England passiert dir was, ich hab schon dreimal vom großen Wagen geträumt und im Traumbuch nachgeschaut, da hat es geheißen: nicht ins Unglück fahren. Du fährst ins Unglück,

Lina.« Sie hörte die leise, eindringliche, zittrige Stimme, als wiederholte sie dicht neben ihr immer wieder langsam: »Du – fährst – ins Unglück – ins Unglück.« Aber sie hatte zu lange für wenig Geld bei Bauern und in der Stadt gedient, jetzt wollte sie endlich etwas für die Zeit ersparen, wenn niemand mehr einen alten Dienstboten haben wollte, wenn sie bei der Schwester in der Austragskammer leben mußte, aus der die Marie-Tant dann wohl herausgetragen worden war.

Sechs Pfund Wochenlohn waren etwa sechzig Mark. Sie könnte sich mindestens zweitausend Mark in einem Jahr ersparen, könnte der Schwester etwas Geld zu Weihnachten schicken und sich endlich einmal gute Kleider und neue Schuhe kaufen.

Sie hatte Glück, daß sie noch nicht fünfundvierzig Jahre alt war, sondern vierundvierzig und acht Monate, denn Fünfundvierzigjährige bekamen kein Arbeitspermit.

Der Herrgott würde helfen, nur schien der Herrgott in diesem Augenblick weit entfernt. Sie tastete nach dem Rosenkranz und der kleinen Heiligenmedaille in ihrem Handtäschchen: Muttergottes, steh mir bei, heiliger Christopher, steh mir bei.

Die Oberkörper der Mitreisenden waren hinter ihren großen Zeitungen verborgen. Sie sah nur auffallend blanke, schöne Schuhe, Damenbeine in dünnen Strümpfen. Es roch nach fremdem, süßem Tabak, auch der Nebel hatte einen feinen, scharfen Geruch. Alles ist fremd, dachte sie bestürzt.

Sie hätte den neben ihr sitzenden Herrn gern gefragt, wie lange die Fahrt nach London dauere – im Buch standen diese Fragen, aber es lag im Handkoffer, im Gepäcknetz über ihr. Im Rhythmus des Zuges flüsterte jetzt nicht mehr die Stimme der Marie-Tant, sondern dumpf eine fremde Stimme: Eng-land – Eng-land – Eng-land.

In einem Jahr zweitausend Mark ersparen war schon etwas – und wenn der Platz gut war, könnte sie vielleicht länger bleiben. Sie dachte mit einemmal erregt: Zwanzigtausend Mark könnt ich in zehn Jahren ersparen. Die Leute zu Hause würden sie mit Respekt ansehen, wenn sie reich und elegant wie Lucy wiederkehrte. Zuerst mußte sie rasch Englisch lernen – »in zehn Stunden« versprach das Buch. Lucy hatte ihr geraten, hochdeutsch zu sprechen: »Dein komisches Bayrisch versteht doch kein Mensch, Darling, macht nur einen schlechten Eindruck.« Das würde ihr schwerfallen – sie mußte es halt versuchen.

Ein Mann in weißer Jacke erschien, fragte sie etwas. Sie hielt ihre Fahrkarte hin, er wies sie zurück, wiederholte seine Frage. »Ich

versteh nicht, Sir.«
Der Herr neben ihr sagte etwas zu ihr, lächelte. Die anderen Reisenden legten ihre Zeitungen fort, sprachen mit der Weißjacke. Der nickte, sie verstand, daß er »thank you« sagte, ehe er verschwand. Bisserl versteh ich doch, dachte sie.
Nach einiger Zeit kam die Weißjacke wieder mit einem Tablett voller Tassen und kleiner Kuchenstücke.
Der Herr neben ihr gab ihr eine Tasse, einen Teller mit Kuchen. Sie nahm ihre Handtasche, zog einen Geldschein heraus. Er wies ihn zurück, nickte, lächelte. Sie sagte: »Thank you, Sir.« Sie hätte lieber Kaffee getrunken, aber auch dies warme Getränk tat ihr gut. Nur der Kuchen schmeckte nicht, er war gelb, krümelig und schien alt zu sein. Alles war fremd, die Luft, die Menschen, sogar der Kuchen. Vorgestern hatte sie noch zum Abschied einen Napfkuchen gegessen, zu Haus, im Herrgottswinkel, unter der Fotografie von Ludwig II. Jetzt war sie auf einer Insel – und Meer ringsum, für ein ganzes Jahr.
Die Mitreisenden hatten sich wieder hinter den großen Zeitungen verborgen, die Weißjacke kam, räumte Tassen und Teller fort.
Sie stand auf, ging in die Toilette, nahm den Hut ab, kämmte ihr Haar, steckte den Knoten fester, zog den Strumpf hoch, befestigte ihn mit ihrem Hemdband unter dem Knie.
Aus dem Spiegel starrte ihr ein ängstliches, seltsam fremdes Gesicht entgegen, müde, sonnverbrannt von der Heuarbeit der letzten Wochen, mit einem schmalen weißen Streifen unterhalb vom Haaransatz, wo sie das Kopftuch vor der Sonne geschützt hatte. Kurze breite Nase, blaue Augen, ein blasser Mund mit nicht allzu guten Zähnen, der hintere Backenzahn gehörte längst heraus, aber der Mann, der hin und wieder aus der Stadt kam und sich Dentist nannte, war das letztemal so brutal gewesen, daß sie nicht den Mut fand, wieder zu ihm zu gehen. Die Haut um die Augen war wie ein feines Spinnwebnetz, drei tiefe Furchen kreuzten die Stirn, zwei Furchen umklammerten den Mund. Gar nicht mehr jung und gar nicht schön. Schon etwas wie ein altes Weib. Die Leute hatten immer gesagt, wenn die Lina bloß so schön wär wie ihr Haar, wär sie eine Schönheit, das arme Mädel. Aber dies vielbewunderte goldene Haar hatte ihr kein Glück gebracht, dies Haar, von dem der Fischerseppl einmal gesagt hatte, es sei goldfarben wie ein reifes Kornfeld vor dem Schnitt! »Nur darfst dus nicht schneiden.« Unsicher schwankend tastete sie sich wieder zu ihrem Abteil. Der Schaffner erschien, nahm ihre Fahrkarte, steckte sie ein. Sie erschrak. Aber auch die anderen Reisenden erhielten ihre Karten nicht zurück.

Der Herr neben ihr faltete die Zeitung zusammen, steckte sie ein, stand auf, nahm sein Gepäck aus dem Netz.
»Kommt jetzt London, Sir?« fragte sie überlaut, damit er sie verstünde.
Er nickte: »Yes, London«, fügte noch etwas Unverständliches hinzu. Die anderen Reisenden zogen Mäntel an, stellten Gepäck auf ihre Sitze. Der Nebel hatte sich gelichtet, eine fahlgelbe Sonne hing aus grauem, hin und wieder aufreißendem Gewölk. Rote, einförmige Backsteinhäuser zogen vorüber, kleine Gärten, Wäsche flatterte leise im Wind, eine Frau stand in der Tür, winkte. Der Zug verlangsamte sein Tempo, glitzernde Schienenbänder liefen nebeneinander, vereinten sich, trennten sich wieder. Ein langer Zug, in dem Menschen an weiß gedeckten Tischen mit rosa Lampen saßen, rollte eine Zeitlang neben ihnen her, blieb zurück. Dann fuhren sie in die Bahnhofshalle ein, und der Zug hielt. Noch ehe sie ihren Handkoffer aus dem Netz genommen hatte, waren ihre Reisegefährten verschwunden, sie stand auf dem Bahnsteig, während der Menschenstrom an ihr vorbeizog, blickte sich vergeblich nach Lucy, nach dem deutschsprechenden Herrn um, eine dumpfe Lautsprecherstimme gurgelte, von irgendwoher ertönte Musik. Die Menschen verliefen sich, verschwanden in Taxis, die an den Bahnsteig heranfuhren.
Sie begann zu zittern. Wenn die Miß nicht käme? Wenn es die Miß überhaupt nicht gäbe? Die Marie-Tant hatte im letzten Augenblick noch etwas von Mädchenhändlern gesagt.
Zwei andere Mädchen standen neben ihren Koffern einige Schritte von ihr entfernt. Sie wagte nicht, sich ihnen zu nähern, denn die Miß hatte ihr aufgetragen, stehen zu bleiben, bis sie abgeholt würde.
Jetzt wurden die beiden Mädchen abgeholt, das eine von einem älteren Herrn, das andere von einer Frau.
Sie stand allein auf Bahnsteig sieben, die Musik dröhnte, sie dachte an den Tag vor dreißig Jahren, als sie auf dem Münchner Hauptbahnhof nicht wußte, wie sie zu ihrer neuen Herrschaft kommen sollte. Damals war sie fünfzehn, jetzt bald fünfundvierzig – und fürchtete sich wie damals.
Die Uhrenzeiger waren schon fünzehn Minuten weiter gewandert, eine endlose Zeit, wenn man warten mußte. Sie hätte sich gern gesetzt, denn sie spürte noch immer das leise Schwanken des Schiffes, Übelkeit, vor allem aber Angst. Der Zug, mit dem sie gekommen war, glitt aus der Halle, bald darauf hielt ein anderer Zug neben ihr, Reisende stiegen aus, strömten wieder an ihr vorüber,

ohne sie zu beachten. Ihr Gesicht wurde mit einemmal feuchtkalt, sie spürte nicht, daß es ihre Tränen waren, hörte nicht den leise schluchzenden Laut aus der eigenen Kehle.
Wenn diese unbekannte Miß nicht käme, wenn die Marie-Tant mit ihrer Prophezeiung recht gehabt hätte, daß irgendein Betrug dahinter steckte. Der Zug glitt wieder aus der Halle hinaus – wenn sie in ihn eingestiegen wäre, hätte er sie vielleicht zurück zum Schiff gebracht, aber sie hatte kein Geld für die Rückreise.
Eine Stimme sagte: »Sind Sie Lina?«
Sie schrak zusammen, wandte ihr verweintes Gesicht der großen schlanken Frau zu, die sie anlächelte.
»Ja, bittschön, ich bins, Miß.«
»Ich habe mich verspätet – wie war die Reise?«
»Soweit gut, glaub ich, Miß.«
»Wir müssen auf einen anderen Bahnhof, kommen Sie.«
Sie ging neben der viel größeren Frau her, wagte nicht, sie anzusehen. Aber noch ehe sie den Ausgang erreichten, begann wieder die grelle Musik von vorhin – Trompeten, Trommeln und Gesang. Sie hatte die Melodie schon einmal gehört, bloß die Worte waren ihr unverständlich. Sie wandte sich um, blieb stehen, stellte den Koffer auf den Boden und lachte zum erstenmal seit vielen Tagen. Hier war etwas, das sie kannte:
Frauen in Schutenhüten, Männer in dunkelblauen Uniformen – die Heilsarmee!
»*Die* haben wir zu Hause auch, Miß.« Es gab also hier in England etwas wie daheim in Bayern. In München war sie an freien Sonntagnachmittagen oft stehengeblieben und hatte der Musik, den Bekenntnissen Bekehrter zugehört. Die Leute von der Heilsarmee wußten offenbar einen kürzeren Weg, so etwas wie einen Sonderweg zum ewigen Seelenheil, während der ihre beschwerlicher war. Der Pfarrherr zu Hause hatte einmal entrüstet von der Kanzel verkündet, daß die Heilsarmee nur eine Sekte sei, die Hokuspokus mit heiligen Dingen treibe und hier nichts zu suchen habe. Die Gläubigen sollten ihr fernbleiben. Trotzdem hatten sich die Dorfbewohner schweigend, ehrfürchtig um die Gruppe versammelt, als sie einmal am Sonntag aufspielte, sang und Ansprachen hielt. Da war vor allem ein Säufer, der bekannte, daß er keinen Tropfen Bier mehr anrührte, seitdem er Jesus gefunden habe. Der Fischerseppl hatte bemerkt, man solle doch den Moser-Hans aus dem Gasthof holen, wo er sich immer sinnlos betrank, vielleicht würden die »Blaulinge« ihn kurieren.
»Die Heilsarmee gibts auch hier, Miß«, wiederholte sie. »Ja, singt

sehr laut, kommen Sie, sonst fährt unser Zug ab«, sagte die Miß und zog sie mit sich zu einem Taxi.
Während der Fahrt wies die Miß auf große, graue Gebäude. Diese Kirche war so etwas wie die Peterskirche in Rom, nur für England. Das war der Königspalast, das war die Themse, sie hörte die Worte, sagte hin und wieder höflich *»so«*. Alles war fremd – wohin führte die mächtige Brücke, über die sie eben rollten? Sie war so viel größer als die Isarbrücke.
Der Zug stand bereits am Bahnsteig. Die Miß lehnte sich in ihre Ecke, schloß die Augen, schlief ein. Sie konnte sie jetzt in Ruhe betrachten: etwa fünfzig Jahre alt, sonnverbranntes Gesicht, der Mund ein wenig eingesunken, starke braune Hände, ein sehniger Hals – bisserl wie unsere Weiber zu Haus, dachte sie. Würde ihr bayerisches Kochen dieser fremden Frau schmecken? Unfreundlich schien sie nicht zu sein. Aber auch nicht freundlich. Sie hätte schon ein paar Worte sagen können, aber es fiel ihr wohl schwer, deutsch zu sprechen. Die Dame, die die Stelle vermittelte, hatte geschrieben: »Verständigung wird keine großen Schwierigkeiten bereiten, die Miß spricht etwas Deutsch.« Aber Lina wußte, daß sie trotzdem so rasch wie möglich Englisch lernen mußte.
Die einförmigen, roten Ziegelsteinhäuser zu beiden Seiten des Zuges, die schmalen Hintergärten wurden von tiefgrün leuchtenden Wiesen abgelöst. Eine Kuhherde graste friedlich, einige Tiere ruhten, ein großes Feld mit einer Schafherde huschte vorüber, dann wieder Kuhherden.
»So viel schönes Vieh«, sagte sie leise.
Der gegenübersitzende Herr ließ seine Zeitung sinken, blickte sie an, dann verschwand sein Gesicht.
Wenn das Vieh so gut aussah, konnte alles andere nicht so schlimm sein. Bloß eben, daß alles fremd war. Und daß sie auf einer Insel war mit Meer ringsum. Sie kam von dem Gedanken nicht los, daß es keine Grenzen gab, nur Meer, die Insel, Meer, so viel Wasser. »Paß auf, daß du nicht ersäufst«, hatte der Schwager gesagt. Jene Dame hatte ihr auch angeboten, sich an sie zu wenden, wenn sie etwas auf dem Herzen hätte, wobei sie ihre Londoner Adresse in Druckbuchstaben auf dem Umschlag vermerkte. Wo war dieser Brief? Sie suchte in ihrer Handtasche, konnte den Brief nicht finden, nur ihr großes, feuchtgeweintes Taschentuch mit dem eingestickten »L«, ihre Geldbörse mit den wenigen Markstücken und zwei Pfundnoten, mit denen sie nichts anzufangen wußte – und ihren Rosenkranz.
Sie nahm den Rosenkranz aus dem kleinen, abgegriffenen Leder-

beutel, auf dem kaum leserlich »Unter Deinen Schutz, Muttergottes« in Goldbuchstaben stand, betete in Gedanken den Englischen Gruß, die Augen unverwandt auf diese fremde Landschaft gerichtet, über der zartgraue, durchsichtige Abendschleier herabsanken.
»Heilige Muttergottes, steh mir bei, Amen«, sagte sie abschließend so laut, daß der gegenübersitzende Herr sie wieder über die Zeitung hinweg fragend anblickte. Sie hatte wohl die Miß mit ihrem Hilferuf aufgeweckt, denn sie gähnte ausführlich, murmelte schläfrig, ohne die Augen zu öffnen: »Wir kommen bald an, Lina, sehr bald.«
Nach einiger Zeit hielt der Zug neben einer Bretterbude, auf der verblaßt, kaum leserlich, der Stationsname stand. Eine morsche Bank lehnte auf drei Beinen am Zaun, Geranien leuchteten neben dem Ausgangsgatter. Der Bahnbeamte unterhielt sich mit der Miß, während sie dem abfahrenden Zug nachblickte. Heimfahren möcht ich, auf der Stelle, nichts als heimfahren, dachte sie.
Ein kleiner grauer Lieferwagen stand auf der Straße. Sie mußte sich auf einen Ballen zusammengerollter Säcke neben die Miß setzen, »der andere Sitz ist irgendwo verlorengegangen, der Wagen ist sehr alt, Lina.«
Der Motor wollte zuerst nicht anspringen, ruckte an, stand still, gab harte, metallene Laute von sich. Aber schließlich rollten sie doch den schmalen, gewundenen Weg zwischen mannshohen, blühenden Hecken entlang, über eine gewölbte zartrosa Steinbrücke, unter der ein Schwanenpaar mit seinen grauen Jungen langsam auf dem grünen Wasser entlangzog. Eine Gänseherde wanderte auf der Weide zwischen grasenden Kühen, auf einer anderen Wiese standen zwei Schimmel und blickten zu ihnen herüber. Sie hielten vor einem langgestreckten roten Gebäude, dessen hohes, steiles Dach bis zur rotbraunen Haustür herabreichte.
Hinter dem Haus war ein Steilhang, bedeckt mit blühenden Disteln in kardinalfarbenen Gewändern, goldgelben Blumen und dichtem Brombeergerank. Es schien, als wäre das Haus aus dem Hang herausgewachsen.
»Willkommen auf meiner Farm«, sagte die Miß und berührte ihren Arm. Lina vermochte nicht zu antworten. Sie stieg aus, stand regungslos neben ihrem Handkoffer und blickte sich um.
Der große Hof war von Stallgebäuden umgeben, in einer Ecke ragte ein Misthaufen empor. Sie dachte: einen Misthaufen gibts auch hier in England, aber der unsrige ist kleiner, weil wir nur drei Stück Vieh haben.

Mit einemmal begann sie haltlos leise vor sich hinzuweinen. Sie ließ die Tränen über ihr Gesicht rinnen, auf ihre Bluse, ohne sich zu rühren, ohne ihre Hand zu rühren.
»Nicht weinen, Lina, alles ist allright.«
»Es ist halt so fremd«, brachte sie mühsam heraus, verbesserte sich dann rasch: »Es ist mir alles so unbekannt, Miß, alles fremdelt soviel.«
»Nur heute, morgen ist es schon besser.«
Sie putzte sich umständlich und geräuschvoll die Nase, trotzdem rannen die Tränen unaufhaltsam weiter.
»Weinen ist nicht gut, Lina.«
Sie versuchte zu lächeln, aber ihre Lippen zuckten bloß, sie brachte kein Wort heraus.
»Da kommt Anton, Lina, er spricht deutsch – er ist mein bester Arbeiter, ein D. P. aus Deutschland.«
Sie erschrak. Lange Zeit danach entsann sie sich noch dieses Erschreckens, als die Miß den Namen Anton aussprach; entsann sich, wie sie jäh zu zittern begann, als ein großer roter Traktor die Straße herunter auf sie zu rollte. Sie wich ängstlich zurück, drückte sich an die Hauswand. Der Traktor hielt dicht vor ihnen. Ein junger, dunkelhäutiger Mann, den zerbeulten, verregneten Hut schief auf dem Kopf, sprang ab, kam auf sie zu. Er trug verblichene blaue Leinenhosen, sein sonnverbrannter, muskulöser Oberkörper war nackt, ein zerrissenes Hemd hing auf dem Rücken, die Ärmel waren um den Hals geschlungen. Er war von fremdartiger, bestürzender Schönheit, mit schwarzem, gelocktem Haar, dunklen, schrägstehenden Augen, hohen Backenknochen, einer leicht gebogenen schmalen Nase, schmalhüftig mit breiten Schultern, ein wenig untersetzt, nicht größer als sie selbst. Er lachte sie an, packte ihre Hand, sagte in seltsam klingendem Deutsch:
»Du neues Mädel, grüß Gott, du okay.«
»Grüß Gott«, erwiderte sie fassungslos über den vertrauten Gruß.
»Anton ist Ukrainer oder Russe«, sagte die Miß und fügte hinzu, daß er schon zwei Jahre bei ihr arbeitete.
»Anton macht alle Arbeit, Anton kann alles, Anton prima Mann – good boy – deutsches Mädel prima, schon recht für Anton.«
Sie antwortete nicht, entzog ihm ihre Hand.
Die Miß sagte kurz: »Der Hof muß noch gewaschen werden, Anton«, und ging ihr voraus in den kühlen, halbdunklen Gang, der zur Treppe führte.
Lina wandte den Kopf über die Schulter zurück. Anton sah ihr nach,

blinzelte ihr zu, sie hob ihre Handtasche zum Gegengruß und folgte der Miß.
Das kleine Haus roch dumpf nach Feuchtigkeit, Petroleum und Katzen. Ich muß gründlich ausputzen, das steht fest, dachte sie, während sie der Miß die schmale, steile Treppe empor in ein kleines helles Zimmer folgte.
Die Miß nickte ihr zu, ließ sie allein.
Sie begann auszupacken. Was sie mitgebracht hatte, füllte nur eine Schublade. Die bunte Blechschachtel legte sie zuoberst, sie würde sich bald mit dem ersparten Geld füllen. Ein Zettel klebte auf dem Deckel, sorgfältig beschrieben: »Spar zur rechten Zeit, dann hast du was für die Not.«
Der Schrank sah seltsam leer aus, als sie ihr Sonntagskleid, den Mantel, das Kostüm hineingehängt und ihr Alltagskleid mit der blauen Schürze angezogen hatte. Viel Gewand hab ich nicht, aber alles ist sauber und geflickt. Möcht mir schon hier ein schönes englisches Kleid kaufen.
Sie wußte nicht, ob sie gleich hinuntergehen oder warten sollte, bis die Miß sie holte, beschloß dann zu warten, ging zum Fenster, lehnte sich weit hinaus. Kühler Wind wehte um ihr erhitztes, verweintes Gesicht.
Ein schmaler Bach floß unten vorüber, entschwand unter der Holzbrücke. Zwischen den Weiden, die sich bachaufwärts über das Wasser neigten, stieg weißer Dunst empor wie zu Hause an Waschtagen, wehte in dünnen Fetzen von den Zweigen. Kühe grasten auf der großen Weide jenseits des Teichs, Bodennebel verhüllte die Beine der Tiere, so daß es schien, als schwämmen ihre Körper in wogendem Wolkenmeer. Das vertraute zupfende Geräusch der grasenden Tiere klang zu ihr herüber, hin und wieder ein dumpfer Laut wie ein tiefer Seufzer.
»Der Nebel macht mich total verrückt«, hatte Lucy auf dem Schiff gesagt und etwas von Melancholie bemerkt, das sie nicht ganz verstand, denn Lucy sprach sehr hochdeutsch, sehr gewählt mit englischen Brocken.
Das war also der Nebel, von dem auch der Schwager gesprochen hatte. Sie starrte in das vorüberziehende grüne Wasser. Selbst das Flüstern der kleinen Wellen klang anders als daheim, wenn der klare Wasserstrahl in den ausgehöhlten Baumstamm der Tränke rann. Am fernen Waldrand kroch spielzeugwinzig und langsam ein hellerleuchteter Zug wie aneinandergereihte Leuchtkäfer vorüber, entschwand mit schrillem Pfiff. Mit dem würde sie heimfahren in einem Jahr, von dem erst ein Tag vergangen war. Oder zählte ihr

Dienstjahr erst von morgen, vom ersten Arbeitstag an?
Sie begann mit einemmal wieder zu weinen. Sie heulte, sie wimmerte, langgezogen, klagend wie ein verängstigtes, verlassenes Tier. Das Geheul entströmte auch weiter ihrem Mund, als sie die Hände fest gegen die Lippen preßte, es erfüllte den kleinen Raum, drang aus dem Fenster, vermischte sich mit dem Rauschen des Baches.
»Was schreist, Mädel, was ist?« sagte eine Stimme.
Sie schrak zusammen, starrte hinunter. Anton stand unten, blickte zu ihr auf, wiederholte: »Warum schreist?«
»Heimfahren möcht ich, ich mag nicht hierbleiben, heimfahren möcht ich.«
»Nix heimfahren, hierbleiben, alles hier prima. Bauer-Miß prima, Anton prima, Lina prima Mädel.« Er lachte, pfiff schrill, machte eine seltsame Handbewegung, rannte weiter, setzte in hohem Sprung über das Brückengeländer, ein dem Wald entschlüpfter junger Faun. Er lief so rasch, daß sein Hemd wie eine Fahne von seinem nackten braunen Rücken wehte, und verschwand zwischen den Bäumen.
»Sauber ist er schon und soviel jung«, sagte sie leise und schrak wieder zusammen, weil ein Geräusch hinter ihr ertönte. Sie wandte sich um: eine große schlanke Gestalt stand im dämmrigen Zimmer, dunkle Hosen, dunkles Hemd, eine Mütze in den Nacken geschoben, hohe staubige Schaftstiefel.
»Ich hab Sie nicht erkannt, Miß.«
»Wir sind mit dem Stall fertig, aber ich habe noch bis acht zu tun.«
Die Miß entzündete eine kleine Petroleumlampe, deren Porzellanschirm mit Sommerblumen bemalt war, schraubte sorgfältig den Docht herunter. Ein mattgoldener runder Schein fiel auf den Fußboden. Sehr langsam, ohne sie anzusehen, nach Worten suchend, sagte sie: »Lina, wenn Sie in einem Monat nach Hause wollen, kaufe ich Ihnen ein Ticket nach Hause, ohne böse Worte, verstehen Sie mich?«
»Ja, bitt schön, dank schön, Miß.«
»Aber Sie müssen jetzt nicht weinen, jetzt ist Schluß – finish –«
Sie gingen die schmale steile Treppe hinunter, auf deren Absatz eine kleine Lampe brannte, durch einen langen Vorraum, der matt von einer Kerze erhellt war, in die Küche. Am Schmalende gähnte eine große, dunkle Kaminhöhle. Sie dachte an das, was Lucy ihr von rauchenden Kaminen gesagt hatte – »Kamine, die immer wieder ausgehen«. Aber in der Höhle stand nur ein großer Korb, in dem,

eingehüllt in Wolldecken, ein Ferkel schlief.
»Das ist Tiny – er muß hier bleiben, weil er schwach ist.« Die Miß machte eine vorstellende Geste, hob eine Milchflasche mit Schnuller empor. »Alle drei Stunden muß er trinken.«
»Ich weiß, zu Haus haben wir auch solche gehabt – ich tus gern.«
Sie sah sich um, konnte keinen Herd sehen, nur ein großes, steinernes Abwaschbecken neben einem Pumpenschwengel und an der Wand über dem Kamin eine Reihe golden schimmernder Kupfergefäße. In einer Ecke stand ein kleiner, grauer Ofen, in dem ein Feuer matt flackerte und von dem Röhren zur Decke emporwuchsen – die vermittelnde Dame hatte ihr ja zuletzt geschrieben, es gäbe genug heißes Wasser, jedoch kein elektrisches Licht, aber das hatten sie zu Hause auch nicht.
Die Miß wandte sich zur Tür, wiederholte, daß sie gegen acht Uhr zurück sein würde, und deutete auf eine Kuckucksuhr. Ein kleiner, bunter Holzvogel verbeugte sich eben hastig siebenmal, ehe er das Türchen hinter sich zuschlug.
»Was soll ich kochen, Miß – und bittschön, wo ist der Herd?«
Die Miß kam zurück, wies auf ein kleines, grünes Metallgestell, das neben dem Fenster stand, und entzündete die Petroleumflamme: »Aufpassen, daß er nicht böse wird und raucht, sonst ist alles schwarz.« Sie stellte ein Stück Räucherfleisch auf den Tisch, zeigte auf einen Korb mit Kartoffeln, verließ die Küche.
Viel Worte gibts bei der nicht, dachte Lina.
Ein großer, roter Kater, den sie vor dem Haus gesehen hatte, sprang auf den Tisch und miaute kläglich.
»Das könnt dir so passen, das Fleisch, Maunzi – hier, bisserl Milch.« Sie verbesserte sich: »Hier ist etwas Milch.« Der Kater begann dröhnend zu schnurren, drückte sich zärtlich an sie. Mit einemmal erschienen von überall her Katzen mit steil aufgerichteten Schwänzen, umstrichen sie, sprangen auf Stühle, auf das Fensterbrett. Eine große graue Katze legte sich in den Korb und leckte ausführlich den kleinen, rosigen Schädel des schlafenden Ferkels.
»Das ist recht, singt mir ein Liedel. Der Vater, Gott hab ihn selig, hats Schnurren immer Pfeifirauchen genannt.«
Sie strich dem roten Kater über den Rücken. Vor zwei Tagen um dieselbe Zeit hatte sie ihre alte Katze auf dem Schoß gehalten, die Schwester hatte noch eine Dampfnudel auf den Teller gelegt, obwohl sie vor Reisefieber jeden Bissen mühsam herunterwürgen mußte. Und die Marie-Tant hatte mit ihrer dünnen, zittrigen Stimme gesagt: »Iß nur, Linerl, iß, wer weiß, wann du wieder so was Guts bekommst da draußen, in der Fremde – oh, du lieber Herrgott.

Bleib bloß daheim, wär besser.«
»Jawohl, du lieber Herrgott, vielleicht wär ich besser daheimgeblieben«, sagte sie leise.
Sie war gerade dabei, die Kartoffeln zu schälen, als ein schriller Pfiff ertönte. Die Küchentür wurde aufgerissen, Anton stand im Rahmen. Sein dunkles Gesicht wirkte noch dunkler im matten Lampenlicht. Er hatte sein Hemd angezogen, sie sah die vielen Risse und Löcher, dachte: Wer flickt ihm sein Gewand?
»Nix mehr heulen, alles okay, Lina, heulen nix gut.«
»Die Miß kommt erst um acht wieder.«
Er schlug die Tür zu, stellte sich neben sie, lachte: »Ich will nix mit Bauer-Miß sprechen. Will mit Lina sprechen.«
»Ich hab zu tun. Muß arbeiten, hab keine Zeit.«
»Macht nix, du arbeiten, Anton sprechen.«
»Sie hat gesagt, sie kommt erst um acht, komm halt später wieder«, wiederholte sie unsicher.
Er überhörte sie, sagte unvermittelt: »Bauer altes Weib. Deutsches Mädel prima. Ich liebe deutsche Mädel.«
»So, und woher kennst du deutsche Mädchen?«
Er lachte, schlug sie aufs Gesäß: »Ich kennen allright. Prima.«
»Und wie kommt es überhaupt, daß du Deutsch kannst?« sagte sie langsam und versuchte laut, deutlich und hochdeutsch zu sprechen.
»Bist doch ein Ruß« oder woher bist?« »Ich kenne Deutschland.« Er drängte sich so nahe an sie, daß sie die Wärme seines Körpers spürte. Der Dunst von Zwiebeln, Knoblauch, Heu und Stall umfing sie.
»Hast denn keine Engländerin, mit der du gehst?«
Er machte eine Handbewegung, als verscheuche er lästige Fliegen: »Englische Mädel nix gut. Englische Mädel große Scheiße. Nix sprechen, nix verstehn. Immer no-no sagen. Dürr wie alte Hendel, dürr wie alte Bauer-Miß. Anton hat gern das und das.« Er betastete rasch ihren Körper.
»Geh, was fällt dir ein. Und weißt du denn überhaupt nicht, daß Scheiße kein schönes Wort ist – ein schlechtes Wort. Das sagt man nicht.«
Er lachte unbekümmert: »Scheiße prima Wort«, und er fügte noch ein Wort hinzu.
»Woher weißt du jetzt das auch? Das ist noch schlechter als Scheiße, und wie kommt es, daß du deutsch sprichst, daß es klingt wie im Allgäu – ich hab einen Schwager, der spricht so, nur besser – weil er echter Allgäuer ist.«
Sein Gesicht schien mit einemmal noch dunkler zu werden, veränderte sich, das Lachen verschwand, er blickte mit zusammengekniff-

fenen Augen über sie hinweg, antwortete dann langsam, nach Worten suchend, teils mit deutschen, teils mit englischen Brocken, teils fremd klingenden Wörtern.
Er hatte mit seiner Mutter, seinen Schwestern und zwei Brüdern zusammengelebt. Krieg war ausgebrochen. Die SS war gekommen, hatte einige Männer, alte Männer im Dorf erschossen. Ihm und einigen jungen Männern hatte die SS gesagt, sie müßten mit nach Deutschland:
»Prima Arbeit, prima Geld, sagen Männer.«
Er hatte seine Mutter und seine Geschwister nicht allein lassen wollen. »SS sagen, Mutter und Schwestern und Brüder kommen später, du kommen jetzt – dawai, sonst erschießen. Ich sage: okay, ich kommen.«
Dann wurden sie fortgebracht nach Deutschland in ein Lager, mußten in einer Fabrik arbeiten: »Viel Arbeit in Fabrika, viel Dreck, nix Geld, nur bißli Suppe, immer SS kommen, schlagen, schreien, dawai, dawai – viele sterben, viele krank.« Er deutete mit der Hand die Höhe des Leichenhaufens an, der jeden Tag in einem Nebenraum der Fabrik wuchs und den sie abends nach der Arbeit zur Verbrennung bringen mußten.
»Dann Deutschland kaputt. SS kommen, sagen, du, Anton, kommen mit, prima Arbeit, prima Geld, prima Bauer. Ich sage okay, ich kommen zu Bauer in Allgäu, prima Bauer, prima Essen, nix Geld.«
Dann war ein Mann von IRO erschienen, hatte ihn gefragt, ob er nach England wollte, prima Arbeit, prima Geld. Jetzt war er hier bei der Miß und verdiente viel Geld, so viel, daß er sich eine Caravan gekauft hatte – für viel Geld.
»Und was ist eine Caravan?«
»Schöne Wagen, schöne Möbel, prima Bett, Stuhl, Tisch.«
Er lachte wieder zufrieden, sorglos.
»Und Mutter und Geschwister?«
Er zuckte mit den Achseln und sagte im Allgäuer Tonfall: »Weiß net, nix schreiben, vielleicht kaputt, vielleicht Sibirien, vielleicht Lager Deutschland.«
»Vielleicht sinds in ein deutsches KZ gekommen, wie mein Vater – tust mir schon leid, Anton, daß du es so schlecht bei uns drüben gehabt hast.«
»Ist alles vorbei – jetzt okay, hier prima.«
»Und dein Vater – wo ist der?«
Er antwortete nicht, pfiff vor sich hin. Der Kuckuck kam aus seinem Häuschen, verkündete halb acht, klappte die kleine Tür hinter sich zu.

»Jetzt alles okay, Lina.«
Sie schob ihn fort, sagte hastig: »Mußt gehen, sonst ist die Miß böse, wenn sie kommt und dich hier findet.«
»Miß nix böse. Sagt heute zu Anton: Du, Anton, heute kommt deutsches Mädel – du kannst deutsch mit ihr sprechen.«
Sie sah ihn von der Seite an. Er ähnelte den Zigeunern, die früher in bunten Wagen von Dorf zu Dorf gefahren waren und von denen es hieß, daß sie nicht nur Hühner und Schweine stahlen, sondern auch Kinder, und die aus der Hand wahrsagten, aber in den letzten Jahren waren sie nicht mehr vorübergezogen, denn Hitler hatte sie ausgerottet.
»Bist du katholisch oder anders?« fragte sie plötzlich.
»Ich prima katholisch – du kommen in meine Caravan, ich zeige dir viele Muttergottes, viele Herrgotts – meine Caravan prima damoi, Schlafzimmer und prima Bett für Mädel und Anton.«
Er packte sie, sie schlug ihm auf die Hände, stieß ihn zurück. Die Wärme seines Körpers, seine Nähe machte sie unsicher.
»Jetzt gehst aber fort und gleich – die Miß kommt, was denkts von mir, wenn ich hier steh und schwätz.«
»Miß altes Weib – gib Anton Bussi.«
Sie riß die Küchentür auf, schrie ihn an: »Jetzt machst aber, daß du fortkommst – sonst bin ich bös, verstehst mich?«
Er lachte, ging aber doch zur Tür, blieb im Rahmen stehen, wandte sich um. Ein blaß-silberner Mond hing über dem Dach des Nebengebäudes, hinter seinem Kopf. Sie dachte, es sieht aus wie ein Heiligenschein. Zu Hause, in unserer Kirche, trägt der heilige Antonius so einen Reif, nur daß er ein Kind auf dem Arm hält, eine braune Kutte anhat und Gebete erhört.
»Jetzt verschwindest du aber sofort«, sagte sie, schlug die Tür zu, schob den Riegel vor, blieb verwirrt stehen. Gleich darauf erschrak sie, denn Anton zwängte seinen Oberkörper durch das offene Fenster, miaute täuschend wie ein Kater – und verschwand mit schrillem Pfiff.
Sie schloß das Fenster, schälte hastig Kartoffeln, setzte sie auf, deckte den Tisch. Aber mit einemmal begann sie so stark zu zittern, daß sie sich setzen mußte. Das fremde Land, der Nebel und der Anton, der gleich so frech war – und so schön und jung.
Von irgendwoher ertönten Schritte, sie hörte die Miß rufen, hörte Hundegebell, jemand pfiff schrill wie Anton. Sie riegelte hastig die Küchentür auf, um die Miß hereinzulassen.
»Alles allright, Lina?«
»Ja, Miß – der Anton war hier, Miß.«

Die Miß antwortete nicht, zog langsam ihre Schaftstiefel aus, betrachtete ihre langen, schmalen, nackten Füße, bewegte die Zehen, wusch sich Gesicht und Hände unter dem Wasserhahn. Der Anblick war vertraut und beruhigend – wenn ihre Geschwister von der Arbeit kamen, wuschen sie sich auch in der Küche.
»Ich hoffe, daß ichs Ihnen recht mache, Miß.«
»Mir ist alles recht.« Sie erhielt einen freundlichen Blick. Dann aßen sie schweigend, nach dem Essen ging die Miß zum Radio, schaltete ein. Aus dem Gewirr von Zischen, Pfeifen, Stimmfetzen drang mit einemmal sehr leise ein Lied, das sie oft mit ihren Geschwistern gesungen hatte, abends, auf der Bank vor dem Haus, wenn der Fischerseppl mit seiner Zither kam, die er so schön spielte:
»Von meiner Heimat muß ich scheiden,
wo es so lieblich ist und schön.«
Sie warf die Hände empor, schrie auf: »Sperrens ab, Miß, bittschön, hörens auf.«
Die Miß wandte sich langsam um, sah ihr verstörtes Gesicht, schaltete das Radio aus.
»Allright, Lina, nicht weinen – gute Nacht.«
Die Miß verließ die Küche, ehe sie fragen konnte, was sie morgen kochen sollte. Zu Hause hatte man erzählt, daß die Engländer ihre Mittagsmahlzeit morgens essen – Fleisch und Speck und Eier. »Grad fressen tuns, wirst schaun, was das für Arbeit gibt, gleich in der Früh die viele Kocherei«, hatte die Marie-Tant versichert, die mit einemmal über England Bescheid wußte.
Es war still in der Küche, nur das schläfrig-rhythmische Schnurren der Katzen war zu hören und das leise Summen der Fliegen, die langsam um die Lampe kreisten.
Sie öffnete das Fenster, blickte hinaus. Der Mond hing jetzt über dem Waldrand. Eine fremde Vogelstimme schrie auf und verstummte. Es war so kühl wie zu Hause im Spätherbst. Der Nebel schwebte in schmalen weißen Streifen über dem Wald, sie konnte nur die Köpfe der ruhenden Kühe sehen. Der Bach flüsterte unverständlich wie eine freundliche, ferne Stimme. Von weither ertönte der Ruf einer Eule, ein leises, fernes Gute-Nacht – Gute-Nacht aus der Heimat.
»Heiliger Antonius, bittschön, steh mir bei«, sagte sie vor sich hin, dachte aber nicht an den Heiligen zu Hause, sondern an den fremden braunen Anton.

## 2

Sie trug die Zahl 358 auf dem Zettel in der Blechdose ein, die ihr erstes Gehalt enthielt, schöne, blaue Scheine und massive Silberstücke. Noch 358 Tage mußte sie hier dienen. Dann zog sie ihr blaues Sonntagskleid mit den kleinen roten Sternen an, die guten Schuhe mit den halbmondförmigen Metallschonern, setzte den Sonntagshut auf, nahm das Gebetbuch, das ihrer Mutter gehört hatte. Auf der letzten Seite waren die Geburtsdaten ihrer Geschwister vermerkt. Verblaßte Kreuze standen hinter den Namen jener Kinder, die nicht mehr lebten, die Bitte, den Toten möge das Ewige Licht leuchten, und ein Vers:

»Will ein Engel himmelwärts,
bricht im Tod ein Kinderherz.«

Es war still im Haus. Die Miß hatte sich nach dem Frühmelken und dem Frühstück schlafen gelegt. Die Küche war aufgeräumt, das Sonntagsmahl vorbereitet, das Ferkel hatte seine Milchflasche bekommen und schlief in seinem Korb, an die alte Katze geschmiegt. Die Miß hatte ihr den Weg zur Kirche beschrieben: zwischen den Hecken entlang bis zur Landstraße, links einbiegen, geradeaus gehen, »nach zehn Minuten sehen Sie den Turm zwischen den Bäumen«.

Sie schloß die Haustür, stand einen Augenblick im kleinen Vorgarten. Ich habe die Woche gut geschafft, war wohl ein schöner Saustall, Staub und Spinnweben überall, Mottenfraß, tote Vögel unter dem Wohnzimmertisch, eine Mäuseleiche auf dem Sessel im Wohnzimmer. Das Zeug von der Miß mußte geflickt werden. Aber etwas bedrückte sie: die Miß hatte sich schlafen gelegt, statt in die Kirche zu gehen, wie alle Bauern es daheim taten. Die Marie-Tant hatte behauptet, Engländer seien Andersgläubige, wie Heiden. Sie hörte die zittrige Stimme sagen: »Sind keine Christen nicht, bleib du deinem Glauben treu, sonst ists aus mit dir, armes Mädel.«

Sie ging langsam den schmalen Weg zwischen mannshohen Hecken entlang, den Rosenkranz wie eine Kette um das Gebetbuch gewunden. Das kleine Kreuz, das einen Span des echten Kreuzes enthalten sollte, pendelte im Rhythmus ihrer Schritte leise hin und her.

Bin sieben Tage hier von den 365, die ich dienen soll, und hab schon sechzig Markel verdient, so viel Geld, man solls nicht glauben. Sind eigentlich rasch vergangen, nur die ersten drei Tage waren recht schwer.

Ein schriller Pfiff ertönte neben ihr, sie erschrak, blieb stehen. Anton steckte seinen Kopf durch eine Lücke in der Hecke, lachte sie

an: »Wohin gehst, Lina?«
Sie erwiderte langsam und sehr hochdeutsch: »In die Kirche, wie es sich gehört, und weil es Sonntag ist.«
»Du kommen zu Anton – komm damoi, in mein Caravan – alles prima hier.« Er wies über seine Schulter. Zwischen dichtem Gestrüpp und Baumstämmen schimmerte etwas dunkelrot.
»Ich hab dir gesagt, daß ich in die Kirche geh, zur Messe, hab keine Zeit.«
Er nahm keine Notiz von ihrem Einwand: »Du kommen zu Anton, ich kochen Tee, haben Brot und Wurst und Zwiebeln, alles prima, wir fressen, wir saufen – okay?«
»Ich geh kommunizieren, darf vorher nichts essen.«
Er lachte, breitete die Arme aus, sein zerfetzes Hemd stand bis zum Gürtel offen, zeigte die braune, muskulöse Brust.
»Trägst noch immer dein Alltagsgewand, ganz zerrissen und die Knöpf fehlen auch – hast du denn kein Sonntagsgewand?«
»Anton viel besser wie Kirche – bei Anton prima Kirche – komm, ich dir zeigen meine Kirche.«
Sie ging langsam weiter: »Bin schon spät dran.«
»Du kommen später zu Anton?«
Sie wäre gern stehengeblieben, hätte sich gern umgesehen. »Ich weiß nicht – wenn ich heimkomm, muß ich kochen – komm halt mit zur Kirche, komm nach – bist doch katholisch oder bist doch vielleicht anders?«
Er lachte hinter ihr her, rief ihr Unverständliches nach, sie blieb nicht stehen, sah sich nicht um, ging rascher, umklammerte ihr Gebetbuch, sagte leise: »Sonntags geht man in die Kirche, weil es sich für einen Christenmenschen so gehört. Aber vielleicht ist er doch anders als wie katholisch?«
Die breite Landstraße war menschenleer bis auf einen Autobus, der langsam am Waldrand entlangkroch.
Es war ein schöner, ein wenig kühler Tag mit einer leicht verschleierten, mattgoldenen Sonne an blaßblauem Himmel über tiefgrünen Wiesen und Bäumen.
So grün wie hier waren die Wiesen daheim nicht. Alles war anders. Menschen, Luft, Sprache, Farbe. Wieder überfiel sie jähe Angst. Sie dachte an die vielen Warnungen vor der Abreise, wie schwer sie es in der Fremde haben würde, was ihr alles zustoßen könnte, daß niemand ihr helfen würde, wenn etwas passierte oder wenn sie Rat brauchte.
»Aber freundlich ist die Miß und der Anton auch«, sagte sie leise zu ihrer Furcht.

Hinter dem Buchenwald war jetzt die Kirche mit dem viereckigen Turm zu sehen. Eine Glocke begann hastig, blechern zu läuten, ein armseliges Geläut, nicht so rund und warm und tief wie die heimatlichen Glocken am Sonntag. Sie blieb stehen, staunte. Das war also eine katholische Kirche in England, ein kleiner, hölzerner Bau, wie ein Schuppen, nicht viel größer als der Kuhstall vom Nachbarn, eine schmale Eingangstür, über der sich ein kleines Dach wölbte. Im Innern hingen an den hölzernen Pfeilern rechts und links Männerhüte und Regenschirme an Kleiderhaken. Weihrauchduft und der Geruch von Kerzen drang ihr entgegen. Nur wenige Leute knieten in den Bänken. Ein Kind auf dem Arm der Mutter weinte leise vor sich hin. Daheim brachte man die ganz Kleinen nicht mit – obwohl der Herrgott gesagt hatte, lasset die Kindlein zu mir kommen, ohne jedoch eine Altersgrenze anzugeben.
Sie kniete nieder, blickte sich verstohlen um. Es war still und feuchtkalt in dem weißgestrichenen Raum. Den kleinen Altar bedeckte ein weißes Tuch, das einem Bettlaken ähnelte, obwohl ein großes rotes Kreuz mit Verzierungen eingestickt war. Durch die halbgeöffnete Tür zum Nebenraum sah sie den Pfarrer und zwei Meßbuben ihre Gewänder überziehen. Vor dem Speisgitter war ein eiserner Stand, auf dem drei Kerzen zu Füßen einer Heiligenstatue flackerten. Das Gesicht des Heiligen war ihr fremd. Er trug zwar eine Kutte, hielt ein Kreuz empor, über seinem Kopf schwebte ein breiter hölzerner Heiligenschein, aber das starre, ernste Gesicht mit dem schwarzen Bart war abweisend. Sie ging in Gedanken die ihr bekannten Heiligen durch, vermochte ihn aber nirgends einzureihen. War wohl ein englischer Heiliger, sonst stünde er nicht in der Kirche, sonst würden auch keine Kerzen für ihn entzündet, die ihn um Vermittlung beim Herrgott bitten sollten. Sie stand auf, ging auf Zehenspitzen durch den schmalen Mittelgang nach vorn. Die Metallschoner ihrer Schuhe schlugen hart auf den Steinboden. Sie nahm eine Kerze aus dem hölzernen Behälter, zündete sie an einer anderen, erlöschenden Kerze an, griff nach ihrem Geldbeutel und entdeckte, daß sie nur deutsche Münzen bei sich hatte. Ihr englisches Geld lag in der Kommode, im Blechkasten. Sie hatte nun aber die Kerze entzündet, und da daheim eine gute Kerze eine Mark kostete, nahm sie zwei Markstücke und schob sie in den Schlitz des Holzkastens, über dem »Thank you« stand. Der Pfarrer konnte es einwechseln, sie wollte nicht unehrlich sein. Dann kniete sie nieder, bat den fremden Heiligen, ihr zu helfen, das Heimweh zu überwinden, bat ihn außerdem, sie vor Versuchungen im fremden Land zu

bewahren. Welcher Art diese sein könnten, wußte sie nicht, aber es war immer gut, sich vorbeugend Schutz zu sichern.
Der goldene Glanz der Kerzen stieg mit einer kleinen graublauen Rauchwolke empor. Ihr schien, als höre sie von irgendwoher aus der tiefen Stille einen Pfiff, wie Anton zu pfeifen pflegte, wenn er nach Feierabend vorüberkam oder plötzlich lautlos mitten in der Küche stand. Sie durfte in diesem Augenblick nicht an ihn denken – aber was konnte man gegen seine Gedanken tun? Sie war froh, daß er Deutsch sprach, wenn auch nur wenige, mit englischen und russischen Worten vermischte Sätze. Sie unterhielt sich gern mit ihm, hörte ihm gern zu, versuchte immer wieder, ihn besser zu verstehen und selbst einige englische Worte zu sprechen, die sie sich abends mühsam aus dem Lehrbuch einprägte.
»Und führe uns nicht in Versuchung. Amen«, fügte sie ihrem Gebet hinzu und stand rasch auf, denn der Pfarrer erschien soeben, und die kleine Gemeinde erhob sich. Ehe sie ihre Bank wieder erreichte, sah sie noch, daß eine Klosterfrau in einer Nische mit kräftigen Griffen auf die Tasten eines Harmoniums hieb. Halbwüchsige Mädchen in dunklen Kleidern umstanden sie, Notenblätter in Händen. Aber als der Gesang einsetzte, erschrak sie. Die Mädchen sangen zwar laut und eifrig, aber unrein, und mit dem Harmonium stimmte auch etwas nicht. Einige Tasten schienen zu fehlen, vielleicht lag es auch an der Klosterfrau, die nur den guten Willen hatte. Wie schön, wie rein klang der heimatliche Kirchenchor und das Orgelspiel der alten Lehrerin.
Alles war so fremd, kein bekanntes Gesicht war zu sehen, selbst die vertrauten Worte der Messehandlung klangen anders, wurden rasch und undeutlich gemurmelt, verwirrten sie. Die Wandlung kam überraschend schnell, so rasch, daß sie sich beeilen mußte, zum Speisgitter zu kommen, an dem nur vier Leute knieten. Aber als sie den Leib des Herrn empfing und Priester und Altar ihr nahe waren, als sie die tröstlichen Worte vernahm »corpus Domini nostri Jesu Christi, custodiat animan tuam in vitam aeternam«, wich Furcht und Fremdsein, sie war daheim, in der Dorfkirche, der alte Pfarrer, den sie von Kind auf kannte, spendete das Sakrament. Alles war anders auf dieser Insel, nur dieser Augenblick blieb derselbe, der Herrgott war derselbe. Sie war mit einemmal so froh, daß sie vergaß, leise auf Zehenspitzen zu ihrem Platz zu gehen. Ihre Tritte krachten auf den Fliesen, sie hörte es nicht, sah nicht, daß man sie verstohlen musterte, als sie auf ihrer Bank zur Danksagung niederkniete. Das Harmonium begann zu dröhnen, die Mädchen setzten wieder schrill mit ihrem Gesang ein, dann erönte das »ite, missa

est«, die Menschen standen auf, gingen dem Ausgang zu, sie folgte langsam, wollte am Pfarrer vorüber, der neben der Kirchentür stand, aber er streckte ihr die Hand entgegen, lächelte, sagte etwas, das sie zwar nicht verstand, das aber freundlich klang. Sie erwiderte schüchtern »Dankschön, Hochwürden«, verbesserte sich, fügte rasch hinzu »thank you, Sir«.
»German?«
»Yes, Sir, German.«
Er legte seine Hand auf ihre Schulter, sagte »allright, allright.« Sie wußte, das bedeutete, alles würde gut werden oder wäre bereits in Ordnung. Flüchtig zeichnete er ein Kreuz zu ihr hin, wandte sich ab und einer alten Frau zu, die ihn gesprächig anredete.
Letzten Sonntag war sie mit Schwester und Schwager zur Kirche gegangen. Die Marie-Tant war wie stets ächzend und klagend mitgekommen, »um eine Kerze zu opfern, damit dir drüben kein Unglück zustößt«. Der Fischerseppl hatte sie nach der Messe ins Wirtshaus begleitet und eine Brotzeit spendiert – Schweinswürstel, Bier und dicke Scheiben Schwarzbrot. Die Ochsenwirtin hatte sie bewundernd angesehen, als sie erfuhr, daß sie nach England reiste, und fast ehrfürchtig gebeten, ihr eine Ansichtskarte mit einer englischen Briefmarke zu senden, »für meinen Martin«.
»Solche Würstel wie dahier bekommst drüben net«, hatte der Fischerseppl bemerkt und wiederholt, sie solle lieber daheim bleiben, wie es sich gehörte, und nicht zu stockfremden Leuten ins Ungewisse fahren.
Einer der beiden Meßbuben rannte vor ihr her den schmalen Weg entlang, warf Steine nach einem Vogel, entschwand zwischen den Bäumen.
Sie war gerade dabei, in die Landstraße einzubiegen, als Motorengeräusch und schrilles Hupen hinter ihr ertönte. Ein kleiner Sportwagen hielt neben ihr, ein Herr, der vor ihr auf der Bank gesessen und sich verstohlen nach ihr umgesehen hatte, beugte sich heraus, fragte etwas.
»German, please, Sir«, sagte sie leise.
Er nickte ihr zu, lächelte, fragte stockend auf deutsch, ob er sie zur Farm bringen dürfte.
»No, thank you, Sir – ich geh gern zu Fuß.«
Er fuhr nicht weiter, blickte sie aus rot umränderten Augen an, ein älterer Mann mit verwittertem Gesicht unter dichtem, grauem Haar.
»Ich bringe Sie nach Hause, zu der Farm«, wiederholte er lauter.
Sie erschrak, wußte nicht, was sie antworten sollte.

»Ich wohne nicht weit. Sie sind das deutsche Mädchen auf der Farm, nicht wahr?« Er sprach sehr laut, sehr langsam, wie zu einer Schwerhörigen.
»Nein, danke.« Sie wollte nicht unhöflich sein, fügte hastig hinzu: »Ich geh gern bei dem schönen Wetter.«
Er streckte ihr seine große, sonnverbrannte Hand entgegen. »Ich hoffe, Sie sind glücklich dort – ich bin der Nachbar – wenn Sie nicht glücklich sind, kommen Sie zu mir.« Er nannte seinen Namen, den sie nicht verstand, fuhr weiter.
Was für ein freundlicher Mann – jetzt wußte man also schon in England, daß sie hier war, genau wie daheim, wo jedermann erfuhr, wenn ein Zugereister ins Dorf kam.
Die Sonne hatte ihren graublauen Morgendunst abgestreift, es war warm und drückend wie Föhn geworden, und doch wehte über die Felder ein feuchtkühler Luftzug, vor dem sich die Halme und Wiesenblumen am Waldrand verneigten. Wiesen, Äcker und Wälder waren ihre Welt, auch wenn der kleine Wald hier nicht aus Tannenbäumen, sondern nur aus sommermüden Buchen bestand.
Selbst die Wiesenblumen waren ihr fremd, sie hatten andere Blüten, nur Vergißmeinnicht erkannte sie und Disteln in ihren kardinalfarbenen Gewändern. Zwischen ihnen schwankte an langem Stengel eine gelbe, seltsam geformte Blume, ein Käfer kroch langsam aus ihrem Kelch, das schmale, gezackte Blatt entlang, blieb stehen, kroch wieder in den Kelch zurück, als wäre diese kleine Strecke seine Welt, die Grenze, über die er sich nicht wagen durfte. Ist sein Heimatl, geht nicht weiter, wäre vielleicht auch besser für mich gewesen, wenn ich daheimgeblieben wäre, auch wenns arm und eng ist und immer zuviel Arbeit und zuwenig Geld. Hätte zu Haus wohnen können und bei der Ochsenwirtin weiter dienen, weil ich den Dienst in der Stadt und Großstadt nicht mehr ertragen konnte. Daheim hättens mich wohl brauchen können, wo die Schwester nicht mehr gut beisammen ist und der Schwager zuviel zum Ochsenwirt geht und zu lang dort bleibt, oft erst nach Mitternacht heimkommt. Noch 358 Tage muß ich hier dienen – eine lange Zeit –, aber dafür verdiene ich auch viel, und die Miß spricht mir nicht in die Arbeit, läßt mich meine Arbeit einteilen, wie ichs mir einteilen mag, als wär ich nicht ihr Dienstbot, sondern die Hausfrau.
Eine rauhe, heisere Stimme drang in ihr Grübeln. Sie blickte auf, eine uralte Frau, ein hexenartiges Wesen schlich ihr laut schwätzend entgegen. Wirre graue Haarsträhnen hingen in das verwitterte faltige Gesicht, auf das der Lebensgriffel alle Wege, die sie

gewandert, in tiefen Runen eingetragen hatte. Sie trug einen Sack über der Schulter, einen dicken Knotenstock in der mageren Hand, eine Bratpfanne, ein Wasserkessel und eine Konservendose waren um ihren Leib gebunden. Sie blieb einige Schritte von ihr entfernt stehen, rief ihr etwas zu. Lina wußte nicht, was sie erwidern sollte, sagte auf alle Fälle höflich »Good morning, Madam«. Es schien nicht das Richtige zu sein, denn die Alte schrie sie erbost an, humpelte an ihr vorüber, rief ihr etwas nach. Am Tonfall hörte sie, daß es Unfreundliches war.
Ich muß rasch Englisch lernen, damit ich alles verstehe und mit den Leuten reden kann. Aber zuerst mußte das Haus weiter gründlich geputzt werden. Da waren noch so viele dunkle Winkel, tiefe, mit Staub angefüllte Risse in schweren Eichenbalken, die alle Räume durchzogen, Spinnweben, die ihre kunstvollen Netze spannten – da war all das Neue in ihrem Leben, vor allem, daß ihr zum erstenmal keine Befehle erteilt wurden. Niemand erschien lautlos hinter ihr, um zu kontrollieren, ob sie auch alles genau so ausführte, wie man es ihr aufgetragen hatte. Die Miß sagte bloß, sie solle sich Zeit nehmen, es hätte keine Eile. Niemals hörte sie das allzu oft Gehörte »Und wenn Sie die Treppe fertig gebohnert haben, müssen Sie endlich die Küche scheuern – und dann muß heute noch unbedingt . . .«
Wäre mir schon lieber, daß die Miß mir etwas mehr anschaffen tät, weil ichs nicht gewohnt bin, selbständig zu arbeiten. Sogar dankschön sagts, wenn ich das Essen auftrag. Und alles ißts auf – von den Dampfnudeln hats nicht genug bekommen können, und die Einbrennsuppen hats auch gegessen, aber bisserl arg langsam. Ich sollte wohl lernen, englisch zu kochen.
Ein Junghase huschte aus dem Kornfeld, verschwand jenseits der Straße. Das wäre wohl ein Sonntagsbraten mit einer guten Füllung. Geräusch dicht neben ihr erschreckte sie, als sie den schmalen Weg zwischen den Hecken einschlug, der zur Farm führte. Anton tauchte neben ihr auf, als wäre er dem Erdboden entsprungen. Er trug noch immer seine alten blauen Leinenhosen und sein zerrissenes Hemd, war unrasiert, nur sein dichtes dunkles Haar war sorgfältig geölt und umgab seine Stirn wie ein glänzender Helm.
»Hast du mich erschreckt!«
»Du jetzt kommen zu Anton. Kommen anschauen mein Caravan –«
»Geh, ich muß doch für die Miß kochen, ist ja bald Mittagszeit.«
»Miß-Bauer schläft, altes Weib schläft immer Sonntag.«
»Red nicht so respektlos von der Herrschaft.« Sie verbesserte sich,

sagte sehr langsam und hochdeutsch: »Die Miß ist eine gute Frau, kein altes Weib, sowas sagt man nicht.«
»Du jetzt kommen zu Anton?«
»Ich hab dir doch gesagt, daß ich keine Zeit hab, weil ich kochen muß.«
»Du kochen später – jetzt kommen zu Anton.« Sie wußte noch nicht, daß alles, was ihm nicht paßte, mit diesem »später« abgetan wurde, ahnte nicht, daß dies kleine Wort einmal Schicksal für sie bedeuten würde.
»Ich hab dir doch gesagt, daß ich keine Zeit hab – verstehst denn nicht, was ich sag?«
»Ich schon verstehn. Du kommen in mein Caravan – okay?«
»Und überhaupt weiß ich nicht, ob ich zu dir kommen mag.«
Wieder überhörte er ihren Einwand, sagte laut: »Heute Sonntag, heute keine Arbeit, du gehn Kirche, jetzt gehn zu Anton.«
Er packte sie bei den Schultern, drängte sie gegen die Hecke. Sie spürte die harten, spitzigen Zweige durch ihr Kleid – und seinen warmen, muskulösen Körper dicht an dem ihren.
»Laß mich aus, was fällt dir ein.«
»Lina prima Mädel, kommt mit Anton.«
»Laß mich aus oder ich bin bös.«
»Du nix bös mit Anton, Anton very good boy, sagt alte Miß-Bauer.«
Er hielt sie fest, lachte dicht vor ihrem Gesicht.
»Prima Mädel für Anton – Mamuschka – Duschinka – du komm zu Anton.«
Sie stand reglos unter seinem Griff, bog den Kopf ein wenig zurück, ein Zweig hakte sich in ihrem Haarknoten fest.
»Warum trägst du dein Werktagsgewand auch am Sonntag, ist doch schmutzig, muß gewaschen werden – zerrissen ist es auch, schau den Ärmel an – heut ist doch Sonntag.«
Er nahm keine Notiz, sondern wiederholte: »Komm zu Anton in Caravan, ich habe Schnaps – und bißli Kuchen – alles prima – du später kochen, alte Miß-Bauer schläft.« Und er fügte Worte hinzu, die sie ihm verboten hatte.
Sie stieß ihn zurück, fühlte, wie sie rot wurde. Der Haarknoten, den der Zweig aufgespießt hatte, blieb hängen, die Haarnadeln fielen heraus.
»Da schau, was du angerichtet hast, was denkt die Miß, wenn ich so daherkomm.« Sie bückte sich nach den Haarnadeln, steckte den Knoten hastig auf.
»Schönes Haar – prima, prima Mädel.«

Sie entsann sich wieder, daß der Fischerseppl von ihrem Haar gesagt hatte: »Wie reifes Korn vor dem Schnitt« – aber es war nur ein flüchtiger Gedanke, der Fischerseppl war weit fort und Anton stand dicht vor ihr.
»Du kommst nicht damoi?«
»Hab keine Zeit – wie oft soll ichs dir denn sagen?«
Er ging schweigend neben ihr her, blieb vor der Wegbiegung stehen, wandte sich ab.
»Was hast, Anton, bist jetzt bös mit mir, bloß weil ich keine Zeit hab?«
»Okay. Du kommst nicht zu Anton – okay, good bye.«
»Ja, verstehst du denn nicht, daß ich im Dienst steh und Arbeit hab?«
Er antwortete nicht, blickte sich nicht um, zwängte sich zwischen den dichten Zweigen der Hecke hindurch, verschwand.
»Ich komm schon mal zu dir, wenn du versprichst, brav zu sein – aber wirklich brav«, rief sie hinter ihm her. Sie dachte an die Wärme, die von seinem Körper ausging, spürte noch seine Hand.
»Geh, sei doch nicht so – verstehst denn nicht?« Sie erhielt keine Antwort, eine Tür wurde zugeschlagen, alles war still bis auf das schrille Zetern der Gänseherde im Mühlteich und den Ruf einer Amsel im Birnbaum, von dem ein Zweig wie ein langausgestreckter Arm über den Weg tastete.
»Möcht schon kommen, trau mich nicht recht, Anton, weiß ja, was dann geschieht –.«
Sie hastete weiter zum Wohnhaus. Die Miß saß im Vorgarten und sah ihr entgegen. Sie trug ihre blauen Leinenhosen, das blaue Hemd, ihre erdüberkrusteten Schaftstiefel und sah ebensowenig sonntäglich aus wie Anton.
Ists vielleicht auch so eine Gottlose, wie die Marie-Tant von den Engländern gesagt hat? Aber freundlich ists schon, anders als wie man sich die Heiden vorstellt. Sie blieb ein wenig atemlos vor ihr stehen, sagte leise: »Ich hab mich verspätet, Miß, aber ich hab alles bald fertig, hab alles vorbereitet und vorgekocht, eh ich fortging. Das nächste Mal geh ich zur Frühmesse, nicht zum Hochamt, da verlier ich nicht soviel Zeit.«
Die Miß blickte sie an, sie spürte, wie sie rot wurde. Hatte sie sie mit Anton gesehen? Bemerkte sie, daß ihr Haar nicht ordentlich aufgesteckt war?
»Es dauert nicht mehr lang bis zum Essen, Miß«, wiederholte sie.
»Ich habe Zeit.«
»Werd gleich alles herrichten.« Sie stürzte ins Haus, in die Küche,

die erfüllt war von Sonnenlicht und Wärme. Die roten Fliesen glänzten, zwei Katzen schliefen auf dem Tisch. Das Ferkel erwachte, versuchte aufzustehen, aber eine weiße Katze, die auf seinem Rücken schlief, hatte ihre Pfoten fest in seinen rosigen Kopf verkrallt.
»Hast auch Hunger, armes Facki, und die Lina ist so lang ausgeblieben.« Sie schob den Braten in den Ofen, entzündete die Petroleumflamme, verscheuchte die Katzen, deckte den Tisch, wärmte die Milch für das Ferkel, gab ihm seine Flasche, rannte die Treppe hinauf und zog sich rasch um.
Von der Weide her ertönte das Wiehern der Schimmel, die zwischen den Kühen grasten. Der Zug kroch langsam am fernen Waldrand entlang, entschwand. Sie dachte mit einemmal nicht wie bisher: er wird mich fortbringen, heimbringen, wenn meine Zeit endlich um ist. Sie begann nicht zu weinen beim Gedanken an die 358 Tage, die sie noch dienen mußte, sondern begann ein Lied zu singen, das sie vor vielen Jahren in München gehört hatte:

»Er drückt sie, er drückt sie
Am Busen so sehr.
Da hört sie
Das Rauschen
Der Isar nicht mehr.«

Aber ehe sie den zweiten Vers begann, hielt sie inne. Wie kam es, daß ihr jetzt dies längst vergessene Lied einfiel?
Sie lief die Treppe hinunter und erschrak, denn ein seltsamer Dunst drang ihr entgegen. Die ganze Küche war erfüllt von Rauchschwaden, es roch nach angebranntem Fleisch und Ruß, die Wände waren mit einer dunklen Schicht überzogen, die Petroleumflammen bleckten schwarze Zungen unter den Töpfen, Rauch drang aus dem kleinen Bratofen. Sie lief schreiend vor die Haustür zu der Miß, die mit geschlossenen Augen und langausgestreckten Beinen auf der Bank saß.
»Es brennt, Miß, bittschön kommens, ich kenn mich nicht aus, das ganze Braterl ist hin, wo ich alles so schön richten wollt für den ersten Sonntag in England.«
Die Miß öffnete die Augen, stand langsam auf, sagte ruhig: »Ja, er raucht manchmal, wenn er zuviel Petroleum getrunken hat.«
Sie war weder bestürzt noch ärgerlich, als sie die verrußte Küche sah, sondern drehte die Flammen herunter, packte das Kochgestell, trug es lachend vor die Küchentür.
»Die weiße Katze ist jetzt eine schwarze Katze geworden, und das Schwein hat einen schwarzen Hut.«

»Es hat nicht geholfen, daß ichs Facki Florian genannt hab, Miß, weils bei uns heißt, o heiliger Sankt Florian, verschon mein Haus, zünd andre an. Jetzt hats doch bei uns gebrannt – ein richtiger Herd wär schon gut, Miß, das ganze Essen ist hin, und ich bin schuld.«
Sie erwartete Vorwürfe, eine laute Stimme, aber die Miß bemerkte bloß, ihr alter Arbeiter, Old Hand, hätte oft gesagt, Brot und Marmelade sollten immer im Haus sein. Sie ging in die Speisekammer, holte Marmelade, Kuchen, Brot und einen frischen Klumpen Butter. »Die Butter haben Sie aber schön modelliert, Lina, sehr schön.«
»Es sollt eine Kuh werden, ich habs nur versucht – weil ich keine Form finden konnt – , ich putz die Küche gleich aus, Miß.«
»Zuerst essen wir, Lina, die Küche hat Zeit.«
»Ich tät lieber gleich mit dem Putzen anfangen – und den Florian muß ich auch sauberwaschen.«
»Wir essen zuerst, Lina.«
Sie saßen vor der Küchentür, ein Stuhl diente als Tisch. Aus dem Ofengestell stieg ein schmales, dunkles Wölkchen empor. »Jetzt ist es gerade ein Uhr«, sagte die Miß, als der Zug aus der anderen Richtung vorüberkroch, »ich hab noch vier Stunden Zeit bis zum Melken – der Schweizer hat heute frei, Anton hilft mir.«
»Das ganze Sonntagessen ist hin, Miß – das schöne, teure Stückerl Fleisch.«
»Es ist nicht so schlimm, alles geht vorüber, und schlimmere Dinge passieren auf dem Meer.«
»Ist aber doch recht schlimm.« Lina dachte an die frühere Herrschaft, die sie entlassen hatte, weil sie eine Schüssel Mayonnaisesalat auf den Teppich fallen ließ, dachte an die andere Stellung, in der ihr fristlos gekündigt wurde, weil sie die weihnachtliche Mitternachtsmesse besucht, ohne um Erlaubnis zu fragen, dachte an Frau Lonner, die ihr ein zerbrochenes Glas vom Lohn abgezogen hatte, an den Witwer, der sie entließ, um eine junge Frau als Haushälterin anzustellen. (»Bist halt schon ein bisserl zu alt, armes Mädel, ein Wittiber will was Frisches«, hatte die Marie-Tant damals gesagt, als sie wieder einmal stellungslos nach Hause kam.)
Vom Wald her tönten die klagenden Rufe der Wildtauben. Gänse und Enten ruhten in zwei kleinen, dichten Gruppen am Teichrand, die Schnäbel unter ihren Flügeln. Ein paar Hühner erschienen, um die Krumen aufzupicken. Der Gockel zog kunstgerecht einen langen Regenwurm aus der Erde, legte ihn der weißen Henne vor, hob ihn auf, ließ ihn fallen, bis sie ihn verschlang. Die Kühe hatten sich niedergelegt, die Schimmel standen reglos im Schatten. Sie dachte,

daheim ruhen auch alle Viecher um die Mittagszeit; ist schon manches hier wie bei uns.
In der silbern schimmernden Oberfläche des Teichs spiegelte sich eine runde weiße Wolke. Auf dem Brückengeländer über der Schleuse hockte ein fremdartiger, buntschimmernder Vogel mit langem, spitzigem Schnabel, wie sie ihn nie gesehen hatte.
Die Miß blickte geruhsam vor sich hin: »Die Welt ist sehr schön – *sehr* schön.«
»Wenn bloß meine Kuchel net so schmutzig wäre!« Sie verbesserte sich, fügte hochdeutsch hinzu: »Wenn meine Küche bloß nicht durch meine Schuld so schmutzig geworden wäre, wenn ich bloß die Dochte nicht so hochgeschraubt hätte, damit alles schneller zum Kochen kommt.« Die Miß antwortete nicht gleich, sagte schließlich wieder, was Lina noch oft zu hören bekommen würde, wenn irgend etwas Unvorhergesehenes passierte: »Schlimmere Dinge passieren auf dem Meer, Lina.«
Der fremdartige Vogel breitete prüfend seine Flügel aus, erhob sich mit einem schrillen Schrei, entflatterte im flimmernden Mittagsdunst – ein beschwingtes buntes Juwel.

## 3

Die Zahl der abgelaufenen Tage, die sie jeden Abend löschte, vermehrte sich, die Zahl jener Tage, die sie noch dienen mußte, nahm ab. Sie dachte nicht mehr: ich muß noch *so* lange hierbleiben, sondern: wie schnell die Zeit vergeht, man sollt es nicht für möglich halten. Zwar spürte sie die Entfernung von der Heimat und daß sie auf einer meerumgebenen Insel war, aber sie weinte nicht mehr, brauchte nicht ihr Schluchzen im Kissen zu ersticken wie am Anfang, um die nebenan schlafende Miß nicht zu wecken, die in der ersten Zeit in ihrem Zimmer erschienen war, um ihr zuzureden. Das neue Leben hatte sie eingefangen. Neues, Ungewohntes war in den Rhythmus ihrer Arbeit eingefügt. Unbekannte Menschen versuchten sich mit ihr zu verständigen – Old Hand, der alte Taglöhner mit den porzellanblauen Augen im verwitterten Gesicht, der Briefträger im kleinen roten Postwagen, der laut »Hallo Germany!« rief, wenn er einen Brief für sie hatte, der Krämer, der die Seitenwände des Lieferwagens aufklappte, so daß sie alle Waren sehen und vor der Haustür einkaufen konnte. Mit ein paar mühsam eingeprägten Worten verständigte sie sich schon mit ihm. Die Versicherung des Sprachführers, in zehn Lektionen perfekt

Englisch zu können, erfüllte sich nicht; die Übungen paßten auch selten auf das, was sie sagen wollte. Was konnte der dicke Bäcker mit dem Satz anfangen: »Ich freue mich, Sie zu sehen, wie geht es Ihnen heute?« Oder mit der Frage, wie weit es bis zum Bahnhof sei. So begnügte sie sich mit einem »Good Morning« und »Thank you, Sir« oder »Thank you, Madam«, wenn die Bäckerstochter einmal das schneeweiße, weiche, stets feuchte Brot brachte, und entschuldigte sich mit einem »Sorry, no speak English«.

Für Anton brauchte sie kein Englisch zu lernen, mit ihm konnte sie sich, wenn auch mühsam, verständigen. Anton hatte den Übergang, das Eingewöhnen in dies neue Leben erleichtert. Er kam am Feierabend, pfiff schrill vor der Haustür oder tauchte lautlos in der Küche auf, wenn die Miß zum Schweinefüttern mit dem Traktor auf das entfernte Feld gefahren war, redete sein wirres deutsch-englisches Kauderwelsch, vermischt mit russischen Worten, war zärtlich wie ein Kind, um unvermittelt handgreiflich zu werden, und entschwand lachend, sobald sie ihn anschrie, er solle sich anständig benehmen. Wenn sie dann sein verklingendes Pfeifen hörte, tat es ihr leid, ihn verjagt zu haben. Er konnte nichts dafür, daß er anders als die Männer zu Hause war und daß er sie nicht verstand. Andererseits war sie stolz, wie ein junges hübsches Mädchen belästigt zu werden.

Als sie eines Abends vor der Haustür saß, kam der Farmer vorüber, der sie beim ersten Kirchgang nach Hause fahren wollte, hielt an, grüßte, fragte, wie es ihr gefiele, ob sie allright wäre. Stolz antwortete sie, sie wäre allright, »thank you, Sir«. Er blickte sich verstohlen um, sagte dann leise etwas, das sie nicht verstand, und fuhr davon, als die Miß erschien.

»Hat er Sie gefragt, ob Sie zu ihm kommen wollen, Lina? Er hat mir schon oft Leute weggenommen, weil er höhere Löhne zahlen kann.«

»Ich laß mich nicht fortkaufen Miß, hab ein gutes Platzerl, ich bin gern bei Ihnen, Miß.« Unwillkürlich fügte sie hinzu: »Bin recht glücklich hier«, und spürte , wie sie rot wurde. »Ich laß mich nicht von fremdem Gold verlocken, Miß, gewiß nicht.«

Marie-Tant hatte ja auch in ihren monotonen Warnungslitaneien immer wieder gemahnt: »Laß dich nicht von fremdem Gold verlokken, Mädel, ist sündig.«

»Nein, Miß, ich geh nicht fort, gewiß nicht – wenn ich bloß bisserl mehr Englisch sprechen könnt, wär schon besser.«

»In einem Jahr sprechen wir nur noch englisch, wenn Sie weiter so fleißig lernen.«

Jetzt wäre die Gelegenheit zu fragen, ob sie vielleicht länger als das vereinbarte Jahr bleiben dürfte. Aber ehe sie die passenden Worte finden konnte, wurde sie vom Schweizer Tom unterbrochen, der den Weg entlanghastete und erregt etwas meldete, wie stets, ohne Notiz von ihr zu nehmen.
Die Miß seufzte: »Daisy hat angefangen zu kalben, sie hat es wieder so schwer. Sie ist meine beste Kuh.«
»Ich komm mit helfen, Miß. Bin gern dabei, wenn ein Junges kommt, zu Haus waren wir immer alle beim Kalben im Stall. Wenn man nur ein paar Küh hat, muß man schon gut aufpassen.« Sie ging eifrig neben der viel größeren Frau her, versuchte, sich den langen Schritten anzugleichen.
Anton und Schweizer Tom standen bereits in der kleinen, strohgedeckten Hütte, in die die Kühe zum Kalben gebracht wurden. Es war dumpfig-warm, roch vertraut nach Mist, feuchtem Stroh und Tierleibern.
»Altes Kuh nix gut, krepiert, besser schlachten und fressen«, meinte Anton, »hat prima Fleisch, prima Fett.«
»Daisy ist meine beste Kuh – letztes Jahr mußte ich den Tierarzt rufen – vielleicht schaffen wir es diesmal ohne ihn.« Die Miß fettete ihre Arme bis zum Ellbogen ein, schob vorsichtig ihre Hand in das Innere des stöhnenden Tieres, das von den zwei Männern gehalten wurde. »Ich hole Traktor, dann alles okay. Macht alles finish –«
Die Miß ließ das dunkle Etwas nicht los, das sie ergriffen hatte, sah auf: »Was wollen Sie mit dem Traktor, Anton?«
»Nehmen Traktor, yes? Nehmen lange Strick, binden an Vieh, yes, binden an Traktor, ziehen, ziehen Kalb, bis Kalb okay hier. Macht nix, wenn Kuh krepiert, viel gutes Fleisch, viel Fett.« Er schmatzte, begann zu pfeifen.
Lina wußte nicht, daß er das Lied der Wolgaschiffer pfiff.
»Bist schon ein rechter Depp, Anton, möchtest gleich die ganze Kuh zerreißen, bloß weil du ein Rindfleisch fressen möchtest.«
Er ließ das Tier los, fuhr sie erregt an: »Ich nix Depp, du Depp – ihr alle saudumme Depp.« Er verließ die Hütte und schrie von draußen alle Worte, die sie ihm verboten hatte.
»Jetzt ist er bös mit mir, Miß, und ich habs doch nicht so gemeint.«
»Er ist ein Junge, ein good boy – wird schon wieder kommen – wenn ihn etwas ärgert, läuft er fort, aber nicht lang.«
»Man sollte keine Ausländer in England haben, sie verstehen nicht, sie wissen nichts und –« Tom hielt inne, starrte Lina feindselig an. »Sie sollten alle dorthin zurückgeschickt werden, wo sie herkommen.«

Die Miß hatte einen Strick an die Vorderfüße des Kalbes gebunden und zog jetzt mit Lina langsam rhythmisch nachlassend, dann wieder anziehend, bis Kopf und Vorderteil und schließlich das ganze Tier im Stroh lag.
»Ich glaube, es ist tot, Lina.«
»Hauptsache ist, die Kuh bleibt am Leben«, meinte Tom. Er betrachtete das reglose Kalb. »Ja, das ist hin – ich grabe es nach dem Melken ein.«
Die Miß antwortete nicht, sie lag vor dem Kalb im Stroh, rieb die Flanken, horchte, richtete sich schließlich auf.
»Ich glaube auch, daß es tot ist, Tom – schade.«
»Lassens mich dran, lassens mich versuchen, Miß – bittschön.« Lina packte die Miß am Arm, sie war den Tränen nahe, für sie war es, als handle es sich um ein Kalb daheim, um dies kleine Kapital, das jedes Jungtier für einen Kleinbauern bedeutete. »Bittschön, noch nicht eingraben lassen.« Sie kniete neben dem reglosen Tier nieder, legte ihre Hände um seinen Kopf und ihre Lippen auf das kalte Maul, blies langsam hinein, schöpfte Atem,begann von neuem.
»Das wäre wohl alles, Miß, es ist Zeit zum Melken, ich grabe es später ein«, sagte Tom mürrisch. »Es ist tot wie ein Stein«, fügte er hinzu. In der Tür stieß er mit Anton zusammen, der heiter lachend fragte, ob das Vieh krepiert sei. Er blieb neben Lina stehen, stieß sie mit dem Fuß an: »Du geben Bussi auf Vieh, warum kein Bussi auf Anton – Bussi auf Anton prima.« Und dann sagte er wieder dies eine Wort, das man nicht sagen darf. Diesmal wies sie ihn nicht zurecht, sie war so atemlos, daß sie nicht sprechen konnte. Rhythmisch blies sie weiter, spürte mit einemmal ein leises Zittern der Flanken unter ihrer tastenden Hand, sah, daß die Ohren kaum merkbar zuckten.
»Ich glaube, es lebt, Miß, bittschön, schauns her.«
Das Kalb versuchte, seinen Kopf zu heben.
»Bin ich froh, ich seh nicht gern, wenn ein Junges stirbt, denk schon jetzt dran, wenn der Florian einmal zum Markt muß, in den Tod – auch zu Haus erbarmens mich immer, wenns fortgeschafft werden. Ich seh nicht gern, wenn eins stirbt, Miß – zu Haus hab ich immer weinen müssen, wenn eins starb oder wenns auf den Markt geschafft wurde.«
Die Miß wies auf den blutigen Sack, die Schutzhülle des Neugeborenen, die neben dem Kalb lag: »Bringen Sie das auf den Misthaufen, Anton.«
Er packte die Gabel, spießte die Nachgeburt auf, hielt sie Lina vor das Gesicht: »Wenn Frau Kind hat, kommt auch große Sauerei«, und

verschwand pfeifend.
Die Miß legte die Hand auf Linas Schulter: »Florian kommt nicht auf den Markt. Sie können ihn behalten, weil Sie mein Kalb gerettet haben – im Pferdestall ist eine Ecke für ihn frei, wenn er zu groß für den Korb in der Küche wird.«
»Vergelts Gott, dank schön – aber bittschön, Miß, ich kann ihn doch nicht mitnehmen, wenn ich heimfahr – ist ja nur noch so eine kurze Zeit, bis das Jahr um ist – ich meine, es sind schon so viele Tage vergangen, daß ich hier bin. Man möchts nicht glauben, wie rasch die Zeit vergeht. Zuerst hab ich geglaubt, sie nimmt kein Ende, und jetzt fliegts dahin.«
»Vielleicht bleiben Sie länger.« Das Kalb gab einen leisen Laut von sich, der wie ein Seufzer klang, eine Klage nach der schweren Geburt, nach der Anstrengung, am Leben zu bleiben. Die Kuh antwortete dumpf, leckte es sorgfältig.
»Sie reden schon miteinander, Miß, ich hörs gern, ist ein gutes Zeichen – schön ists, dies Muttersein.«
»Was hat der Anton vorhin gesagt – ich habe es nicht verstanden?« Sie spürte, wie ihr das Blut in den Kopf schoß, beugte sich über das junge Tier: »Er schwätzt so viel, der Anton, ich hör schon gar nicht mehr hin, er redt halt Unsinn wie ein dummer Bub.«
»Er ist ein guter Arbeiter.«
»Wenn er bloß nicht soviel dreckat daherkäm, ich meine, wenn er nicht so schmutzig wäre. Ich schäm mich für den Hof, wenn Leut kommen und ihn in Lumpen sehn.«
»Vielleicht ist er es nicht anders von zu Hause gewöhnt – vielleicht ist er im Konzentrationslager so verwahrlost – er war damals noch ein Junge, als die Deutschen ihn verschleppt haben – wir wissen ja nichts von diesen DPs. Sie kommen herüber, aber wo sie wirklich hingehören, weiß niemand – Churchill hat sie ›flotsam und jetsam‹ genannt.«
»Was wär jetzt das?«
»So etwas wie Abfall – Überreste, nichts Gutes. Aber das trifft nicht auf Anton zu. Er ist fleißig und ehrlich.«
»Er sagt, er wär ein Russ'.«
»Vielleicht – vielleicht auch nicht – ich habe einen Arbeiter angefordert, und eines Tages stand er im Hof und sagte, sein Name sei Anton.« Sie gingen wieder den Weg zum Farmhaus zurück. Die Kuhherde drängte sich mit prallen Eutern vor dem Stallgebäude. Auf dem Acker jenseits des Mühlteichs pflügte Old Hand mit den Schimmeln. Der bittersüße Duft feuchter Erde wehte herüber, Möwen umflatterten den Pflug, stiegen empor, sanken nieder.

Die Miß blieb stehen, atmete tief. »Ich weiß nicht, wer das gesagt hat – Ackern, Säen und Ernten bringt mehr Glück, als man in Worten beschreiben kann – aber es ist wahr.«
Lina blickte sie an. Zitate interessierten sie nicht, sie dachte an etwas anderes: »Wenn Sie es erlauben, flick ich dem Anton sein Zeug und wasch es jede Woche mit – geht alles in einem, macht nicht mehr Arbeit – ist ja eine Schande, wenn er so daherkommt. Darf ich ihm sagen, daß er mir sein Arbeitsgewand jeden Montag bringen muß? Er hat schon ein anderes Gewand, sagt er, aber er ziehts nicht an – warum weiß ich nicht.«
Die Miß antwortete nicht gleich, blickte zu Old Hand hinüber, der mit schweren, sicheren Schritten hinter den Pferden herging. »Wenn die Möwen ins Land kommen, gibt es Sturm. Ja, reden Sie mit ihm, vielleicht hört er auf Sie – ich habe es versucht, aber ich weiß nicht, ob er nicht hören will oder nicht versteht.«
»Das ist wohl seine Art, ich habs auch schon gemerkt, werd heut mit ihm sprechen, wenn er kommt.« Sie verbesserte sich hastig: »Wenn er heute vielleicht nach der Arbeit vorüberkommen sollte.«
Die Miß wandte ihren Kopf im Weitergehen über die Schulter: »Ich würde vorsichtig mit ihm sein, Lina.« Sie wollte noch etwas hinzufügen, schwieg aber und ging mit langen Schritten zum Stallgebäude.
Sie erschrak über die Warnung, blickte der Miß nach, hätte sie gern gefragt, warum sie zur Vorsicht mahnte, wagte aber nicht, ihr nachzulaufen, und ging in die Küche.
Der rote Kater erhob sich vom Küchentisch und begrüßte sie schnurrend. Es war still bis auf das blecherne Ticken der Wanduhr. Das Ferkel schlief, wie stets mit der alten Katze auf seinem Rücken. Sie strich über das weiche, knisternde Fell des Katers: »Maunzi, Maunzi, ich weiß, daß ich zuviel an ihn denk. Ich denk eigentlich immer an ihn und nur an ihn – manchmal so stark, daß ich gleich zu ihm hinlaufen möcht. Ist wie eine Krankheit, die ich nicht abschütteln kann – möcht sie auch wohl nicht abschütteln . . . . Vielleicht hat die Miß mich mit ihm in den Heustadel gehn sehn und denkt, es ist was zwischen uns – oder der Tom hat uns verraten. Warum der so feindselig ist, weiß ich nicht – vielleicht, weil ich eine Deutsche bin und er im Krieg war. Im Stadel läßts sich soviel gut reden – nur ist er halt soviel frech und versuchts immer wieder – und ist doch auch wieder so lieb.«
Sie dachte an die Worte des alten Pfarrherrn, der die Halbwüchsigen vor den Versuchungen des Fleisches gewarnt hatte, wenn der Verein der Marienkinder zusammentraf. Sie hörte die tiefe, ein

wenig brüchige Stimme: »Ja, ja die Heustadel, meine Lieben, die habens in sich – im Sommer und auch später. An den Heustadeln muß ein braves Mädel vorübergehn und nicht stehenbleiben, auch wenn ein Bursch sie noch so gern hineinzerren möcht – »Ja, ja, die Heustadel, meine Lieben, die habens in sich – haben schon so manches Mädel zu Fall und ins Unglück gebracht, so daß sie ihr blaues Bandel nicht mehr in Ehren tragen kann.«
Die Marie-Tant hatte einmal gesagt: Nur mit dem Ring am Finger, nicht mit dem Verlobungsring, der genügt nicht, ein Ehering muß es sein, und nach der Trauung.
Das Ferkel erwachte, quietschte, sprang aus seinem Korb und lief zu ihr hin.
»Weiß schon, willst dein Flascherl – gehörst jetzt mir, Florian – brauchst nicht sterben. Was soll aber werden, wenn ich heimfahr?«
Sie gab ihm seine Flasche, packte ihn wieder in den Korb. »Der Anton wird dir einen Verschlag zimmern, gehst ja kaum in den Korb.« Anton – Anton – ihr Herz begann zu schlagen. Es schlug jetzt oft laut und hastig.
Daß mir das passieren soll – bin verliebt wie ein junges Mädel und doch schon ein altes Weib, eine alte Jungfer, spür den Fünfziger zuweilen schwer auf dem Buckel, wenn ich müd bin.
Der kleine Kuckuck riß die Tür auf, verbeugte sich, schlug die Tür zu. Noch eine Stunde bis Feierabend. Die gemolkenen Kühe zogen langsam durch den Teich mit faltig schwappenden, leeren Eutern. Der kleine Zug glitt am Waldrand entlang und entschwand. Nur noch kurze Zeit, wenn die Miß mich nicht länger bleiben läßt, dachte sie – möcht schon länger bleiben, ist ein gutes Platzerl, und der Anton ist so lieb.
Der Traktor dröhnte draußen vorüber, die Miß fuhr das Schweinefutter aus. Für Lina war es der Beginn ihrer Feierstunde, Fanfare für ihr Treffen mit Anton, wenn die Küche, der kleine Vorgarten ihr gehörten, als wären sie ihr Eigentum und das Haus ihr erträumtes Haus. Bald würde Schweizer Tom betont laut husten und grußlos an der Küchentür vorüber nach Hause gehen. Sie band die Schürze ab, wusch hastig Gesicht und Hände, strich ihr Haar glatt, steckte den Knoten fester. Der kleine, von Alter und Feuchtigkeit trübe Spiegel warf ihr Bild zurück: schöner oder jünger war sie in England nicht geworden, aber – zögernd, ungläubig, ein wenig ängstlich – glücklich. Sie lächelte dem Spiegelbild zu: wär schon besser, etwas jünger zu sein, nicht so viele Jahre von ihm entfernt. Wenn sie ihm aber trotzdem gefiel, so war es schon allright. Sie stutzte, sie hatte englisch gedacht. Es war so ein bequemes, beruhigendes Wort, dies

allright. Vielleicht ists mein Glück, daß ich herübergekommen bin. Wenn ich nur wüßt, wie es weitergehn wird, ob ers wirklich so ernst meint, wie er sagt.
Sie schloß die Küchentür, trat vor das Haus.
Vom Horizont zuckte der rote Flammenschein der untergehenden Sonne über blaugrauem Gewölk. Spielzeugwinzig kroch der Zug am Waldrand entlang, verschwand mit schrillem Pfiff. Bis er wieder ertönte, hatte sie Zeit, eine volle Stunde, um mit Anton zusammen zu sein.
Vom Stallgebäude ertönte der Lärm von Eimern, und vom Mühlteich das erboste Schnattern der Gänse, die sich mit den Schwänen stritten. Vom Misthaufen her wehte starker, vertrauter Geruch. Alle Misthaufen rochen so, daheim wie in England. Nur die Luft war fremd, weil sie immer, auch an warmen Tagen, etwas Kühle in sich trug.
Ist halt doch eine Insel, mit Meer ringsum, eigentlich zum Fürchten. Jetzt denk ich aber nicht mehr dran, daß ich ersaufen könnt, weil so viel Wasser ringsum ist, und daß ich allein auf der Insel bin und so weit fort von daheim.
Anton pfiff schrill vom Stall her. Schweizer Tom wandte sich auf halbem Weg um, rief etwas zurück. Und Anton schrie ihm nach, was er in Bayern gelernt hatte: »Halt dein stinkates Maul, du Drecksau, du dreckate –« aber Tom erwiderte nichts, ging ruhig weiter, verschwand in seinem Haus, schlug die Tür hinter sich zu.
Wie stets wartete Anton an der Stalltür auf sie, kam ihr nicht entgegen. Wie jeden Tag, dachte sie, während sie auf ihn zuging, was für ein schöner, junger Bursche er war. Braun, muskulös, mit seinem schwarz glänzenden, ein wenig gelockten Haar und den schrägstehenden dunklen Augen.
Wenn erst einmal sein Gewand sauber und geflickt ist, wird er noch schöner sein – ich werd ihm schon die Botschaft von der Miß ausrichten, daß ich alles waschen und richten soll.
»Hast recht getan, dem Tom Bescheid zu sagen, du, Toni, ich hab eine Botschaft für dich, von der Miß –«
Er überhörte ihre Worte, sagte erregt: »Ich stechen Drecksau mit Messer kaputt – finish –«
»Aber geh, dann kommst bloß ins Gefängnis, und wir können uns nicht mehr sehen.«
Er zuckte mit den Achseln, lachte: »Ich nix Gefängnis, ich fahren nach Canada, wenn England nix gut, dort prima money.«
»Nein, du bleibst schon hier – darfst nicht fort.« Sie gingen Hand in Hand zum Heuschober, dessen Tore wie Arme zum Willkommen

weit geöffnet waren. »Darfst nicht fortfahren, bleibst auf England. Ich hab eine Botschaft für dich, von der Miß, Toni.«

»Miß-Bauer altes Weib.«

»Das darfst du von der Herrschaft nicht sagen, ich hörs nicht gern.« Er antwortete nicht, zog sie in den dämmrigen Raum, dessen Dach von schweren Eichenbalken getragen wurde. Staub, Spinnen und die Zeit hatten dichte graue Schleier zwischen ihnen gespannt, die sich leise, wie durchsichtige Segel, im Luftzug bewegten. Ein aufgeschrecktes Huhn flatterte schrill gackernd an ihnen vorüber. Der große Raum war erfüllt von der Süße und Wärme des Sommers, vom leisen Knistern und Rascheln der Halme. Hier fühlte sie sich zu Hause, hier war alles vertraut, der dunkle Winkel hinter dem einen Torflügel, der breite Diwan aus Heuballen war wie ein kleines Zimmer. »Muß mit dir reden, hör jetzt zu.«

»Halts Maul, gib Anton Bussi – du geben viele Bussi auf Vieh, jetzt geben viele Bussi auf Anton – viele – viele.« Er begann sie gierig zu küssen. »Laß mich aus, ich erstick ja.« Sie nahm sein Gesicht in ihre Hände. »Also, hör zu. Die Miß hat angeschafft, du sollst mir dein Gewand geben, dein Hemd, deine Hose, damit ich dein Zeug waschen und flicken kann, damit du sauber daherkommst, wie es sich gehört, und nicht so dreckat daherkommst –« Sie verbesserte sich, langsam, hochdeutsch: »Indem daß du sauber ausschauen sollst – alles muß gewaschen werden. Ein Mann kann das nicht tun, nur eine Frau.«

»Lina prima Frau, meine Frau.«

»Ich bin nicht deine Frau, sondern eine Bekanntschaft.« Sie schrie auf, starrte ihn an. »Was fällt dir jetzt ein, schämst du dich nicht?« Er war aufgesprungen, hatte Hemd und Hose abgestreift, stand nackt und lachend vor ihr, warf sich neben sie und wollte sie packen, sie stieß ihn zurück, spürte dabei seine warme, ein wenig feuchte Brust.

»Benimm dich anständig, was soll das jetzt sein?«

»Du sagen, Miß hat gesagt, ich dir geben Hose, Hemd, du waschen meine Hemd, meine Hose – Anton good boy, dir geben Hemd, geben Hose – okay?«

»Was glaubst denn jetzt, möchtest vielleicht nackat über den Hof nach Haus spazieren, daß alle dich sehn, die Miß und Old Hand und Tom?«

Sie hatte noch nie einen nackten Mann gesehen, und Anton war ein schöner, junger Mann. Sie schloß die Augen vor seiner bronzenen Schönheit.

»Zieh sofort dein Zeug an, brings mir am Montag zum Waschen –

hast doch wohl ein anderes Gewand«, sagte sie, ohne die Augen zu öffnen.
»Du sagen, gib Hemd und Hose. Du jetzt schimpfen, warum?« wiederholte er.
»Ich schimpf ja nicht, Toni, mag dich viel zu gern – aber das darfst du nicht tun, dich hier ausziehen – zieh dich sofort an.«
Das Heu raschelte, sie öffnete vorsichtig ihre Augen, sah, daß er in seine Kleider schlüpfte, dann warf er sich wieder neben sie. Das weiche, betäubend duftende Heu flüsterte unter ihnen von Sommer und Reife.
»Was sagst jetzt, Toni?«
»Du kommen heute nacht, wenn alte Miß-Bauer schläft, okay? Anton tun alles prima in Caravan – tun schön mit Lina – Duschinka, Mamuschka.«
Sie lag dicht neben ihm, spürte die Wärme seines Körpers und ihre Schwäche. Ihr Herz schlug erstickend, sie war mit einemmal nur Herz, nur überwältigende Liebe, sein dunkles Gesicht war über ihr, seine Augen leuchteten wie schmale, dunkle Schlitze. Es war sehr still bis auf das Rascheln vom Heu, das bei jedem Atemzug mit tausend Stimmen leise knisterte. Der Satz eines Liedes, das sie daheim oft gesungen hatte, fiel ihr ein: »Und da kann man, wenns schön stad ist, das Herz klopfen hören.« Nichts war zu hören als ihre Herzschläge und seine Atemzüge.
»Du heute nacht kommen zu Anton?«
»Ein Mädchen schläft erst mit einem Mann, wenn sie mit ihm verheiratet ist, wenn sie seine Frau ist.«
»Okay, du meine Frau. Du kommen heute nacht – yes?«
Sie stemmte ihre Hände gegen seine Schultern, richtete sich auf. »Was sagst da, meinst etwa wirklich, daß wir zum Heiraten verlobt sind? Daß wir heiraten werden, Toni?« Ihre Worte überstürzten sich, wurden von den starken Herzschlägen herausgeschleudert, sie zitterte. »Zum Heiraten braucht man Papiere und einen Taufschein – und ein Aufgebot, ich weiß nicht, wie lang das in England dauert – und eine Aussteuer brauch ich auch. Könnt sie von daheim schicken lassen, aber das dauert zu lang – liegt alles hübsch sauber daheim, im Aussteuerkasten, mit meinem Sparbücherl. Ist schon alles bisserl gelb vom langen Liegen – vom langen Warten, weiß schon – ich habs mir immer angeschaut, wenn ich auf Urlaub daheim war – hab oft spekuliert, ob ichs überhaupt wohl noch einmal brauchen werd – oder obs weiter vergilben wird, oder ob ichs tragen soll, weil niemand daherkommt – und wollt doch immer soviel gern, daß einer daherkommt und sagt: so, jetzt ists soweit – aber niemand ist

gekommen – und die Zeit ist vergangen. Du, der Miß müssen wirs gleich heut sagen, daß wir verlobt sind, gehört sich so.«
Er richtete sich auf, schwieg, sagte schließlich mürrisch: »Nix altes Weib sagen, du Maul halten.«
»Aber wir können doch nicht einfach heiraten – wir sind doch bei ihr angestellt, verstehst das nicht?«
»Ich schon verstehn. Du kommen heute nacht – yes?«
»Vielleicht läßt sie uns in dem Häuserl drüben wohnen, das leer steht – ja, wir müssens ihr schon heut sagen.«
»Nix heute sagen – später.«
»Warum später, wenns doch wahr ist – oder ists nicht wahr, oder meinst dus nicht?«
»Nicht soviel schwätzen.«
Sie fühlte, daß es keinen Zweck hatte, in ihn zu dringen. Sie strich über sein Gesicht: »Du, Toni?«
»Was ist?«
»Möcht nur was fragen, weiter nix – ich möcht nur wissen, wenn wir verheiratet sind, dann wohnen wir doch in einem Häuserl, nicht im Wagerl – weißt, ich möcht schon ein richtiges Haus, ist schöner wie ein Wagerl – das Häuserl drüben wär schon recht, wenn die Miß es erlaubt – vielleicht mit ein paar Viechern, die Miß hat mir heut den Florian geschenkt, von dem könnt man züchten.«
»Meine Caravan prima, du kommen heut nacht anschauen.«
»Ich sag nichts gegen das Wagerl, aber ein Haus ist richtiger. Du, was werden meine Leut bloß sagen, wenn sie hören, daß ich einen Ausländer in England heirat. Alle daheim haben gesagt, ich soll nicht auf England reisen, weils Unglück geben wird, und jetzt ists ein Glück geworden – hab mir mein ganzes Leben lang mein eigenes Heimatl gewünscht. Sparen kann ich auch, Toni, ich mein haushalten.«
»Weiber immer schwätzen, heute guter Tag. Anton hier, Lina hier. Morgen vielleicht alles kaputt.« Er fügte einige unverständliche Worte hinzu.
»Was sagst da? Warum soll alles schon morgen hin sein?«
Er gab dem Torflügel einen Tritt, er flog krachend zu, es wurde noch dunkler in ihrer Ecke bis auf den schmalen Lichtstreifen, der durch eine schadhafte Stelle im Dach herabfiel. Durch den Spalt sah sie einen Schimmer des abendlichen Himmels.
»Es will Abend werden, und die Nacht ist nicht mehr fern.« Die Worte der Jünger von Emmaus fielen ihr ein – wie kam sie gerade jetzt darauf?
»Wir reden vom Heiraten und sind noch nicht einmal richtig fest

verlobt – ich weiß nicht einmal deinen Vatersnamen.« Sie legte ihre Lippen auf seinen warmen, glatten Hals, auf die ein wenig arbeitsfeuchte Haut. Er rührte sich nicht.

»Wie heißt weiter, Toni? Sags mir doch.«

»Was ist Name? Ich Anton, du Lina – du kommen heute nacht, okay?«

»Ich bin erst deine Frau, wenn wir verheiratet sind, auf dem Standesamt und vor dem Pfarrer, vor unserem Herrgott, mit dem Ring am Finger.«

»Ich kaufen Ring, morgen.«

»Morgen ist Sonntag.«

»Kaufen Ring später.«

Er hockte neben ihr wie ein Kind, kaute an einem Halm. Plötzlich sagte sie: »Wer bist du, Toni? Möcht gern wissen, wer du bist.«

Er schwieg, seine schrägstehenden, dunklen Augen über den hohen Backenknochen starrten sie an – was dachte er in diesem Augenblick? Was sah er?

»Warum sagst mir nicht deinen Namen – hast doch einen Vater wie jeder Mensch.«

»Mein Vater ganz großer Schweinehund – meine Großvater prima, okay.«

»Aber er hat doch einen Namen, dein Vater, oder deine Mutter hat einen Namen. Du heißt doch nicht nur Anton – oder bist ein lediges Kind und trägst nur den Mutternamen und magst es nicht sagen. Mir machts nix aus, wenn du mich nur magst – aber ohne Vatersnamen und ohne Papiere können wir nicht heiraten, verstehst du das?«

»Ich schon verstehn.«

»Und Papiere fürs Standesamt und für den Pfarrer müssen wir auch haben.«

Er schwieg, blickte vor sich hin. Sie legte ihre Hand auf seinen Arm.

»Ich Anton Saply.«

»Ein schöner Name – Frau Lina Saply, klingt schön, bist mein lieber Rußki – du, Toni, geh, sag mir was.«

Wieder traf sie dieser prüfende, mißtrauische Blick.

»Fragen nix gut.«

»Glaubst nicht, ich bin bisserl alt für dich – ich mein als Frau – weil du soviel jünger bist? Verstehn tu ich auch nicht, warum du nicht mit einem anderen Mädel gehst – es gibt doch genug andere –«. Sie zögerte. »Gibt doch genug junge Mädeln.«

Er machte eine ungeduldige Bewegung, als wolle er alle Fragen abschütteln, packte sie, begann zu sprechen. Sie verstand nicht, was

er sagte. Es war nicht sein deutschenglisches Kauderwelsch, vermischt mit Allgäuer Dialektbrocken. Er sprach seine Sprache, halblaut, eindringlich, dicht vor ihrem Gesicht. Sagte er doch vielleicht, was sie wissen wollte? Sie spürte wohl, aber mit einem leisen Gefühl von Unsicherheit und Furcht, daß dieser Augenblick höchstes Glück für sie war. Erfüllung von Hoffnungen, Wünschen, Träumen. Liebe bedeutete dieser Augenblick, Liebe, von der sie so oft und so gern in langen Dienstjahren bei der Arbeit gesungen hatte. Sie war verlobt, würde heiraten, sie würde ein eigenes Heim haben, Anton würde ihre Heimat sein, auch im fremden Land.
»Die werden zu Haus schauen, wenn sie hören, daß ich heirat – mein Rußki, werd schon für dich schaffen – wirst es gut haben.« Er antwortete nicht, er hatte mit einemmal tausend Hände, die ungeduldig an ihr zerrten, sie betasteten, während er leise unverständlich murmelte. Sie lag in der tiefen süßduftenden Heumulde, wollte ihn zurückstoßen und legte statt dessen ihre Arme um seinen Hals. Eine ferne Stimme weckte sie. Sie erschrak, stieß ihn zurück. »Die Miß ruft – ich hab sie ganz vergessen.«
»Laß Miß-Bauer rufen.«
»Ich muß ja nach Haus, sie möcht ihr Essen, hörst nicht, die Herrschaft ruft! Steh ja im Dienst – bis ich einmal selbst Hausfrau bin.«
»Du kommen heute nacht zu Anton, wenn altes Weib schläft – yes? Ich machen alles prima, Duschinka.«
Das war die Versuchung. Sie wußte, daß sie kommen wollte, wußte aber auch, was dann geschehen würde.
Ich habe ihn zu gern, bin schon ganz wirr im Kopf von so viel Gernhaben. Etwas weniger Gernhaben wär vielleicht besser, ist aber so gut.
Die Miß rief wieder nach ihr. Sie riß sich los, stand auf, strich Haar und Rock glatt.
»Du kommen heute nacht, yes?«
»Kommst du morgen mit zur Kirche, bringst deine Papiere mit – und ziehst das gute Gewand an, wie sichs für den Kirchgang gehört?«
Seine Stimme war ungeduldig. »Ich kommen – und du kommen heut nacht, Lina-Frau?«
Sie stand im Tor, wagte nicht zurückzublicken. »Nein, Toni, ich – glaub nicht.« Sie rannte über den Hof ins Haus, erschien atemlos in der Küche.
Die Lampe warf warmen, goldenen Lichtschimmer auf den Tisch, an dem die Miß saß.

»Ich richt gleich alles her, hab schon alles vorbereitet, war nur bisserl spazieren.« Ihre Hände zitterten, als sie hastig den Tisch deckte. Ihr Haarknoten hatte sich gelockert, die Nadeln stachen in den Nacken. Sie steckte ihn hastig fest.
»So schön wars draußen – ein so schöner Abend.« Sie hätte sagen sollen, ich habe mich mit Anton verlobt, Miß, statt dessen wiederholte sie bloß: »Soviel schön wars draußen«, und strich ein paar Halme von ihrem Kleid.
Die Miß sah sie ruhig an, antwortete nicht.
Sie denkt, ich lüg. Seitdem ich mit ihm geh, lüg ich sie an – und weiß doch, daß man nicht lügen sollte.

## 4

Drei Sonntage waren seit ihrer Verlobung mit Anton vergangen. Ein schmaler, goldner Reif, nach langem Zögern widerstrebend von ihm erstanden, lag unter den Geldscheinen in der Blechbüchse. Sie trug ihn nur, wenn sie sich mit ihm traf. Er hatte sich geweigert, einen Ring für sich zu kaufen, hatte es auf später verschoben. »Später« war ein oft gebrauchtes Wort. Auch das Datum der Hochzeit war unbestimmt. Er behauptete, es fehle ihm noch ein »Papier«, ohne zu sagen, was es wäre. Auf wiederholte Fragen hatte er erwidert, daß er erst in die Stadt schreiben müßte, und auf ihre Frage, ob die Stadt London sei, schweigend genickt. Sein Versprechen, mit ihr in die Kirche zu kommen, hatte er nicht gehalten: das eine Mal, weil die Miß ihm aufgetragen hätte, den Traktor zu ölen, das zweite Mal war er verschlafen, unrasiert, barfuß hinter der Hecke erschienen, als sie ihn rief, und das dritte Mal hatte er etwas am Wohnwagen zu reparieren.
»Heute nix Kirche, heute Anton prima Kirche.«
»Heut ist Sonntag, geh mit, wie es sich gehört – gestern hast du gesagt, du kommst mit.«
Er löschte dies Gestern mit einer Handbewegung aus.
»Heute Lina-Frau kommen zu Anton.«
»Hast doch eben gesagt, du mußt was richten.«
Er überhörte es. »Du kommen später zu Anton, okay?«
»Hast um dein Papierl geschrieben, hast doch gesagt, du wirst gleich schreiben – ohne Papierl gibts kein Aufgebot –, ich hab alles, was man dazu braucht, hier im Tascherl. Schon zwei Sonntag, und heut wieder.«

Als sie unschlüssig dastand, trug der warme, sanfte Inselwind Glockenklang über die Felder. Die Mutter hatte ihnen als Kinder gesagt, daß der Herrgott sie persönlich im Glockenläuten riefe. Ohne sich umzusehen, ohne zu antworten, war sie rasch weitergegangen, als stünde der Versucher hinter der Hecke, Satan mit Pferdehufen, Schwanz und Hörnern, und nicht Anton, halbnackt, barfüßig, braunhäutig in seinen von ihr sorgsam geflickten und gewaschenen Alltagshosen.

Das war letzten Sonntag gewesen. Jetzt stand sie wieder sonntäglich gekleidet in ihrem Zimmer, setzte den Hut auf. Durch das Fenster drang der bittersüße Duft aufgeackerter, feuchter Erde, die der neuen Saat entgegenträumte, die große Weide war von kupfern schimmernden Buchen umrahmt. Die Kuhherde stand dicht aneinandergedrängt im Mühlteich, um den Fliegenschwärmen zu entgehen. Sie lehnte sich aus dem Fenster, sagte leise zu der feierlichen Stille: »Schön ists hier bei euch, so schön.«

Die Miß saß schläfrig mit der Zeitung vor der Haustür.

»Die brave Lina geht in die Kirche, und ich freue mich auf meinen Sonntagsschlaf.«

»Möcht schon brav sein, Miß, ist aber recht schwer.«

»Warum, ich bin mit Ihnen zufrieden.«

»Ich mein bloß, Miß.« Jetzt wäre vielleicht wieder eine Gelegenheit, zu sagen, daß sie verlobt sei, daß sie Anton heiraten wollte, sobald dies geheimnisvolle Papier käme, von dem sie nicht wußte, was es war. Sie wagte nicht, die Miß zu fragen,was er brauchte, um das Aufgebot zu bestellen. Statt dessen sagte sie, der Pfarrer in der kleinen Kirche verstünde kein Deutsch, sie würde gern bei einem Pfarrer beichten, mit dem sie sprechen könnte. Die Miß sah auf, überlegte, meinte schließlich, sie könnte das Kloster in der anderen Stadt anrufen und fragen, ob dort ein Mönch sei, der Deutsch spräche.

Sie hätte gern gesagt: Tun Sies recht bald, ich habs eilig, ich brauch geistlichen Rat, dankte jedoch nur, ging den Weg zur Hauptstraße entlang und steckte im Gehen den Ring an. Es war ein gutes Gefühl, die schmale goldene Bindung an der Hand zu spüren. Bald würde das Hochzeitsdatum eingraviert sein – aber wann? Sie erschrak, blieb stehen, denn Anton sprang die Böschung herunter, dicht vor sie, hielt sie auf: »Ich kommen heute Kirche!«

»Das ist recht, Toni – war schon ganz traurig, weil du dreimal nicht mitgekommen bist.«

Er trug einen blauen Anzug, ein blau-rot gestreiftes Hemd, schmale spitzige Lackstiefel, ein rotseidenes Taschentuch hing aus seiner Brusttasche, eine kugelförmige Golduhr stak im Knopfloch, der krawattenlose Kragen war von einer glitzernden Brosche zusammengehalten, sein dunkles Haar geölt, süßlicher Parfümduft ging von ihm aus.

»Schaust aber heut schön aus, Toni, elegant.«

»Schöner Anton für schönes Mädel.«

»Geh, schön bin ich doch nicht – nicht einmal jung.«

»Du okay für mich, du Mamuschka Lina.«

Sie betastete seinen Anzug, die Uhr: »Das hat wohl ein Stückel Geld gekostet.« Sie entdeckte die zwei Armbanduhren an seinem Handgelenk. »Und zwei Uhren – ja trägt man denn zwei bei euch?«

»Viel Uri, viel schön.«

»Sind deine Schuhe nicht zu eng, weils doch bisserl schmal sind?«

»Prima Schuhe.«

Sie gingen am Haus vom Schweizer Tom vorüber. Die mürrische Violet stand in der Tür, das Jüngste auf dem Arm. Die zwei älteren Mädchen liefen zum Zaun, winkten ihnen zu, die Frau überhörte ihren Gruß, Tom blickte nicht von seiner Gartenarbeit auf.

»Sie mögen mich nicht, Toni – weiß nicht so recht warum. Ich war immer höflich, hab zuerst gegrüßt, aber jetzt grüß ich nicht mehr.«

»Tom großer Schweinehund, ich weiß.«

»Was weißt von ihm?«

»Ich weiß – vieles – stehlen Milch von Miß.«

»Aber du stiehlst nicht, gelt? Du bist ehrlich, sagt die Miß.« Er lachte: »Nur bißli Rahm, wenn ich brauche, nicht jeden Tag. Bißli Rahm für Sonntag, macht nix, Miß-Bauer hat plenty.«

»Ist aber nicht recht, tus nicht mehr. Du, Toni, ich hätt gern dem Tom seine zwei Mädeln als Kranzljungfern, wenns soweit ist – es wird nicht mehr lang dauern, nicht wahr?«

»Was?«

»Aber Toni, daß dein Papierl kommt, hast doch gesagt, du schreibst drum.«

»Ist schon schreiben.«

»Hast aber wirklich geschrieben, oder sagst es bloß?«

Er antwortete nicht. Sie gingen Hand in Hand durch den Wald, den schmalen Weg entlang, der abseits von der großen Landstraße zur Kirche führte.

»Mein lieber Rußki, geh so gern mit dir, besonders gern heut – du, ich glaub, es ist besser, ich laß meine Aussteuer daheim, kauf mir hier was Besseres – ich hab neulich was Schönes gesehn, als wir in der Stadt waren. Nach der Messe sprechen wir mit dem Pfarrer, damit er jetzt schon Bescheid weiß wegen der Trauung – ja?« Der

goldene Blätterteppich raschelte unter ihren Schritten. »Ich hätt gern ein weißes Kleidel mit einem Schleier und Kranz – oder bin ich schon bisserl zu alt dafür, was meinst? Ich denk immer drüber nach und spekulier und weiß keine rechte Antwort.«
»Schon recht.«
Sie blieb stehen, wies auf den Fluß. »Schau, wie schön die Schwäne sind.«
Er blickte flüchtig hin: »Vieh prima Braten, schmeckt wie Gansl, ich schlagen tot, du braten, wir fressen, saufen Schnaps, dann schlafen in mein Caravan.«
»Weißt denn nicht, daß die Schwäne der Königin gehören – die Miß hat es mir gesagt, man darf sie nicht töten.«
»Miß-Bauer altes Weib, immer schwätzen.«
»Es ist verboten, sie zu töten, kostet Geld, wenn dich jemand sieht.«
»Ich töten Vieh in Nacht, wenn dunkel, niemand sieht – schmeckt prima.«
»Aber wenn sie doch der Königin gehören.«
»Okay, Königin hat genug Viecher – ein Vieh für Anton und Lina, macht nix für Königin.«
»Kein Stückerl würd ich anrühren, und außerdem würd ich bös mit dir sein, wenn du einen Vogel stiehlst, sehr bös würd ich sein, verstehst du mich – und Rahm von der Miß stehlen ist auch nicht recht, verstehst?«
Sie sagte es ungewöhnlich laut und heftig, daß er sie betroffen ansah und leise okay sagte.
»Gefällst mir heute wirklich, bist sauber und elegant wie die Herren im Kaufhaus«, sagte sie nach einer Weile vorsichtig, »und gut riechen tust auch.«
»Ich dir später noch mehr gefallen.« Er packte sie, drückte sie an einen Baum, hielt sie fest, sagte ein paar russische Worte.
»Was fällt dir ein, hier auf der Straße. Was denken die Leut, die dort kommen?«
Er ließ sie los, zuckte mit den Achseln: »Weiß nicht.«
»Dein anderes Papierl hast aber schon heut dabei, nicht wahr?«
»Was Papier?«
»Deinen Ausweis – wir haben doch gestern drüber gesprochen, und du hast gesagt, wenn du mit zur Kirche kommst, bringst du den mit – vorläufig, zum Vorzeigen, bis das andere kommt. Ich hab doch alles dabei, habs schon die anderen zwei Sonntage dabei gehabt, meinen Taufschein, den Paß – den Heimatschein – verstehst denn nicht, was ich sag? Wir können heut schon mit dem Pfarrer reden, ihm sagen, was wir im Sinn haben, nicht wahr? Reden mußt du

schon, kannst ja besser Englisch als ich.«
»Später.«
»Natürlich erst später, nach der Messe. Es fängt ja eben an.« Sie zog ihn über die kleine Lichtung, auf der die Kirche stand. Er blieb stehen, machte eine Bewegung, als wolle er umkehren, aber sie ließ ihn nicht los, zwang ihn durch die Tür. Die alte Klosterfrau ließ schon ihre verwischten, heiseren Harmoniumstöne erklingen. Der kleine Chor dunkelgekleideter Mädchen umstand sie, die eine versuchte, ihren Strumpf verstohlen heraufzuziehen.
Sie reichte ihm das Weihwasser, dachte, er ist mitgekommen, alles wird recht werden. Vergib, Herr, daß ich so viel an ihn denk, sogar in Deinem Haus, wo der Mensch nur an Dich denken sollt, aber die Liebe kommt ja auch von Dir.
Sie kniete nieder, beobachtete aus dem Augenwinkel, wie er sein Taschentuch auf den Betschemel breitete, ehe er niederkniete. Sein Gesicht schien noch dunkler als sonst im weißgetünchten Raum. Er starrte auf den Altar, gähnte ausführlich und laut, während der Priester das Stufengebet sprach, zog dann ein kleines, abgegriffenes Buch in schwarzem Einband aus der Tasche und begann zu lesen. Fromm war er, das konnte man sehen. Er hatte auch ein gutes Kirchenbenehmen, aber das Mädel, das seinen Strumpf hochzog, hätte er nicht so lang anschauen dürfen. Ob sein Gebetbuch sehr viel anders ist als das meinige? Schad, daß ichs nicht lesen kann. Alles ist anders bei ihm als bei unsereinem. Gern hat er mich schon, vielleicht nicht so gern, wie ich ihn hab.
Sie versuchte, der Handlung zu folgen. Sie wollte beten, wollte nur den Priester sehen, der gemessen vor dem Altar wandelte, sich verbeugte, die Hände öffnete und schloß, intonierte, während der Chor laut, eifrig und unrein sang – aber immer wieder mußte sie zur Seite sehen, denn zum erstenmal kniete der Mann neben ihr, dem sie bald Treue bis in den Tod geloben würde, der Mann, der Heimat, Zuhause für sie bedeutete, auch wenn dies Zuhause nur ein Kasten auf Rädern war. Wo du lebst, werd ich auch leben, Toni, ganz gleich wo, nur bei dir.
Der Meßbube im ausgewaschenen Gewand läutete jetzt die Wandlung ein. Sie zögerte, zum Speisgitter zu gehen, sie hatte nicht gebeichtet, war nicht sauber genug, den Leib des Herrn zu empfangen. Da waren zu viele Gedanken, die sie nicht denken durfte, da war vor allem ein fremdes, beängstigendes Gefühl, dieser mächtige Strom, der sie mit sich riß und zu ihm hintrug und ihr alle Kraft raubte.
Ich muß beichten gehen, ist höchste Zeit. Wenn die Miß mir nur

einen Priester findet, mit dem ich reden kann – ich brauch Rat und Hilfe.
Der Priester wandte sich um, erhob die Hand, verkündete »ite, missa est«. Sie stieß Anton an, der in sein Gebetbuch vertieft blieb, während die Menschen schon dem Ausgang zugingen: »Komm, ist ja zu End.«
Der Priester stand vor dem kleinen Portal, lächelte ihnen zu.
»Sags ihm jetzt Toni, sag ihm, marriage, please, ich habs nachgeschlagen, er wird schon wissen, was du meinst, und ich zeig ihm meine Papiere.« Sie öffnete ihre Handtasche, aber er hörte nicht auf sie, drängte an ihr vorüber, blieb in einiger Entfernung stehen, winkte herrisch, pfiff schrill zwischen den Fingern. Sie sah den Priester an, sagte leise: »Please, marriage, Sir«, aber er hatte sich bereits einem Mann zugewandt, der auf ihn einsprach.
Sie hastete zu Anton, bat ihn: »Geh mit zum Hochwürden zurück, sags ihm doch.«
»Ich nix sagen heute – später, okay.«
»Aber wir haben doch verabredet, daß wir heiraten – oder magst nimmer? Hast doch den Ring gekauft.« Sie fügte langsam, hochdeutsch hinzu: »Oder willst du mich nicht mehr zur Frau?«
Der reiche Farmer fuhr langsam, grüßend an ihnen vorüber, winkte ihnen zu.
»Sehr guter Mann, das, plenty money, hat drei Traktoren.«
»Toni, ich frag dich was, warum antwortest du nicht?«
»Weiber immer fragen zuviel, schwätzen zuviel.« Sein schönes, dunkles Gesicht unter dem ölglänzenden, enganliegenden Haar war undurchdringlich, eine Maske aus altersbraunem Holz.
»Hast du um dein Papier geschrieben – oder sagst du es bloß, damit ich nicht weiterfrag? Geh, gib mir doch eine Antwort.«
»Kommen schon, vielleicht morgen, vielleicht später.«
Er war verärgert. Sie wagte nicht, weiter in ihn zu dringen. Er war ihr wieder einmal unerreichbar ferngerückt. Kontinente lagen zwischen ihnen, obwohl sie Hand in Hand gingen. Sie durfte ihn nicht plagen, er hatte es nicht gern, wenn sie ihn fragte. Sie fürchtete, daß aus der Hochzeit nichts werden könnte, wenn sie ihn verärgerte. Besser wärs schon, wenn wir uns verstünden.
Ein einstöckiger Autobus rollte die Landstraße entlang. Sie sah ihn von der Seite an, sagte vorsichtig: »Der hat dieselbe Farbe wie dein Wagerl. Wenn ich im oberen Stock bin, kann ich grad das Dach sehn, steh abends vorm Schlafengehn immer dort und denk, schlaf gut, Toni.«
Er antwortete nicht. Der Griff seiner Hand hatte sich gelockert, war

nur noch leise Berührung. Sie bogen in den schmalen Pfad am Ackerrand ein. Der Himmel hatte sich mit durchsichtigem Opaldunst bedeckt, hinter dem die mattgoldene Sonnenscheibe schwebte. Eine unsichtbare Lerche sang im Gewölk. Die weite Mulde, in der Farmhaus und Stallgebäude ruhten, leuchtete mattgrün im kupferfarbenen Rahmen frühherbstlicher Wälder.
»Ists nicht recht kalt in deinem Wagerl im Winter, Toni?«
»Meine Caravan prima.«
»Aber ein Haus ist doch schöner, ich mein, ein richtiges, festes Haus.«
»Mein Caravan prima. Wenn Miß-Bauer tot oder nicht gut zu mir, ich sagen: Good bye, fahren mit mein damoi fort, zu reiche Bauer.«
»Hast doch nicht im Sinn zu kündigen – ist doch ein gutes Platzerl, hast es selbst gesagt. Und da wär doch auch das Häuserl für uns, das leersteht, gehört der Miß, wär grad recht für uns, wenn sies uns läßt, hat vier Fenster. Hab schon Gardinenstoff dafür in der Stadt gesehn – weiß mit kleinen Roserln.«
Sie blieb stehen, setzte sich, ohne seine Hand loszulassen.
Er breitete sein Taschentuch sorgfältig aus, setzte sich neben sie. Sie legte ihr Gesicht in seine Hand, sagte leise: »Wenn du bloß bisserl mehr wie unsereiner wärst – vielleicht wärs besser, wenn ich dich nicht so lieben tät – aber ich kann halt nicht weniger lieben, weil so viel Liebe all die Jahr in mir gewesen ist und niemand da war, dem ichs hätt geben können. Manchmal ists schon fast nicht zum Ertragen – besonders abends, wenn ich im Bett lieg – und am frühen Morgen vorm Aufstehn, da reißts mich zu dir hin, wenn ich über uns zwei nachdenk.«
»Du kommen heute abend schlafen mit Anton in Caravan, wenn alte Miß-Bauer schläft, okay?« Er legte den Arm um sie: »Du kommen heute zu Anton, yes?«
»Ich hab dir schon so oft gesagt, wenn wir verheiratet sind – du sagst ja auch später. Jetzt sag ich einmal später, laß mich dein Gebetbücherl sehn, wenn ichs auch nicht lesen kann, anschauen möcht ichs.«
Er zog das kleine schwarze Buch aus seiner Tasche. Der Deckel war abgegriffen, die Blätter vergilbt und fleckig. Auf dem Titelblatt schwebte ein Vollmond von seltsamen Schnörkeln umgeben, an denen Sterne hingen.
»Hast aber fleißig drin gelesen – tut ihr damit bei euch zu Haus beten? Schaut aber bisserl sonderbar aus.«
Er schüttelte den Kopf, begann umständlich in seinem Kauderwelsch zu erklären, daß es ein Buch sei, aus dem seine Mutter den

Dorfbewohnern ihre Träume deutete. Nur er und seine Mutter konnten lesen. Es war das einzige Buch, das er bei seiner Verschleppung nach Deutschland mitgenommen hatte.
»Ein Traumbuch hast in die Kirche mitgenommen, aber Toni, das tut man doch nicht. Und ich hab gedacht, du bist soviel fromm, weil du so fleißig drin liest.«
»Ist prima Buch. Du mir sagen: Anton, ich habe das geträumt, ich sagen, Lina, ich schauen in mein Buch, hier alles für dich.«
»Aber das nimmt man doch nicht zur Messe mit. Und glaubst wirklich alles, was drinsteht?«
»Ist prima Buch.« Er schlug eine Seite auf, zeigte ihr das Bild einer gehörnten Frau, umgeben von seltsamen, kleinen Gestalten. »Das nix gut, böses Weib.« Er zeigte auf zwei ziegenähnliche Geschöpfe: »Das bringen plenty money.«
»Aber so was träumen wir nicht bei uns daheim. Die Tant hat auch ein Bücherl, schaut aber anders aus. Wir haben immer drüber gelacht, ist ja nur Aberglauben – ich schenk dir ein schönes neues Gebetbuch zum Kirchgehn, willst jetzt ein englisches oder ein deutsches, die Miß besorgts mir schon, wenn ich drum bitt.«
Er zuckte mit den Achseln: »Macht nix.«
»Das Bücherl nimmst mir aber nicht mehr mit in die Kirche, gehört sich nicht, Toni.«
Sie hielt inne, weil er zu lachen begann. Er sah so jung aus, daß sie vor ihrem Alter erschrak.
»Bist wie ein dummer, kleiner Bub, mein Rußki.«
»Lina denken zuviel, schwätzen zuviel, ist nicht gut.« Er stand auf, prüfte seine zwei Armbanduhren, dann die Uhr in seinem Knopfloch. Sie wurde mit einemmal wieder von Angst befallen, als sie ihn vor sich stehen sah, gegen den graublauen Hintergrund des Himmels, schlank, muskulös wie die Burschen zu Haus.
»Was meinst jetzt, ob ich nicht doch schon bisserl zu alt für ein weißes Kleidel bin? Das blaue Bandl von den Marienkindern trag ich schon – bin ja lang genug Mitglied. Schad, daß meine Leut nicht dabei sein können oder der Fischerseppl, der tät dir gefallen, ist ein braver Mensch, mein bester Freund von der Schule her.«
Er ging eilig, leise pfeifend, neben ihr her.
»Warum sagst nix, Toni?«
»Ich damoi, essen – viel Hunger.«
»Paß auf, wenn wir verheiratet sind, koch ich für dich – möcht es jetzt schon tun, trau mich aber nicht, die Miß drum zu bitten, ob ichs tun darf – hab ihr auch noch nichts von uns beiden gesagt, weils noch nicht soweit ist und auch weil ich mich bisserl fürcht, was sie dazu

sagen wird. Unsereiner weiß ja nie, was die Herrschaft meint.«
»Du kommen heut nacht Caravan?«
»Du weißt, warum ich nein sag.«
Sie standen neben der Heckenlücke, durch die er stets schlüpfte. »Du nix kommen Caravan? Okay, good bye.« Er wandte sich ab, zwängte sich durch die Zweige.
»Jetzt bist schon wieder bös, bloß weil ich nein sag. Versteh doch, daß ich nein sag, weil ich weiß, was passiert, wenn ich komm, und weil ich nicht will, daß es passiert. Ich möcht schon gern bei dir sein, viel zu gern. Machs mir nicht so schwer, Toni bittschön, hörst mich?«
Er blieb nicht stehen, sah sich nicht um, entschwand zwischen Ranken und Gestrüpp.
»Ich lieb ihn halt doch zu sehr«, sagte sie leise zu dem Hund, der ihr schweifwedelnd entgegenkam.

## 5

Sie hatte nicht gewagt, der Miß zu sagen, daß sie keine Lust und kein Interesse hätte, mit fremden Leuten nach Portsmouth zu fahren. Aber die Miß erklärte, sie müßte endlich einmal etwas von England sehen, nicht nur zur Kirche gehen, ins Dorf oder an Markttagen in die Stadt, um einzukaufen.
»Es wird Ihnen gut tun, Lina. Sie müssen aus dem Haus kommen. Es wird Ihnen sicher gefallen, Portsmouth ist ein berühmter Hafen mit einem berühmten alten Schiff. Der Klubleiter hat gleich gesagt, daß Sie auch als Nichtmitglied willkommen sind. Es ist ein Klub, in dem Engländer fremde Sprachen lernen und Ausländer Englisch. Fahren Sie nur mit.«
Wie so oft fand sie nicht rasch genug Worte, um zu sagen, daß sie mit ihrem Leben zufrieden sei, daß sie lieber im Haus, in der Küche bliebe, weil Gutshof, Wälder, Äcker und Arbeit ihr genügten, weil sie dies neue Leben liebte. Daß sie Anton liebte, mit ihm verlobt war, hatte sie wieder nicht zu sagen gewagt. Sie konnte deshalb auch der Miß nicht erklären, daß jeder Augenblick mit Anton ihr lieber sei als alle Häfen und alle Schiffe in der ganzen Welt und daß sie sich jetzt nur noch fürchtete, wenn die elegante Schwester oder Freunde kamen und ihre Speisen so mißtrauisch kosteten, als ob sie vergiftet wären.
»Ich bleib ebenso gern zu Haus, Miß, ganz gewiß«, war alles, was sie einzuwenden versuchte, aber die Miß wiederholte nur, daß der

Ausflug gut für sie wäre.
Und jetzt rollte der große grüne Autobus die Landstraße entlang. Die kleine Kirche war vorübergeglitten. Der Herr mit dem kurzgeschnittenen weißen Schnurrbart hatte sie willkommen geheißen und in mangelhaftem Deutsch erklärt, Portsmouth sei der größte Hafen der Welt. Sie hatte »thank you, Sir« gemurmelt. Die neben ihr sitzende Dame stellte sich als Deutsche vor: »Unser Präsident hat uns absichtlich zusammengesetzt, damit wir uns unterhalten können. Mein Name ist Luise Max, Spottname Mäxchen. Sie müssen unbedingt Mitglied bei uns werden. Ist hauptsächlich ein Klub zur Weiterbildung, Abendkurse, Sprachkurse, gesellschaftliches Zusammensein. Es ist immer gut, Anschluß zu haben, Beziehungen, wissen Sie – man weiß nie, ob man nicht mal eine Beziehung braucht. Sind alles nette Leute, gute Klasse, verstehn Sie?«
Lina fand keine Antwort, nur ein leises »so«. Aber Fräulein Max erwartete keine Antwort, sondern berichtete geläufig, daß sie schon viele Jahre bei einer reichen Dame als Gesellschafterin angestellt sei, einer echten Lady, die sie auch beerben würde, »sie ist schon hübsch alt und kränklich, lange wird es nicht mit ihr dauern. Ich sage ihr schon immer, wenn sie wieder mal zu weinerlich ist: Lady Rosemary, wir müssen alle mal fort, für jeden schlägt die unangenehme Stunde, das ist nun mal so, und kein Mensch kann ewig leben, nicht wahr? Obwohl man's gerne möchte. Ich glaube, das tröstet sie etwas, aber genau weiß man ja nie, was diese Engländer wirklich denken, weil sie es nicht so recht von sich geben können. Eine Zeitlang gibt sie dann Ruhe.« Und vertraulich fügte Fräulein Max hinzu, daß sie dann einen sorgenfreien Lebensabend verbringen würde – wenn es einmal soweit wäre, »denn den kann man ja nur haben, wenn genügend Zaster vorhanden ist, nicht wahr. Ich sage immer, wer Zaster hat, gewinnt allemal.« Dann erkundigte sie sich nach Linas Lohn, wiegte den Kopf, meinte, es gäbe bessere Stellen, höheren Lohn, mehr Komfort, weniger primitive Arbeit.
»Ich bin recht zufrieden.«
»Wenn Sie mal weniger zufrieden sind, nur nicht lange warten, sondern sich gleich vertrauensvoll an Mäxchen wenden. Ich habe gute Beziehungen durch meine Lady.« Lina blickte schweigend vor sich hin, fragte unvermittelt, wann sie wieder zurückführen.
»Mein Kind, wir sind doch erst auf dem Hinweg, ist doch ein kompletter Tagesausflug.«
»Ich hätt es gern gewußt.«
»Aha, verstehe, es wartet jemand auf Sie – oder?«

»Ich bin gern zu Haus.«
»Abends sind wir bestimmt zurück, mein Kind –.«
»Gewiß wahr?«
Fräulein Max ging nicht näher darauf ein, sie war jetzt beschäftigt, ihre Erbschaft einzuteilen: »Wenn es dann so weit ist, kommt meine Nichte, um mir den Haushalt zu führen. Ob ich das Haus behalte, weiß ich noch nicht. Lady Rosemarys Verwandte werden natürlich versuchen, dazwischenzufunken – aber alles ist unantastbar für mich bestimmt. Ich kann mich dann endlich ausruhn, auf Reisen gehn – ja, kommt Zeit, kommt Zaster.«
»Vielleicht gehts Ihrer Herrschaft bald wieder besser.«
»Ausgeschlossen, völlig ausgeschlossen, dazu ist sie schon zu alt. – Wissen Sie, ich hab mir alles redlich verdient, wenns soweit ist. Man hats nicht leicht mit alten Leuten.«
Lina hörte nicht zu. Sanfte Hügel, kleine Dörfer mit strohgedeckten Dächern zogen vorüber, winzige Läden mit bunter Auslage, dann endlose Reihen einförmiger roter Ziegelsteinbauten, einstöckig, einander in jeder Einzelheit gleichend, als wären sie Spielzeugkästen entnommen und hinter weißen oder grünen Zäunen und sorgsam geschnittenen Hecken aufgestellt worden. Selbst im kleinsten Garten leuchteten Blumen. Sie dachte an die bunten Glaskugeln, die auf hohen Stecken in den kleinen heimatlichen Blumengärten leuchteten. Die meisten Kugeln gab es beim Fischerseppl, weil er der reichste Bauer war. Sonderbar, daß sie an ihn denken mußte, an sein »Bleib hier bei uns, Linerl, fahr nicht so weit fort, gehörst doch zu uns.«
»Ja – wenn es soweit ist, ruhe ich mich so richtig aus«, sagte Fräulein Max mit einem Seufzer.
Der Klubleiter verkündete, daß sie sich Portsmouth näherten. Man würde zuerst das berühmte Schiff »Victory« besichtigen, er setzte sein Megaphon ab, kam zu Lina, beugte sich zu ihr, sagte laut und langsam, als wäre sie schwerhörig, daß man nach der Schiffsbesichtigung eine Hafenrundfahrt unternehmen und eine Erfrischungspause vor der Rückfahrt einschalten würde.
Sie antwortete auf alle Fälle »thank you, Sir«.
»Wenn Sie bei uns Mitglied werden möchten, schlage ich Sie gern vor – ich gehöre ja schon lange dazu, bin Schriftführerin und Vizepräsidentin«, sagte Fräulein Max, während sie zwischen grauen, düsteren Häusern entlangfuhren.
»Ich überlegs mir noch – bin am liebsten zu Haus.«
»Stubenhocken ist ungesund, mein Kind, frische Luft erhält jung.«
Der Autobus überquerte einen Platz, und mit einemmal sah sie

Wasser, graublau mit weißen Schaumkronen, und Schiffe. Ich bin auf einer Insel, Meer ringsum, wär ich bloß nicht mitgefahren, ich fürcht mich wieder, durchzuckte es sie.

Fräulein Max gab ihr einen Rippenstoß: »Nur nicht immer vom Geliebten träumen – wir sind da, mein Kind.« Der Autobus hielt neben einem hohen, weit geöffneten Tor, vor dem Matrosen Wache standen. Der Klubleiter ermahnte alle, ihm zu folgen. Sie staunte, als das Riesenschiff Victory mit einemmal vor ihr auftauchte, so dicht, als säße es auf dem Kai selbst, groß, glänzend wie sorgsam poliertes Mahagoni. Bunte Wimpel flatterten von Mast zu Mast, ein Fotograf nahm gerade eine Touristengruppe auf. Sie mußten am Fuß der Gangway warten, weil eine Besuchergruppe herunterkam. Fräulein Max bemerkte, es seien Amerikaner, »das sehe ich auf den ersten Blick an dem Kaugummi in der Backe«.

Und wieder sagte Lina nur »so«.

»Ein sehr berühmtes Schiff, muß man gesehn haben, gehört dazu, wenn man schon mal hier ist.« Es war gut, daß Lina nicht fragte, warum es so berühmt war, denn Fräulein Max hätte keine Antwort gewußt.

Ein sommersprossiger, langer Matrose nahm sie an Deck in Empfang, führte sie rasch mit geschmeidigen Schritten zur steilen Treppe, die zum halbdunklen, niedrigen Zwischendeck führte. Der Klubleiter erbot sich, für Lina zu übersetzen, was der Matrose schnell und tonlos zwischen kaum geöffneten Lippen aufsagte. Aber Fräulein Max erklärte, sie würde es übernehmen. Sie tat es summarisch mit diskret geflüsterten Nebenbemerkungen, »und mit den Kanonen wurde damals in der berühmten Schlacht geschossen, viel können sie mit *den* Kugeln nicht getroffen haben. Na, und hier wurden die Leute operiert, die armen Teufel, die unters Messer kamen, ist doch alles so unhygienisch – die Mannschaft mußte zwischen den Kanonen schlafen –, ich bin sicher, Mr. Nelson hatte es besser. Alles sehr alt, aber garantiert antik, so wie der alte Kasten damals war. Warum sie bloß so viel Aufhebens davon machen, verstehe ich nicht, ist doch schon so lange her. Das ist der Salon von Mr. Nelson.« Der große helle Raum hatte ein weites, ausgebautes, erkerförmiges Fenster, Schiffe glitten draußen über das graue Wasser, ein Riesendampfer entschwand am Horizont. »Na, hab ich nicht wieder mal recht gehabt, *er* ließ sich nichts abgehen, der Mr. Nelson, alles piekfein, nicht zu vergleichen mit dem Stall dort hinten – oder ist's vorn, bei Schiffen weiß ich nicht Bescheid mit der Anatomie.« Als ein Blick des Klubleiters sie traf, fügte sie laut auf englisch hinzu, alles sei sehr interessant, ein Stück englische

Geschichte. Der Matrose gab ihnen Zeit, ein vergilbtes, eingerahmtes Blatt zu studieren, »sein letztes Gebet vor der Schlacht, auch *sehr* berühmt«.
Lina nickte, sagte wieder leise »so«. Der Geruch von Meer, Feuchtigkeit und Teer erinnerte sie an den Tag ihrer Ankunft.
Der Matrose blieb jetzt im Zwischendeck neben einer matt flackernden Öllampe stehen, die über dem Lorbeerkranz an der Wand hing. Ein Herbstblumenstrauß lag vor der Gedenktafel. Er wartete, bis sich alle um ihn gruppiert hatten, schaltete eine kurze Pause ein, ehe er wieder zu sprechen begann.
»Die Stelle, wo er starb«, flüsterte Fräulein Max, »sehr stimmungsvoll, muß ich schon sagen.«
Der Klubleiter hielt es jetzt doch für angebracht, die monotone Litanei des Matrosen zu übersetzen, sagte langsam, mühselig die deutschen Worte suchend:
»Hier starb Admiral Nelson nach der siegreichen Schlacht vor Trafalgar in den Armen seines Ersten Offiziers. Seine letzten Worte waren ›Kiss me, Hardy‹, was bedeutet, mich zu küssen, Hardy.«
Damit war die Besichtigung beendet, sie wurden wieder die Treppe empor zum oberen Deck getrieben.
Auf dem Kai wartete bereits eine andere Besuchergruppe.
Fräulein Max bemerkte leise, es sei doch sonderbar, daß der letzte Wunsch von Mr. Nelson ein Kuß von einem Mann gewesen sei.
»Aber vielleicht war er auch einer von denen, na, Sie wissen schon, was ich meine – es soll 'ne ganze Menge von denen hier geben. Von mir aus können die zwei getan haben, was sie wollen – sind alle schon so lange tot, und wie ich immer zu meiner Lady sage: Wir müssen alle mal fort – ob Fürst, ob Schornsteinfeger.«
»Vielleicht sollt man doch bisserl mehr an die Ewigkeit denken, wär vielleicht besser.«
»Ach, mein Kind, haben Sie's etwa mit dem lieben Gott und dem Paradies? Für mich gibt's nur die Erde, was später kommt, ist mir schnurzegal. Und jetzt habe ich Hunger.«
Der Matrose verabschiedete sich neben der Andenkenbude. Auf dem Tisch standen dichtgedrängt Schiffsglocken, winzige Victory-Schiffe in Flaschen, weiße und grell bemalte Gipsstatuen von Nelson, Schiffstaue, die Aschenbecher bildeten, Anker als Briefbeschwerer, mit »Portsmouth« beschriftete Muscheln, Kugelschreiber in Form von Fernrohren, grelle Postkarten.
Fräulein Max, mit einemmal sehr erregt, fand alles viel zu teuer und kaufte nach langem Zögern schließlich eine Schiffsglocke. Lina überlegte, ob sie Anton ein Flaschenschiff mitbringen sollte, ent-

schloß sich aber dann, kein Geld auszugeben. Sie hätte sich gern hingesetzt, aber dazu war keine Zeit, sie wurden den Kai entlanggeführt, saßen dann dicht nebeneinander in einem kleinen Motorboot, das sie laut knatternd über das unruhige Wasser an großen Schiffen vorüberschaukelte. Der Klubleiter dröhnte durch sein Megaphon, wies dahin und dorthin, aber Fräulein Max übersetzte nicht mehr, erklärte nur, Schiffe seien eben Schiffe, und wiederholte, sie hätte Hunger und Durst und übergenug an Bildung.
»Allzuviel ist ungesund.«
Die Rundfahrt schien kein Ende zu nehmen, der Hafengeruch verursachte ihr noch mehr Übelkeit, sie spürte Stechen hinter den Augen, Schwindel, dachte: bloß *das* nicht, vor allen Leuten, wandte sicherheitshalber ihr Gesicht mit geschlossenen Augen dem grauen Wasser zu, dem salzigen Sprühregen.
»Sehn etwas grün aus mein Kind, ist aber heute auch so ein richtiges Kotzwetter.«
Fräulein Max' Stimme drang undeutlich wie aus weiter Ferne zu ihr. Sie wagte nicht zu antworten oder den Kopf zu bewegen, preßte die Lippen zusammen, verkrampfte die Finger. Und da ertönte wieder dieselbe norddeutsche Stimme: »Na, ich hab's mir doch gedacht, da füttert schon jemand die Fische.« Sie flehte, nur jetzt nicht, bitt schön – sie wollte irgendeinen Heiligen anrufen, aber kein einziger Name fiel ihr ein. Der Motorenlärm verstummte, das Vibrieren und Schwanken hörte auf, sie spürte einen Rippenstoß. »Alles vorüber, aussteigen, mein Kind.« Sie stolperte über die Planke an Land, jemand packte sie am Arm, dann wurde ihr schlecht. Die Gruppe wartete in diskreter Entfernung, ohne sich umzusehen. Sie wollte sich beim Klubleiter entschuldigen, wollte »so sorry, Sir« sagen, brachte aber nur »ich konnt mich nicht mehr halten« heraus. Fräulein Max klopfte sie auf den Rücken. »Schon gut, Sie waren nicht die einzige.«
Der Klubleiter lächelte ihr zu, fragte: »Allright, Miß?«
»Thank you, Sir.« Der Autobus brachte sie zu dem Teerestaurant, einem düsteren, engen Raum, in dem es nach Feuchtigkeit, Zigaretten, angebranntem Brot und Fett roch. Die Ausflügler, seltsam still während Rundgang und Hafenfahrt, wurden mit einemmal gesprächig, riefen, lachten und bestellten. Der Musikautomat wurde in Gang gesetzt und dröhnte heiser. Zwei ältere Damen und ein dürrer alter Herr führten ein paar unsichere Tanzschritte aus, ehe sie sich an ihren Tisch setzten.
»Ich mag nichts, bittschön, mir ist nicht gut.«
»Sie müssen was Warmes trinken, leerer Magen ist ungesund,

Ihnen wird gleich besser nach einer Tasse Tee, glauben Sie mir.«
»Ich möchte nur eine Tasse Kaffee.« Fräulein Max überhörte ihre Bitte, bestellte laut und ausführlich. Kuchen, Sandwiches, Rosinenbrote, Teekannen wurden vor ihnen aufgebaut.
»Ich kann das alles nicht schaffen, ist zuviel, sie solls wieder mitnehmen. Ich mag nix, bittschön.«
»Hier gibt's nur komplette Tees, mein Kind, das ist nun mal so. Zahlen müssen Sie, ob Sie alles essen oder nur etwas – also Mut, 'runter damit. Was Sie nicht essen, übernehme ich.«
Sie versuchte, eine der dreieckigen Brotschnitten mit fischigem Aufstrich hinunterzuwürgen, ließ sie schließlich verstohlen unter den Tisch fallen, zerbröckelte den gelblichen Kuchen mit den bunten Zuckerknöpfen. Fräulein Max aß hastig, was sie übrigließ.
»Man soll den Leuten nichts schenken, wär ja noch schöner.« Dann befahl sie Lina, das Trinkgeld unter den Teller zu legen. »Nein, mein Kind, kein Kupferstück, sixpence ist das Mindeste – in England muß man mit den Engländern heulen.« Die zwei Damen und der alte Herr saßen mit unbeweglichen Gesichtern da und rauchten.
Die Kellnerin begann zu kassieren.
»Sie hats nicht genommen«, sagte Lina, als alle kleinen Silberstücke auf dem Tisch liegenblieben.
»Das tut sie erst, wenn wir fort sich, beim Abräumen, mein Kind. Lassen Sie es nur liegen.« Fräulein Max schob das Silberstück wieder unter den Teller, als Lina es an sich nehmen wollte. »Die sind so, soll fein sein – ist alles Tradition.«
Sie schlief fest, wirr träumend, die ganze Rückfahrt hindurch, obwohl Fräulein Max immer wieder eine Unterhaltung versuchte, und schrak erst auf, als der Klubleiter sie weckte und sagte, der Autobus würde sie am Farmweg absetzen.
»Wir hoffen, Sie bald als unser Mitglied zu begrüßen«, fügte er feierlich hinzu, und Fräulein Max pries noch einmal Sprachkurse, gesellschaftliche Veranstaltungen, Hobbykurse und rief ihr nach: »Im Notfall wenden Sie sich ruhig an Mäxchen. Mäxchen weiß immer Rat! Good bye!« Lina hastete den vertrauten Weg entlang. Ein dünner Wolkenschleier zog über den Vollmond, als wolle er seinen Silberglanz vertiefen. Ein aufgescheuchter Vogel flatterte mit leisem Ruf aus der Hecke. Ein Igel raschelte neben ihr, entschwand im Gras. Sie kannte die nächtliche Symphonie des Landes, die Geräusche von unsichtbaren Tieren, das Rascheln der Blätter, all dies war ihr vertraut; nur als ein Perlhuhn ihre Schritte hörte und wachsam sein schrilles Comeback-Comeback schrie, erschrak sie vor dem fremden Laut. Am liebsten hätte sie geantwortet, ich

komme ja schon back, bin froh, back zu kommen.
Die mannshohen Hecken zu beiden Seiten des Weges umgaben sie wie dunkle schützende Mauern. Sie lief zwischen ihnen entlang, froh und doch mit der unbewußten, vibrierenden Furcht, daß dies unverhoffte Glück, das sie berührte, das sich entfernte und dann wieder näherrückte, abhängig war von Worten, Gesten und dem geheimnisvoll undurchdringlichen Schweigen eines Mannes.
Matter Lichtschimmer blinkte hinter den Zweigen am Abhang, leise Musik drang ihr entgegen, ein schwebender, süßer Walzer. Bald würden sie zusammen dort sitzen – wenn sie nur den Zeitpunkt wüßte. Sie blieb stehen, starrte auf das Licht. Dort war die Versuchung – wenn ich jetzt zu ihm gehe, ists aus, ich weiß. Hätte ich ihm das Schifferl gekauft, würde ich ihn rufen, sagen: Da schau, Toni, hab dir was vom Ausflug mitgebracht, weil du nicht mitgekommen bist. Sie lief weiter dem Haus zu, floh vor der Versuchung, erschien atemlos in der Küche. Die Miß saß vor einem Teller mit Brot und Käseresten und las einen Brief. Es schien ihr, als ob sie sie forschend anblickte.
»War es schön, Lina? Hat es sich nicht gelohnt?«
»Glaub schon, aber ich versteh nichts von Schiffen – so viele waren da und so viel Wasser, daß es zum Fürchten ist. Ich hatt schon darauf vergessen, daß ich auf einer Insel bin.«
»Es war gut für Sie, einmal herauszukommen.«
»Ich bleib lieber in meinen vier Wänden – heraußen ist alles so fremd, aber hier kenn ich mich aus – bin recht froh, daß ich nächsten Sonnabend in die Stadt zum Beichten gehn kann – der Anton hat gesagt, er möcht auch beichten gehn, wenn Sies erlauben.« Sie wartete auf Antwort. Die Miß blickte auf den Brief, strich langsam das Papier glatt.
»So. Anton will beichten gehen, das ist etwas Neues – in all den Jahren hier hat er das nie getan.«
»Er sagt, er möcht gern – ist ja auch gut für ihn – Sie haben ja gesagt, der Priester dort spricht Deutsch, vielleicht versteht er auch Russisch – und wenn wir jetzt beide zusammen gehn könnten, gings in einem. Beichten gehn ist schon recht, Miß, und er ist ja auch katholisch –«
Die Miß antwortete nicht gleich, blickte auf den Brief. Jetzt wäre der Augenblick gekommen, von Verlobung und Heirat zu sprechen oder eine vorsichtige Andeutung auf das leerstehende Haus am Waldrand zu machen. Sollte sie mit einer Entschuldigung beginnen, weil sie, kaum in England angekommen, heiraten wollte? Sollte sie hinzufügen, daß sie beide selbstverständlich weiter bei ihr

dienen würden mit dem Unterschied, daß sie dann – sie stockte in Gedanken, spürte, wie sie rot wurde – mit *dem* Unterschied, daß sie dann in Antons Wagen schlafen würde.
»Ich mein, es ist immer gut, beichten zu gehn, Miß«, wiederholte sie leise.
»Natürlich kann er gehen – Old Hand und Tom können melken, ich fahre über das Wochenende zu meiner Schwester und komme erst Sonntagmorgen wieder.« Es schien Lina, als wolle sie noch etwas hinzufügen, aber dann schob sie den Brief in ihre Tasche. »Übrigens würde ich etwas vorsichtig mit Anton sein, Lina, ich habe es Ihnen schon einmal gesagt – und möchte es gerade heute noch einmal sagen.« Sie pfiff dem Hund, wandte sich an der Tür noch einmal um, wiederholte: »Ja, seien Sie vorsichtig«, und verließ die Küche, um die abendliche Stallrunde zu machen.
Lina blieb reglos stehen, starrte auf die geschlossene Tür. Sie hatte flüchtig eine deutsche Briefmarke auf dem Umschlag erkannt. Woher kam der Brief? Wer hatte ihn geschrieben? Die Schüssel, die sie vom Tisch genommen hatte, entglitt ihren Händen, zersplitterte auf den roten Fliesen. Die schlafenden Katzen erwachten, starrten sie an, begannen behaglich zu schnurren. Nur Florian schlief ruhig weiter unter der Katze, die auf seinem Rücken ausgestreckt lag. Sie räumte mechanisch ab, wusch das Geschirr, löschte die Lampe und ging in ihr Zimmer. Durch das Fenster drang leise Radiomusik aus Antons Wagen und vermischte sich mit dem Flüstern des Baches.

## 6

Sie hatte gefürchtet, daß er nicht mit in die Klosterkirche kommen, sondern im letzten Augenblick eine Ausrede erfinden würde, aber er war doch mitgefahren. Nur weigerte er sich, in der Stadt weiterzugehen, als ein grelles Plakat vom Eingang des Kinos lockte: eine halbnackte Frau, neben der ein Mann mit hocherhobenem Dolch stand.
»Ich gehn Bildli schauen, du gehn in Kirche, kommen später hier.«
»Aber Toni, du hast doch versprochen, zur Beicht zu kommen.«
Er lachte zum Plakat empor: »Prima Frau – ich gehn Kino, ist besser als Kirche – Kirche nix gut.«
»Du hast es versprochen, du *mußt* mitkommen – bitt schön.«
Er zögerte, ging schließlich mürrisch neben ihr her, blieb dann aber vor dem Kirchenportal stehen: »Ich hier warten – okay. Du gehn – dawai –«

»Hast doch aber gestern abend noch gesagt, du kommst mit beichten – warum magst jetzt mit einemmal nicht mehr? Warst überhaupt sehr lang nicht in der Kirche, Anton.«
»Ich sagen: ja, ich gehn Stadt.« Er lehnte an einem Grabstein, zündete sich eine Zigarette an. »Du gehn, ich hier warten.«
Sie überlegte, sagte schließlich: »Vielleicht ist ein Pfarrer da, mit dem du russisch reden kannst, wär doch gut – versuchs doch, komm mit, bittschön, sei brav, Toni.«
»Ich hier warten.«
Sie wußte, daß es keinen Zweck hatte, ihn zu drängen. Sie kannte dies abweisende Gesicht, diese braune, hölzerne Maske, wollte nicht, daß er ins Kino ging oder nach Hause fuhr und sie allein in der unbekannten Stadt zurückließ.
»Wartest auch bestimmt hier? Oder bist vielleicht doch brav und kommst nach?« sagte sie, ehe sie die schwere Tür öffnete. Er antwortete nicht, blickte über sie hinweg. Sie nannte diesen Blick »nach Rußland hin schauen«, weil er so weit von ihr entfernt in solchen Augenblicken zu sein schien.
Die Kirche war kalt und still. Eine Frau betete in der Nähe des Beichtstuhls ihre Buße am Rosenkranz ab. Die Schuhsohlen einer anderen Frau lugten hinter dem dunkelgrünen Vorhang des Beichtstuhls hervor. Sie hörte leises Murmeln. Zu beiden Seiten des Altars stand ein kleiner grüner Sessel. Wenn man ihr erklärt hätte, sie erinnerten an jenen Tag, da vor einem Menschenalter die alte Königin Victoria und die alte Exkaiserin Eugenie von Frankreich der Messe beiwohnten, hätte sie gleichmütig »so« gesagt. Jetzt dachte sie bloß erstaunt: In England ist halt alles anders, ist eine Insel, Meer ringsum, und beim Altar stellens Polstersessel auf. Vielleicht gewöhnt man sich mit der Zeit, daß soviel anders ist. Aber fremd ists halt doch noch.
Die Frau hatte ihre Beichte beendet, erschien hinter dem Vorhang, kniete nieder, begann ihre Buße abzubeten. Das rote Licht über dem Beichtstuhl erlosch, ein grünes Licht flammte auf. Sie wußte nicht, was sie tun sollte, erst als eine Hand hinter dem Vorhang erschien, und eine auffordernde Geste machte, wußte sie, daß der Priester bereit war, sie anzuhören.
Sie atmete tief, kniete in dem engen Raum nieder, zog den Vorhang hinter sich zu, faltete ihre Hände auf dem schmalen Brett vor dem engmaschigen Gitter, schloß die Augen, bekannte atemlos hastig stammelnd, daß sie in Gedanken, Worten und Taten, besonders in Gedanken, gesündigt hatte, fügte auf alle Fälle noch ein »mea culpa, mea maxima culpa« hinzu, obwohl sie die Sünde, um die es sich

handelte, noch nicht begangen hatte, sondern fürchtete, sie begehen zu müssen, weil ihr Widerstand schwächer wurde und sie sich keinen Rat wußte.
Der Priester schwieg. Sie hörte ihn laut und mühsam atmen, wiederholte noch einmal ihr »mea culpa, Ehrwürdiger Vater«, wartete, starrte ängstlich durch das Gitter, vermochte aber nur die Umrisse einer massiven Gestalt zu erkennen, einen Arm, eine Hand hinter der Ohrmuschel, den seitlich geneigten Kopf. Der Pfarrer zu Hause – überhaupt alle Pfarrer, denen sie gebeichtet hatte – sagte stets ein paar Worte, fragte, ermunterte – aber dieser Mann schwieg. Vielleicht war er schwerhörig, und so begann sie etwas laut für das übliche Beichtstuhlgemurmel zu sprechen:
»Ehrwürdiger Vater, ich bin jetzt bald drei Monate in England, das heißt, es werden bald drei Monate und sechs Tage, daß ich hier im Dienst bin. Hab ein gutes Platzerl, der Farmer ist eine Frau, eine Miß, und sehr freundlich. Jetzt ist aber da ein Arbeiter, der Anton, so hinter mir her, daß ich mir keinen Rat weiß. Er sagt, wir wären verlobt, ich hab auch schon den Ring hier, er meint jetzt aber, wir wären schon Mann und Frau und nennt mich auch immer seine Frau. Aber heiraten können wir doch erst, wenn ein Papier kommt, das er für die Heirat braucht. Er hat schon lang danach geschrieben, sagt er, aber es kommt nicht. Und jetzt ist es halt so zwischen uns, daß er zornig wird, weil ich immer nein zu dem sag, was er gern möcht. Ist halt doch ein Manndel – er sagt, wir verlobt, du kommen zu mir – und das Papier würde schon später kommen.« Sie hielt inne, wartete auf eine Frage. Wenn er bloß ein paar Worte sagen würde, aber er schwieg, saß reglos da, nur sein Atem war zu hören und ein leises »Hm«. Der warme Dunst von Wollgewändern und Tabak wehte durch das Gitter.
»Ich weiß schon, daß er ein Ruß ist und deshalb anders als unsereiner, er spricht auch schlecht Deutsch, aber wir verstehn uns schon – die Nazi haben ihn zur Zwangsarbeit nach Bayern verschleppt, er hat viel durchgemacht, der Toni, der Anton, mein ich – aber brav ist er, hat ein gutes Kirchenbenehmen.« Sie stockte, dachte, das mit dem Traumbuch brauch ich wohl nicht zu sagen, ist ja kein Vergehn. »Er kommt auch mit zur Messe, nur heut hat er sich mit einemmal nicht getraut, zu Hochwürden hereinzukommen. Und drohen tut er, alles wär aus zwischen uns, wenn ich nicht tu, was er möcht. Er verspricht mir ein gutes Leben, ein Häuserl für später, wenn wir genug beisammen haben, alles, was ich schon so lang hätt haben wollen – all die Jahre, wo ich schon die Hoffnung aufgegeben hab. Jung bin ich auch nicht mehr, Hochwürden, bin schon fünfundvier-

zig geworden, und er ist jünger. Er meint, es macht nix, daß ich älter bin, ihm wärs recht, meint er, er braucht eine Mutter, sagt er, aber er möcht eben auch eine Frau, und jetzt mag er nicht mehr warten, und da wollt ich Hochwürden fragen, indem daß wir doch versprochen sind und ich seinen Ring als Gelöbnis trag, wär das wohl eine Todsünd, wenn ich ihm nachgeb. Die Mutter, Gott hab sie selig, und der Vater, Gott hab ihn selig, mög ihnen das Ewige Licht leuchten, die sind seinerzeit noch auf Probier vor der Hochzeit gegangen und haben vier Kinder in einer guten Ehe christlich aufgezogen. Ich hätt soviel gern mein eigenes Heimatl, Hochwürden, möcht kein alter Dienstbot sein – bittschön, ists jetzt eine Todsünd?« Sie zögerte. »Bin ein Marienkind und hab das blaue Bandel all die Jahre in Ehren getragen, möcht schon mein Gelöbnis halten, nicht vor der Ehe, wissens schon – no ja, bei uns daheim andere Mädel nehmens nicht so wichtig – aber ich bin halt wohl ein bisserl altmodisch, die Mutter war recht streng mit uns – der Vater auch.«

Sie wußte nicht mehr so recht, was sie zu der reglosen, schweigenden Gestalt noch sagen sollte, hätte beinahe in ihrer Verwirrung wiederholt, was ihr Tom neulich im Vorübergehen zugerufen hatte, obwohl er sonst nie mit ihr sprach: der Anton hätte in Rußland oder wo er sonst herkäme eine Frau und sieben Kinder. Als sie Anton zur Rede stellte, hatte er bloß geantwortet, Tom sei ein Schweinehund, und hatte am gleichen Abend die Gummireifen an Toms Fahrrad zerschnitten.

»Bittschön um Rat und Vergebung und Segen, Hochwürden, vor allem um Rat – und vielleicht sprechens mit dem Anton, sagen ihm, er soll nicht so drängen, sondern warten bis zur Hochzeit. Er steht draußen, traut sich nicht herein, aber wenn ich ihm sage, daß Hochwürden auf ihn wartet, kommt er vielleicht, vergelts Gott, dankschön.«

Der Priester räusperte sich ausführlich, nahm die Hand von seiner Ohrmuschel, befahl ihr langsam und mühselig in gebrochenem Deutsch zehn Vaterunser und zehn Gegrüßet-seist-Du-Maria zu beten, murmelte den Segen, stand auf, zog den Vorhang zur Seite, stieg ächzend aus dem Beichtstuhl.

Sie erschrak, hätte beinahe aufgeschrien. Er war kein Deutscher, verstand kein Deutsch, die Miß hatte sich geirrt oder verhört, als man ihr sagte, ein Klosterbruder spräche Deutsch oder wäre ein Deutscher. Dieser alte Mann in der braunen Kutte hatte sie nicht verstanden, hatte wohl nur geglaubt, sie zähle das übliche Sündenregister auf. Er ahnte nicht, daß sie Rat brauchte, vor allem aber gehofft hatte, er würde mit Anton sprechen. Sie sah jetzt sein

Gesicht, alt, verrunzelt, weißes Haar, fahlgraue, rotumränderte Augen, schmalen blassen Mund. Er zeichnete noch einmal das Kreuz, schon halb von ihr abgewandt, schritt lautlos auf Sandalen fort, beugte das Knie vor dem Altar und den zwei kleinen, grünen Samtsesseln, die krummbeinig wie große Kröten auf dem roten Teppich hockten, entschwand durch die Seitenpforte.
Von irgendwoher ertönte ein Klingelzeichen, dann war alles wieder still. Die betenden Frauen waren verschwunden. Sie war allein. Von den bunten Fenstern wehten Nebelstreifen zur Kanzel hin. Es roch nach Weihrauch, ausgelöschten Kerzen, Wachs und Feuchtigkeit. Ihr Atem stieg in schmaler, grauer Wolke empor. Sie dachte, ob wohl meine Seele so ausschaut, wenn sie den Körper verläßt und die Ewigkeit sucht? Oder ist eine Seele unsichtbar? Irgend jemand hatte ihr einmal gesagt, reine Seelen, die vom Mund auf zum Paradies aufsteigen durften, trügen kleine weiße Schwingen. Was für Flügel hatten verdammte Seelen, die in die Hölle mußten? Oder stürzten sie bloß herab in ewige Dunkelheit und Qual?
Sie kniete auf einer Bank, nahe dem Altar nieder, begann die auferlegte Buße zu beten, die Augen auf das leise flackernde Licht in der roten Ampel gerichtet, und erschrak mit einemmal: denn über der Flamme wie aus ihr emporgewachsen schwebte durchsichtig, lockend Antons Gesicht – glatte braune Haut, deren Wärme ihre Hände so gut kannten, schrägstehende schwarze Augen über hohen Backenknochen, schwarzes, glänzendes Haar, weiße Zähne – lachend.
Er ist in mir, ich bekomm ihn nicht mehr aus dem Hirn, führe uns nicht in Versuchung – jetzt und in der Stunde unseres Absterbens, Amen – ich glaube an Gott, den Allmächtigen – ich bring schon alles durcheinander – kann nichts fertigbeten. Sie hielt inne, überlegte, wußte nicht, wieviel sie von der Buße bereits gebetet hatte, betrachtete ihren Rosenkranz, dessen kleines Kreuz in ihren zitternden Händen tanzte, und betete sicherheitshalber noch drei Vaterunser und drei Gegrüßet-seist-Du-Maria – und dann noch einmal stokkend, als habe sie es eben erst gelernt, das Glaubensbekenntnis, das sie bereits im Beichtstuhl abgelegt hatte, bekreuzigte sich nochmals, als wolle sie durch dies Zeichen ein schützendes Netz über sich spinnen – und wagte dann erst wieder aufzublicken. Antons lockendes, lachendes Gesicht war verschwunden. Die kleine Flamme brannte ruhig in der Ampel.
Hab wohl nur gedacht, daß ich ihn seh, weil ich ihn halt immer sehen möcht.
Sie tauchte ihre Hand in das Weihwasserbecken, über dem ein

kleiner blauer Porzellanengel schwebte, dem eine Hand fehlte, benetzte Stirn und Brust, ließ die kalte Hand über dem Herzen ruhen, das laut und dröhnend schlug, als wolle es die Kirchenwände sprengen und mit seinem Schall das Dach emportragen.
Reinige mich von sündigen Gedanken, bewahre mich vor unrechten Taten, vor allem aber vor den Gedanken, die immer wieder in mich schleichen – hebe dich hinweg von mir, Satan, bittschön, lieber Herrgott, steh mir bei, Allerheiligste Jungfrau, hilf mir, mein Gelöbnis der Reinheit zu halten.
Sie zog das schwere, knarrende Portal auf. Nebel umfing sie feuchtkalt.
Sie blickte sich nach Anton um, fürchtete, er sei doch ins Kino gegangen, er wartete ja nie gern, war immer so ungeduldig. Aber Anton stand neben dem Eingang zum Friedhof unter einem kleinen Strohdach, das sich über der Eingangspforte wölbte.
»Bin ich froh, daß du noch hier bist, Toni.«
»Warum?«
»Hab schon gefürchtet, daß du fort bist. Warum bist du jetzt nicht mitgekommen? Hast doch erst gestern gesagt, du kommst mit zum Beichten.«
Er machte eine Handbewegung, die alles auslöschte: »Gestern – gestern – heute, heute – heute damoi zu Anton kommen.«
Sie blieb dicht vor ihm stehen, glücklich, bei ihm zu sein.
Der süßliche Duft von Haaröl und Kölnischwasser, das er Okolo nannte, umfing sie.
»Gestern hast du mir versprochen, mit mir zu kommen«, wiederholte sie. Er antwortete nicht, zog sie mit sich, hatte es eilig, die Haltestelle zu erreichen. Sie stellten sich hinter eine kleine Menschengruppe, die fröstelnd wartete.
Sie sah ihn von der Seite an. Er trug seinen blauen Sonntagsanzug, die drei Uhren, das rötseidene Taschentuch, die spitzigen Lackstiefel.
»Bist halt ein russischer Zigeuner. Aber gefallen tust mir schon.«
Er rüttelte sie am Arm, schrie sie so laut an, daß die Wartenden sich erstaunt nach ihnen umwandten.
»Ich nix Zigeuner, meine Mutter ganz prima Frau, prima Kosak, meine Vater großer Schweinehund, meine Großvater prima Bettler, nix Zigeuner!«
»Hast mir einmal gesagt, dein Vater sei Elektriker gewesen. Und warum war er ein Schweinehund?«
Er nahm keine Notiz von ihrer Frage.
»Mein Großvater prima Bettler, Winter schlafen Ofen, Sommer

gehen betteln – gehen viele Straßen bis nach Jerusalem.«
»Geh, Toni, was redst jetzt wieder einmal daher? Wie kann schon dein Großvater von Rußland auf Jerusalem hintri gehn?«
Er überhörte wieder ihre Frage, pfiff vor sich hin.
»Warum sagst einmal etwas und dann wieder was ganz anderes?«
»Du heute kommen zu Anton, okay?«
»Wenn ich jetzt wirklich heut zu dir komm, mußt mir versprechen, ganz brav zu sein, mich nicht zu plagen – Hochwürden hat auch gesagt« – es fiel ihr schwer, rasch auszudenken, was Hochwürden gesagt haben könnte – »er hat auch gemeint, sollst mich nicht plagen, hörst du mir zu, Toni?«
Eine Frau mit einem Kinderwagen ging vorüber, er stieß Lina an, lachte: »Soll ich dir Bub oder Mädel machen – ich machen alles prima.«
»Geh, Toni – ja, ich hätt schon gern ein paar Kinder, wenns nicht doch schon zu spät ist – geh doch schon auf die Fünfziger hin – und du bist so jung.«
»Du allright für mich, kommen damoi, yes?«
»Nein. Ich glaube, es ist besser nicht. Ich weiß ja, was wird – verstehs doch.«
Er war ungeduldig, war schon wieder ärgerlich, und da der Autobus eben hielt, stieß er sie hinein. Während der Fahrt saß er schweigend neben ihr, sprach kein Wort, als sie den Weg zur Farm einschlugen.
»Bist bös mit mir, Toni?«
»Du immer so viel reden – so viel fragen – heute kalt, komm damoi.«
Es war fast dunkel. Vom Apfelbaum tropfte Feuchtigkeit auf ihr Gesicht wie kühle Tränen, der Nebel hatte sich verdichtet, sie fröstelte. »Versprich mir halt, brav zu sein, Toni.«
»Anton good boy, very good boy, sagt Miß-Bauer.«
Er packte sie am Arm, zog sie hinter sich her die Böschung herauf durch den Spalt in der Hecke, dann durch Gestrüpp zu einem Platz am Abhang, auf dem der Wohnwagen stand. Sie blieb erstaunt vor dem kleinen Tisch mit dem ausgestopften Eichhörnchen unter Glas stehen, wies auf den schwarzen Holzdeckel über einem Porzellanbehälter.
»Ja, Toni, was wär jetzt *das* da? Warum hast denn den schönen neuen Abortsitz herausgestellt, gehört doch hinein ins Wagerl, der Mensch braucht doch einen Abort.«
Er machte ein unbestimmte Handbewegung zu den von Nebel verschleierten Wiesen, dem Mühlbach und den Wäldern. »Ich nix brauchen Abort, ich gehen draußen, das hier prima Stuhl für Anton,

Kartoffel schälen, Schuhe putzen.« Er setzte sich auf den schwarzen Holzdeckel, zog die engen Lackstiefel aus, bewegte die vom Druck erlösten Zehen, nahm ein Tuch aus der Schublade, fuhr sorgsam über das blanke Leder.
Sie stand unschlüssig neben ihm.
»Und warum steht das Eichkatzerl hier heraußen?«
Er faltete das Putztuch sorgfältig zusammen, legte es in die Schublade, nahm seine Schuhe, packte sie wieder am Arm: »Schönes Vieh – wenn Regen, in mein Caravan – komm.«
»Aber versprich mir erst, brav zu sein, nicht wie gestern und die anderen Tag – machst es mir soviel schwer.«
Er antwortete nicht, zog sie die Stufen herauf in den Wagen. Gleich neben der Eingangstür war der kleine Raum, dessen Einrichtung er jetzt als Stuhl benützte. Kartoffeln und Äpfel lagen dort ordentlich in kleinen Haufen auf der Erde. Zwiebelkränze hingen von der Decke, Konserven waren auf dem Wandbrett aufgereiht. Über dem Loch am Boden stand ein Hocker, drapiert mit buntem Seidenschal und einer Vase, in der Wachsblumen staken.
»Sauber hast dus schon.«
Er öffnete die schmale Tür zwischen Kochnische und Wohnraum, entzündete die Petroleumlampe an der Wand. Wie oft hatte sie vom Wohnhaus heraufblickend diesen matten goldenen Schimmer hinter bunten Vorhängen gesehen.
Ein kleiner Tisch stand vor der breiten, mit Zeitungen bedeckten Polsterbank. Auf einem Ziertisch kreisten Goldfische in grünem Glasbehälter. Er hob eine bunte Strohmatte empor, öffnete den länglichen Deckel, wies auf die schmale, im Fußboden eingelassene Badewanne.
»Sogar ein Bad hast – ist auch gut zum Wäschewaschen.«
»Ich nix baden, ich waschen, okay.«
»Aber wenns doch schon da ist.« Sie sah auf das Doppelbett, das am Ende des Wagens stand. Unter der durchsichtigen Spitzendecke schimmerte rote Seide. Am Kopfende standen drei Fotografien von ihm im Sonntagsanzug, die eine grell koloriert, auf der hatte er blaue Augen, daneben eine Muttergottesstatue mit einem Rosenkranz umwunden. An der Wand klebten Buntdrucke aus Magazinen, ein nacktes Mädchen in schmalem Bikini neben dem heiligen Franziskus.
»Warum gibst du so ein Frauenzimmer zum Franzl, Toni?«
»Schönes Mädchen, kleine Hose, prima, okay.«
Sie berührte vorsichtig die Spitzendecke, befühlte die Seide, betastete das rohseidene Kopfkissen. »Und wer wäscht dein Bettzeug?

Die Violet – oder erlaubt es der Tom nicht?«
»Tom ganz großer Schweinehund.«
»Wenn die Miß erlaubt, kann ichs dir mitwaschen.«
Er hob die Spitzendecke auf. Unter dem seidenen Federbett war nur die Matratze zu sehen.
»Aber Toni, hast ja kein Bettzeug auf dem schönen Bett!«
»Bett zum Anschauen – ich schlafen dort.« Er wies auf die Bank.
»Bett für meine Frau – später.«
»Immer heißts bei dir später – warum?«
Er antwortete nicht, hob die Matratze auf: Banknotenbündel lagen dort mit Seidenbändern umwunden.
»Soviel hast gespart, bist aber brav.«
»Prima Geld. Anton good boy.«
Er wandte sich um, zog sie mit sich, drückte sie auf die Bank.
»Du hier sitzen – ich alles machen.« Er ging in die Kochnische, begann zu hantieren, brachte Tassen, Teller, eine Rumflasche, kleine bunte Kuchen, Wurst und Brot, setzte den Wasserkessel auf.
»Die Bank wär soweit schon recht, aber ein Bett ist doch zum Schlafen da. Man schläft doch im Bett, nicht auf einer Bank.«
»Wenn heiraten, Bett, jetzt Bank prima.«
Sie betastete die dicken Schichten Zeitungspapier, die das ganze Polster bedeckten.
»Meinst es denn wirklich ernst mit dem Heiraten, oder sagst es bloß?«
Er antwortete nicht, setzte sich dicht neben sie, schenkte ihr Tee ein, goß Rum dazu, legte ihr Kuchen vor, schnitt mit seinem Taschenmesser eine dicke Wurstscheibe ab, spießte sie auf, bot sie ihr an und steckte sie in seinen Mund, als sie abwehrte, trank Rum aus der Falsche, rülpste behaglich.
»Warum nix essen?«
»Ich mag jetzt nichts.«
Seine Hand lag auf ihrem Knie. Sie spürte seine Wärme, spürte wieder ihre hilflose Schwäche. Der heiße Tee, der Rum, verwirrten sie.
»Wissen möcht ich schon, wanns endlich soweit mit uns sein wird.«
Er aß gierig, schenkte ihr frischen Tee und Rum ein.
»Du, Toni, ich spürs schon im Hirn, wir werden ja ganz besoffen, ich weiß schon nicht mehr so recht, was ich denk.«
»Ist ja prima – viel saufen prima – warum nix essen?«
»Weil – weil ich soviel glücklich bin – schön hast dus hier.«
»Prima Caravan, prima Auto, prima Lina.«

»Aber ein Häuserl ist doch besser – auf die Dauer, nicht wahr?«
»Okay.«
»Das Wagerl ist schon recht, wär aber doch besser, wenn die Miß uns erlaubt, im Häuserl am Wald zu wohnen – und weißt auch warum?«
Er antwortete nicht. Sie legte den Kopf auf seine Schulter. »Ich hab nämlich was geschenkt bekommen. Die Miß hat mir das Schweindel geschenkt, den Florian – mit dem könnten wir eine Zucht anfangen, ein paar Schwein und bissel Geld dazu verdienen.«
»Schweinsvieh zu Weihnachten schlachten, prima Fleisch, prima Fett.«
»Nein, der Florian soll nicht sterben – weil er brav und treu ist. Wir können uns paar Schweindel halten, wär doch gut.«
»Schon recht«, sagte er mit schwerer Zunge.
»Und dein Papierl kommt bestimmt, ja?« Ihre Stimme war leise und fremd.
»Lina kommen zu Anton – komm.«
»Geh, Toni, bittschön, tu warten bis zur Hochzeit.«
Das Goldfischglas stand mit einemmal nicht mehr auf dem kleinen Ziertisch, sondern schwebte empor, pendelte hin und her, sank nieder, schwebte wieder empor – entschwand.
»Du, Toni, die Fischerln sind fort«, sagte jemand.
Die Decke des Wagens war über ihr, seltsam verwischt und zitternd, wurde von Antons Gesicht verdeckt. Sie spürte seine Hände, seine Finger zerrten an ihr, seine Augen waren dicht vor ihren Augen. Er gab dem Tisch einen Tritt, etwas klirrte. Sie dachte wie so oft, nur jetzt ohne Furcht: Ich bin auf einer Insel, Meer ist ringsum, aber der Toni ist mein Heimatl. Sie drückte ihr Gesicht an den glatten, warmen Hals, spürte das rasche Pulsieren unter ihren Lippen.
Eine ferne, leise Stimme sagte:
»Bittschön, tus nicht, tus nicht, Toni.«

Sie schrak auf, Zeitungspapier raschelte unter ihr, als sie sich bewegte. Der Raum lag in tiefer Dunkelheit, nur ein zartgrauer Schimmer zwischen den Gardinen kündete die Dämmerung an.
Sie richtete sich vorsichtig auf, ohne ihn aus dem Arm zu lassen.
»Jetzt haben wir doch getan, was ich nicht tun wollt – und liegen wie zwei Bettelleut auf einer Bank mit Papier – hätten doch warten sollen – später wär auch noch Zeit dafür gewesen. War aber doch soviel schön, nicht wahr?«
Er gähnte laut und ausführlich. »Okay.«
»Gestern war später zu spät für dich – aber für mich dauert dein

Später auch hübsch lang. Jetzt ists halt passiert.« Sie legte ihr Gesicht an den warmen Hals. »Schön wärs, wenn wir bis achte oder neune oder noch länger beisammenliegen könnten – eigentlich sollt heut Sonntag für uns sein – ich mein, so ein rechter Feiertag – die reichen Leut habens gut, können aufstehn oder weiterschlafen, wies ihnen paßt – aber unsereiner – muß immer aufwarten – keiner fragt, ob unsereiner auch mal ausschlafen möcht – deswegen möcht ich auch kein Dienstbot mehr sein, sondern eine Hausfrau, möchts auf meine alten Tag schön haben.« Sie wartete auf Antwort, aber er schwieg, lag schwer und schläfrig auf ihrem Arm.

»Hast gehört, was ich sag, Toni?«

Er gähnte wieder.

»Du – jetzt gehn damoi – ich jetzt schlafen.«

»Hast doch bisher immer komm damoi gesagt – laß mich noch bisserl bei dir sein.«

»Muß heute melken, Miß-Bauer fort.«

»Hast ja noch Zeit – ist doch soviel schön hier bei dir – so möcht ich bis zum Jüngsten Tag bei dir liegen – und in alle Ewigkeit.« Und beinahe hätte sie Amen gesagt. Er streckte sich, rückte etwas von ihr ab.

»Weißt was, Toni, sprich mit der Miß, sag ihr, was wir im Sinn haben – sie wird schon verstehn und uns helfen, ist ja eine brave Frau.«

Er schob sie von sich, sprang auf, schrie sie an: »Ich nix heute sagen Miß – später.« Er tastete umher, stieß an, stolperte, fluchte, entzündete schließlich eine Kerze. Ein matter Lichtkreis zitterte auf dem Boden, zwischen dem umgestoßenen Tisch und zerbrochenem Geschirr. Die bunte Strohmatte zeigte dunkle Spuren vom verschütteten Tee und ausgelaufenen Rum. Einen Augenblick stand er reglos mit gespreizten Beinen da und starrte auf die Scherben, hob die Kerze empor, um besser sehen zu können, stellte sie schließlich auf den Boden.

»Wo sind meine Fischli? Wo sind meine Fischli?« Eine Flut von russischen Worten folgte.

»Ich hab schon was krachen gehört, hab gedacht, es ist das Geschirr – ich räum dir alles sauber auf.«

Er hörte nicht hin, kniete neben der Kerze vor dem Ziertisch, der gegen die Wand gefallen war. Das Goldfischglas lag zertrümmert zwischen bunten Steinen und zarten Seepflanzen.

»So besoffen waren wir, Toni – ist eine Schand.«

Er wühlte in den Scherben, versuchte, sie zusammenzufügen, schrie heiser vor Wut: »Meine Fischli kaputt, prima Fischli – du

schuld, du besoffen – prima Fischli – alle Weiber Dreck.« Er nahm einen Fisch nach dem anderen in die Hand, sprach leise auf russisch auf jeden ein, als könne er ihn zum Leben erwecken, aber die Fische lagen reglos mit glasigen Augen in seiner Hand.
Er warf ihr einen Fisch ins Gesicht. »Du alte Sau, du machen meine prima Fischli kaputt.«
»Ich habs doch nicht getan, es ist halt passiert, weil wir beide so besoffen waren. Leg dich hin, hast noch Zeit bis zum Melken, ist erst halb sechs – ich räum alles auf – und kauf dir andere Fisch – ein schöneres Glas – und noch schönere Fisch – wir haben halt zuviel umeinandergewurlt, und da ists passiert, ich hab schon was krachen hören, aber nicht weiter denken können. War aber doch schön mit uns beiden, nicht wahr?«
»Du Maul halten geh – fort – dawai – dawai.«
»Jetzt schickst mich fort nach dem, was zwischen uns war, wo ich doch deinen Ring trag und wir versprochen sind.«
Er blickte sie feindselig an. Der Kerzenschein huschte über sein Gesicht, über die Schatten an Kinn und Wangen. Sie erschrak wieder vor dieser starren fremden Maske, ging zur Tür, blieb stehen, wartete – aber er kniete schweigend neben seinen toten Fischen.
»Dann geh ich halt – willst wirklich, daß ich geh?«
Er antwortete nicht, kniete wie ein Kind vor zerbrochenem Spielzeug. Sie öffnete die Tür, feuchtkalte Luft und Nebel umfingen sie. Sie wartete auf der Schwelle, aber er rief sie nicht zurück. Leise zog sie die Tür ins Schloß. Sie fröstelte und zitterte vor Erregung, war so verwirrt, daß sie im grauen dichten Dunst eine Zeitlang an den nassen, kalten Zweigen umhertastete, bis sie den Spalt in der dichten Hecke fand – wie in einem schweren Traum, kurz vor dem Erwachen. Endlich stieß sie auf eine Lücke, zwängte sich mühsam durch, ihr Kleid wurde von einem Ast festgehalten, sie riß sich los, stolperte die Böschung hinunter, hastete dem Farmhaus zu. Von irgendwoher ertönte schlurrendes, schleifendes Geräusch, der gespenstische Kopf einer Kuh tauchte vor ihr auf, gefolgt von der dichtgedrängten Herde. Der warme Dunst von Tierleibern drang ihr entgegen. Unwillkürlich lockte sie die Kühe wie zu Hause, wenn sie sie stallwärts trieb: »Geh, Kuh – geh«, und drückte sich an den Zaun des Vorgartens. Der grellweiße Strahl von Toms Laterne traf sie, hielt sie fest. Der lange dürre Schweizer blieb einen Augenblick vor ihr stehen, die Hand auf dem Leib einer Kuh: »Das Licht brennt seit gestern nachmittag im Haus«, sagte er langsam, ohne sie anzusehen, als spräche er zu dem Tier. Dann nahm ihn der Nebel

auf, löschte ihn und die Herde aus, nur das leise schleifende, schlurrende Geräusch war noch zu hören.

Sie öffnete die Haustür. Die Flurlampe, die sie vor ihrem Fortgehen angezündet hatte, war am Erlöschen. Sie sah gern Licht im Haus, ein helles Fenster, wenn sie an nebligen Tagen Ausgang hatte; es war gut, den warmen Schein von weitem zu sehen. Die Miß nannte es »Linas Leuchtfeuer«.

Sie ging in die Küche, die Katzen erwachten, begannen zu schnurren, starrten sie schläfrig-erstaunt an. Sie ließ sie aus der Küchentür, nahm ihre Kerze, ging die Treppe hinauf, langsam, mühselig, als schleppe sie eine schwere Last von Stufe zu Stufe.

Ich hätte das Haus hüten sollen, die Miß verläßt sich auf mich. Und bin nicht wie sichs gehört heimgekommen – einbrechen hätte wer können. Wäre ich nicht zur Beichte gegangen, wäre das alles vielleicht nicht passiert – aber ich möchte so gern mein eigenes Heimatl – und Liebe – lieben tut er mich schon, nur ist er jetzt bös wegen seinen Fischen – muß gleich nächste Woche in die Stadt gehn, ihm andere kaufen – wird ein schönes Stückel Geld kosten – ein großes Glas mit noch mehr Fisch drin, damit er wieder gut ist. Ist eben ein Mannsbild, hat nicht mehr warten wollen, und ich hab ja auch gern mögen. Die Marie-Tant hat gesagt, gegen die Liebe ist kein Kraut gewachsen – hat schon recht. Die Liebe ist stärker, da hilft kein Bandel und kein Verein. Sie sagte leise in die tiefe Stille, in der nur das geruhsame, unaufhaltsame Flüstern des Baches zu hören war: »Warum hast mich schwach werden lassen, lieber Herrgott – warum hast mir nicht die Kraft gegeben, wo Du doch weißt, daß ich soviel gern stark bleiben wollt. Oder wars in Deinem Sinn, daß es so gekommen ist – wär das jetzt möglich – hast mir die Versuchung aufgegeben, um mich zu prüfen?«

Das Fenster war mit einemmal von grauweißem Licht erfüllt. Der neue Tag starrte mit gleichmütigen Augen in ihr Zimmer.

Ein jubelnder Hahnenschrei zerriß die Stille.

Der Alltag war da. Sie zog ihr zerdrücktes, zerrissenes Sonntagskleid aus, zog ihr Arbeitsgewand an, löschte ihre Kerze, ging in die Küche.

## 7

Die Miß frühstückte geruhsam. *Die* hatte es gut, hatte keine Sorgen, quälte sich nicht, war nicht wie sie von Lügen und Ausreden bedrückt, war nicht verwirrt und ratlos, glücklich und zugleich

von zitternder Furcht um dieses Glück erfüllt.
»Haben Sie das Kloster gestern gefunden, Lina?«
»Das schon – war aber nicht das Richtige, weil der Hochwürden kein Wort Deutsch verstanden hat von dem, was ich gern mit ihm gesprochen hätt. Der Mensch braucht manchmal einen geistlichen Rat, möcht sich aussprechen.« Sie holte tief Atem, blickte vor sich hin. »Es ist da auch etwas, was ich schon lang auf dem Herzen hab, Miß, wollt schon immer mit Ihnen sprechen, hab mich aber nicht getraut – und geschämt hab ich mich auch.«
Die Miß blickte auf, sah sie an, sie spürte, wie ihr Blut ins Gesicht stieg.
»Warum schämen Sie sich?«
»Es ist so, Miß. Ich und der Anton, wir mögen uns und möchten heiraten. Er sagt, ich wär schon seine Frau, weil wir versprochen sind, wie er halt ist – eben anders, wie andere Leute sonst sind, er kommt ja auch von so weit her. Seit gestern aber sind wir fest verlobt.« Sie stockte, das war jetzt wieder eine Lüge, denn nach ihrer Zeitrechnung waren sie ja schon seit Wochen verlobt, nur war die vergangene Nacht für sie die absolute Bindung, er war jetzt ihr Mann, der kirchliche Segen mußte so rasch wie möglich nachgeholt werden.
Die Miß schwieg, sah sie an. Es war ein seltsam forschender Blick, den sie nicht an ihr kannte. Sie wurde mit einemmal jäh von panischem Schrecken gepackt, begann, überstürzt zu sprechen: »Ich weiß, daß ich keine Junge mehr bin, und er soviel jünger – aber er weiß auch, daß ich alles für ihn gut richten werd – ist ja ein Heimatloser und braucht ein Zuhaus, und ich möcht auch ein eigenes Heim haben – weil ichs mir schon so lang wünsch.« Sie hielt inne, wartete.
»Sie wollen Anton heiraten – ich glaube, es wäre besser, wenn Sie es nicht täten, Lina, wirklich nicht.«
Sie fiel ihr ins Wort. »Es ist nur so, daß er immer wieder sagt, ihm fehlt noch ein Papier zum Aufgebot – er sagt, er hat danach in die Stadt geschrieben, aber es kommt wieder und wieder nicht. Vielleicht ist die Adresse nicht richtig – ich kenn mich da nicht aus und hab mir denkt, die Miß weiß einen Rat, wenn Sie nichts dagegen haben, daß ich heirat. Ich hätte gern schon früher etwas gesagt, aber ich hab mich halt soviel geschämt: fahr da in Dienst auf England und find gleich einen Mann zum Heiraten.«
»Sind Sie sicher, daß Anton heiraten will – haben Sie ihn nicht falsch verstanden?«
»Nein, gewiß nicht – den Ring hat er mir auch schon gekauft.« Sie

zog die Hand unter der Schürze hervor, streckte sie der Miß entgegen. »Hat ein hübsches Stückerl Geld gekostet – ich weiß schon, daß er ein Russ' ist und anders – aber das Fremdeln wird mit der Zeit schon aufhören – mein ich.«
Die Miß stand auf, ging zum Fenster, blickte in den grauweißen Dunst.
»Bloß das Papier fehlt uns noch fürs Aufgebot«, wiederholte Lina unsicher. Ihre Stimme war mit einemmal leise und heiser.
Die Miß wandte sich nicht um, wiederholte, als frage sie den Bach, die Weide, auf der die Kühe grasten: »Hat er wirklich gesagt, daß er heiraten will? Er hat doch einen Ausweis als DP. Wissen Sie überhaupt, woher er das Papier bekommen will? Und was für ein Dokument es sein soll?«
»Ich glaub, von London solls kommen, mehr weiß ich nicht.«
Da war mit einemmal wieder diese seltsame, unerklärliche Angst, die sie am ersten Tag gespürt hatte, als der Traktor mit Anton den Weg herab auf sie zurollte. Schließlich sagte sie noch: »Es ist halt schwer für mich, kenn mich hier nicht aus, Miß, und hab mir gedacht, Sie werden uns helfen.«
»Ich habe einen Brief aus Deutschland bekommen, den Sie lesen müssen. Vielleicht hätten Sie ihn früher lesen sollen.«
»Von daheim, von meinen Leuten?«
»Nein, er hat nichts mit Ihrer Familie zu tun. Es handelt sich um Anton.«
»Um Anton?«
»Ja – ich wollte Ihnen den Brief zeigen, nachdem ich mit Anton gesprochen hatte, aber ich bin nicht sehr geschickt in solchen Sachen – und habe es immer wieder verschoben. Wissen Sie, mein Leben ist nie von einem Menschen gestört worden, ich habe nie das Leben von einem Menschen gestört. Vielleicht ist es gut so, ich weiß nicht. Wir Engländer stören nicht gern das Leben von anderen Menschen – aber jetzt glaube ich doch, daß Sie den Brief lesen müssen – ich hole ihn.«
Sie verließ die Küche.
Lina blieb reglos stehen. Es ist etwas geschehen, ein Unglück kommt, ich spürs und weiß mir keinen Rat – ich hab gespürt, da ist etwas. Sie starrte auf die offene Tür, hörte die langsamen Schritte der Miß.
»Hier ist der Brief, Lina.«
»Aber er ist ja nicht für mich, ist für Sie – geht mich nix an.« Sie hob die Hände empor, wollte abwehren, wollte den Umschlag nicht anrühren, den sie schon einmal flüchtig gesehen hatte. »Möcht ihn

lieber nicht lesen, möcht nix wissen, Miß.«
»Sie müssen ihn lesen – es ist besser.«
»Ist es was so Schlimmes?«
»Es ist etwas – etwas – nicht Gutes.«
»Lieber wär mir, ich bräucht es nicht zu tun.«
Sie streckte die zitternde Hand aus, dachte plötzlich, gestern um die Zeit war ich so glücklich. Sie hatte Mühe, das Blatt mit den feinen grauen Linien zu entfalten. Sorgfältig hingemalte Buchstaben bemühten sich, auf den Linien zu bleiben. Einige Worte waren ausgestrichen, andere verbessert.

*»Geehrte Frau, ich weiß, Anton ist bei Ihnen im Dienst, aber er läßt nichts mehr von sich hören, und möchte bitten für mich (für uns), für mein Kind den guten Engel zu spielen, wo Weihnachten nahe ist. Als er vor drei Jahren nach England ging, hat er versprochen, mich und das Kind herüberzuholen, damit wir heiraten können und das Kind einen Vater hat. Anton hat bei meinen Eltern nach dem Krieg gearbeitet, als er aus dem Lager entlassen wurde, bis der Herr von der IRO kam und sagte, ob Anton nach England will, weil er da mehr verdienen kann, und Anton hat geschworen, mich nachkommen zu lassen. Meinen Eltern war es nicht recht, daß ich mich mit einem Ausländer eingelassen habe. Bitte helfen Sie uns zu unserem Glück und reden Sie mit dem Anton.*

*Hochachtungsvoll*
*Muchler, Kreszenz«*

»Dem Mädchen hat er die Heirat versprochen und jetzt Ihnen auch, das geht nicht, Lina.«
»Nein, Miß, das geht nicht.«
»Er muß wissen, was er will, und muß sein Versprechen halten.«
»Das schon – aber vielleicht ist alles ein Mißverständnis, wo er doch so schlecht Deutsch kann.«
Die Stimme der Miß war ungewöhnlich scharf: »Es ist kein Mißverständnis. Da ist ein Mädchen mit seinem Kind und bittet mich um Hilfe, und Sie sagen mir, daß Sie mit demselben Mann verlobt sind. Wenn ich gewußt hätte, wie Sie zu ihm stehen, hätte ich längst mit Anton und mit Ihnen gesprochen.«
Lina blickte auf den Goldreif. »Er hat mir doch den Ring gegeben, weil wir verlobt sind, Miß – ich kanns nicht glauben, daß er so was tut. Er ist kein schlechter Mensch, nur halt anders.«
Die Miß nahm keine Notiz von ihrem Einwand: »Am besten ist, ihn

selbst zu fragen, was das alles bedeutet.«
»Nein, bittschön, rufens ihn nicht – nicht heut – ein anderes Mal – vielleicht nächste Woche – heut ist er grad bisserl zornig.« Sie stockte, dachte, jetzt hab ich mich aber schön verraten, was tu ich?
»Woher wissen Sie, daß er heute böse ist – und warum?«
»Ich habs ihm angesehn, als er vorhin vorübergekommen ist – ich sehs ihm immer an, wenn ihm was nicht paßt – ich fürcht mich vor zornigen Leuten, Miß – möcht keinen Streit.«
»Sie müssen Bescheid über den Mann wissen, den Sie heiraten wollen. Er hat Sie beide angelogen – das Mädchen in Deutschland und Sie.«
»Ich weiß überhaupt nichts mehr, kenn mich nicht aus – ich war schon so glücklich, und jetzt kommt *das* daher. Ich weiß nicht, was ich denken soll, fürcht mich bloß.«
Sie wußte nicht, was sie noch sagen sollte, dachte, wär ich niemals auf England gefahren, die Marie-Tant hat gesagt, ich soll nicht fahren, weils ein Unglück gibt, vielleicht hats damit recht gehabt – vielleicht ist doch alles ein Irrtum – da ist ein Mädchen, das ein Kind von ihm hat – und ich hab nichts davon gewußt und hab ihm gehört.
»Er muß gefragt werden, was das alles soll. Sie müssen genau wissen, was er getan hat.«
Die Miß wollte noch etwas sagen, kam aber nicht dazu, denn Anton riß die Tür auf, stand braun und lachend auf der Schwelle, wie damals am ersten Abend, als der Vollmond wie ein Silberreif hinter seinem Kopf schwebte. Sein Ärger war verflogen, er sah Lina an, die ihr Gesicht in der Schürze verborgen hatte. »Warum heulen, Lina?«
Die Miß hielt ihm den Brief hin: »Ihre Braut, Kreszenz Muchler, möchte mit dem Kind herkommen, um zu heiraten, wie Sie es ihr versprochen haben. Und Lina sagt mir, daß Sie sich auch mit ihr verlobt haben – was soll das alles?« Einen Augenblick stand er schweigend da. Sein Gesicht rötete sich, seine Backenknochen arbeiteten unter der braunen Haut. »Dummes Mädel – viel lügen.«
»Sie haben ihr und Lina dasselbe versprochen, Anton. Verstehen Sie, was ich sage, Anton?«
Er zuckte die Achseln, schwieg, sah vor sich hin.
»Sie haben ein Kind und ein Mädchen in Deutschland, das Sie heiraten wollten. Sie haben es ihr versprochen!«
»Ich nix versprechen.«
»Du hast *ihr* dasselbe versprochen wie mir. Und jetzt sagst, es ist nicht wahr – wenn sies aber doch selbst schreibt – und mir hast einen Verlobungsring gekauft. Der vielleicht auch?«

»Ring für dich, nicht für mich – du immer sagen: Anton, kauf Ring – okay. Ich kaufen Ring. Ich good boy.«
Sie sagte leise und rasch, damit es die Miß nicht verstehen sollte: »Weißt nicht mehr, daß ich schon dagelegen bin und gesagt habe, tus nicht?«
Sie wandte sich der Miß zu, die am Fenster stand, weit entfernt von diesen ihr fremden Konflikten. »Sie glauben mir doch, daß er mirs Heiraten versprochen hat, Miß?«
»Ja, ich glaube Ihnen, ich glaube aber auch, was im Brief steht. Anton, Sie können doch das Mädchen mit Ihrem Kind nicht sitzenlassen – und eine andere heiraten wollen, das geht doch nicht, verstehen Sie denn das nicht?«
»Mädel in Deutschland gestern, dummes Mädel, nix gut, schlechtes Mädel, ganz große Drecksau – ich finish dort, Deutschland nix gut für mich.« Er wiederholte unsicher: »Dort nix gut, no, not good.«
»Jetzt sagst, alles dort finish. Aber gegangen bist schon mit ihr – die Heirat hast ihr auch versprochen wie mir, und ein Kind hats auch von dir – und jetzt willst nix damit zu tun haben – hast jetzt vielleicht schon vergessen, was mit uns ist, Toni? Hast es wirklich vergessen? Ich kanns nicht glauben, daß mit einemmal alles aus sein soll – wo dus doch versprochen hast.«
Er ging zur Tür, sagte über seine Schulter hinweg: »Ich nix versprechen – alles ganz große Schweinerei für mich«, und wollte die Tür öffnen, aber die Miß verstellte ihm den Weg. »Ich muß dem Mädchen antworten, Anton, was soll ich schreiben?«
»Schreiben Drecksau alles finish.«
»Ja, Miß, schreibens ihr, daß er ein Lump ist, daß er – daß er –.« Sie schlug die Schürze vor ihr Gesicht, schluchzte: »Du sagst, es wär eine Schweinerei für dich – und was ists für mich? Ich hab an dich geglaubt.«
Die Miß erklärte ungewöhnlich heftig: »Am besten ist es, daß Sie wieder nach Rußland geschickt werden«, und als sie sein Erschrekken sah, fügte sie scharf hinzu: »Ja, das ist das Beste – hier in England kann man sich nicht so benehmen, wie Sie es tun.«
Er sah sie unsicher an, verbeugte sich, sagte demütig: »Ich hier okay, prima. Ich nix Rußland. Miß-Bauer immer sagen, Anton good boy, tun alles, arbeiten gut – ich nix heiraten – Weiber immer wollen haben das und das – kostet money – ich bleiben England.«
Deutschland, das Mädchen, sein Kind waren vergessene Vergangenheit. Es war einmal gewesen, war vorbei, er wollte nichts mehr davon hören. Ein böser Blick traf Lina, die ihn anstarrte.
»In Rußland können Sie vielleicht *das* tun, was hier nicht erlaubt ist.

Wenn man in England einem Mädchen die Heirat verspricht, muß man sie heiraten – oder zahlen.« Sie suchte nach dem deutschen Wort für breach of promise, sagte dann bloß: »Weil es nicht erlaubt ist.« Sie zögerte, wußte nicht genau, ob es stimmte, sagte dann auf alle Fälle doch: »Man kann ins Gefängnis kommen.«
Er lachte. »Ich nix Gefängnis, ich good boy – bleiben England, arbeiten für Miß – okay, yes?«
»Und lachen tust jetzt auch noch zu allem Elend.« Lina nahm die Schürze von ihrem verweinten Gesicht. »Wenn du es aber nicht gemeint hast, bei der drüben und bei mir, warum hast uns dann alles versprochen – warum?«
Mit einer Handbewegung löschte er alles Unbequeme aus: »Weiber immer fragen und bitten, ich sagen okay, schon recht, bißli Spaß macht nix.«
Er riß die Tür auf, schlug sie hinter sich zu, begann draußen schrill zu pfeifen.
»Ich glaube, es ist besser, Sie vergessen Anton und alles, was er Ihnen gesagt hat, Lina.«
»Ist nicht so leicht, Miß – wenn man einen Menschen so viel liebt, kann man nicht gleich aufhören, weils da ist und wohl auch da bleibt – Liebe vergeht nicht, Miß.«
»Ich verstehe das nicht. Und ich muß dem armen Mädchen schreiben, daß er sie nicht haben will.«
Sie schwiegen. In die Stille drang der Ruf des Kuckucks, der sich hastig zehnmal verbeugte. Um zehn begann das Hochamt. Zum erstenmal seit vielen Jahren versäumte sie den Kirchgang.
»Aber sein Glaserl muß ich ihm trotzdem kaufen, weil ichs ihm versprochen hab«, sagte sie leise.
»*Was* wollen Sie tun?«
»Sein Glaserl mit den Fischen ist ihm zerbrochen, das hat ihn so gegrämt, deswegen war er auch heut so zornig, ich hab ihm gesagt, daß ich ihm ein anderes schenk. Er hat seine Fisch so gern gehabt, wenn ich ihm das Glaserl bring, kann ich gleich mit ihm reden. Ich muß ja mit ihm reden, schon wegen dem Ring – ich kenn mich ja nicht mehr aus, was jetzt mit uns ist.« Sie faltete ihre Hände über der tränenfeuchten Schürze, als versuche sie, dies kleine späte Glück zu halten, es nicht zwischen ihren Fingern zerrinnen zu lassen. »Muß doch wissen, woran ich bin, und ihm den Ring zurückgeben – wenns wirklich nix ist.«
»Sie wissen jetzt, daß er lügt und betrügt – vergessen Sie ihn, Lina. Es ist besser, Sie wissen jetzt Bescheid als später, wenn es zu spät ist. Es gibt noch andere Männer.«

Lina sah in das geruhsame Gesicht, dachte, was weiß die schon von Liebe, vielleicht ists besser, wenn man nichts davon weiß – aber wenn er die andere nicht mehr mag und mich noch gern hat, wirds vielleicht doch etwas mit uns beiden, bin doch seine Frau seit der letzten Nacht.

»Ist nicht leicht, das Vergessen, Miß, wenns einen einmal packt – bittschön, erlaubens mir, daß ich morgen in die Stadt fahr und ihm sein Glaserl kauf, ich weiß, wo es sie gibt.«

»Sie wollen wirklich auch noch Geld für *den* Mann ausgeben?«

»Ich habs ihm versprochen und möcht mein Versprechen halten, auch wenn er seins nicht hält.«

»Wollen Sie ihn auch noch heiraten, nachdem Sie wissen, was er für ein Mensch ist?«

»Ich weiß nicht, Miß, ich kann nicht mehr klar denken – er ist halt anders, und vielleicht ist alles anders, als es scheint.«

Sie hatte ein größeres Glas mit mehr Fischen gekauft und eine große Dose Futter, auf der ein lächelnder Goldfisch die Güte des Inhalts in zierlichen Luftblasen pries. Wenn die Miß nicht mitgekommen wäre, hätte sie wahrscheinlich ein Aquarium gewählt, das zwei Wochenlöhne kostete, aber die Miß hatte es verhindert und erklärt, das sei Geldverschwendung.

Sie zwängte sich mit dem Glas durch die Hecke. Das Wasser schwappte über den Rand, die Ziergewächse wogten um die unruhig kreisenden Fische.

Vorsichtig setzte sie es auf den Tisch neben das ausgestopfte Eichhörnchen, klopfte an die Wagentür. Das Fenster war erleuchtet, Radiomusik gellte, aber nichts rührte sich. Sie hämmerte mit beiden Fäusten, rief: »Toni, ich bins, bring deine Fisch!«

Wieder blieb alles still, dann öffnete er die Tür, blickte grußlos über sie hinweg. »Was ist?«

»Ich hab dir neue Fisch gekauft, gefallens dir?«

Er kam die Stufen herunter, blieb vor dem Tisch stehen. »Sind schön, nicht wahr? Waren recht teuer, aber ich hab mir denkt, es muß was recht Schönes für dich sein – gefallens dir, sag halt was.«

»Okay, schon recht.«

Er öffnete die Futterdose, streute Futter ins Wasser.

»Freust dich bisserl, Toni?«

»Schon recht.«

»Sagst doch immer prima, wenn was besonders schön ist – ich möcht mit dir reden, Toni, darf ich bisserl hereinkommen, ist doch kalt hier draußen – so gehts doch nicht mit uns, ich muß doch wissen, woran ich bin.«

Er antwortete nicht, nahm das Glas, wollte an ihr vorüber zur Wagentreppe, aber sie legte ihre Hand auf seinen Arm.
»Darf ich zu dir ins Wagerl kommen?«
Er nickte, und sie ging hinter ihm die Stufen hinauf.
Es war warm und hell im Inneren. Auf dem Tisch lag ein buntes Tuch, ein Teller mit Wurst und Zwiebeln, Knoblauch und Brot stand neben dem blechernen Teebecher. Er stellte das Glas auf den Ziertisch, blieb davor stehen.
»Warum hast nicht gesagt, daß du drüben ein Mädel und ein Kind hast?«
Er wandte sich um, schlug auf den Tisch: »Deutschland finish – Weiber immer fragen – besser Maul halten – finish – okay.«
»Aber was wird aus uns, Toni – tun wir jetzt heiraten, oder magst mich nimmer – ich hab den Ring schon dabei, wenn du ihn wiederhaben willst – steht ja noch nix drin, ich mein, kein Datum – war doch so schön am Sonnabend – oder?«
»Schon recht.«
»Aber was meinst damit? Ist alles zwischen uns aus – die Miß sagt, du brauchst kein Papierl, hast deinen Ausweis. Der genügt zum Heiraten, hats gesagt. Sie weiß schon Bescheid –.« Sie zögerte, fügte hinzu: »Sie hat sich erkundigt, was man zum Heiraten braucht.«
»Miß altes Weib, schwätzen viel.« Er setzte sich an den Tisch, begann zu essen, hielt inne, überlegte: »Du sagen Miß, ich nix Rußland fahren. Ich in England bleiben, okay.«
»Sie hats ja nicht ernst gemeint, hats nur so hingesagt, weil sie dich erschrecken wollt. Aber sag mir jetzt bloß, was aus ihr und dem Kind wird.«
»Nicht mein Kind, ist Kind von anderem Mann, sie schlechtes Mädel, ganz große Drecksau, schlechtes Weib – finish.«
»Was? Du bist nicht der Vater? Wenn sies aber sagt.«
Er schob eine dicke Wurstscheibe auf der Spitze seines Taschenmessers in den Mund, zerkleinerte Zwiebel und Knoblauch, ordnete alles sorgfältig auf dem dick bestrichenen Brot.
»Ich nix Vater«, sagte er heiter, erleichtert, diesen Ausweg gefunden zu haben. »Anderer Mann Vater. Sie ganz große Drecksau.«
»Du sagst, du bist nicht der Vater – aber warum schreibt sie dann, du hast ihr die Heirat versprochen? Wenn das wahr ist, wär ja alles in Ordnung – aber ists auch wahr, was du sagst, ha? Old Hand meint, du wärst überhaupt drüben verheiratet, und was Tom von dir behauptet, weißt du ja. Was ist jetzt wahr, Toni?«
»Alter Mann großer Schweinehund, Tom auch ganz großer Schweinehund.«

»Nein, Old Hand ist ein braver Alter, fast wie ein Vater zu mir.«
»Er ganz großer Schweinehund, viel Lügen.« Er zog sie auf die Bank, legte den Arm um sie, sagte mit einemmal verändert, in diesem jähen Übergang von Ärger und Verstocktheit zu kindlicher Zärtlichkeit: »Du glauben, was Anton sagt – du nicht glauben, was alter Schweinehund sagt und alte Miß-Bauer sagt. Du sagen zu Miß: Anton very good boy, Anton nix Rußland, muß in England bleiben, okay?« Er schob ihr eine Scheibe Wurst in den Mund, als wolle er damit alle weiteren Fragen ersticken. Wie immer war sie willenlos in seiner Nähe, verschwunden Zweifel und Furcht. Der Mann, den sie liebte, war bei ihr. Dieser seltsame Mann aus einem fernen Land mit seinen flüchtigen Begierden, seinen wechselnden Launen war schwer zu verstehen, aber die Zeit würde helfen, wenn sie Geduld hatte. Sie legte den Kopf auf seine Schulter: »Alles wird noch recht werden, nicht wahr? Sag, daß alles noch recht wird, bittschön.«
Er antwortete nicht, hielt sie mit der einen Hand fest, aß genießerisch weiter, trank Tee, lehnte sich zurück, rülpste behaglich, gähnte, schloß die Augen, sagte wie ein Kind, »Anton müde«.
»Ist das jetzt wirklich wahr, was du von ihr sagst, Toni, kannst du es vor dem Herrgott beschwören?«
Er antwortete nicht gleich. Sie wiederholte: »Sagst du die Wahrheit?«
»Schon recht – Lina prima Mädel.«
»Und später, wenn wir verheiratet sind, lernst Englisch mit mir oder Deutsch – Englisch wär wohl besser, wenn wir doch hier auf England bleiben – oder was meinst?«
Er antwortete nicht, saß satt, zufrieden und schläfrig dicht neben ihr. Von der Wärme seiner Hand auf ihrer Schulter gingen warme Ströme durch ihren Körper.
»Ist alles wirklich wahr, was du sagst, Toni, wirklich wahr? Antwort doch ja oder nein. Ich möcht doch Bescheid wissen.«
Er gähnte laut und ausführlich.
»Und wann denkst jetzt, daß wir heiraten werden – brauchst ja kein Papier, hast deinen Ausweis, der genügt, sagt die Miß.«
»Miß-Bauer dummes Weib, weiß nichts – no.«
»Und wann werden wir heiraten – liegt ja nix im Weg, wenns so ist, wie du sagst.« Sie schüttelte ihn leicht, sein Körper lag schwer in ihrem Arm.
»Weihnachten, später – meine Weihnachten.«
»*Dein* Weihnachten, was meinst jetzt damit? Weihnachten ist doch im Dezember, am vierundzwanzigsten.«

»Meine Weihnachten immer später – du heute bei Anton bleiben, okay?«
Er sagte es nicht drängend wie sonst, überfiel sie nicht wie sonst, sondern saß ruhig neben ihr, sagte es ruhig vor sich hin. Sie stand auf, strich über sein Haar: »Nein, ich tus nicht mehr, weiß ja, wie es ausgeht – wenn ich bleib, verlier ich mich wieder.«
Er drang nicht in sie, gähnte mit geschlossenen Augen.
»Möcht nur wissen, warum ich noch immer bisserl Angst hab, wo doch alles gut wird – muß gleich der Miß sagen, daß wir heiraten und daß die daheim eine Schlechte ist, damit sie nicht schlecht von dir denkt, weil mir das nicht paßt.«
Er fuhr auf, stieß sie zurück: »Du Maul halt, du nix Miß-Bauer sagen! Du nur sagen: Anton okay.«
»Wenn dus net willst, sag ich nix – sag ihrs erst vor dem Aufgebot – ist noch bisserl lang hin bis Weihnachten – aber wann ist jetzt das deinige Weihnachtsfest?«
»Später.«

## 8

Sie glättete die zerknitterte ausgerissene Seite vom Kaufmannsbuch, auf der die Schwester ihren Brief geschrieben hatte. So war es immer schon daheim gewesen, noch zu Lebzeiten der Eltern: man kaufte kein Briefpapier, sondern riß die letzte Seite heraus, wenn ein Brief geschrieben werden mußte.
Die Schwester schrieb, es gäbe nichts Neues zu berichten. Die Marie-Tant würde immer gebrechlicher, aber auch zänkischer und fürchte, ins Spital gebracht zu werden:
*»Sie nennt es das Verreckhaus, gut habens die alten Leut dort nicht. Die Frau vom Fischerseppl ist schwer krank, ist wohl krebsig, schreit Tag und Nacht vor Schmerzen, ist auch schon versehn worden, weil man meinte, es geht mit ihr dahin, lebt aber noch, wird aber nicht mehr lang dauern. Wenn die Tochter nicht städtisch geworden wär, könnt sie und ihr Mann den Hof mit dem Seppl versorgen – aber sie wollen ja nichts mehr mit dem Land zu tun haben, weil er städtischer Lehrer ist. Schreib doch einmal bisserl ausführlicher, Geschwister und Nachbarn fragen immer, wie es Dir geht.«* Der Schwager hatte ein paar Zeilen hinzugefügt: *»Schreibst immer recht kurz, hast etwa schon eine Herrenbekanntschaft gemacht? Wir haben in der Wochenzeitung gelesen, daß deutsche Mädchen bei der englischen Herrenwelt sehr beliebt sind. Wie*

*stehts damit bei Dir, ha?«*

Der Fischerseppl hatte versucht, einen Kahn zu zeichnen, ähnlich dem, auf dem sie »Wir fahren ins Amerika hintri« als Kinder gespielt hatten und darunter geschrieben:

*»Und wir fahren gegen Engelland, vergiß nicht die Heimat und Deinen Schulfreund, mit dem Du beim Pfarrer Obst gestohlen hast. Hättest daheim bleiben sollen, wär besser gewesen.«*

Sollte sie ihnen schreiben, daß sie verlobt sei und einen Verlobungsring besitze, der Hochzeitstermin jedoch noch nicht feststehe, da er ein Ausländer sei und einen anderen Kalender habe. Daß er ein DP und noch dazu ein Russe war, brauchten sie daheim vorläufig nicht zu wissen. Was sie bedrückte und worüber sie sich gern ausgesprochen hätte, war Antons Benehmen seit der Auseinandersetzung in der Küche. Er war freundlich, aber nicht mehr der stürmisch fordernde Mann. Zwar kam er zuweilen abends in die Küche, blieb aber kurz und hatte es eilig, fortzukommen, seitdem er einen Fernsehapparat besaß. Hin und wieder forderte er sie auf, ohne in sie zu dringen, »Bildli« anzusehen, aber sie lehnte es ab, zu ihm zu kommen. Wenn sie vorsichtig versuchte, ihn auf die Hochzeit festzulegen, antwortete er nicht. Und als sie wieder einmal versuchte, ihn über das Mädchen Kreszenz und das Kind auszufragen, schrie er sie an, sie solle mit ihrem Fragen aufhören, er sei kein Lügner, er sei nicht der Vater, »alles finish dort«. Sie wagte nicht weiterzufragen und versuchte, sich seine Erregung damit zu erklären, daß er sich zu Unrecht beschuldigt fühlte. Sie wußte aber auch nicht, ob sie ihm rückhaltlos glauben sollte, denn er erwähnte nicht mehr jenes Dokument, von dem er behauptet hatte, daß er es zur Heirat brauchte.

Die Miß glaubte wohl, daß alles zwischen ihnen zu Ende wäre. Aber die Miß irrte sich.

Lina blickte zum Adventskranz auf, den sie mit bunten Bändern durchflochten hatte. In wenigen Tagen würde sie die dritte Kerze entzünden – aber das Aufgebot war noch immer nicht bestellt, und sie wußte noch immer nicht, wann Antons Weihnachten gefeiert wurde. Er kam nicht mehr mit in die Kirche. Wenn sie ihn am Sonntag rief, drangen hohle Stimmen und Musik aus dem Wagen, aber er ließ sich nicht sehen. Etwas anderes beunruhigte sie auch noch in letzter Zeit: Sie sah zuweilen am Abend kein Licht durch das winterkahle Geäst schimmern, hörte keine Musik. Ging er aus? Oder legte er sich früh schlafen? Sie hätte ihn gern gefragt, spürte aber, daß er nicht gefragt sein wollte, spürte, daß er sich trotz aller

Freundlichkeit von ihr entfernte, und wußte nicht, was sie tun sollte, um ihn wiederzugewinnen. Sie versuchte, ihn damit zu entschuldigen, daß er eben anders sei, weil er aus einem so fernen Land komme. Sie hätte gern mit jemand ihre Sorgen besprochen, aber niemand war da, den sie fragen konnte, und die Miß sollte vorläufig nicht wissen, daß sie noch immer hoffte, ihn zu heiraten.
»Ein altes Weib und so viel verliebt, Maunzi«, sagte sie zu dem Kater, der wie immer leise schnurrend neben ihrer Flickarbeit auf dem Tisch hockte. »Kein Bussi mehr von ihm – gar nix, und war doch alles so gut, eh der Brief kam. Der hat ihn geändert.«
Nach langem Überlegen brachte sie den Brief an die Schwester endlich zustande. Ihn zu schreiben strengte sie mehr an als ein Waschtag.
*»Liebe Schwester, Schwager und alle Freunde, es geht mir soweit ganz gut, was ich auch von euch hoffe. Komme nicht oft zum Schreiben, weil ich abends fleißig Englisch lerne, was notwendig zum Einkaufen und überhaupt ist. Eingelebt habe ich mich soweit ganz gut. Anschluß habe ich –«.* Sie hielt inne, überlegte, beugte sich wieder über das glatte blaue Papier, das man daheim bewundern würde – *»habe ich bisher nicht gefunden. Auf einem Ausflug habe ich eine deutsche Dame kennengelernt, die mir nicht gefallen hat, war eine echte Preußin. Bleibe am liebsten auf dem Hof. Ein russischer Arbeiter ist hier, spricht etwas Deutsch, geht auch manchmal mit in die Kirche, was angenehm ist, und ist auch sonst ein freundlicher Mann. Bleibt gesund, grüßt alle, besonders den Fischerseppl.«*
Immer wieder lüg ich, wenns um ihn geht. Braucht ja nichts von ihm zu schreiben – aber warum schreib ich, was nicht wahr ist, wo ich doch Anschluß an ihn hab.
Sie las den Brief langsam durch, steckte ihn in den Umschlag und war dabei, ihn zu adressieren, als würgende Übelkeit sie packte. Sie stöhnte, preßte die Hand vor den Mund, stürzte aus der Küche hinaus in die Dunkelheit und erbrach sich, lehnte atemlos, erschöpft, schweißüberströmt und fröstelnd an der Hauswand und wagte nicht, sich zu rühren.
Eine Stimme drang von weither zu ihr, jemand berührte ihre Schulter: »Was ist, Lina, sind Sie krank, kommen Sie in die Küche, Sie werden ja naß.«
Sie hatte nicht gespürt, daß wässerige Schneeflocken auf sie fielen, spürte nicht die naßkalte Mauer, an der sie mit geschlossenen Augen lehnte.
»Mir war nur bisserl schlecht, Miß, ist schon besser.«

Sie ließ sich willenlos in die Küche führen, sank auf den Stuhl, legte ihren Kopf auf die kalten zitternden Hände, sagte leise:
»Sie sind soviel gut zu mir, ich verdiens nicht, daß jemand so gut zu mir ist.«
»Wenn Sie sich morgen nicht besser fühlen, müssen Sie zum Arzt.«
»Ich brauch keinen Arzt, mir ist schon besser – nur bisserl schwindlig ist mir noch.«
Die Miß nahm sie beim Arm, brachte sie zur Treppe, führte sie in ihr Zimmer. »Legen Sie sich hin, ich bringe Ihnen später Tee.«
Das Bett schwankte unter ihr, das kleine bunte Heiligenbild über der Kommode schien hin und her zu pendeln, schwebte ihr entgegen, entfernte sich, verschwamm, die Farben glitten ineinander.
»Ruhen Sie sich aus, Lina.« Die Miß fügte noch etwas hinzu, ehe sie die Tür schloß, aber sie hörte nur unverständliche Laute. Es schien mit einemmal, als flösse der zum Strom gewordene Mühlbach durch ihr Zimmer und versuche, sie mitzureißen, zu ersticken. Sie schlief ein, von wirren Träumen bedrängt. Als sie im Morgengrauen von ihrem eigenen Schrei aufschrak, sah sie, daß die Miß unbemerkt ein Tablett mit Tee und Keksen neben sie gestellt hatte. Sie richtete sich auf, dachte, ich bin krank, was wird. Es fiel ihr schwer, aufzustehen, als der Wecker schrillte, Schwindel packte sie wieder, Übelkeit und tiefe Erschöpfung. Die kleine Petroleumlampe warf ihren goldenen Schein auf das Bildnis der heiligen Therese mit dem grellbunten Rosenstrauß im Arm. Zartblaue Schatten huschten über den Wandkalender, eine wintermüde Fliege begann leise zu summen. Sie starrte auf das Kalenderblatt, rechnete nach – über drei Monate waren seit jener Nacht vergangen.
Soll ich ihm sagen, daß ich glaube, was es sein könnte, gewiß weiß ichs nicht – aber es könnte sein, wenns nicht schon der Wechsel ist.
Sie ging in die Küche, verrichtete mechanisch ihre Arbeit, deckte den Frühstückstisch, ging in den Stall, versorgte Florian in seinem Verschlag und mußte sich dort wieder zitternd an die Wand lehnen, um nicht zu fallen. Sie hörte Antons Stimme vom Hof, hörte Eimer klappern, hörte seine Schritte, als er laut pfeifend draußen vorüberkam, sah ihn durch die Stalltür, blieb aber hilflos an der Wand lehnen, unfähig ihn zu rufen. Sie saß reglos am Küchentisch, als die Miß zum Frühstück hereinkam. »Ich bringe Sie zum Arzt, Lina, Sie sind krank.«
»Wird schon wieder besser werden, Miß.«
»Ich möchte aber, daß Sie gehen – es ist eine Ärztin, sie spricht Deutsch.« Die Miß lächelte flüchtig. »Sie spricht wirklich Deutsch, weil sie nach dem Krieg als Ärztin in Deutschland war – ich habe sie

schon angerufen, sie erwartet Sie.« Sie frühstückte ausführlich, während Lina blaß und schweigend vor ihrer leeren Tasse saß.
»Kommen Sie, Lina, es ist besser.«
Anton erschien in dem Augenblick, als sie im Wagen saß, und fragte heiter, ob sie spazierenfahren wollte.
»Lina ist krank, sie muß zum Arzt.«
Er lachte, winkte ihr zu: »Heute bißli krank, macht nix, morgen wieder okay.«
»Er meint es nicht so, ist halt jung und anders«, sagte sie mühsam, als sie die Landstraße entlangfuhren.
»Ich bin nur froh, daß Sie sich alles überlegt haben – es ist besser, rechtzeitig zu wissen, mit wem man es zu tun hat. Es ist kein Mann für Sie, Lina.«
»Ist recht schwer mit der Liebe, Miß. Für mich ists mein ganzes Leben.«
Die Miß antwortete nicht, bemerkte nur, als sie vor dem Arzthaus hielten, daß sie sie auf dem Rückweg aus der Stadt abholen würde.
Die Haustür war trotz der Kälte geöffnet. Im kleinen Wartezimmer saßen zwei Patienten in tiefem Schweigen. Sie sagte aus Versehen »Grüß Gott«, ehe sie sich setzte, aber niemand nahm von ihr Notiz. Es war kalt und feucht im weißgetünchten Raum. Ein alter Mann auf Krücken humpelte aus dem Konsultationszimmer, eine Klingel rief den nächsten Patienten. Sie zögerte, als sie an der Reihe war, öffnete langsam die gepolsterte Tür, blieb unsicher auf der Schwelle stehen.
»Machen Sie die Tür zu, setzen Sie sich.«
Die Ärztin saß an einem großen Schreibtisch, der zu beiden Seiten von Kartothekkästen eingerahmt war. Es roch nach Desinfektion und Menschen. Die Ärztin blickte flüchtig auf, beugte sich wieder über das Blatt, schob es in den Kasten, sagte dann auf deutsch: »Sie sind das deutsche Mädchen, nicht wahr?« Dann fragte sie nach Alter, Beschwerden und was sie für Krankheiten gehabt hätte.
»Ich bin fünfundvierzig gewesen, hab Masern gehabt und Mumps, sonst war ich nie krank. Gestern ist mir schlecht geworden – vielleicht warens die Dampfnudeln –, alles hat sich nur so gedreht – heut morgen wars nicht so schlimm, bis auf den Druck im Bauch.«
»Aber sonst ist alles in Ordnung – und regelmäßig?«
Sie zögerte, wußte nicht, was sie antworten sollte, schwieg.
»In Ihrem Alter kommen oft Störungen vor, das ist ganz normal – wir werden Sie jetzt einmal untersuchen – machen Sie sich ganz frei.« Sie wies auf eine schmale, hohe, mit schwarzem Wachstuch bedeckte Bank. Sie begann zu zittern, als ihre Haut das kalte

Wachstuch berührte. Die Ärztin betastete sie schweigend, fragte nur, wo sie den Druck spürte. Dann richtete sie sich auf, wusch sich die Hände, sagte, daß sie sich wieder anziehen könnte, ging zum Schreibtisch und trug Notizen auf das neue Kartothekblatt ein.
»Ist was mit mir, Frau Doktor?«
»Zwischen vierzig und fünfzig sehen wir oft solche Fälle. Es ist nicht schlimm, wir werden Sie schon wieder in Ordnung bringen.«
»Aber da ist was, nicht wahr? Ich spür, daß etwas ist.«
Die Ärztin antwortete, als spräche sie nicht zu einem Einzelmenschen, sondern hielte einen Vortrag im Auditorium vor einem unsichtbaren Heer von Ärzten, die ihr aufmerksam lauschten. Die Verwendung des Plurals sollte ihren Worten mehr Gewicht verleihen, sie sprach im Namen der medizinischen Wissenschaft, fließend, autoritär: »Wir sind immer froh, wenn Patienten rechtzeitig zu uns kommen. Die Früdiagnose in solchen Fällen ist besonders wichtig. Erfahrung hat uns gelehrt –.« Sie wurde unterbrochen. Lina hatte nur eins gehört, etwas war nicht in Ordnung, sie vergaß hochdeutsch zu sprechen, schrie die geruhsam Dasitzende an: »Jetzt redens net so umeinander, sagens schon, was ist, wenn Sies überhaupt wissen!«
Die Ärztin überhörte den Aufschrei, füllte sorgfältig die gelbe Karte aus, schob sie in den Holzkasten und sagte langsam: »Sie haben da eine kleine Geschwulst, nicht sehr groß.« Sie machte eine unbestimmte Handbewegung mit ihrem Kugelschreiber. »Wir schicken Sie zu unserem Spezialisten, der entscheiden wird, ob operiert werden muß – Sie hören von uns, wann Sie ins Hospital zur Untersuchung kommen sollen.«
»Operiert soll ich werden?«
»Ja, vielleicht. Zuerst müssen wir verschiedene Tests machen – vielleicht warten wir aber auch noch etwas – machen Sie sich keine Sorgen.« Sie nickte verabschiedend, und als Lina reglos stehenblieb, fügte sie hinzu: »So etwas kommt bei älteren Frauen vor – wir sehen diese Fälle öfters in unserer Praxis.«
Aber Lina rührte sich nicht, sondern blieb reglos neben dem Schreibtisch stehen. Ihre Stimme war heiser und dünn wie eine Kinderstimme:
»Ich möcht noch etwas fragen, Frau Doktor – ich mein bloß fragen.«
»Ja?«
»Es ist nämlich so. Ich hab heut früh im Kalender spekuliert. Und nach dem könnt es sein, daß ich überfällig wär. Ich mein, weil ich schon bisserl alt dafür bin, hab ich noch nicht darauf gedacht, daß es sein könnt, von nur dem einen Mal. Ich habs wohl auch nicht denken

mögen, daß es sein könnt. Wir haben schon im Sinn zu heiraten, verlobt sind wir schon, vielleicht bestellen wir das Aufgebot nächsten Sonntag.« Jetzt sag ich schon wieder etwas Unwahres, dachte sie.

Die Ärztin zog die gelbe Karte wieder aus dem Kasten, betrachtete sie, strich einiges aus, trug neue Notizen ein. »Das ist allerdings etwas anderes – natürlich denkt man in Ihrem Alter nicht an das –, aber wenn Sie mir sagen, daß diese Möglichkeit besteht? Ich werde also meinen Kollegen informieren, daß andere Tests gemacht werden müssen.« Sie blickte auf die vor ihr Stehende, auf dies verblühte Gesicht, auf die verarbeiteten Hände, auf den blassen, zitternden Mund, der zu lächeln versuchte.

»Es ist recht arg für mich – es kann sein, daß es sich noch etwas mit der Hochzeit hinzieht, weil er nämlich kein Engländer ist. Wenn er einer wär, ging es wohl schneller, mein ich. Aber jetzt weiß ich mir keinen Rat – es ist halt passiert, ich habs nicht wollen – aber bloß weil ich einmal nicht ›nein‹ sagen wollt, ists doch passiert. Meine Herrschaft weiß überhaupt nichts davon, sie glaubt, alles ist aus zwischen mir und ihm, weil es eine Aussprache gegeben hat – aber heut früh hab ich mit einemmal gedacht, es wird doch nicht *das* sein, bloß das nicht – später wärs mir schon recht.«

Die Ärztin blickte vor sich hin, sagte dann in ihrer sachlichen Sprechstundenstimme: »Sorgen Sie sich nicht, alles wird in Ordnung kommen.« Sie schüttete einige weiße Pillen in einen Umschlag. »Nehmen Sie abends eine davon, aber nicht mehr, zur Beruhigung. Sie hören von uns, sobald wir wissen, wann der Spezialist Zeit für Sie hat.«

Sie schlug auf die Klingel. Der scharfe Klang traf Lina wie ein körperlicher Schmerz. Sie sagte leise »good bye« und »thank you«, öffnete die Tür und stieß mit der nächsten Patientin zusammen, einem alten, mühselig keuchenden Weiblein, dachte flüchtig, einer trage des anderen Last, die hat auch was zu schleppen – aber wer wird mir meine Last tragen helfen? Sie war froh, daß die Miß nicht auf sie wartete, und schlug den Weg ein, der zwischen Feldern zum Farmhaus führte. Was sie gefürchtet und unbestimmt geahnt hatte, war eingetroffen. Was sollte sie jetzt tun – gleich zu ihm gehen und ihm sagen, was geschehen war, oder erst mit der Miß sprechen. Aber was wird die von mir denken, wenn sie das erfährt – schimpfen wirds, mich fortjagen, heimschicken – und was wird der Anton sagen, wenn er hört, daß ich ein Kind von ihm trage – er hat Kinder gern, ist immer freundlich, wenn er Toms Kinder sieht – jetzt darf er nicht mehr *später* sagen – er darfs nicht. Sie dachte an das andere

Mädchen, an das Kind – vielleicht stimmte es doch, was die geschrieben hatte. Neulich hat er wieder gesagt, wir heiraten an seinen Weihnachten, aber so richtig, wie ers hätt sagen müssen, hat ers nicht gesagt. Vorgestern – ja, vorgestern hat er gesagt, ich solls Maul halten, als ich ihn gefragt hab. Vielleicht war er müd. Aber jetzt muß was geschehn, nächsten Sonntag schon. Sie erreichte die zartrosa Steinbrücke, über die vor vielen Jahrhunderten Pilger von weither nach Canterbury zogen. Was gingen sie diese fremden, so lange toten Menschen an, die damals ihre Seelenlast den langen Weg entlang schleppten, um sie dort loszuwerden?
Sie lehnte sich über die Brüstung, blickte in das dunkelgrüne, ruhig fließende Wasser, in dem kleine silberne Fische in verspielter Hast umherhuschten. Eine fette Forelle ruhte, von der Strömung leise bewegt, zwischen Gewächsen unter einem Stein.
»Was wird aus uns beiden, Kindel, wenn er nicht mag – gibts noch ein Glück für uns oder ists schon vorüber?«
Sie spürte mit einemmal, als wäre dies unaufhaltsam in ihr wachsende Geschöpf, von dem sie nichts geahnt hatte, schon zu groß für ihren Körper, es drückte ihr auf ihr Herz, sie vermochte nur mühsam zu atmen.
»Was hast mit uns beiden vor, lieber Herrgott?«
Es war Mittag geworden, eine matte Sonne hatte die dünne Schneedecke aufgesogen, das Gras war dunkel und stumpf. Sie ging über den Hof, sagte im Rhythmus ihrer Schritte vor sich hin: »Was wird – was wird – was wird?«
Ihre Stimme erreichte Florian, als sie am Pferdestall vorüberkam; er grunzte freudig, lärmte in seinem Verschlag. Sie zögerte, ging dann in den dämmrigen Raum, setzte sich neben ihn, rieb seinen Rücken. Das frische Stroh knisterte wie im Heuschober, wenn Anton neben ihr gelegen hatte. Jetzt drängte sich das zufrieden schnaufende Tier dicht an sie. »Was soll ich tun, Florian – zu ihm gehn, er ist ja jetzt in seinem Wagerl, weil Mittagszeit ist, ihm sagen: Anton, wir müssen jetzt heiraten, weil ich schwanger bin. Aber auch wenn ers tut, wird jeder Bescheid wissen, weil jeder nachrechnen wird – besonders der Tom.«
Der Brief von dem Mädchen Kreszenz wurde lebendig: »Er hat versprochen, uns herüberkommen zu lassen.« Er hatte doch vielleicht gelogen, wie früher, als er von dem Papier sprach, das er jetzt nicht mehr erwähnte.
»Was meinst, Florian, hat er gelogen?«
Sie strich über den Kopf des Tieres, ging ins Haus.
Die Miß kam später als sonst, fragte, warum sie nicht auf sie

gewartet hätte. »Und was hat die Ärztin gesagt, Lina?«
»Ich soll zur Untersuchung ins Spital – möcht schon sagen, was mit mir ist, Miß, aber ich schäm mich.« Sie versuchte, ruhig zu sprechen, verbesserte sich, versuchte, sich an englische Worte zu erinnern, ihr fiel aber nichts ein. Sie schwieg, schließlich sagte sie tonlos: »Nachschauen sollens bei mir – brauch aber kein Nachschauen, Miß, weil ich selbst schon weiß, was mit mir ist – habs nur nicht wissen wollen – aber jetzt weiß ichs ganz gewiß. Es steht bös um mich, Miß. Weiß wirklich nicht – was ich sagen soll – und wie.«
Die Miß kam zu ihr, klopfte sie auf die Schulter: »Sagen Sie es mir später, es hat Zeit.«
»Ist aber was recht Schlimmes – Miß – ich hab ein Kind vom Anton im Bauch, Miß – ganz gewiß – kommt um Ostern zur Welt.«
Das Gesicht der Miß blieb unverändert freundlich: »Ich habe gedacht, das ist alles längst aus.«
»So leicht ists nicht mit der Liebe, Miß – hab ja auch damals noch nicht gewußt, was ich jetzt weiß, hab damals ja den Brief noch nicht gelesen.« Sie schrie die unerträglich gleichmütige Frau an: »Ein Kind hab ich von ihm im Bauch und weiß nicht, was werden soll – er spricht immer nur vom Heiraten, sagt schon recht und okay, nur wanns sein soll, sagt er nicht – ich mein, er hats schon im Sinn, tuts nur immer verschieben.«
»Und Sie glauben dem Mann noch immer?«
»Wenn man liebt, will man halt glauben, auch wenn man zweifelt – man hofft halt, daß alles recht wird – und er hat immer wieder gesagt, das Kind in Deutschland ist nicht von ihm.«
»Sagt er. Aber ich glaube, was das Mädchen geschrieben hat. Ich habe ihr geantwortet, sie soll froh sein, nicht diesen Menschen geheiratet zu haben.«
»Es wär vielleicht nicht passiert, wenn der Pfarrer damals Deutsch verstanden hätte, aber grad an *dem* Tag hab ich soviel Heimweh gehabt – und der Nebel war da, und Sie waren nicht zu Haus – ich wollt nicht ins leere Haus – ich weiß, ich hätt es hüten sollen – aber wies halt ist – der Anton hat soviel gebettelt, hat gesagt, sein Papier kommt, und wir sind fest verlobt, wir heiraten.«
»Das Papier war auch eine Lüge.«
»Das hab ich damals noch nicht gewußt, Miß. Es ist halt passiert, ich hab mich soviel auf ein Glück gefreut, daß ich schon nicht mehr recht gewußt hab, was ich tun soll, damits mir nicht davonläuft – und jetzt läufts mir vielleicht doch davon. Ich wollt keine Schand auf England bringen, ganz gewiß nicht.«
»England wird den Schock überstehen, Lina, bestimmt.«

»Und jetzt sinds gewiß bös mit mir – müssen ja bös sein – kommt da eine auf England, find einen Mann und wird schwanger.«
»Nein, ich bin nicht böse, es tut mir leid.« Das Gesicht der Miß blieb unverändert freundlich.
»Was wird, wenn er nicht mag – ich fürcht, er mag nicht.«
»Ein altes Haus mit zwei alten Frauen bekommt ein Baby. Wir haben noch kein Baby hier gehabt.«
Lina starrte die vor ihr Stehende fassungslos an: »Sie sind mir nicht bös?«
»Nein, nur erstaunt, daß Sie ihm wieder geglaubt haben. Ich versteht ja nichts von diesen Dingen. Wir werden mit ihm sprechen und sehen, was er jetzt sagt. Aber ich glaube nicht, daß er ein guter Mann für Sie ist, Lina.«

Die warme helle Küche mit den leuchtend roten Fliesen wurde zum Gerichtshof mit lauten und leisen Stimmen, kurzem Schweigen und erneutem Stimmengewirr. Die ringsum auf Fensterbrettern und Stühlen hockenden Katzen beobachteten aufmerksam.
»Hören Sie zu, Anton.«
»Ich schon hören – ich keine Zeit, Miß, viele Arbeit heute, plenty.«
»Lina bekommt ein Baby, Ihr Kind. Wenn man in England einem Mädchen Heirat verspricht, muß man sie heiraten oder viel Geld zahlen – denn« – die Miß suchte nach dem deutschen Wort, fügte schließlich hinzu, was jenseits von Linas und Antons Sprachschatz war – »denn das ist ein breach of promise. Ich habe Ihnen das schon einmal gesagt. Aber jetzt bekommt Lina Ihr Kind und Sie müssen –.«
Sein braunes Gesicht verwandelte sich, er schrie sie an: »Ganz große Schweinerei für mich.«
»Du sagst, was es für dich ist, aber was soll jetzt aus mir werden – was ist mit der Hochzeit auf deine Weihnachten, ha?«
Er sah vor sich hin, verzog den Mund, schwieg.
»Sie müssen Lina heiraten, wenn Sie es versprochen haben, Anton – zum zweitenmal dürfen Sie nicht tun, was Sie in Deutschland getan haben –.«
Er unterbrach sie: »Ich nix muß, ich nix heiraten – finish.«
Er wandte sich zur Tür, aber Lina vertrat ihm den Weg: »Du hast es versprochen, Toni, hast erst wieder vor ein paar Tagen gesagt, wir heiraten auf deine Weihnachten.«
Es war ihr jetzt gleich, ob die Miß hörte, was sie sagen mußte: »Wenn du nicht immer wieder gesagt hättest, ich wäre deine Frau, wir heiraten bestimmt, schon recht, schon recht, hast immer gesagt

– dann wär das alles nicht passiert – auf deiner Bank bin ich gelegen und hab gebeten, tus nicht, hast das vergessen, ha?«
Er nahm keine Notiz von ihr, sah über sie hinweg, trat von einem Fuß auf den anderen, murmelte Unverständliches.
»Haben Sie gehört, was Lina Ihnen sagt, Anton?«
»Ich schon hören – ich nix Papier für Heirat.«
»Fangen Sie nicht wieder mit derselben Lüge an. Sie haben einen Ausweis und können heiraten. Und wenn Sie Ihr Versprechen nicht halten, werde ich sehen, daß Sie zahlen müssen – viel Geld, Anton, *sehr* viel Geld.«
Er starrte sie feindselig an, ohne zu antworten.
»Ja, magst mich denn nicht mehr, Toni – aber warum hast denn all die Zeit gesagt, daß du mich magst?«
»Sie haben der Lina dasselbe versprochen wie dem anderen Mädchen, Anton!«
»Farmer nix verstehn, Lina ist altes Weib, zu alt, nix gut. Bißli Spaß mit Weiber prima. Weiber immer fragen das und fragen wieder – ich sagen okay, wir schon heiraten – allright, wir spazierengehn – Mann hat gern bißli Spaß.« Es fiel ihm schwer, die Flüchtigkeit seiner Begierde zu erklären, und so versuchte er lachend, Gewesenes auszulöschen. Unsicher wiederholte er: »Bißli Spaß, okay.«
»Für dich wars also auch nur bißli Spaß wie bei der Kreszenz?«
»Du haben Spaß, ich haben Spaß – du vergessen, du sagen Anton tun prima, okay?«
Sie spürte, wie sie rot wurde, schrie ihn an: »Weil ich dich gern gehabt hab – und jetzt läßt mich in der Hoffnung sitzen, mit so viel schönen Hoffnungen, die ich für ein Leben mit dir gehabt hab.«
Er zog den großen Schlüssel aus der Küchentür, drehte und wendete ihn, besah ihn, mit einemmal wieder ein fremder, verärgerter, unendlich ferner Mann.
»Sie wollen jetzt dasselbe tun, was Sie in Deutschland getan haben?«
Er unterbrach sie ungeduldig: »Miß-Bauer nix verstehn – ich haben gern junges Mädel, nix altes Weib.«
»Aber *mir* hast gesagt, du magst keine Jungen nicht, ich wär grad recht, und das war auch gelogen, weils dir grad so gepaßt hat – September hast gesagt, wir heiraten später, dann hast gesagt Weihnachten, dann hast gesagt, wir heiraten zu deinem Weihnachten.«
»September finish – jetzt Dezember.«
»Wenn Sie nicht heiraten, müssen Sie für Lina und das Kind zahlen.«
»Ich nix zahlen.«

»Lassens ihn, Miß, es hat keinen Zweck, er mag nicht, ich sehs ein, weils ichs einsehen muß.«
Er öffnete die Tür, wandte sich um, sagte rasch ein paar russische Wörter und fügte hinzu: »Ihr könnt mich am Arsch lecken«, schlug die Tür hinter sich zu, ging schrill pfeifend davon.
»Was hat er gesagt, Lina?«
»Nichts Schönes, Miß – etwas, was er bei uns in Deutschland gelernt hat – man sagts nicht.«
»Ich werde meinen Anwalt fragen, was man tun kann – er muß für das Kind zahlen und für das gebrochene Versprechen.«
»Mir liegt nicht so viel am Geld – hätt lieber etwas anderes gehabt – aber jetzt wird wohl nichts mehr mit uns beiden – und wir zwei auf demselben Hof wird wohl nicht gehn. Wär schlecht für die Arbeit, wenn zwei Zerkriegte am selben Platz sind.«
Die Miß sagte leichthin, als handle es sich um irgendein Alltagsproblem: »Wir werden ein Baby im Haus und in der Küche haben anstatt ein kleines Tier, einen Kinderwagen, keinen Korb.«
»Schickens mich wirklich nicht fort, Miß? Daheim schickt man ein Mädel aus dem Dienst, wenns ins Unglück gekommen ist.«
»Nein, natürlich nicht, Sie bleiben hier.«
Sie sagte leise: »Man kann wohl ein Glück nicht zwingen – ich hab halt geglaubt, daß mans kann.«

## 9

Sie erwachte nachts von Motorenlärm. Der Traktor dröhnte vorüber, sie erschrak, sprang aus dem Bett, zündete ihre Kerze an, schob das Fenster auf und beugte sich hinaus.
Ein blaßsilberner Vollmond schwebte fahl über grauem Nebel. Sie sah gerade noch ein rotes Schlußlicht den Weg emporzittern.
»Toni, was tust, wohin fährst?«
Ihre Stimme verhallte. Sie hielt die Kerze aus dem Fenster, als könnte die kleine goldschimmernde Flamme ihn erreichen.
Das Motorengeräusch verstummte, eine Kette rasselte, sie hörte ihn fluchen.
Er hält bei seinem Wagerl, er hat was vor, etwas passiert, ich muß die Miß wecken, die Miß muß helfen.
Sie rannte in ihrem grau-weiß gestreiften Barchenthemd über den Korridor in das Schlafzimmer, schrie: »Anton hat den Traktor genommen – er ist draußen auf der Straße, er fährt fort, Miß! Kommens, ehs zu spät ist!« Die Schlafende rührte sich nicht, der

Kerzenschein fiel auf das stille Gesicht unter dem blonden Haar. Die hats wohl gut, kann schlafen, weiß nicht, was es heißt, wenn da herinnen etwas wächst, wenn dus spürst – die weiß nicht, was es heißt, allein sein auf einer Insel mit einem Kind ohne Vater dazu.
»Wachens auf, Miß, der Toni, der Anton ist mit dem Traktor vorübergefahren, es passiert was, Miß – kommens, bittschön!«
Die Miß öffnete ihre Augen, starrte sie schlaftrunken an. »Sie haben geträumt, gehen Sie zu Bett. Alles ist allright, wir sprechen morgen noch einmal mit ihm. Alles ist allright, Lina«, wiederholte sie und fügte die so oft bei Zwischenfällen tröstliche Bemerkung hinzu: »Schlimmeres passiert auf dem Meer.«
Lina stand zitternd vor dem Bett, spürte nicht die Kälte, die vom geöffneten Fenster her auf sie eindrang, spürte nicht die eisige Kälte des Fußbodens an ihren bloßen Füßen.
»Er fährt fort, Miß! Der Anton fährt fort mit Ihrem Traktor!«
Die Miß gähnte, richtete sich auf, blinzelte und gähnte wieder ausführlich.
In diesem Augenblick drang Motorenlärm herein, krachte wie Maschinengewehrfeuer, verstummte mit lautem Knall. Der Hund unter ihrem Bett kroch hervor, bellte, die Miß war mit einemmal hellwach, schlug die Decke zurück, sprang auf, zog Arbeitshosen und Jacke über ihren Schlafanzug.
»Fort will er, Miß, verlassen tut er uns, und ich bin an allem schuld!«
»Ziehen Sie Schuhe und Mantel an. Wir sehen nach.« Sie nahm ihre Taschenlampe, wartete auf Lina und verließ mit ihr das Haus.
Das rote Schlußlicht und der weiße Schein einer Laterne blinkte ihnen entgegen, als sie die Wegbiegung erreichten. Der Traktor stand auf gleicher Höhe mit dem Wohnwagen. »Er geht fort, Miß!« Beinahe fügte sie hinzu, daß sie trotz allem noch auf ein Wunder gewartet hatte, auf Versöhnung, bezwang sich, wiederholte nur: »Fort geht er – fort. Alles ist jetzt aus.«
»Was machen Sie, Anton, wie kommen Sie dazu, meinen Traktor zu nehmen? Und nachts, was soll das?«
Er nahm keine Notiz von ihr, hantierte weiter mit einer schweren Kette, fluchte, sprang auf den Fahrersitz, fuhr langsam an. Die Kette straffte sich, er rief »okay«.
Die Miß hob ihre Lampe, ihr Schein fiel auf eine breite, frisch abgeholzte Bresche in der Hecke, an die er den Wohnwagen manövriert hatte.
»Wie kommen Sie dazu, meinen Traktor zu nehmen und die Hecke abzuschlagen, ohne mich zu fragen?«
Wieder erhielt sie keine Antwort. Er war abgesprungen, lag jetzt

unter dem Traktor, nur seine Gummistiefel waren sichtbar.
»Was treibst denn, Toni? Brauchst doch nicht gleich fort, bleib doch hier«, sagte sie leise. »Wir werden schon alles richten.«
Ein Fenster klirrte in der Dunkelheit. Toms Stimme rief aus der Dunkelheit: »Brauchen Sie mich, Miß?«
»Ja, kommen Sie, Tom!«
Die schwere Kette spannte sich jetzt wie eine Schranke zwischen ihm und den beiden Frauen.
»Toni bleib hier, wird schon alles allright, hast doch ein gutes Platzerl hier, die Miß braucht dich.«
Er wandte sich an die Miß, der Laternenschein fiel auf sein starres, dunkles Gesicht: »Ich gehen andere Bauer, plenty money dort – nix mehr alte Weiber – alte Weiber ganz große Scheiße – Anton finish hier.« Mit einem Satz sprang er auf den Sitz, fuhr wieder langsam an. Der Wohnwagen ruckte, rollte die niedrige Böschung herunter auf den Weg.
»Sie können nicht einfach davonlaufen – man kündigt von Sonnabend auf nächsten Sonnabend.«
»Anton kündigen heute – finish.«
»In Rußland dürften Sie das nicht tun.«
»Nix Rußland, hier England!«
»Man läuft doch nicht fort wie ein Zigeuner, mitten in der Nacht, Toni, hast es doch gut hier gehabt, und grad jetzt darfst doch nicht fort.«
»Du sagen ich Zigeuner? Okay, ich prima Zigeuner, good bye!«
Der Wohnwagen rollte an ihnen vorüber, entschwand im Nebel, Motorengeräusch und Kettenklirren erlosch, alles war still, bis auf das leise, einförmige Tropfen der Feuchtigkeit von den kahlen Ästen.
Tom tauchte vor ihnen auf, hob seine Laterne und beleuchtete die Bresche in der Hecke: »Meine Kühe werden morgen früh hier ausbrechen. Ich habe gewußt, was für ein Schuft er ist. Die DPs sind alle Gesindel – man sollte sie nicht ins Land lassen, sollte sie zurückschicken, wo sie herkommen.«
»Das geht leider nicht, ich habe mich schon erkundigt. Wenn sie gegen das Gesetz verstoßen, werden sie bestraft und kommen ins Gefängnis.«
»Wollen Sie nicht die Polizei anrufen und melden, daß er den Traktor gestohlen hat, Miß?«
»Anton stiehlt nicht, er bringt ihn sicher heute nacht oder morgen früh wieder – ich weiß, wohin er gefahren ist.«
»Brauchen Sie mich noch, Miß?«

»Nein, danke. Gute Nacht, Tom. Kommen Sie, Lina.«
Lina rührte sich nicht, sondern wies auf einen Gegenstand, der an der Böschung lehnte: »In seinem Zorn hat er sein Eichkatzel vergessen, ich hebs ihm auf, er hats so gern.«
Die Miß nahm sie beim Arm, zog sie mit sich: »Wenn er es haben will, muß er es holen. Kommen Sie jetzt.«
Lina ließ sich zum Haus führen, spürte erst jetzt die Kälte. »Ich habe die ganze Zeit gefürchtet, daß was passieren könnt – wär halt schön gewesen, wenn alles so geworden wär, wie ichs mir ausspekuliert hab – und jetzt steh ich auf der Straße im Hemd mit seinem Kind, und er ist fort.«

## 10

Wenn sie an Sonntagen den Weg zwischen den Hecken entlangging und die Bresche erreichte, die Anton geschlagen hatte, wandte sie ihren Kopf zur Seite, um die leere Stelle nicht zu sehn. Zuweilen dachte sie, daß sein Wohnwagen eines Tages wieder dort stehen würde, daß Anton zurückkehren, daß sie seinen Pfiff hören und er mit einemmal wie früher in der Küche auftauchen würde. Sie wußte, daß er beim reichen Nachbarn arbeitete. Old Hand hatte ihr väterlich-vorsichtig davon berichtet und beruhigend hinzugefügt, sie sei allright, alles sei ja viel besser für sie als mit Anton, dem bad boy. Es schien, als wolle er etwas hinzufügen, aber er sah sie nur an, schwieg und wiederholte: »Lina allright bei uns.« Weihnachten war längst vorüber, der welke Adventskranz verbrannt. Der Wohlfahrtsstaat nahm sich ihrer an, überschüttete sie zu ihrem Staunen mit Fürsorge und Gaben. Sie erhielt eine Wochenrente, bekam Geld zur Anschaffung von Baby-Ausstattung. Die Bezirksschwester besuchte sie regelmäßig und erkundigte sich nach ihrem Befinden. Sie mußte in die kleine Stadt zur Mütterberatung fahren, wo man sie Mrs. Lina nannte, weil niemand ihren Namen auszusprechen vermochte. Ein Bett im Spital war bereits für sie reserviert, sie wurde ermahnt, nicht zu vergessen, sofort anzurufen, wenn es soweit sei.
Die Miß zwang sie, jeden Nachmittag in ihrem Zimmer zu ruhen, obwohl sie sich dagegen wehrte.
»Ich arbeite lieber weiter, Miß, wissens, ich denk dann mehr an die Arbeit und weniger an mich und an das, was kommen wird.«
»Die Schwester hat gesagt, daß Sie sich ausruhen müssen –.«

»Bei uns daheim macht niemand so viel Aufhebens, wenn ein Mädel ein Kind bekommt.«
»Sie sind jetzt in England. Hier paßt man auf Babys und Mütter auf.«
Sie wußte, daß die Miß einen Rechtsanwalt befragt und Anton sich schließlich nach langem Feilschen bereit erklärt hatte, eine einmalige Abfindung statt der Alimente zu zahlen.
»Das ist besser so, denn wenn er plötzlich umzieht oder auswandert, kann man ihn nicht erreichen. Jetzt haben Sie auf alle Fälle genügend Geld für das Kind.«
»Mir geht es nicht ums Geld, Miß.«
»Ich weiß, Lina.«
Die Zeit glitt vorüber, die ersten Schneeglöckchen bedeckten den Steilhang wie ein dichter, weißer Teppich. Nachts sangen und fauchten die Katzen, und wenn die Kühe nach dem Melken auf die Weide gelassen wurden, sprangen sie frühlingsheiter wie Kälber mit leer schlotternden Eutern und erhobenen Schwänzen herum. Zuweilen wehte ein warmer Luftzug durch das Fenster. Sie dachte: die schönste Zeit, alles blüht und wächst, und in mir wächsts auch – wenn ich mich bloß auf dich freuen könnt, Kindel.
Sie legte die Hände auf den Leib, um zu prüfen, ob sich schon etwas in ihr regte. Aber noch schlief das werdende Kind. Wenn der kleine Kuckuck wieder einmal eine volle Stunde verkündete, schrak sie zusammen: eine Stunde näher zur Entbindung. Wie wirds werden, was wird aus uns beiden, Kindel? Können doch nicht immer bei der Miß sein. Einmal träumte sie, das Kind sei gestorben, und erwachte weinend. Dann wieder dachte sie: wärs nicht besser, wenns der Herrgott zu sich nimmt, wär bei meiner Mutter selig vielleicht sicherer aufgehoben als herunten auf der Erde bei seiner alten Mutter.
Die Zeit verrann, der Kuckuck rief die Zeit aus – ihr Körper wurde schwerer, ihre Bewegungen langsamer. Die Miß nahm alles gelassen auf, erkundigte sich hin und wieder, was ihr lieber wäre – ein boy oder ein girl.
»Ich nehm, was mir gegeben ist, Miß. Bleibt mir nix anderes übrig, als ›ja‹ und ›Amen‹ zu sagen.«
Der Fliederbusch trug schon dunkelviolette Knospen, als eines Nachmittags eine fremde Frauenstimme laut »hallo« rief. Sie wandte den Kopf, ohne sich vom Tisch zu rühren, und erschrak: Auf der Schwelle stand Fräulein Max, zu stark gepudert, mit zu roten Lippen, elegant, lächelnd, mit einem koketten kleinen Hut und einer großen modischen Handtasche.

»Ich wollte mich doch endlich mal bei Ihnen umsehn, mein Kind – Sie haben sich ja nie blicken lassen, und ich dachte, Sie werden doch mal bei uns um Mitgliedschaft bitten. Ist nicht, kann aber noch werden, was?«

»Ich hab immer soviel zu tun und bin gern zu Haus.«

»Nur nicht übertreiben, nur nicht zuviel für die Leute tun, *die* danken es einem ja doch nicht.« Sie setzte sich Lina gegenüber, zog sorgfältig ihre neuen hellgelben Handschuhe aus. »Ich wollte Sie nämlich zu einer kleinen Feier einladen – Anniversary, unser zehnjähriges Bestehen, bei der Gelegenheit können Sie sich gleich eintragen lassen, ich stimme für Sie, und zwei andere Leute werden auch noch für Sie stimmen, ist nicht so genau bei uns, wenn's nur drei Personen sind. Ich habe jetzt –«, Fräulein Max hielt inne, sagte feierlich – »etwas mehr Pflichten im Club übernommen. Unser alter Herr, Sie erinnern sich, der damals mit uns nach Portsmouth fuhr, hat einen kleinen Schlaganfall gehabt – daß der fällig war, habe ich ihm längst angesehn. Und da bin ich jetzt so etwas wie Hostess und Chief Organiser.« Wieder hielt sie inne, wartete auf Antwort, aber Lina sagte bloß »so«.

»Man hat Mäxchen gebeten, alles zu organisieren, denn organisieren kann Mäxchen – und deshalb mache ich jetzt die Runde – hier nennt man's canvassing, um Leute für die Party zusammenzutrommeln, die in Frage kommen – dazu gehören Sie natürlich auch. Sie sind eingeladen, es kostet Sie keinen Pfennig, Tee, Kuchen, alles gratis – Sie müssen doch mal aus der Bude hier 'raus und andere Menschen kennenlernen.«

»Ich geh schon eine Zeitlang nicht mehr aus. Nicht mal in die Kirche.«

Sie stand langsam auf, legte die Flickarbeit auf den Tisch, die Hände auf ihren Leib. »Deswegen geh ich nicht mehr aus – nicht mal ins Dorf zum Einkaufen – die Miß ist sehr gut, tut alles für mich. Ist wie eine Schwester zu mir.«

Fräulein Max starrte sie einen Augenblick sprachlos an: »Menschenskind, bei Ihnen hat's eingeschlagen! In Ihrem Alter! Ich hatte ja keine Ahnung – sind Sie denn verheiratet? Da war doch wer, soviel ich mich besinne – gesagt haben Sie ja nichts, aber Mäxchen merkt alles.«

»Nein, ich bin nicht verheiratet und werd auch nicht heiraten – es – es ist nichts daraus geworden, es ist alles aus.«

»Und Ihnen ist das passiert, in unserer Zeit, wo es doch etwas dagegen gibt – wenn man *das* nicht will.«

»Ja, da ist mir das passiert. Aber ich, wir, das Kind und ich dürfen

hierbleiben, hat meine Miß gesagt – vorläufig. Was später wird, wissen wir nicht.«
Fräulein Max war mit einemmal ganz Sachlichkeit, ganz Autorität: »Aber zahlen muß der Kerl, das ist Gesetz, da kommt er nicht herum.«
»Ja, ich bekomm schon ein Geld.«
Fräulein Max starrte sie noch immer an, schüttelte den Kopf, wiederholte: »Man soll's nicht für möglich halten – in Ihrem Alter. Da gibt's doch eigentlich nur . . . aber nicht mehr *das.* Wir sind ja nicht mehr knusprig – unsere Maienblüte ist längst vorbei.«
»Das schon, ich weiß. Es ist halt aber geschehn.«
Fräulein Max wußte nicht recht, was sie jetzt noch zu dem Fall sagen sollte und wechselte rasch das Thema: »Na, es wird schon alles gut werden, wenn Ihre Dame Ihnen hilft, so oder so, mein Kind. Und ich kümmere mich auch um Sie, wenn's irgendwie geht. Ich weiß ja kaum noch, wo mir der Kopf steht – die Feier im Klub, die Bestellungen, die Einladungen. Der Bürgermeister kommt übrigens auch, hat schon zugesagt. Ich habe alle Hände voll zu tun. Und meine Lady kann nicht mehr so richtig hoch, liegt seit Monaten fest. Der Arzt meint, es kann jeden Augenblick passieren, ich soll vorbereitet sein. Ich habe mich auch gut vorbereitet und ein kleines Schwarzes bestellt und einen todschicken schwarzen Hut. Es wird ja wohl Krach mit den Verwandten geben, aber das Testament ist gültig vom Anwalt aufgesetzt, nichts dran zu rütteln, soviel die auch versuchen werden.«
»Vielleicht gehts Ihrer Frau doch wieder besser?«
Fräulein Max wehrte diese Möglichkeit einer Besserung mit einer scharfen Handbewegung ab: »Nein, die kommt nicht mehr hoch. Wie ich immer sage, mal muß man eben fort, ob man will oder nicht.« Sie hatte es jetzt mit einemmal eilig, zog ihre neuen Handschuhe an, malte ihre Lippen mit dem Stift nach: »Ich darf den Bus nicht verpassen. Also, Kind, Kopf hoch, nur Mut, es wird schon alles richtig werden.«
»Ich möchte es hoffen.«
Sie begleitete Fräulein Max zur Haustür, blickte der rundlichen Gestalt auf den hohen Stöckelschuhen nach, die mit kurzen Schritten den steilen Weg hinaufhastete.
»Good bye, mach's gut mein Kind!« rief Mäxchen zurück, ehe sie die Biegung erreichte.
Lina blieb auf der Schwelle stehen.
Der süße Duft vom Fliederbaum drang auf sie ein, die Sonne wärmte ihre kalten Hände.

»Spürst sie schon, Kindel, spürst schon die Welt, in die du bald kommst?«
Sie blickte zum Hof, der still in der Sonne dalag. In der Ferne ging die Miß mit langen Schritten über ein Feld. Die Schimmel kamen zum Zaun, wieherten Lina leise zu, die Enten stiegen aus dem Mühlbach, umringten sie und bettelten aufdringlich um Brot.
»Es könnt *so* schön sein, wenn das alles nicht gewesen wär.«
Old Hand kam mit schweren Schritten vorüber, nickte ihr zu: »Allright, Lina?«
»Thank you, allright.«
Er blieb vor ihr stehen, sah sie aus seinen porzellanfarbenen blauen Augen an und lächelte: »Wir freuen uns auf das Baby, Lina.«
»Wirklich?«
»Ja, wirklich, auch die Miß freut sich.«
»Nur der Tom freut sich nicht – manchmal glaub ich, daß er mich –.« Sie suchte nach dem englischen Wort für Verfluchen, sagte schließlich, »daß er mir nichts Gutes wünscht.«
»Tom ist immer sauer. Sie sind allright, Sie sind bei uns.« Langsam, bedächtig schritt er den Weg entlang.
»Ja, ich bin bei euch, aber nicht daheim, bei mir«, sagte sie leise hinter ihm her.
Die Miß kam jetzt über die zartrosa Steinbrücke, die zu der kleinen Hütte im Wald führte. Dort wurden die großen Besen aufbewahrt, von denen es hieß, man könne mit ihnen einen beginnenden Waldbrand löschen. Manchmal hatte sie dort mit Anton gesessen. Sie wandte sich um, wollte ins Haus zurückgehen, als ein schneidender Schmerz sie packte. Sie blieb stehen, hielt den Atem an, versuchte, einen Aufschrei zu unterdrücken, stöhnte leise mit geschlossenen Augen.
»Was ist, Lina?«
»Ich glaub, es ist soweit, Miß. Es wär zu früh, zwei Monate fast zu früh.«
Die Miß sah sie an: »Ich rufe die Klinik an und bringe Sie hin.«
»Möcht lieber noch etwas warten, ist doch besser hier, wo ich mich auskenn. Vielleicht gehts vorüber.«
»Wir warten nicht.« Die Miß ging in ihr kleines Arbeitszimmer, sie hörte sie am Telefon sprechen, verstand aber kein Wort, denn der scharfe, alles löschende Schmerz überfiel sie wieder, so daß sie sich schwankend an der Haustür festhalten mußte.
»Sie sollen gleich kommen! Hören Sie, Lina – bleiben Sie hier, ich hole den Wagen.«

Sie sagte leise: »Muß doch mein Packerl mitnehmen, ist alles schon gepackt.«
»Ich hole Ihre Sachen, Sie bleiben hier.«
Dann geschah alles verwirrend schnell. Der Wagen rollte die Straße entlang, Kirchturm, Weiden, Häuser zogen undeutlich ineinander verschmolzen vorüber. Sie hörte die Stimme der Miß aus weiter Ferne, stand mit einemmal in der Klinikhalle, eine grauhaarige Schwester, die sie von ihren Besuchen her kannte, begrüßte sie, führte sie fort. Die Miß war verschwunden, sie lag in einem kleinen weißen Zimmer, jemand beugte sich über sie, jemand sagte: »All-right, Mrs. Lina, es dauert noch etwas – wenn Sie uns brauchen, rufen Sie – und jetzt bekommen Sie eine gute Tasse Tee.«
Sie war froh, so viel Englisch gelernt zu haben, daß sie alles verstand. Sie hätte gern gefragt, wie lange es noch dauern könnte, fand aber nicht die Worte und sagte nur »thank you very much, Miß«. Dann war sie allein, mit einemmal wieder frei von Schmerz, und starrte zur Decke empor, an der eine Fliege langsam um eine kleine kugelförmige Lampe kroch.
Eine junge Schwester erschien mit einem Tablett, auf dem Tee, Kuchen und belegte Brote standen, schob einen Tisch über sie, rückte alles zurecht, goß ihr ein, nickte lächelnd und verschwand. Sie richtete sich auf, besah, betastete alles – sie war noch nie bedient worden, hatte immer nur andere bedient. Und dann begann sie wie eine Verhungerte zu essen – all die Dinge, die sie zum erstenmal in ihrem Leben nicht selbst zubereitet hatte. Durch das Fenster sah sie blühende Büsche, wollte lächeln, aber der Schmerz überfiel sie wieder. Diesmal war er überwältigend, daß sie laut aufschrie und alle Heiligen, auch die kleine heilige Therese, anrief. Statt eines Amen schrie sie kehlig-laut »Herrgottsakrament noch amal«. Sie wußte nicht, daß das kleine siebförmige Mikrophon über ihr ihre Stimme durch das Gebäude gellen ließ – bayrische Laute, die niemand verstand, eben nur, daß es Hilferufe waren.
Statt der heiligen Therese erschien die grauhaarige Schwester und sagte ruhig: »Allright, Mrs. Lina, Sie bekommen jetzt einen kleinen Stich in den Arm und dann schlafen Sie etwas – allright – allright.«
Jemand betastete ihren Arm, als sie aufblickte, sah sie, daß die kleine runde Lampe an der Zimmerdecke sich um sich selbst drehte, daß der Türrahmen über sie hinwegglitt. – Sie spürte nicht, daß sie fortgerollt, in ein anderes Zimmer gebracht wurde, hörte leises Klirren, undeutliche Stimmen, spürte aber keinen Schmerz. Dann schrak sie auf – eine dünne Stimme quäkte, eine Frauenstimme sagte: »Sie haben einen schönen kleinen Sohn, Mrs. Lina. Er ist

noch etwas klein, weil er zu früh gekommen ist, aber alles ist jetzt allright.«
Sie blickte auf, sah sich um, sah, daß sie sehr hoch gebettet lag, erkannte die grauhaarige Schwester, die weißgewandet, stärkeknisternd dastand, sah einen Arzt und hielt ein kleines, warmes Bündel mit rotem, faltigem Gesicht und dünner schwarzer Haarsträhne im Arm.
»Mein Buberl – my boy – und so schön«, sagte sie zärtlich zu dem sorgenvollen kleinen Altmännergesicht, »soviel lieb – Buberl –«
»Sie kommen jetzt wieder in Ihr Zimmer, und wenn Sie sich ausgeruht haben, in den Saal zu meinen anderen Ladies, Mrs. Lina«, sagte die Grauhaarige.
Sie wollte ihr das Kind abnehmen, aber Lina hielt es fest.
»Es gehört mir«, sagte sie in stockendem Englisch.
Die Grauhaarige lächelte: »Sie bekommen es später wieder, es muß warmgehalten werden – jetzt kommt es zu unseren anderen Babys.«
Sie war zu müde, um zu antworten, spürte nur, daß man sie fortrollte, hörte mit einemmal eine vertraute Stimme: »Ich gratuliere, Lina.«
Sie öffnete die Augen. Die Miß stand neben ihr.
»War es sehr schlimm, Lina?«
»Nein – ich hab einen Sohn, Miß, ein schönes Kind.«
»Ich weiß, ich habe ihn schon hinter einer Glasscheibe gesehen. Ich habe die ganze Zeit hier gewartet, nachdem sie mich angerufen haben.«
»Dankschön, Miß.« Sie wandte den Kopf zur Seite, hörte nur noch, wie die Tür geschlossen wurde, und schlief ein.
Am nächsten Tag kam sie in den Saal, wurde vier anderen Frauen vorgestellt, und die Grauhaarige fügte mechanisch hinzu, Mrs. Lina habe einen schönen kleinen Sohn bekommen. Wie oft schon hatte sie diesen Satz in langen Dienstjahren zu jungen Müttern gesprochen.
Die Frauen nickten ihr zu, zwei strickten, eine sehr junge Frau zog ihren Mund mit dem Lippenstift nach, eine andere rollte ihr Haar in Locken, aus einem Radio ertönte heitere Musik.
Gegen Abend kamen die Ehemänner zu Besuch. Sie hörte das leise Flüstern der Eltern, dachte, vielleicht kommt er doch noch – er müßte doch eigentlich seinen Sohn sehen wollen. Aber der, auf den sie noch immer wartete, erschien nicht.
Die Miß kam am nächsten Nachmittag, brachte ihr Obst, Kekse und Grüße von Old Hand und dem Briefträger, der immer so freundlich

zu ihr gewesen war.
»Weiß ers denn schon, Miß?«
Die Miß blickte sie an. »Ja, er weiß Bescheid.«
»Und – was hat er gesagt?«
Sie erhielt keine Antwort, sondern nur einen sachlichen Bericht, daß die vereinbarte Abfindungssumme schon beim Anwalt deponiert sei, wo sie sie jederzeit abholen könne.
»Auch wenn das Kind nicht am Leben bleiben sollte, gehört Ihnen das Geld –«
Sie unterbrach sie hastig: »Mein Tonerl ist gesund, der stirbt nicht, er ist klein, aber stark, sagt der Arzt. Ich hab gar nicht gewußt, wie sehr ich ihn gernhaben werd.«
Die Miß zog einen Pergamentbogen aus der Tasche: »Sie müssen hier den Empfang bestätigen, dann ist alles erledigt – und ich glaube, gut erledigt.«
Sie unterschrieb, blickte fassungslos auf: »So viel Geld, Miß – so viel.«
»Sie haben es besser als das andere Mädchen und brauchen sich nicht um Alimente zu kümmern; das andere Mädchen hat nichts bekommen, weil er fortreiste. Damit er das nicht wieder tut, haben wir ihn überredet, jetzt zu zahlen.«
»Aber wie haben Sies angefangen?«
»Die Hauptsache ist, daß wir es erreicht haben und daß jetzt alles geordnet ist. Denken Sie nicht immer daran, Lina, es hat keinen Zweck.«
»Solang ich leb, werd ich dran denken, schon weil mein Buberl mich dran erinnern wird – vergessen kann man so was nicht – Miß – ist doch unmöglich.«
Die Miß sagte langsam, eindringlich: »Time heals all things, Lina.«
Sie verstand. Nur konnte sie nicht glauben, daß die Zeit alles heilt.
Die Tage in der Klinik waren bestürzend. Ihr geschah, was sie nie erlebt und niemals erhofft hatte: man kümmerte sich um sie, man bediente sie, man erkundigte sich nach ihrem Befinden. Sie durfte nicht einmal ihr Bett ordnen, dies wurde von einem Mädchen getan, das sie so vorsichtig behandelte, als ob sie zerbrechlich wäre. Sie wurde täglich massiert, mußte bestimmte Übungen machen. (»Damit Sie wieder eine gute Figur bekommen, Mrs. Lina.«) Da sie nicht genügend Milch besaß, mußte sie dem Kind die Flasche geben. (»Machen Sie sich keine Gedanken darüber, Mrs. Lina.«) Die Kinder wurden zum Stillen gebracht, dann wieder fortgenommen. (»So, jetzt kommt Ihr Baby wieder in die nursery, Mrs. Lina.«)
Der Stuhl neben ihrem Bett blieb leer, wenn die Miß nicht kommen

konnte. Mit keinem Wort wurde sie nach ihrem Mann gefragt, obwohl sie sich längst eine Antwort ausgedacht und immer wieder in Gedanken wiederholt hatte: ihr Mann sei Matrose, kehre erst in einigen Wochen zurück.
Am ersten Tag, an dem sie aufstehen und durch eine Glasscheibe ihren Sohn und die Kinder in ihren Wiegen sehen durfte, meldete eine Schwester Besuch.
Sie erschrak, begann zu zittern – er war also doch gekommen, um sie und das Kind zu sehen. Aber als sie das kleine Wohnzimmer betrat, erhob sich eine fremde, dunkel gekleidete Dame, die sich als Sozialfürsorgerin vorstellte. In wenigen Worten erklärte sie den Zweck ihres Besuches: sie wollte sich erkundigen, ob Lina die Absicht hätte, ihr Kind adoptieren zu lassen.
Lina fiel ihr ins Wort: »Ich behalte mein Kind, wir gehören zusammen, es ist nun einmal da und bleibt bei mir – es wird schon gehn.«
»Das hören wir am liebsten, Mrs. Lina«, und als sie Linas verstörtes Gesicht sah, fügte sie hinzu, es sei immer besser, wenn Mutter und Kind zusammenblieben. »Bloß wenn man es fortgeben will, sollte man es bald nach der Geburt tun, es fällt dann nicht so schwer.«
»Es ist mir gegeben, Madam, ich gebe es nicht fort, es gehört mir.«
»Sie wissen, daß Ihr Kind Engländer ist?«
Lina starrte sie an: »Ich bin doch aber Deutsche, und der Vater – der Vater ist auch kein Engländer.«
»Nach englischem Gesetz ist Ihr Sohn englischer Staatsbürger, weil er hier geboren ist.«
Sie vermochte nur leise und unsicher »so« zu sagen.
Die Dame wünschte ihr alles Gute, hielt ihre Hand einen Augenblick in der ihren, betrachtete das unjunge, versorgte Gesicht, bemerkte aufmunternd, daß ein Kind viel Glück bringen könne und daß man sich um sie beide kümmern würde.
Lina zögerte, suchte ihre Vokabeln zusammen und sagte schließlich: »England ist gut zu mir, thank you very much, Madam.«
Die Miß holte sie am Tag ihrer Entlassung aus der Klinik ab und fuhr sie in die kleine Kirche zur Taufe. Sie hatte die Namen Anthony Joseph für das Kind gewählt – Joseph in Gedenken an ihren Schulfreund, den Fischerseppl, der genau wie ihre Familie nichts von dem Dasein des Kindes ahnte, denn sie hatte weiterhin unverbindliche, kurze Briefe nach Hause geschrieben.
Old Hand, der Briefträger und die Bäckersfrau erwarteten sie vor der Kirchentür und legten dem Kind nach der Taufe ein Silberstück auf die Brust, »damit es ihm nie an Kleingeld fehlt«.

Dann fuhren sie zur Farm zurück. Als sie aus dem Wagen stieg, wehte ihr süßer, starker Heuduft vom Schober entgegen.
»Willkommen zu Hause, Lina und Anthony«, sagte die Miß.
Sie war zum erstenmal allein mit ihrem Kind.

## 11

Der Kinderwagen stand im kleinen Vorgarten. Windeln flatterten gleich Wimpeln im leisen, warmen Frühlingswind. Eine zart verschleierte Sonne schwebte im blaßblauen Himmel. Hin und wieder sang eine Lerche, stand flatternd still wie an unsichtbaren Fäden hängend in der Luft. Die Kornfelder neigten schon ihre schweren goldenen Häupter. Vögel lärmten in den Hecken, als ob die dicht bewachsenen Zweige Stimmen bekommen hätten.
Sie dachte, wenn ich ihn niemals getroffen hätte, nie mit ihm gegangen wäre, könnte ich jetzt ruhig dasitzen, wo es draußen so schön ist. Die Miß ist gut, der erste Schnitt kommt bald, die schönste Jahreszeit. Was wird nächstes Jahr sein? Was in zwei, drei Jahren? Geld hab ich jetzt schon genug, mehr als ich je gehabt hab – nur das Glück fehlt. Die Miß hatte auf ihre wiederholte Frage, wie es komme, daß Anton so viel zahle, erklärt, daß er wohl doch Strafe und Deportierung fürchte. In ihrer Antwort war Abwehr gewesen, so daß Lina nicht mehr zu fragen wagte.
»Ich spür aber, daß da noch etwas ist – Old Hand und die Miß wissen etwas, das ich nicht wissen soll.« Sie sah das schlafende Kind an. Schön und gesund war es, sichtlich gewachsen in den letzten Wochen. Die Haut, von der Sonne gebräunt, war nicht mehr wie lichter Kaffee, sondern mahagonifarben, wie *seine* Haut. »Wenn er dich sieht, müßt er Freude haben – vielleicht hilfts auch sonst. Ich muß ihn sehn, hab keine Ruh, bis ich ihn gesehn hab – spürs immer stärker mit jedem Tag, daß ich ihn sehn muß – daß er sein Kind sehn muß.«
Die Miß schlief wie stets am Sonntagnachmittag bis zum Melken. Wenn ich jetzt die Miß frag, läßt sie mich gewiß nicht gehen, sie wirds mir sogar verbieten.
Das Kind bewegte leise die kleinen Hände, öffnete die Augen, starrte sie an. Wie konnte sie ihn vergessen, wo sie doch sein Ebenbild vor sich hatte.
»Was wissen die Leut, wie mir ums Herz ist, Tonerl – wir gehn jetzt zum Vater, weils ganz einfach sein muß.« Sie stand auf, zögerte einen Augenblick und schob dann den Kinderwagen über den Hof,

am Heuschober vorüber. Der Gänserich, der mit seiner Herde im Schatten der Brücke ruhte, erhob sich, kam ihr erregt entgegen, folgte eine kurze Strecke, blieb dann zurück und schnatterte hinter ihr her, als wolle er das Unternehmen verhindern. Sie schlug den Weg ein, der durch den Buchenwald zur Nachbarfarm führte. Ein alter Eichenbaum neben der Hütte flüsterte mit abertausend jungen zartgrünen Blättern, ein Gigant, vom würgenden Efeupanzer umklammert. Sie blieb neben dem Stamm stehen. Hier hatten sie ihre Zukunft besprochen. Daß *sie* es war, die sich immer wieder in hoffnungsvolle Erregung, in Pläne gesteigert und seinen Gleichmut nicht beachtet hatte, ahnte sie nicht. Sie hatte gesprochen, sie hatte sein »okay, schon recht« als Zustimmung aufgefaßt. Das war im Herbst und lange vor jener entscheidenden Nacht gewesen. Sie entsann sich deutlich eines Herbsttages, an dem sie ihn wie so oft schon gefragt hatte, ob er es wirklich ernst mit der Heirat meine, und er in seiner unbestimmten Art bejahte: »Du allright.«
»Wenns dir wirklich ernst damit ist, dann schneids hier in den Baum ein. Da stehts dann für alle Zeit, und später zeigen wirs unseren Kindern – wenns damit nicht schon zu spät für mich ist – und sagen ihnen: Schaut her, das hat der Vater hier für sich und die Mutter eingeschnitten, lang, eh ihr gekommen seid.« Sie strich zärtlich über das A und L. Die zwei Buchstaben waren schon braun vernarbt. Ameisen huschten darüber, ein junges Efeublatt, grellgrün wie frisch lackiert, tastete zum L hin. Sie brach es ab. Die Spur jenes Tages sollte nicht verdeckt werden.
»Da stehts, Tonerl – ich hab ihm geglaubt und hätts nicht glauben sollen, da stehts, nur der Vater fehlt – müssen ihn halt suchen gehn, müssen versuchen, ihn wiederzubekommen.«
Ein heller Kuckucksruf synkopierte das geruhsame Gurren der Wildtauben.
Wenn er bis zehn schreit, wird alles gut – aber der Kuckuck verstummte im selben Augenblick, da sie zu zählen begann. Sie ging weiter, immer die Bahnstrecke entlang. Ein Zug kroch gemächlich im dumpf klopfenden Rhythmus vorüber. Jemand winkte aus dem Fenster, sie sah es, winkte nicht zurück. Jetzt kam ein Acker, dann wieder ein Buchenwald. Sie stolperte über Wurzeln, ihr Herz klopfte erstickend, das schlafende Kind erwachte, begann leise zu wimmern. »Sei still, Tonerl, muß doch dem Vater zeigen, wie brav du bist, damit er dich mag.«
Vielleicht ist er schon fort, woanders hingezogen, schoß es ihr durch den Kopf, vielleicht wollten mir Old Hand und die Miß nicht sagen, daß er fort ist. Aber mit einemmal blieb sie stehen, denn sein Wagen

tauchte am äußersten Ende eines großen Kornfeldes auf. Sie begann zu zittern, mußte tief Atem holen – sollte sie versuchen, dies entschwundene Glück wiederzufinden? Zögernd ging sie schließlich weiter. Der Kinderwagen war mit einemmal zentnerschwer, als enthielte er nicht ein kleines Kind, sondern die unerträgliche Last ihrer Sorgen und Hoffnungen.
»Nur versuchen, mit ihm zu reden, nur wissen, wie ers mit uns meint, nur ganz genau wissen, woran ich bin.«
In den kleinen Heften mit grellbuntem Umschlagbild »Die schönsten Liebesromane unserer Zeit« hatte sie gelesen, daß es auf der letzten Seite trotz aller scheinbar unüberwindlichen Hindernisse doch noch zu einem Happy-End kam, »und dann nahm er sie in seine Arme und sie wußte, daß sie endlich ihr Glück gefunden hatte«.
»Heiliger Antonius, heiliger Josef und alle Heiligen, bittschön, steht mir bei«, sagte sie leise zur flimmernden Luft, zu den Faltern, die einander verspielt haschten, zur kupfern schimmernden Fasanenhenne, die geruhsam auf ihrem Nest hockte, zur Feldmaus mit den kleinen, ängstlichen Augen, die eine Ähre umfangen hielt, zu der vertrauten pastoralen Symphonie des Sommers – aber sie ging an allem vorüber, ohne wie früher liebevoll betrachtend stehenzubleiben. Wenige Schritte vom Wohnwagen entfernt blieb sie stehen. Die Tür war geschlossen, die Gardinen zugezogen. Das ausgestopfte Eichhörnchen unter dem Glassturz hockte auch hier auf dem kleinen Tisch neben dem Porzellanbehälter. Seine schmalen Lackstiefel standen auf dem schwarzen Holzdeckel. Er war zu Hause. Sie horchte, rief seinen Namen, wartete, erhielt keine Antwort, nahm das Kind auf den Arm, trug es bis zu den hölzernen Stufen und rief wieder. Etwas rührte sich im Wageninnern, sie hörte seine Stimme – es schien ihr, als höre sie noch eine andere Stimme, dann schrie Anton ärgerlich, wer da sei.
»Ich bins, Toni, wir zwei, die Lina und dein Kind.«
Einen Augenblick blieb alles still, er sagte etwas Unverständliches, das vom Rauschen ihres Blutes, vom hastigen Herzschlag übertönt wurde, und erschrak. Er war nicht allein, jemand war bei ihm.
Dann wurde die Tür aufgerissen, und Anton stand über ihr, im Rahmen, ohne sie anzusehn, starrte grußlos über sie hinweg, als sähe er die Frau mit dem Kind auf dem Arm nicht, sondern betrachtete das leise im sanften Wind schwankende Kornfeld. Er war barfuß, sein Oberkörper nackt, dieser schöne, vertraute, tiefbraune Körper, der wie sorgfältig poliertes Mahagoni glänzte und der Haut seines Kindes so ähnlich war. Sein Haar hing in die Stirn, er

sah verschlafen aus, gähnte laut, sagte nichts.
»Wir wollten dich nur besuchen, weiter nichts, wollten uns nur zeigen. Das ist dein Sohn, Toni, ich hab ihn englisch Anthony taufen lassen, aber nennen tu ich ihn Tonerl. Ist ein schönes Kind, nicht wahr? Weil er hier geboren ist, wär er ein Engländer, sagen die Leut –.« Wie oft hatte sie in letzter Zeit Worte gesprochen, die eine Brücke zur Vergangenheit und den Beginn eines neuen Lebens mit ihm bilden sollten.
»Was willst?« sagte er, ohne sie anzusehn.
»Ich – ich wollt dir nur für das Geld danken. Ich mein, was du fürs Kind getan hast. Schau, Tonerl, das ist unser Pappi.« Sie hob ihm das Kind entgegen, aber er nahm es ihr nicht ab. »Ist noch bisserl klein, wird aber wachsen. Ist früher gekommen, weil ich mich soviel gegrämt hab. Die Fürsorge ist recht zufrieden, sagt, er ist ein very lovely boy, weil er von Woche zu Woche an Gewicht zunimmt – ist so ein liebes Buberl, kann mir gar nicht vorstellen, wies ohne ihn wär.«
Sie wußte nicht, was sie noch zu dem schweigsamen, regungslosen Mann sagen sollte, begann zusammenhanglos zu stammeln, spürte Tränen auf ihrem Gesicht. »Er greint, weils heut halt arg warm ist, sonst ist er aber so brav – ist ein Engländer, bekommt einen englischen Paß – bin nur daher gekommen, um zu fragen – möcht doch gern wissen, was jetzt ist, ich mein, was mit dem Ring ist – willst ihn vielleicht zurückhaben, wenn wirklich alles aus ist – kanns noch nicht recht glauben – schau, unser Tonerl kann schon bisserl lachen.« Sie überlegte, ob sie die Stufen hinaufgehen und ihm das Kind in den Arm legen sollte, wagte aber doch nicht, sich zu rühren.
Er stand mit gespreizten Beinen im Türrahmen, sagte nach einer Weile, nicht unfreundlich, ohne sie anzusehen: »Alles finish, ich geben Geld, okay, good bye.«
»Ich gebs dir gern zurück, das Geld, Toni, brauchst es vielleicht selber – die Miß hat gewollt, daß du zahlst, fürs Kind –«
»Ich haben plenty money, plenty money.«
»Ich weiß schon, habs ja damals bei dir gesehn – das Kind braucht ja auch später etwas, wenns doch keinen Vater hat, der dafür sorgt, meint die Miß.« Sie hielt inne, jetzt hatte sie auch dies »Später« gesagt, wie er es so oft getan hatte, wenn er ihren Fragen ausweichen wollte. Ihre Wünsche, ihre Träume und Hoffnungen hatten an diesem Später gehangen.
»Ich weiß, du bist kein schlechter Mensch, nur halt anders – aber für mich war das mit uns halt für alle Ewigkeit, bis der Tod uns einst scheidet – Toni, ist denn wirklich alles aus und warum – das Tonerl

ist doch jetzt hier – braucht den Vater – warum soll alles aus sein.« Sie wußte nicht, wie sie ihn erreichen konnte, er war unendlich ferngerückt, sie versuchte, ihn zurückzuholen, und spürte verzweifelt, daß sie ihn nicht zurückholen konnte. Er war vorübergezogen, wie seine Ahnen einst in die Weite ihrer Steppe, wie die Zigeuner daheim früher durch ihr Dorf, während die seit Jahrhunderten ansässigen Bauern ihnen geruhsam und verständnislos nachblickten.

»Das Tonerl ist doch ein Band zwischen uns – ich geb dir dein Geld zurück, hols von der Bank, sollst nur bei uns sein, bet jeden Tag, daß alles gut wird – zünd jeden Sonntag eine Kerze an, jetzt, wo ich wieder kirchgehn kann.«

Er gähnte, reckte sich, sagte ruhig mit einer abwehrenden Geste, als wäre sie ein lästiges Insekt: »Du gehn damoi zu Miß – alles finish, go on, go home.«

»Ist mein damoi nicht mehr hier – hast doch immer gesagt, es wäre hier – hast doch damals soviel anders geredet und so bettelt, wenn dus doch nicht gemeint hast?«

Er antwortete nicht.

»Es ist auch wegen dem Ring – hab ihn dabei – da, hier, hat ja keinen Zweck mehr.«

Er übersah die Hand, die den Ring zu ihm emporhielt.

»Du gehn damoi, nix Ring.«

»Nimm ihn schon, wenn du mich nicht mehr magst.«

Ehe er antworten konnte, ertönte eine Stimme aus dem Wagen – eine Frauenstimme rief: »Darling, Tony, come.« Sein Gesicht färbte sich dunkel unter der sonnverbrannten Haut. Ohne sich umzusehen, ohne seine Stellung zu verändern, schrie er zurück: »Shut up, halts Maul!«

»Tony, darling, come«, wiederholte die Stimme. Ein junges Mädchen erschien hinter ihm. Sie trug einen rosaseidenen Unterrock, ihre schmalen, nackten Füße schoben sich zwischen seine Füße, blondes Haar fiel über seine Schulter, als sie ihren Kopf auf seine Schulter legte, ihn küßte, ihn ins Ohrläppchen biß.

»Was hat mein Tony gemacht – ein Baby – so ein kleines Baby.«

Er rührte sich nicht, wiederholte: »Alles finish, gehn damoi zu Miß.«

Das Mädchen lachte wieder, ein Luftzug wehte ihr Haar wie einen dünnen goldenen Schleier über sein braunes Gesicht. Er stieß sie in den Wagen zurück, schrie sie englisch, deutsch, russisch an, ging in den Wagen, schlug die Tür hinter sich zu, schob den Riegel vor, schrie von innen noch einmal, sie solle gehen – und dann folgte der

Satz, der sie wie ein Schlag traf: »Wenn du nicht gehn, ich rufen meine Farmer und Polizei.« Sie hörte das Mädchen lachen, dann ertönte schrille Radiomusik. Der Vorhang wurde vorsichtig zur Seite geschoben.
Schaun tuns, ob ich fort bin.
Sie bemerkte erst jetzt, daß sie den Ring noch immer emporhielt, steckte ihn wieder an, wandte sich um, legte das Kind in den Wagen, sagte leise: »Er mag uns wirklich nicht mehr, Tonerl, wir müssen ohne ihn leben.«
Sie wußte später nicht, wie sie den langen Weg zurückgelegt hatte. Atemlos erreichte sie den Hof.
Die Kühe drängten sich wartend mit vollen Eutern vor der Stalltür, die Schweizer Tom gerade öffnete, um sie an sich vorüberzulassen. Er starrte Lina grußlos wie immer an.
Der weiß alles, weiß auch, daß da eine andere ist – alle habens gewußt, nur ich nicht. Wär besser, sie hättens mir gesagt.
Die Miß kam ihr mit langen Schritten entgegen: »Ich habe Sie gesucht, Lina.«
»Ja, Miß, ich war bei ihm und weiß Bescheid – ich habs nicht glauben wollen und muß es jetzt glauben.«
»Ich habe Ihnen immer wieder gesagt, Sie sollen ihn vergessen, aber Sie haben nicht auf mich gehört.«
»Vielleicht gehts jetzt etwas leichter, weil ich alles weiß. Mir wär lieber gewesen, kein Geld auf der Bank zu haben und dafür ein Glück, eine Familie, Miß.«
Sie wiederholte: »Ja, eine Familie wär besser – Vater, Mutter und Kind gehören halt zusammen.«
Die Miß machte eine Handbewegung zu Brücke und Wald. »Sie müssen das vergessen, Lina, es läßt sich nicht ändern.«
»Wenns ging, wär vielleicht alles besser – aber mit dem Vergessen ist es halt schwer. Sie sind schon gut zu mir, kein Wörtel Vorwurf – daheim im Dienst wär eine Herrschaft anders gewesen.«
»Sie sind hier zu Hause, Lina, Sie sorgen gut für mich.« Die Miß wandte sich um, ging den Stallgebäuden zu, aus denen die unruhigen Laute der Kühe drangen, die auf das Melken warteten.
Lina blickte ihr nach.
Die hats gut, die weiß nicht, wie alles ist – und der Tom schaut herüber – der hat mich wohl fortgehn sehn, weiß, wo ich war – vom ersten Tag an hat er mir nachspioniert – möcht bloß wissen, warum er mich nicht mag.
Sie war gerade dabei, den Kinderwagen ins Haus zu schieben, als eine große, dunkelglänzende Limousine langsam den Weg herun-

terrollte und vor dem Gatter hielt. Ein livrierter Chauffeur sprang heraus, öffnete den Schlag. Sie erschrak, dachte, jetzt kommt die Miß-Schwester und ich muß was Besonderes kochen, aber eine kleine, rundliche Gestalt in Trauerkleidung stieg schwerfällig aus. Kreppschleier verhüllten Gesicht und Oberkörper.
»Hallo, mein Kind, ich bin's, ich wollte mich doch mal rasch nach Ihnen umsehn«, sagte eine Stimme hinter dem Schleier.
Die schwarz Drapierte schlug ihren Schleier zurück.
Es war Fräulein Max, die auf sie zukam und ihr die schwarzen behandschuhten Finger entgegenstreckte, die andere Hand betupfte Mund und Augen mit einem Spitzentaschentuch.
»Ja, mein Kind, nun ist es soweit. Wir haben sie vorige Woche zu Grabe getragen. Es war ein schönes Begräbnis, sehr feierlich, wirklich schön. Für mich ist es ein großer Verlust, aber ihre Zeit war eben um, die Uhr war abgelaufen, sie ist erlöst –.« Fräulein Max seufzte, betupfte wieder ihre Augen.
»Ist Ihre Herrschaft gestorben?«
»Ja – ich habe schwere Tage hinter mir, Ärger mit den Verwandten wegen der Erbschaft, weil nichts für die abfällt – aber ich habe mir wirklich alles ehrlich verdient. Meine Nerven sind allerdings total fertig –.« Sie wandte sich um, befahl dem Chauffeur zu warten, obwohl er vor dem Gatter hielt. »Ich brauche jetzt erst mal Erholung – der Arzt meint auch, erst mal gründlich erholen, ausspannen –.«
Lina blickte über sie hinweg, zum Wald, sagte mechanisch: »So.«
»Ja, ich gehe vielleicht zuerst in ein Sanatorium oder fahre mit Jack in den Süden – ich behalte ihn, er ist ein zuverlässiger Fahrer. Ob ich das andere Personal behalte, weiß ich noch nicht. Frisch angefangen, ist halb gewonnen, nicht wahr?«
Lina antwortete nicht.
Die Sonne stand gerade über dem Wald.
Was tut er jetzt? sagt er der anderen, was zwischen uns war, oder sagt er ihr vielleicht, daß das Tonerl nicht sein Kind ist? Wird er sie heiraten?
Fräulein Max war gekommen, um zu berichten – Worte rannen ineinander, zu einem einzigen, monotonen Laut. »Später kümmere ich mich auch wieder um den Klub, wenn die Erbschaftssache erledigt ist. Ich habe einen guten Vermögensverwalter, ein sehr netter Mann – finanzielle Sicherheit, wenn man nicht mehr so knusprig ist, ist schon etwas wert – Sie haben Pech gehabt, mein Kind – nur den Kopf nicht hängen lassen.« Sie legte ihre Hand auf Linas Schulter, schreckte sie aus der Wirrnis ihrer Gedanken, berührte flüchtig die Kinderhände. »Ein hübsches Kind, wirklich sehr hübsch

– ist der Vater ein Dunkler, weil der so brünett ist – es gibt ja jetzt so viele von denen hier bei uns –.«
Lina starrte sie an, wie eine Erwachende, zögerte. »Er ist Ausländer, halt kein Engländer und kein Blonder – die Sonne ist jetzt so stark, ich hab mein Tonerl immer viel draußen, in der Sonne –.« Sie dachte, wenn die Frau nicht bald geht, fang ich hier draußen zu weinen an.
»Aber zahlen muß er doch für das Kind?«
»Ja – das schon.«
»Und bleiben Sie nun hier, in Merry Old England, oder fahren Sie wieder nach Hause?«
»Ich weiß nicht, ich – ich weiß überhaupt noch nicht, was wird –.«
»Ja, jeder muß wohl sein Päckchen im Leben tragen.« Fräulein Max wartete einen Augenblick, überlegte. »Aber wenn Sie sich mal verändern wollen – kann ja sein – Ortswechsel tut gut, und bei mir hätten Sie es gut – lassen Sie es mich wissen. Wir zwei würden sozusagen handelseinig, was – ich meine, geben Sie mir first refusal, will sagen: sozusagen Priorität, ja?«
Lina antwortete nicht, blickte an ihr vorüber.
Fräulein Max sagte etwas unsicher: »Darüber können wir später immer noch mal reden, ich kümmere mich wieder um Sie, wenn bei mir alles einigermaßen geordnet ist.« Sie wartete wieder auf Antwort.
Aber Lina schwieg mit fest zusammengepreßten, farblosen Lippen und zur Seite gewandtem Kopf, als versuche sie, den Strom der Laute abzuwehren.
»Ja, mein Kind – die Kerle – was die einem manchmal für Ärger machen – und dabei hat man doch seinen Spaß mit ihnen.« Fräulein Max seufzte, berührte wieder Linas Schulter. »Nur Mut, es wird schon alles wieder werden – es ist doch was Sonderbares um den Tod. Da hat man sich nun so oft über einen Menschen geärgert und sich gezankt – na, und manchmal auch sogar was gewünscht – aber jetzt, wo sie für immer fort ist, fehlt sie mir überall – ich fürchte mich sogar manchmal.« Sie wandte sich ab, winkte dem Chauffeur, sagte in einem Tonfall, den sie wohl oft in den langen Jahren von der Verstorbenen gehört hatte, sagte überlaut, wie um sich des neuen Besitzes zu versichern: »Nach Hause, Jack«, stieg schwerfällig ein, zog den Schleier vor das Gesicht, winkte Lina im Abfahren zu, obwohl Lina den Kinderwagen bereits rasch in das Haus geschoben hatte.
Die Küche war still und golden erleuchtet vom Schein der untergehenden Sonne.

Langsam kroch der Abendzug vorüber, der Stadt zu – vor einem Jahr war sein Pfiff so oft Signal für sie gewesen, sich von Anton zu trennen.
Sie dachte plötzlich, mit dem Zug möcht ich fortfahren, ich halts nicht aus – wenn ich nicht fortfahr, zwingts mich wieder zu ihm, trotz allem – dabei weiß ich, daß er mich doch wieder fortjagen würde, wie heut. Sie wärmte die Milch, füllte mechanisch die Flasche, gab sie dem Kind und bettete es mechanisch wieder in seinen Wagen, blieb einen Augenblick stehen. Der Kuckuck riß heftig das Türchen auf, verkündete die siebente Abendstunde. Sie trat vor den kleinen, altersblinden Spiegel und ordnete ihr Haar.
Wie oft hab ich vor dir gestanden, ehe ich zu ihm ging. Ein altes Weib bist, Lina, schau dich bloß an. Gehst zum Fünfziger hin – bald zum halben Jahrhundert – und jetzt ist das passiert – ein altes Weib mit einem Kind, aber keinen Vater dazu – und er hat eine Junge – so viel jung, vielleicht zwanzig ist sie – könnt meine Tochter sein. Was wird aus uns? Sie begann mechanisch, das Abendessen vorzubereiten.
Der Erntewagen schwankte hochbeladen mit Heu am Küchenfenster vorüber, dem Heuschober zu. Als die Miß sich der Tür zuwandte, atmete Lina tief auf, zögerte, sagte schließlich: »Bittschön, ich möcht mit Ihnen reden, hab was zu sagen – wollte es schon lang sagen, Miß.«
Die Miß wandte sich um, sah sie an; sie spürte, wie sie errötete.
»Ist es so wichtig?«
»Für mich schon – ich wollt es schon so lang tun, schon vor – schon nach dem Sonntag, Sie wissen schon – aber ich hab mich nicht getraut, hab mich nur immer wieder geschämt und weiter versucht, und schäm mich, weil Sie so gut zu uns beiden waren –.« Sie wiederholte hilflos: »Weil Sie so gut zu mir waren, hab ich mich nicht getraut –.«
»Ich komme nach dem Abladen wieder.« Die Miß wiederholte laut und langsam, weil Lina sie anstarrte, als habe sie ihre Worte nicht gehört: »Ich komme nach dem Abladen gleich wieder.«
Sie war allein, versuchte, die Worte wieder zu finden, die ihren Entschluß erklären, entschuldigen sollten, die sie in den letzten zwei Wochen immer wieder zusammengefügt hatte, wenn sie allein war, wenn sie neben dem Kinderwagen vor der Haustür wartete und in die Richtung blickte, wo sein Wohnwagen stand, zu dem es sie magisch zog, als wäre sie durch unsichtbare Fäden mit ihm verbunden.
»Ich habs ehrlich versucht, aber ich halts nicht mehr aus, Miß!«

schrie sie und erschrak im selben Augenblick, denn die Miß stand im Türrahmen, groß, ruhig, sonnverbrannt. »Was ist, Lina, Sie waren hoffentlich nicht wieder bei ihm?« »Nein, Miß – es ist etwas anderes – ich habs schon lang sagen wollen – vor vielen Wochen, als ich dort war – nur hab ich mich nicht getraut. Ich glaub, es ist besser, ich fahr heim, wenn mein Jahr um ist. Die Arbeit geht mir nicht mehr recht von der Hand – es ist alles so nah – ich mein, *er* ist nah dort drüben – wenn er weiter fort wär, gings vielleicht – aber wies ist, muß ich halt immer hinüberdenken und zum Wald hinschauen, weil ich weiß, daß er dort wohnt. Denk immer: ist die Junge grad bei ihm – ich find keine Ruh, Miß, schäm mich, daß ich fortmöcht, wo wir zwei es doch so gut hier bei Ihnen haben. Aber ich schaffs nicht – versucht hab ichs schon –, aber es geht nicht.«

Die Miß blickte aus dem Fenster. »Sie brauchen sich nicht zu schämen, ich bin auch nicht böse – ich kann es nur nicht verstehen, daß Sie noch immer an diesem Menschen hängen.«

»Er ist der Vater vom Kind.«

»Trotzdem verstehe ich es nicht. Aber fahren Sie ruhig nach Haus, wenn Sie glauben, daß es besser ist. Ich besorge Ihnen die Fahrkarte.« Sie lächelte. »Vielleicht kommen Sie später wieder.«

»Wer wird jetzt für Sie sorgen und das Haus putzen – und kochen, gerade jetzt, zur Erntezeit. Ich schäm mich, Sie im Stich zu lassen.«

»Jemand wird sich finden.« Die Miß blickte auf die Weide, auf der die Kühe gemächlich mit schweren Eutern durch den Mühlteich zum Stall zogen. »Wir sprechen später weiter.«

»Da wär aber noch etwas, Miß. Es ist – es handelt sich um den Florian – ich möcht nicht, daß er ins Schlachthaus kommt, käm mir wie Verrat vor, weil er so an mir hängt. Hab ihn doch aufgezogen, als er klein und schwach war, wie mein Kindel – wenn ich Ihnen jetzt ein Geld dalaß, obs ihm vielleicht das Gnadenbrot geben, bittschön.«

Die Antwort kam rasch, sachlich und heiter in ihrer Selbstverständlichkeit: »Florian gehört Ihnen, Sie können von ihm in Deutschland züchten, er hat einen königlichen Stammbaum – er fliegt mit Ihnen.«

Sie war so erstaunt, daß sie zuerst nicht zu antworten vermochte. »Er soll mit uns reisen? Und fliegen?«

»Er fliegt mit Ihnen. Es ist besser, daß Sie fliegen, die Reise ist zu lang für unser Kind. Ich habe Ihnen vor einem Jahr versprochen, daß Sie jederzeit nach Hause können, wenn Sie wollen. Florian ist von mir zu der Reise eingeladen.«

»Und ich bin so undankbar und verlaß Sie.«

»Schlimmere Dinge passieren auf hoher See, Lina.«

»Meine Leut wissen noch immer nichts vom Tonerl, muß erst fragen, ob wir kommen dürfen – ich hab schon ein Wohnrecht daheim fürs Alter, wenn ich nicht mehr arbeiten kann. Aber ob das Wohnrecht fürs Kind gilt, weiß ich nicht.«
Die Miß stand schon in der offenen Tür. »Es wird allright werden, Lina, schreiben Sie nach Hause.«

Lina holte ihr Briefpapier, setzte sich an den Tisch, überlegte, begann langsam, stockend zu schreiben:
*»Ihr habt Euch schon gewundert, warum ich so selten von mir hören laß. Die letzte Zeit war nicht leicht für mich aus vielen Gründen, hat aber nichts mit meiner Herrschaft zu tun. Ich habe mich schon mit der Herrschaft besprochen, sie meint auch, es wäre besser, daß ich wieder in die Heimat reise, wenn das Jahr um ist, obwohl ichs eigentlich im Sinne hatte, länger zu bleiben. Nun muß ich Euch etwas Betrübliches mitteilen, meine Lieben – ich komme nicht allein, bringe mein Kind mit, ist ein gesunder, lieber Bub. Er ist Engländer, weil er hier geboren ist. Ich möcht Euch nun fragen, ob wir vorerst zu Euch kommen dürfen, bis ich weiß, was aus uns wird, und ich mein weiteres Leben überdacht habe. Bringe hübsch viel Geld mit, kann gut für uns beide zahlen, weil Ihr es ja nicht so habt –.«* Sie hielt inne, überlegte lange, fügte dann hinzu: *»Es handelt sich um viele tausend Mark, die ich auf der Bank liegen habe, weil man so viel Geld nicht im Haus haben darf, sagt meine Herrschaft.«*
Die Antwort ließ auf sich warten. Endlich kam die vertraute Seite aus dem Kaufmannsbuch.
Die Schwester schrieb, sie seien mitten in der Heuarbeit, hätten alle Hände voll zu tun.
*»Daß es Dir in Deinem Alter passieren könnte, hätte ich nie von Dir gedacht. Und überhaupt. Aber nun ist es passiert, und so komm schon in Gottes Namen. Es gibt auch wieder einen Saisonposten für Dich als Kellnerin im Gasthof. Schreib, wann Du kommst, wir holen Dich ab.«*
Die Marie-Tant hatte mit zittriger Hand ein paar Zeilen hinzugefügt:
*»Ich habe Dich gewarnt, jetzt ist das Unglück geschehn. Dem Fischerseppl seine Frau haben wir vor zwei Monaten begraben, möge ihr das Ewige Licht leuchten. Aber seine Kinder sind zu städtisch, wollen in der Stadt bleiben, wollen dem Vater nicht helfen.«*

## 12

Am Tag vor der Abreise ging sie zum letztenmal über den Hof. Aus dem Heuschober drang starker süßer Heuduft – wie immer standen die Torflügel gleich willkommenheißenden Armen weit offen.
Der Ruf der kleinen braunen Eule synkopierte das zupfende Geräusch grasender Kühe. Bodennebel schwebte milchig empor, verhüllte die Häupter der über den Bach geneigten Weidenbäume. Sie blieb auf der steinernen Brücke stehen, blickte zum Wald hinüber. Ganz leise durchzuckte sie die Hoffnung auf ein Wunder: daß er plötzlich, wie früher so oft, lautlos vor ihr auftauchen würde, ein junger, dunkelhäutiger Faun, ein wildes Wesen aus einem fernen Land, daß er sagen würde: »Du nix fortreisen, du kommen zu Anton in Caravan, du kommen damoi, Duschinka, du meine Frau.«
Der Weg zum Wald hin verlor sich im Nebel.
Sie lehnte an der Brücke, die noch ein wenig warm war von der sommerlichen Hitze. Ein Perlhuhn rief sein klagendes »Come-back, Come-back« vom Obstgarten her.
»Meinst, ich soll doch hierbleiben, aber ich schaffs nicht, hab keine Kraft mehr – und er hat ja die Junge«, sagte sie leise zu der Nebelwand.
Dann war der letzte Morgen da. Hastiges Packen nach schlafloser Nacht, überstürztes Frühstück, das durch die Unruhe erschreckt wimmernde Kind, Verladen von Florian, der sich lange weigerte, in seine Kiste zu kriechen, Abschied von Old Hand und drei Erntearbeitern, Abschließen der Haustür. Dann rollte der Wagen an der Bresche vorüber, die Anton in die Hecke geschlagen hatte – junge, lichtgrüne Zweige tasteten schon wieder zueinander. Gras war über den kahlen Fleck gewachsen, auf dem der Wohnwagen gestanden hatte. Sie schloß die Augen. Als sie wieder um sich blickte, fuhren sie am Kloster vorüber, in dessen Kirche sie voriges Jahr gebeichtet hatte. Ein Mönch wendete geruhsam das Heu auf dem Abhang, vom Kirchturm her ertönte Mittagsläuten. Eine eng aneinandergedrängte Schafherde, kompaktes grauwollenes Gewirr, kam ihnen entgegen, umkreist von emsigen Hunden, gefolgt vom Schäfer, dessen langer Fangstab einem Bischofsstab glich. Strohgedeckte Häuser zogen vorüber, sommerbunte Gärten, rötliche Erde, dann wieder dunkle Erde – Kinder jagten einem Ball nach, eine Möwe schwebte feierlich empor, entschwand im blaßblauen Himmel. Aus einem Hof drängte sich Jungvieh, eine Frau hing Wäsche auf, ein Schornsteinfeger lachte ihr mit geschwärztem Gesicht zu – soll ja Glück bringen, aber tut ers auch? Alles bleibt, wie es ist, nur

uns zwei jagts fort.
Die Landschaft veränderte sich, Weiden, Äcker verschwanden, kistenähnliche Bauten wuchsen hier und dort empor, verdichteten sich – ein mächtiges rotes Gebäude tauchte auf, der Wagen dröhnte durch einen matt erhellten Tunnel, in dem Forians Geschrei überlaut schallte.
»Hier sind wir, Lina«, sagte die Miß, die bisher nur wenige Worte gesprochen hatte, um das schlafende Kind nicht zu stören.
Die Miß befahl ihr, am Schalter zu warten, bis Florian ausgeladen war. Lina stand ängstlich im dichten Strom hastender Menschen zwischen Gepäckträgern, die ihre Last auf ein unaufhaltsam aufwärtsrollendes Band warfen. Eine Stimme gurgelte aus dem Lautsprecher, eine junge dunkelhäutige Frau, die eine Rose hielt, lächelte ihr zu, wurde aus der Glastür hinaus auf die Straße geschwemmt.
Die Miß tauchte wieder vor ihr auf. »Alles erledigt, Florian wird schon verladen – ich bringe Sie bis zur Paßkontrolle.«
Wie so oft wollte sie etwas sagen, fand aber keine Worte und fuhr schweigend die Rolltreppe empor zwischen dichtgedrängten Menschen. Die Miß blieb im breiten, hellen Gang neben einer offenen Tür stehen: »Weiter darf ich nicht mitkommen. Gute Reise, Lina, und danke.«
»Ich hab nur immer zu danken, Miß.«
»Good bye, little baby boy – es ist gut, daß er so fest schläft.«
»Ich kann nur immer wieder Vergelts Gott sagen, ist aber blutwenig – bittschön, Miß, wenns mich gar zu arg brauchen, dann schreibens mir halt, und ich komm – ja, gewiß komm ich.« Der Gedanke durchzuckte sie: Wär es nicht besser, wieder zurückzufahren? Sie öffnete den Mund, wollte die Miß fragen. Aber die Miß wurde schon vom Menschenstrom fortgetragen, der Rolltreppe zu. Sie sah die braune Mütze zwischen einem weißen Turban und einem blauen Hut auftauchen, dann war sie entschwunden. Lina ging durch die Tür in die große Halle. Vier Herren in dunklen Anzügen saßen dort auf hohen Stühlen vor ihren hohen Pulten, vier Herren standen neben jedem Pult.
Sie überreichte feierlich ihren und den neuen Paß des Kindes, das erwacht war und leise wimmerte.
Der Beamte fragte, ob es hungrig sei.
»Ja, es ist seine Zeit, Sir.«
»Ich habe selbst eins in dem Alter zu Hause. Die Stewardeß wird Ihnen helfen, Madam. Sie haben Priorität beim Einsteigen.« Er winkte einem jungen Mädchen in blauer Uniform und sehr kurzem, sehr engem Rock, sprach mit ihr. »Sie werden bis zum Flugzeug

begleitet, Madam.«
Wer würde sie drüben Madam nennen? Daheim würde sie die Lina sein mit einem ledigen Kind aus ihrer Dienstzeit in England, dessen Vater noch dazu im Dorf unbekannt war. Dies würde doppelte Neugier erregen, denn im Dorf wußte man gern genau über alles Bescheid.
Dann ging wieder alles viel zu schnell für sie – die Fahrt im Omnibus zum Flugzeug, die höflich gedämpfte Stimme der Stewardeß, die die anderen Reisenden bat zu warten, bis Madam mit ihrem Baby eingestiegen sei.
Dann hörte sie zum erstenmal wieder deutsche Stimmen. Eine Dame bat um ein Glas Wasser, eine Männerstimme sagte ärgerlich, sie hätten sechs Minuten Verspätung beim Abflug. Der Kapitän begrüßte seine Passagiere auf ihrem Flug nach München, die Stewardeß half ihr, Milch aus der Thermosflasche in die Trinkflasche zu füllen, denn das Kind schrie jetzt verzweifelt. Jemand sagte: »Ein Schreihals hat uns gerade noch gefehlt!«
Sie erschrak, als die Maschine zu vibrieren begann, die Bahn entlangrollte, leise surrend durch eine dichte weiße Wolkenschicht hindurch im blauen Himmel schwebte. Hin und wieder riß die Decke auf, und sie sah tief unten spielzeugwinzig Häuser und leuchtend grüne Felder – dann flogen sie über den Kanal. Schiffe schienen auf dem durchsichtigen grünen Wasser still zu stehen.
War so die Ewigkeit, ehe eine Seele den Himmel erreichte, wenn ihr die Gnade beschieden war, das Paradies vom Mund aus zu erreichen? Oder mußte sie erst diese Wolken durchfliegen? Oder mußte jede Seele, auch die begnadete, zuerst im Fegefeuer gereinigt werden? Sie blickte auf das satte, fest schlafende Kind: bin ich eine Sünderin oder nur ein schwacher Mensch? Bist aber doch mein Glück, Tonerl, trotz allem, bist mein ganzes Eigentum. Hab dich schön hergerichtet, und mein Gewand ist auch neu, nur die neuen Schuh sind bisserl zu groß – die Miß ist jetzt schon halbwegs zu Haus – ob der Anton schon weiß, daß ich fort bin? Obs ihn reut, daß ich fort bin?
Die Dame, die bisher schweigend neben ihr gesessen hatte, bemerkte, was für ein schönes Kind es sei.
»Und *so* braun mit einer so blonden Mutter.«
»Ja, die Sonne war in letzter Zeit recht stark bei uns, und ich hab ihn immer draußen gehabt.«
Die Dame berichtete, daß sie nach Köln fliege, und beklagte den Mangel an geprüften Kinderpflegerinnen:
»Wenn das so weitergeht, muß man sich noch selbst um seine

Kinder kümmern. Was wird dann aus den gesellschaftlichen Verpflichtungen?«
Lina wußte keine Antwort.
Der Lautsprecher verkündete Unverständliches.
Sie schlief mit einemmal fest ein, spürte nicht, daß das Flugzeug landete, und schrak erst auf, als die Stewardeß ihre Schulter berührte und »Wir sind in Köln« sagte.
»Sie dürfen sitzen bleiben und können inzwischen alles Notwendige für das Kind in Ruhe tun.«
Dann fragte sie, ob sie in München von ihrem Gatten abgeholt werde.
»Ja, ich werd schon abgeholt.«
Die Dame aus Köln sammelte ihre kleinen Päckchen zusammen, wünschte guten Weiterflug und hastete davon. Sie trug das Kind in den Waschraum, säuberte es, lehnte dann schläfrig auf ihrem Sitz. Das Dröhnen der Motoren umfing sie. Im Einschlafen dachte sie: ist doch gut, daß ich den Ring trag, weiß ja niemand, daß nichts drin steht – wär so schön, wenn alles gut gegangen wär. Sie erwachte erst, als eine Männerstimme befahl, sich anzuschnallen, da man in wenigen Minuten Riem anfliegen werde. Felder mit weidenden Schafen, dann die Rollbahn hoben sich ihr entgegen, die Maschine stand leise vibrierend still.
Glühende Sommerhitze umfing sie, als sie die Treppe herunterkam, wolkenloser, dunkelblauer Himmel war über ihr, vertraute Stimmen ertönten.
Sie fragte einen Beamten etwas hochmütig, ob ihr Schwein bestimmt mit ihr zum Bahnhof kommen und im gleichen Zug mitfahren werde. – »Ist nämlich ein wertvoller englischer Zuchteber.«
»Mir behalten keine Viecher dahier in Riem, Frau. Säu ham mir genug bei uns, vor allem zweibeinige – hättens lieber einen Schnaps mitgebracht.«
Vertraute Töne – sie war zu Hause. Die Schwere fiel ein wenig von ihr ab, und als sie im Autobus saß, begann sie leise über dem Kind zu singen: »Mein Tonerl und mein Florian, die kommen in der Heimat an.«
»Sind recht froh gestimmt, Frau«, bemerkte ein vor ihr sitzender Mann.
»Wir kommen heim – aus England.«
»Ost oder West, daheim ists doch best – ich möcht nicht in England leben.«
»Ist ein schönes Landel, die Leut sind recht freundlich drüben.«
»So, wundert mich, man hört da Verschiedenes. Hübsches Kind,

sieht aus wie ein Inder – direkt orientalisch, interessant.«
»Der Vater ist dunkelhaarig – und die Sonne war recht stark.«
»Sind Sie dort ansässig?«
»Nein – wir waren nur – nur – zu Besuch da.« Sie stockte, wurde rot, erschrak. Ich hab so viel gelogen, zu viele Ausreden gebraucht. Jetzt soll Schluß mit dem Lügen sein, will nur noch die Wahrheit reden – was wird der Pfarrer sagen, wenn ich beichten komm, was werden meine Leute sagen – wenn bloß die Marie-Tant nicht da wär. Die fürcht ich am meisten. Was wird die schon herumgeschwätzt haben.
»Laß dirs gut gehn, kleiner Buddha«, sagte der Mann am Bahnhof, ehe er den Omnibus verließ.
Sie hatte Zeit bis zur Abfahrt, sah wie Florians Kiste im Gepäckwagen verladen wurde, dachte, es schaut doch nach was aus, wenn ich mit einem englischen Zuchteber und mit Geld daherkomm. Was hat die Miß wohl heut zum Essen – obs drüben recht nebelt, so wie letzte Nacht? Einmal möcht ich schon wieder hinüber – später einmal vielleicht.
»Das klingt ja, als ob wir im Schlachthof wären«, knurrte ein Herr im Korridor und beugte sich hinaus, als Florians Geschrei mit einemmal wieder schrill einsetzte.
Der Zug ruckte an, glitt aus der Halle.
Die Stadt wich zurück. Vertraute Landschaft zog vorüber. Violetter Abenddunst schwebte über fernen Bergketten, die wie schlafend zusammengekauerte Ungeheuer den Horizont säumten.
Ein hochbeladener Erntewagen zog über das Feld, gefolgt von Männern und Frauen mit Heugabeln über der Schulter.
Eine kleine runde Kapelle auf spitzigem Hügel wurde von der untergehenden Sonne mit goldenem Strahlenkranz umfangen. Geranien blühten auf Balkons, barfüßige Kinder standen an einer Schranke und winkten, das eine Mädchen trug einen Feldblumenstrauß. Durch das Fenster wehte Heuduft – wie gestern, als sie am Heuschober vorübergekommen war.
Was ißt die Miß heut abend, wird sie den Kuchen finden, den ich noch rasch gebacken hab, damits mich nicht gleich vergißt? Ich werd doch nicht Heimweh nach England haben, weils mir drüben trotz allem so gut gegangen ist. Jetzt bin ich halt die Lina aus England mit einem ledigen Kind.
»Aber dich kann mir niemand niemals nie nicht nehmen, gehörst mir ganz allein, Tonerl.« Das Kind schlief fest, seine Hände bewegten sich leise.
Es dunkelte, als der Zug in der kleinen Station hielt.
Zuerst entdeckte sie niemand auf dem Bahnsteig, nur einen

Beamten, der zum Gepäckwagen lief, aus dem Florians schrilles Geschrei drang. Dann sah sie mit einemmal Schwester und Schwager in der Ausgangstür stehen. Schweigend und reglos blickten sie ihr entgegen. Sie hielt ihnen das Kind hin, sagte leise, was sie sich zu sagen vorgenommen hatte: »Da sind wir, habt mein Tonerl bisserl gern, ist ein braver Bub.«
»Kannst ja kaum mehr auf den Füßen stehn vor lauter Müdigkeit, gibs halt her«, sagte die Schwester und nahm ihr das Kind ab.
»Schaut recht gesund aus«, meinte der Schwager.
Sie standen einander schweigend gegenüber, der Zug fuhr langsam weiter, die Kiste mit dem schreienden Florian wurde den Bahnsteig entlanggeschoben.
»Der Fischerseppl ist mit seinem Wagerl gekommen, weil er meint, der Weg zu Fuß nach der langen Reis wär zu beschwerlich mit dem Kind. Und Gepäck hast ja auch.«
Sie blickte den Schwager an: »Weiß der Seppl schon von dem Kind?«
Die Schwester lachte spöttisch: »Was glaubst – die Marie-Tant hats überall erzählt, weißt doch, wies ist. Ein jeder weiß Bescheid, weil sie alles von Haus zu Haus trägt.«
Sie überhörte die Bemerkung, versuchte ruhig zu sagen: »Ist recht, daß ein Wagen da ist wegen dem Florian.«
»So, ist der Vater doch mitgekommen?« Der Schwager sah sie an. »Wär gut, dann ist der Tant das Maul gestopft.«
»Nein, der kommt nicht. Florian ist mein englischer Zuchteber, die Miß hat ihn mir geschenkt und die Fracht bezahlt, ist was Besonderes, hat einen langen Stammbaum, hab alles dabei.«
»Ein Schwein hast außerdem aus England mitgebracht?«
Die Schwester wußte nicht, was sie sagen sollte.
»Ihr werdet froh sein, wenn ihr von dem züchten dürft, so was habt ihr noch nie auf dem Hof gehabt.«
Der Schwager schaute durch die Latten der Kiste. »Wär grad recht für den Schlachthof.«
»Der wird nicht geschlachtet, ist nur zum Züchten da!«
Der Bahnhofsvorstand schob mit einem Beamten Florian auf die Straße, kam zurück und begrüßte sie: »Das ist recht, bist wieder im Landel, Lina, ist doch besser. Und sogar als Ehefrau und Mutter. Gratuliere. Ein schönes Kind.« Sie wollte antworten, wir sind allein, ohne Vater, aber die Schwester kam ihr zuvor: »Mud sinds beide von der langen Fahrt – müssen sich gleich ausruhn.« Sie trug das Kind aus dem Bahnhofsgebäude.
Im matten Schimmer, der aus dem Warteraum fiel, sah Lina den

Fischerseppl neben seinem Wagen stehen. Es war, als hätte er sie erst gestern auf die Bahn gebracht, als hätte sie erst gestern an einem drückend warmen Gewitterabend Abschied genommen.
»Hast ja noch den alten Braunen, Seppl.«
»Warum nicht? Gaubst etwa bloß, weil du auf England gefahren bist, muß ich ein anderes Roß haben? Willkommen daheim, Linerl.« Er hielt ihre Hand fest, zog sie in den flackernden Schein der Wagenlaterne. »Schaust aus wie ein Städtische, hochelegant, fast nicht zum Kennen, möcht beinah ›Sie‹ zur dir sagen.« Er half ihr aufsteigen, rückte das Sitzbrett weiter nach vorn, um Platz für Florians Kiste zu machen. »Und ein Trumm Sau hast auch mitgebracht, muß ein schönes Stück Geld gekostet haben das Herüberschaffen – und schreien tuts, als wüßt es, daß es abgestochen wird. Gibt wohl einen guten Braten – und ein Geräuchertes.«
Sie sagte leichthin, sachlich: »Ist ein echt englischer Stammbaum-Zuchteber, ein Large White, kommt nicht zum Metzger, ist viel zu wertvoll dafür.«
»Respekt, Respekt – eine Stimm hat das Viech.«
Sie wandte sich zurück, sagte zu der Schwester, die mit dem Schwager auf der Schweinskiste saß: »Gibs Kind her, es kennt dich nicht, 's fängt sonst das Greinen an.«
»Ist ganz ruhig bei mir, gelt Buberl, schläft so schön.«
»Gibs her, sag ich.«
»Tuts nicht streiten, Weiber – gibs der Schwester, Frau, ist ja ihrs«, befahl der Schwager.
Sie fuhren im Schritt die Straße entlang, der kleine Wagen knirschte und knackte.
»Hätt vielleicht doch den Lastwagen bringen sollen, aber ich hab ja nichts von der Sau gewußt.«
»War eine Überraschung – in England sind die Säu soviel groß und schwer.«
Sie kamen am Haus der Hebamme vorüber, die außerhalb des Dorfes wohnte und als Hexe galt. Licht schimmerte zwischen den Vorhängen.
»Lebts noch, die Anni?«
Er lachte: »Ja, was glaubst denn – die Hex stirbt nie.«
Sie fuhren eine Zeitlang schweigend weiter, dann sagte er: »Jetzt kommt ein junges Leben ins alte Haus.«
»Ja, Seppl, das schon – hoffentlich wird alles gut.«
Er legte flüchtig seine Hand auf ihren Arm. »Gewiß wird alles recht werden, Hauptsach ist, du bist wieder im Landel.«
»So Gott will.«

»Er wirds schon mögen, wär ja noch schöner, sorg dich nicht.«
Die ersten Häuser des Dorfes tauchten auf, einige Fenster waren hell. Im Pfarrhof bewegte sich ein Schatten hinter zugezogenen Gardinen.
»Weißt noch, wie wir dem Hochwürden seine besten Äpfel gestohlen haben und die Schläg, die uns der Vater gegeben hat, auch der deine – ist alles lang her, Linerl.«
»Ja, ich hab oftmals drüben dran gedacht.«
»Hast wirklich von England herübergedacht?«
»Ja – und jetzt – jetzt denk ich hinüber – habs gut drüben gehabt, so gut werd ichs nicht so leicht wieder haben.«
»Wär besser gewesen, hierzubleiben, ich war dagegen, alle waren dagegen, dann wär das nicht passiert. Aber du warst ja so stur«, sagte die Schwester.
»Jetzt ists einmal geschehn und damit punktum, Frau.«
Florian schrie auf und verstummte mit einem langgezogenen Laut.
»Ich hab mir nix vorzuwerfen. Ich hab mein Kind behalten und werds gut aufziehen. Ich werds nicht fortgeben, habs nicht umgebracht wie die Buchner-Lisel, habs nicht in die Abortgrube geworfen, damits dort erstickt wie die Killner-Mena, habs mir nicht in der Stadt abtreiben lassen wie die Lahner-Urschl, habs nicht einem Amerikaner verkauft wie die Hähnerl-Theres. Hab mein Kind behalten und behalts. Von dem Geld, das mir der Kindsvater gezahlt hat, kann ichs gut aufziehen. Hab so viel Geld, daß ich es nicht mitnehmen konnt, wird alles auf eine Bank überwiesen, auf mein Bankkonto – sind fast fünftausend Mark.«
»Da legst di nieda«, meinte der Schwager.
»Wenns nicht unterwegs verlorengeht.« Die Stimme der Schwester war schrill.
Der Fischerseppl stieß Lina an: »Respekt, Respekt, da lohnt sich wohl eine Englandfahrt, bist jetzt eine gute Partie, Linerl, was?«
»Ist alles fürs Kind, kein Groschen für mich. Ich legs gut an, damit es noch mehr wird und das Kind es später besser hat als wie ich – damits nicht zu fremden Leuten muß wie ich, sondern eine gute Erziehung bekommt, das hab ich mir in der Nacht geschworen –.« Sie hielt erschrocken inne.
»So, in welcher Nacht?« fragte die Schwester.
»In einer Nacht, die besonders wichtig für mich war und euch nix angeht.«
»Hast dir etwa noch eins machen lassen, vor der Heimreise?« fragte die Schwester. Der Schwager lachte, der Fischerseppl schwieg, sog

an seiner Pfeife, sie hörte das vertraute, schlurrende Geräusch.
»Schämts euch nicht, so etwas überhaupt zu denken?«
»Na, könnt doch sein, wo eins ist, kommt oft noch was Zweites. Ich weiß Bescheid, um die Natur.« Die Schwester schrie es in die tiefe Stille, in der nichts zu hören war als der Hufschlag des Pferdes, das Knirschen des Wagens auf der holprigen Straße und hin und wieder ein Laut aus Florians Kiste.
Lina wandte sich so heftig nach der Schwester um, das das Kind aufwachte und zu weinen begann.
»So, Bescheid weißt du um die Natur, ha? Aber dein Naturwissen hat dir nix geholfen, um selbst eins zu machen, bist trotz allem Wissen unfruchtbar, bist leer geblieben – auchs Wallfahrten und Kerzenanzünden und das Besprechen von der Hexen-Anni hat nix geholfen, um eins auszutragen, leer bist trotzdem geblieben!«
Statt einer Antwort begann die Schwester hilflos zu weinen, haltlos, langgezogen wie ein Tier.
Lina lächelte in die Dunkelheit.
Der sterngepanzerte Himmel mit dem sichelscharfen Halbmond flimmerte dicht über ihr.
»Mir auch noch mein Unglück vorwerfen«, wimmerte die Schwester.
»Fangt bloß nicht das Streiten an, Weiberleut, Lina ist hier, ist uns willkommen, jetzt hörst mit dem Greinen auf, Frau.«
»Jawohl, punktum, keinen Streit.« Der Fischerseppl lehnte sich zu ihr herüber, seine Joppe roch nach Heu, Tabak und altem Loden: »Hast die Königin gesehn, Linerl?« Sie erschrak, sie hatte sich auf Fragen nach dem Kindsvater vorbereitet und eine Antwort zurechtgelegt: er sei vor der Heirat gestorben. Dies sollte weitere Fragen verhindern.
»Sauber schauts aus, soll auch recht gescheit sein«, sagte sie schließlich.
»Hast sie wirklich gesehn? Auf London?«
Sie überlegte, zögerte. Es war keine Lüge, zu antworten, daß sie die Königin gesehen hatte. Sie brauchte ja nicht zu erwähnen, daß sie mit der Miß im Kino gewesen war. Sie erwiderte so laut, daß die Schwester es im Lärm des Wagens hören mußte: »Ja, ist eine saubere Frau – schaut jung aus wie ein Mäderl und sehr elegant.«
»Muß eine große Stadt sein, das London, größer als wie München.«
»Das schon – sehr groß – kannst stundenlang umeinandfahren, bis daß du herauskommst – zwölf Millionen wohnen drin.«
Sie fuhren jetzt am Eichenbaum vorüber, dessen mächtiger Stamm von einer Bank umgeben war. Die kleine rote Lampe flackerte zu

Füßen vom Kruzifix.
Sie schlug ein schützendes Kreuz über sich und das unruhige Kind, hätte beinahe Grüß Gott zum Gekreuzigten gesagt, weil alles so wunderbar vertraut war.
»Schön ists doch, wieder den Herrgott am Weg zu sehn. Drüben gibts das nicht, auch keine Marterln.«
»Sind ja auch Heiden, die Engländer«, murmelte die Schwester weinerlich.
»Waren christlicher zu mir als manche Christenleut, die nur vom Herrgott reden und beten, aber sonst nix tun.«
»Ist halt ein anderes Land«, bemerkte der Fischerseppl. Die Schwester erkundigte sich unvermittelt, warum die Miß nicht verheiratet sei.
Lina überlegte, sagte dann langsam in betont englischem Tonfall: »Well, well – because – ach, ich muß ja jetzt deutsch reden. Also weils meint, daß sies allein besser schafft, und weils von den Mannsbildern nicht viel hält.«
»Hats wohl nicht probiert und weiß nicht, wie guts schmeckt, Linerl – aber du weißt es jetzt schon, ha?«
»Red net so blöd daher, Sepp.«
»Ist aber doch gewiß wahr. Brauchst nicht mehr das blaue Jungfernbandel tragen. Weißt, die Jungfrauen tun mich immer dauern, besonders die ganz alten, wenns so stolz in die Kirch hereinmarschieren und sich auf die erste Bank hinhocken, bloß weils Jungfrauen sind, als wärens was Besonderes. Dabei tragens doch nur das blaue Bandel und haben sonst nix vom Leben gehabt, keine Gaudi, gar nix – und mit der Jungfrauenschaft ists trotz dem Bandel manchmal auch net weit her.«
»Ich und mein Tonerl habens drüben gut gehabt, so gut, wie ichs gar nicht beschreiben kann«, sagte sie unvermittelt.
»Aber zuletzt bist doch lieber heimgekommen, wird wohl nicht so wunderbar gewesen sein, wie dus uns jetzt gern vorreden möchtest.«
»Halts Maul, Frau, fang net wieder das Streiten an, sag ich.«
»Alles hat meine Herrschaft für mich getan, Silberstück haben die Leut meinem Tonerl gegeben, damits ihm niemals nie nicht an Geld fehlt – ein ganzes Sackerl voll hab ich dabei.«
»Bloß weils drüben auf England war, darfs recht geschwollen daherreden – und ich solls Maul halten.«
»Kanns Sackerl vorzeigen, habs dabei.«
»Respekt, Respekt, ein Sackerl voll Silberstück«, murmelte der Fischerseppl.

»Bloß weils auf der Malefizinsel bei die Heiden drüben war, glaubts, sie kann uns was verzählen – warum sollten die Leut noch ein Geld für ein lediges Kind zahlen? Du glaubst wohl, wir san Deppen?«
»Tust nicht doch ein bisserl übertreiben, Linerl?« fragte der Schwager vorsichtig.
»Wenn ichs doch vorzeigen kann – ihr braucht mir überhaupt nix zu glauben. Wenn euch was nicht paßt, geh ich mit dem Kind woanders hin – arbeiten kann ich, und Geld hab ich übergenug, damit dem Tonerl nix abgeht.«
»Seid friedlich, Weiberleut, fangt net wieder an. Lina ist müd. Halts Maul, Frau.«
Sie bogen in den schmalen Seitenweg ein, der zum Hof führte. Der Flackerschein der Laterne ließ die Kruppe des Pferdes kupfern schimmern, hüpfte vor ihnen auf dem Weg her. Der Wagen lärmte noch mehr, und Florian begann wieder zu rumoren.
»Sei stad, Florian, sei stad«, rief Lina.
Es geht nach Haus, ich komme heim, wie oft hab ich an das Heimkommen gedacht, und jetzt ists soweit. Was wird die Marie-Tant sagen? Die ist die Schlimmste, das ganze Dorf fürcht sich vor ihrem Maul.
»Warum ist beim Halter-Bauer noch Licht, Sepp?«
»Seine Kuh kalbt wieder soviel schwer, geh nachher noch helfen, wenn ich euch abgeladen hab.«
»War recht brav von dir, mich abzuholen, Seppl.«
»Schon recht, gehört sich für alte Freunde.«
»Hat mir leid getan mit der Frau – habs gern mögen.«
»War eine böse Zeit für sie und für mich, jetzt ists nicht leicht für mich auf dem Hof. Die Kinder wollen nicht auf dem Hof arbeiten, sind städtisch, als obs in der Stadt aufgewachsen wären –.«
»Mußt bald wieder heiraten«, meinte der Schwager.
»Hab schon drüber spekuliert. Ist aber nicht so leicht.«
Sie atmete die warme Nachtluft ein. Da war der vertraute Geruch von Heu, Blumen, Kräutern, Tannenduft und taufeuchter Erde, vermischt mit dem warmen Dunst des mühsam seine Last ziehenden alten Pferdes.
»Eine schöne Nacht ist heut, soviel schön«, sagte sie leise.
»Habs extra schön für dein Heimkommen bestellt, Linerl.«
»Drüben wars immer neblig nach Sonnenuntergang und immer recht kühl in der Nacht.«
»Ist halt doch besser in der Heimat, Linerl.«
Die dunklen Umrisse des Hofes tauchten am Ende des Weges auf. Ein helles Fenster rückte ihnen näher.

»Licht brennt in der Küche«, sagte sie ängstlich.
Die Schwester putzte sich lärmend die Nase, sagte weinerlich: »Ich hab der Marie-Tant angeschafft, sie soll sich niederlegen, leg dich nieder, hab ich gesagt, die Lina wird müd sein, kannst sie morgen sehn, hab ich gesagt – aber sie ist soviel bockig, genau wie unser Vater, Gott hab ihn selig. Soviel aufgeregt wars über deinen letzten Brief, konnte nicht damit aufhören, gejammert und gebetet hats wie narrisch und zum Pfarrer ists hingerannt, obwohl ihre Füße so schlecht sind.«
»Schnuffelt halt gern in anderer Leut ihr Sach und trägt gern den Tratsch in alle Häuser«, sagte der Schwager.
»Wird auch amal sterbn müssen, und dann ist eine Ruh.«
Der Fischerseppl schnalzte, knallt wieder mit der Peitsche, weil der Gaul nur mühsam die Last ziehen konnte. »Wenns mich dumm anredt, geh ich heut noch fort, kannst mich gleich wieder zum Bahnhof fahren, Sepp.«
Er legte seine Hand auf ihren Arm: »Bist daheim und bleibst hier, bist genug umeinander gereist – wär ja noch schöner, vor einem alten Weib davonlaufen.« Er hielt vor der Haustür, sprang ab, nahm ihr das Kind aus dem Arm. »Ist schon hübsch schwer, dein Bub.«
Der Schwager sagte feierlich: »Willkommen daheim, Lina, red schon was zur Schwester, Frau, es gehört sich.«
Einen Augenblick stand die kleine Gruppe schweigend da. Durch das Küchenfenster sah man den Herrgottswinkel und die Marie-Tant mit dem Strickzeug sitzen. Dann sagte die Schwester leise: »Geh halt hinein in Gottes Namen, weils nun einmal so ist – ich hab das Kinderbett vom Speicher geholt und in dein Zimmer gestellt.«
Der Schwager öffnete die Haustür, ein breiter weißer Lichtstreifen fiel aus dem Flur und umfing Mutter und Kind.
»Geh halt hinein, Schwester.«
Jetzt war der Augenblick gekommen, den sie sich so oft ängstlich ausgemalt hatte. Sie öffnete die Küchentür, blieb auf der Schwelle stehen. Der vertraute Geruch von gebratenen Zwiebeln, Fett, Ofendunst und Bodenwachs drang ihr entgegen. Sie wandte sich um, wollte zu den Männern zurückgehen, die den schreienden Florian in den Stall trieben.
Die Schwester bemerkte ihr Zögern: »Geh halt hinein, sag ich, wo du schon da bist, Lina.«
Die Marie-Tant saß unter dem Farbdruck von Ludwig II., dessen Rahmen, solange sie sich entsinnen konnte, mit einer Kreppschleife verziert war. Sie trug ihr schwarzes Sonntagskleid, obwohl es ein Wochentag war, dasselbe, in dem sie Lina vor einem Jahr zur Bahn

gebracht hatte, und ihr schwarzseidenes Kopftuch.
»Seid hübsch spät dran, seid wohl noch im Wirtshaus gewesen?« fragte sie, ohne aufzublicken.
»Ich hab dir angeschafft, daß du nicht warten sollst. Warum hörst nicht auf das, was man dir sagt, ha?« schrie die Schwester.
Die alte Frau blickte sie aus ihren fahlen Augen über die Stahlbrille hinweg an: »Ich weiß, was meine Pflicht ist und wer mirs Kammerl und das bisserl Essen gibt. – Bist also wieder heimgekommen aus deinem England – und wer hat wieder einmal recht gehabt, wer hat alles besser wissen wollen, wer hat nicht auf die Tant hören wollen – aber die Tant ist halt ein alts Leut im Austrag, keiner hört auf sie, wenns einen Rat gibt. Gewarnt hab ich dich noch und noch. Habs auch dem Herrn Pfarrer gesagt: Herr Pfarrer, hab ich gesagt, wissens schon, wenns in einem Mädel drinsteckt, wenns hitzig ist, dann hilfts nix und wenns tausend blaue Bandel trägt, wenn die Versuchung daherkommt, fällts wie eine reife Birn vom Baum, hab ich gesagt, dahin gehts mit der Tugend, hab ich gesagt – aber auf unsereinen hört niemand nicht, weil keiner auf ein alts Leut hört.« Sie hielt atemlos inne, hüstelte, schwieg: »Die Milch fürs Kind hab ich auf dem Ofen warm gestellt.«
Lina blieb noch immer unschlüssig auf der Schwelle neben der schweren Eichentruhe stehen, auf der fahrende Leute ihre Schüssel leeren durften, ehe sie im Heuschober übernachteten.
Sie ging auf die alte Frau zu, legte das Kind vor sie auf den Tisch, sagte hastig, wie sie sichs vorgenommen hatte: »Hier ist mein Tonerl, Tant, habs bisserl gern. Braucht viel Liebe. Ist ein braves Burschi.«
Das Kind öffnete seine dunklen Augen, starrte die fremde Frau an und wimmerte leise. Die Marie-Tant legte ihr Strickzeug nieder. Ihr pergamentfarbenes, zerknittertes Gesicht färbte sich mit leiser Röte, sie nahm das Kind vorsichtig in die Arme, wiegte es, sagte erregt: »Hungern tuts, braucht sein Flascherl, fülls Flascherl, wo ists Flascherl – oder tust es noch stillen?«
»Ich hab keine Milch – ich mein, nicht genug.«
»Bist halt schon trocken, weilst nimmer jung bist – dafür.«
Sie erhob sich mühsam, humpelte mit dem Kind zum Ofen, nahm Lina die gefüllte Flasche aus der Hand, hielt sie prüfend an ihr Gesicht, nickte. »Schon recht so.« Sie sah aufmerksam zu, wie das Kind in Linas Armen gierig trank, wandte sich zum Kruzifix, faltete die gichtgekrümmten Hände. »Gib ihm Deinen Segen, o Herr, bewahr es vor dem Unrecht und allen Versuchungen. Amen.«
Die zwei Männer traten in die Küche, und der Schwager bemerkte:

»Ists schon wieder einmal beim Beten, die Tant–na, soweit scheint ja alles in Ordnung zu sein – wir draußen haben schon gedacht, die Federn werden umeinanderfliegen, wenn ihr Weiber zusammenkommt.«
Die Marie-Tant setzte sich, nahm ihr Strickzeug auf: »Es ist halt passiert, recht wars nicht – und in dem Alter soll so was überhaupt nicht passieren. Ich hab dem Pfarrer gesagt, Hochwürden, hab ich gesagt, in England drüben ist unsere Lina ins Unglück gekommen, war sonst bisher immer brav – das hats nicht braucht, hat er auch gemeint.«
»Bisserl Spaß muß der Mensch haben, bisserl Gaudi ist schon recht«, meinte der Fischerseppl, »wenns auch spät kommt. Besser als wie überhaupt nicht.«
»Mein ich auch«, sagte der Schwager.
»Hätt nicht sein brauchen«, wiederholte die Marie-Tant, »in ihrem Alter.«
»Schämt ihr Mannsbilder euch nicht, so daher zu reden?« fuhr die Schwester dazwischen.
»Wenn dus im Sinn hast, mich dumm anzureden, dann ist es besser, ich geh – ich habs nicht nötig, mich dumm anreden zu lassen – habs nicht nötig, sag ich dir – hab genug Geld dahergebracht, wie ihr es zusammen in euerem ganzen Leben nicht gesehn habt – so viel, daß ichs nicht mitnehmen konnt, sondern von meiner englischen Bank hab auf eine deutsche Bank schicken lassen.«
»Ist ein Judaslohn«, murmelte die alte Frau. Sie stand mühselig auf, legte ihr Strickzeug zusammen. »Und was hats vom Umeinanderfahren – dös da – zur Arbeit ists auf England gefahren und nicht um Hallodri zu treiben.« Sie humpelte aus der Küche, stieg mühsam keuchend die Treppe empor, wiederholte von oben: »Zur Arbeit ists gefahren, nicht zum Hallodritreiben.«
»Sie tut grad so, als obs niemals im Dorf ein lediges Kind gegeben hat, und grad vorige Woche hat die Leitner-Marie Zwillinge entbunden – vom Reisenden für Stalleinrichtung«, sagte der Schwager.
»War immer eine Sauere, die Marie-Tant«, bemerkte die Schwester.
»Kommt vom Jungfrausein.« Der Fischerseppl nickte Lina zu, wandte sich zum Gehen. Und als von oben her eine Tür zugeschlagen wurde, fügte er hinzu: »Ich mein, das Gewitter verzieht sich bis morgen. Also, gute Nacht alle beisammen, schlaf gut, Linerl, hast ein Mordstrum Vieh mitgebracht, möcht ihm gern meine Säu zulassen, das gäb wohl eine Zucht.«

Der Schwager sah ihn ernst an: »Darüber reden wir noch.« »Zahl schon, umsonst mag ich nix, weiß schon, was du meinst.« Der Fischerseppl nickte ihr noch einmal zu, verließ die Küche.

Lina lächelte zum erstenmal. Sie war zu Hause. Auf ihrem Hof wurde nichts umsonst gegeben: »Ist immer ein guter Freund gewesen, ich laß ihn gern seine Säu zutreiben ohne Bezahlung.«

»Wenn einer so viel Küh hat, kann er auch bezahlen – die Futterkosten für so ein Vieh muß man schon hereinbringen.«

Sie sah den Schwager durchdringend an, ehe sie etwas hochmütig erwiderte: »Brauchst net zu fürchten, daß dir was abgeht. Was ich verzehr, zahl ich und auch was mein Florian frißt – und überhaupt weiß ich noch nicht genau, was ich vorhab. Könnt gut sein, daß ich woanders hingeh mit dem Tonerl und dem Florian.«

»Platz wär schon genug im Stall, ich hätt auch gern eine gute Zucht.«

Seine Stimme klang besorgt, er fügte hastig hinzu: »Könnt gleich morgen einen Verschlag dafür zimmern.«

»Hast dich recht verändert, Lina, zuerst schreibst wehleidig, daß du unbedingt heimkommen willst«, bemerkte die Schwester.

»Unbedingt hab ich nicht geschrieben, nur halt, daß ich kommen möcht.«

Die Schwester überhörte ihren Einwand: »Und jetzt kommst nach Haus mit dem Vieh und mit dem Kind und redst geschwollen daher, als ob du eine Prinzessin wärst, die uns die Ehr schenkt.«

»Ich habs drüben wohl wie eine Prinzessin gehabt. Die Leut waren so gut zu mir, wie wohl keiner mehr zu mir sein wird.«

Die Schwester stellte eine Schüssel mit Dampfnudeln auf den Tisch: »Geh, jetzt jammerst auf einmal wieder deinem England nach, wo du drüben nix wie Unglück gehabt hast – da, iß schon was, sind noch hübsch warm.«

»Ich mag nix, geh lieber schlafen, und Tonerl braucht auch endlich seine Ruh.« Sie sagte leise gute Nacht, trug das Kind die Treppe hinauf. Die vierte Stufe knarrte, wie sie stets geknarrt hatte. Im Hinaufgehen hörte sie Schwester und Schwager erregt sprechen. Durch die Tür, die Wohnhaus und Stall trennte, ertönte Florians lautes Grunzen. Ich müßt eigentlich zu ihm gehen, weil er gewohnt ist, daß ich ihm abends den Bauch reib und zum ihm red – das arme Vieh kennt sich nicht aus im fremden Stall. Aber ich bin zu müde. Sie legte das Kind in die kleine Bettstatt, in der sie selbst einstmals geschlafen hatte. Es gurgelte zufrieden, ballte die Hände und schlief weiter.

Auf der Kommode stand ein Blumenstrauß, Wildrosen und Vergißmeinnicht. Den hatte die Schwester hingestellt. Sie meinte es gut, war immer etwas rauh, mit den Jahren ist es schlimmer geworden, es kam wohl von der Kinderlosigkeit.

An der Wand hing noch der Kalender vom vorigen Jahr und dasselbe Blatt, auf dem sie den Tag ihrer Abreise angekreuzt hatte. Hier stand die Zeit still – drüben war sie über sie hinweggejagt und hatte sie mitgerissen. In den Schubladen lag mit Seidenband umwickelt, sorgfältig gebündelt, vergilbt und modrig riechend ihre Aussteuer. Unter jedes Seidenband hatte sie ein kleines, buntes Heiligenbild geschoben. Es war drückend warm in der Kammer. Sie ging zum Fenster, stieß die Läden auf. Warme, duftende Sommerluft drang herein. Es war still draußen bis auf das leise Geräusch vom schmalen Wasserstrahl in dem ausgehöhlten Baumstamm, der als Viehtränke diente.

Drüben in England hatte der Bach lauter gerauscht.

Der silberbestickte Nachthimmel schwebte dicht über dem Haus. Die Mondsichel versuchte, sich im Wipfel des Birnbaums einzuhaken, schwebte unmerklich weiter, während Lina sie betrachtete. Ein Kater jaulte schrill, zwei langgestreckte Schatten huschten über den Lichtschein, der aus dem Fenster fiel, entschwanden im Dunkel.

## 13

Sie ging den Wiesenpfad entlang. Heu lag auf der Wiese in schmalen Streifen. Einige Kühe kamen zum Gatter der Weide, folgten ihr geruhsam wiederkäuend und wandten sich ab. Schönes Vieh hat der Seppl – so viel Stück.

Sie vermied die Dorfstraße. So oft hatte sie geträumt, daß sie zwischen den Häusern entlanghastete, daß die Bewohner mit einemmal in allen Türen erschienen, sie anstarrten, auf sie zeigten, einander zuriefen: »Schaut die Lina an, sie hat ein Kind aus England mitgebracht.« Der Friedhof umgab still die Kirche, ordentlich und blumengeschmückt. Wenn man genau hinsah, konnte man in den schmiedeeisernen Ranken und Rosen der Eingangspforte die verschnörkelt eingefügten Worte lesen: »Ich bin die Auferstehung und das Leben.« Wie oft hatte sie als Kind die Buchstaben zu Worten zusammengefügt.

Ein frischer Hügel wölbte sich unter Feldblumensträußen und einem schwarzblauen Immortellenkranz. Zwei goldbraune Falter flatterten zwischen den Kreuzen, als suchten dem Grab entflohene

Seelen in der silberblauen, flimmernden Mittagsglut ihren Weg in die Ewigkeit.
Sie zog die schwere Kirchentür auf. Kühle, weihrauchduftende Luft umfing sie. Ein kleiner Bub in ausgewaschenen Hosen rannte an ihr vorüber ins Freie. Sie dachte, der hat keine schwere Last zur Beicht getragen.
Sie kniete in der Bank vor dem Namensschild ihrer Familie nieder. Kerzen brannten zu Füßen des heiligen Antonius, warfen ihr Flackerlicht über die vielen bunten Votivbilder an der Wand: der Dank des Fuchsenbauern, dessen Frau von schwerer Krankheit geheilt worden war. Und das grellbemalte Bild des Niederer-Franzl zwischen seinen Kühen, die mehr seltsamen Hunden ähnelten, mit den Worten: »Vor der Rinderpest hast uns gnädig bewahrt.« Da hing auch an verblaßtem, blauseidenem Band ein kleiner, fahlweißer Wachsarm, von dem niemand mehr wußte, wer ihn zum Dank gestiftet, denn die Inschrift war längst verblaßt. Da war ein blonder Haarzopf in vergoldetem Rahmen ohne Namen, ohne Jahreszahl, und darunter stand: »Dank schön für die Hilfe.« Da war ein aus buntem Sand geformtes Bild zwischen Glas und Holz, ein Frauengesicht. Der Sand hatte sich verschoben, so daß die eine Wange zum Hals gesunken war und das Kinn wie ein Spitzbart herabhing. In der Sonntagsschule hatten sie oft über dies verzerrte Gesicht gelacht, das eine gewisse Fanny um die Jahrhundertwende darstellte – in welcher Notlage ihr geholfen wurde, stand nicht verzeichnet.
Eine Stimme schreckt sie auf: »Geh halt endlich her, Lina, ist ja bald Zeit zum Mittagläuten.« Eine braune, stark geäderte Greisenhand winkte aus dem Beichtstuhl. Sie stand auf, ging zum Verschlag, kniete nieder, zog den Vorhang hinter sich zu, dachte an jene Beichte vor bald einem Jahr, an den kalten, nebligen Herbsttag, an eine andere Gestalt in brauner Kutte, zu der sie vergeblich gesprochen, von der sie Rat erhofft hatte.
Sie lehnte ihre Stirn an das kühle Gitter und schwieg.
Die rundliche Gestalt setzte sich laut atmend zurecht. Bier- und Tabakdunst ging von ihr aus. »Also, Lina, sag halt, was du zu sagen hast.«
Sie schrak auf, bekannte heiser vor Erregung, daß sie in Worten, Taten, Gedanken gesündigt hätte, fügte hinzu: »Besonders in Taten, mea culpa.«
»Hab schon was läuten hören – ja, ja – hab schon was läuten hören, Lina. Tut mir leid.«
Sehr leise, als fürchte sie, die bunten, vertrauten Heiligengestalten könnten ihr Bekenntnis hören, begann sie ihren Bericht.

Er unterbrach sie nicht, bemerkte bloß hin und wieder, wenn sie innehielt, »ja, ja – aha«.

»Und so ist es halt passiert – verlobt waren wir, den Ring hab ich schon getragen – und er war soviel ungeduldig, hat gesagt, aus ists mit uns, wenn ich ›nein‹ sag. Ich wollt aber nicht, daß es aus ist – und kalt wars an dem Tag und Nebel unds Meer war ringsum – niemand war zu Haus, die Herrschaft war fort – der fremde Hochwürden hat kein Wörterl Deutsch verstanden, und er hat halt soviel bettelt.«

»War eine große Versuchung, ja, ja – versteh schon. Aber trotzdem – in deinem Alter und überhaupt sollt der Mensch keine Unzucht treiben.«

»War nur ein einziges Mal.«

»Du siehst aber schon, was aus einem Mal heraus passiert ist, Linerl.«

»Er hat mir das Heiraten versprochen – nachher hat er sein Versprechen nicht gehalten – und – und – hat eine Junge genommen. Ich hab ihm aufs Wort alles geglaubt.«

»Versprechen tun die Burschen auch bei uns alles, wenns ein Mädel gern haben wollen. Es ist halt immer wieder dasselbe: die Gutgläubigkeit und die fleischliche Begierde. Die Mädeln sollten halt nicht so leichtsinnig und so leichtgläubig sein – schad ists, Lina, bist jetzt kein Marienkind mehr – ja, ja – recht schad ists. Wie oft hab ich die Mädeln gewarnt vorm Heimweg, vor den Heustadln, wo der Leibhaftige grad warten tut, um die Leuteln zu versuchen, hab immer wieder gesagt, bleibt net stehn, druckt net soviel umeinander, hab ich gesagt, vom Umeinanderdrucken steigt die Hitz ins Blut, hab ich gesagt – die Hitz, hab ich gesagt –.« Er schöpfte geräuschvoll Atem, hüstelte, wiederholte das aus ihren jungen Jahren so vertraute »ja, ja – aha . . . Die Hitze, die schwächt den Widerstand. Wenn das Blut erhitzt ist, gehts rasch dahin mit der Keuschheit, aber so ein älteres Blut wie du sollt doch bisserl mehr Verstand haben, besonders in der Fremde – ist jammerschad – ja, ja – ich sags ja, die Versuchung hats in sich, auf dem Heimweg hockt der Leibhaftige überall im Stadel, im Wald, im Straßengraben tut er lurn – überall, auch drüben im Ausland.«

»Er hat halt immer wieder versichert, ich wär schon seine Frau, weil ich doch seinen Ring trag.« Sie hob die Hand mit dem goldenen Reif zum Gitter. »Schauns her – ich hab ihm gesagt, tus net, bittschön – aber er hats halt getan.«

»Und dir hats halt auch gepaßt, vielleicht wohlgetan im Augenblick – ja, ja, mit dem Bravsein ists wohl ein schweres Geschäft – aber mehr als wie bekennen und bereuen kann der Mensch nicht.«

Sie drückte ihre Stirn fester an die eisernen Maschen, die ihre Last zu dem alten Mann filtrierten, sagte stockend: »Ich mein halt, ich sollt vielleicht doch mehr bereuen, versuchs auch, brings aber nicht recht zusammen.« Und während sie flüsterte, dachte sie, ob sie auch bekennen müßte, daß sie trotz allem dies kurze Glück, den Rausch, die Seligkeit, die verwirrenden Zärtlichkeiten, die Verzücktheit jener Nacht nicht zu bereuen vermochte, daß sie die Wärme seines Körpers, die herrlich junge Glätte seiner dunklen Haut nicht vergessen konnte, daß sie sie zuweilen im Traum noch spürte.
»Es ist halt so, ich sollt vielleicht doch mehr bereuen«, wiederholte sie schließlich.
Er ließ sie nicht zu Worte kommen, erteilte ihr Absolution, Segen, Buße und fügte hinzu: »Bring mirs Kindel zum Anschauen und Segnen, geh in Frieden, Linerl, hast genug drüben ausgestanden.« Er schob den Vorhang zurück, die Sakristeitür fiel hinter ihm ins Schloß, das Mittagläuten begann.
Sie betete die fünf auferlegten Gegrüßet und fünf Vaterunser, die ihre Sünden auslöschen sollten, und fügte zur Sicherheit je ein Vaterunser und den Englischen Gruß hinzu, öffnete ihren Geldbeutel, um zu Füßen des heiligen Antonius eine Kerze zu entzünden, sah, daß sie nur zwei englische Silbermünzen besaß, zögerte und schob schließlich die Shillinge in den Kastenschlitz. Der Pfarrer würde schon wissen, von wem es stammt. Sie blickte in die Flamme, die ihre Bitte für das Kind emportragen sollte, blickte in das heiterbäuerliche Antlitz des Heiligen, der ein wenig dem Bacher-Karl ähnelte. Ist mir lieber als der englische Antonius, ist mir besser bekannt. Das Weihwasserbecken war bis zum Rand für den morgigen Sonntag gefüllt. Sie benetzte ihre Stirn, hinter der so viel Sehnsucht, Hoffnung und Schmerz gezittert hatten, berührte ihre Brust, in der das alternde Herz so oft erstickend zum Hals empor gedröhnt, blickte zum Altar, auf das rote Licht. An einem anderen Tag hatte der Versucher – oder ihre übergroße Liebessehnsucht – ein lächelndes, braunes Gesicht im roten Schimmer erscheinen lassen.
Sie wandte sich um, trat aus der stillen, weißen Kühle in den glühenden, gleißenden Mittag des Hochsommertages, erschrak, blieb stehen und starrte auf die Friedhofspforte. Eine Gestalt lehnte dort – wie damals an jenem kalten Herbsttag, als eine andere Gestalt dagestanden hatte.
»Was tust du hier, Seppl?«
»Auf dich warten. Hast aber hübsch lang gebraucht, bis du deinen Packen abgeladen hast.«
»Und woher weißt du, daß ich hier bin?«

»Hab dich vom Kartoffelfeld gesehn und gewußt, wohin du am Samstag im guten Gewand gehst, wenn deine Leut auf dem Feld arbeiten.«
»Hast wirklich auf mich gewartet?«
»Ja – oder glaubst vielleicht, ich geh um Mittag auf den Totenacker, um mein Pfeiferl zu rauchen?«
Er ging mit langen Schritten neben ihr her. Sie sah zum erstenmal, daß seine Schläfen grau waren.
»War auf dem Grab von der Frau, setz ihr später ein schönes Kreuz – werds mich was kosten lassen, war eine Brave.«
»Schad, daß sie hat sterben müssen – war noch nicht alt.«
»Wie sie die letzte Nacht dagelegen ist, bin ich bei ihr gesessen, und weißt, was sie da ganz leis gesagt hat? Wenn ich sterb, solls keine Trauer geben, hats gesagt, fidel sollten die Leut nach 'm Totenamt sein – und fidel sinds wohl gewesen – a paar waren hübsch besoffen, und die Hexen-Anni hat allweil singen wollen – die Frau hätt ihre Freud dran gehabt – aber mir fehlts, der Hof ist leer. Wenn ich von der Arbeit heimkomm, ist niemand da – die alte Fanny sorgt schon für mich, ist aber keine Frau, und die Kinder wollen in der Stadt bleiben, wollen keine Bauern mehr sein, ist halt eine andere Zeit.«
Sie kamen am Wirtshaus vorüber. Radiomusik dröhnte aus dem Fenster, Stimmen und Lachen.
»Die Schwester hat mir heut früh eine Botschaft von der Wirtin gegeben, sie könnt mich brauchen – geh morgen hin und red mit ihr – die Marie-Tant paßt aufs Kind auf, während ich arbeit, ist ganz narrisch, tut, als obs das ihrige wär«, sagte sie.
»Zuerst ruhst dich aus, hat Zeit, geh net gleich wieder in Dienst.«
Sie beschleunigte ihre Schritte, um Stimmen und Wirtshauslärm zu entkommen.
»Was rennst denn, als ob der Teufel hinter dir her wäre – bin doch aber nur ich hinter dir her, Linerl. Renn doch net so.«
»Ich fürcht mich vor die Leut – fürcht mich vor Fragen, vorm Angeschautwerden – ich bin noch hübsch durcheinander.«
»Warst schon immer bisserl empfindlich, weiß schon. Aber mit der Zeit wirst ruhiger werden, die Zeit gibt Frieden.«
»Meinst?«
»Ich weiß es. Hab auch zuerst gedacht, ich derpack das Alleinsein nicht – aber dann ist alles ruhiger geworden – und jetzt ist mit einemmal überhaupt alles ruhig, weil ich eine Gewißheit hab.«
Das Dorf lag hinter ihnen, sie gingen eine Zeitlang schweigend nebeneinander.
»Wie ich dich vorhin aus der Kirch hab kommen sehn, hab ich mir

denkt, das Linerl ist doch noch recht gut beisammen, ist noch ein fester Brocken für ihr Alter, hat einen strammen Hintern und einen Busam, an dem hübsch was dran ist.«
Sie lachte, er sah sie verwundert an.
»Warum lachst jetzt, ha?«
»Busam hast gesagt – heißt doch Busen, Sepp.«
»Klingt besser, mein ich – bist ein fester Brocken.«
»Geh, Seppl, ein altes Weib bin ich mit einem ledigen Kind.«
»Hast aber trotzdem einen strammen Hintern und einen guten Busam, bist recht, wie du bist – ich mag die Weiberleut nicht, die wo vorn und hinten nix haben und flach sind wie der Steg übern Bach – bei denen kennt man sich nicht aus – aber bei dir schon, da weiß man gleich Bescheid, wo vorn und hint ist.«
Sie hörte eine andere Stimme sagen: »Du prima, du okay – ich mag kein dürres Hendel.«
»Ach, Seppl, du weißt ja nicht, wie mir zumut ist – wie alles war.«
Er legte seine Hand auf ihren Arm, zwang sie stehenzubleiben: »Wie ich dich heimgefahren hab, hab ich mir denkt, ist schon recht, daß die Lina wieder daheim ist, weils ganz einfach daher gehört, besonders jetzt.«
»Ich bin nicht mehr *die* Lina vom vorigen Jahr. Bin drüben in tausend Stück zerbrochen.«
»Die Scherben werden wir schon zusammenpicken, daß es wieder ein Ganzes wird.«
»Ich denk noch so viel hinüber, zur Miß, weils soviel gut zu mir war wie eine Schwester, eigentlich besser – denk hinüber, wies jetzt drüben zugeht und überhaupt.«
»Wirst die Malefizinsel vergessen und mit der Zeit immer weniger hinüberdenken, weils vorübergezogen ist und anderes heraufkommt.«
»Ist aber doch mein Tonerl da, um mich zu erinnern.«
»Der wird einmal ein guter Bauer, sollst stolz drauf sein, ist ein schönes Kind, mir gefällts. Und der Eber ist auch ein gutes Stück.«
Sie gingen eine Zeitlang schweigend nebeneinander her, mit einemmal sagte sie unruhig:
»Der Hochwürden hat mir schon die Absolution erteilt. Aber wissen möcht ich, wie unser Herrgott wirklich über mich denkt.«
»Der – kennt sich doch in seinem Geschäft aus, sonst wär er nicht der Herrgott, sondern ein Mannsbild wie unsereiner. Der weiß genau, wies um die Versuchung bestellt ist, sonst würd er ja nicht gesagt haben, führ uns nicht in Versuchung. Und außerdem ists ja nicht das erstemal, daß eine vom Jungfernbund keine Jungfrau geblieben

ist. Tu doch nicht soviel grübeln, Linerl. Hast bisserl spät den Frühling gespürt, ist besser, als ihn überhaupt nicht zu spüren, mein ich. So a alte Jungfrau ist doch was Trauriges. Die Natur ist halt stärker als der Mensch, muß wohl so sein – bist jetzt daheim, vergiß das andere.«

»Und was soll ich später einmal dem Tonerl sagen, wenn er nach dem Vater fragt und wissen möcht, warum er ein Engländer ist?«

»Von *dem* elendigen Haderlumpen braucht er nix zu wissen, sag, er ist lang schon gestorben – und damit punktum.«

»Das wollt ich ja schon den Leuten sagen, wenn sies Ausfragen anfangen, ich fürcht mich auch noch so vor den Leuten – geh ihnen deshalb aus dem Weg. Fürcht mich, schäm mich –.«

»Für die Leut gibts bald wieder was anderes zu tratschen. Tust ja wirklich, als wärst die einzige Jungfrau im Dorf, bei ders geschnakkelt hat – bald ist alles vergessen.«

»Meinst das jetzt wirklich, oder sagst es bloß?«

»Ich täts nicht sagen, wenn ichs nicht meinte. Freu dich am Kind, hast doch gesehn, wie neidig die Schwester war. Ganz gelb vor Neid hats an dem Abend ausgeschaut, weils selbst nix austragen hat. Ist besser, fruchtbar zu sein als wie leer, ist so beim Vieh wie beim Menschen.«

Sie gingen jetzt zwischen Feldern und Weiden einen schmalen Weg entlang, der am Fischerhof vorüber nach Hause führte.

»Hast schönes Vieh, Seppl.«

»Kann net klagen, war ein gutes Jahr, hab kein Stück verloren, und die Ernt wird auch gut werden – wird überhaupt alles noch gut werden, Linerl.«

»Meinst?«

»Ich weiß.«

Der Fischerhof rückte ihnen mit jedem Schritt näher, dieses behäbige weiße Gebäude mit dem dichten, rotglühenden Geranienkranz auf der Balkonbrüstung. Ein Haus, aus der Erde gewachsen, unerschütterlich wie eine Festung, tief in den Boden gewurzelt, umringt von der dunkelgrünen Mauer uralter Bäume.

Anno Domini 1671 stand über der Haustür.

Bunte Glaskugeln glitzerten im kleinen Blumengarten zwischen gelben und roten Blumen. Eine Sonnenblume neigte ihr goldenes Antlitz über den Zaun.

»Ist ein schöner Hof, Seppl.«

»Wohl – wohl, aber ein Haus ohne Frau ist ein leerer Schuppen.«

Sie sagte leise: »Ein schöner Hof, der rollt nicht davon in der Nacht.«

# ANGÈLE

Um elf Uhr nachts waren die letzten Sardinenboote mit ihrer Last in den kleinen Hafen eingelaufen.
Wenige Minuten später hatte Monsieur Honoré den gesamten Fang durch rasches, hohes Bieten an sich gebracht, so daß die Händler aus den Nachbarorten nicht mitsteigern konnten.
Beim gelben Schein kleiner, flackernder Öllaternen umdrängten Neugierige und Käufer die Körbe mit dem silbernen, zuckenden Inhalt, die am Bug von jedem an Land gezogenen Schiff aufgereiht standen. Der Kapitän nannte den Anfangspreis halblaut, als spräche er ein Gebet. Der Preis sank mit jedem Wort. Monsieur Honorés Stimme sagte scharf und rasch aus der Dunkelheit: »eh«, was soviel wie gekauft bedeutete, ließ die Körbe abwiegen, notierte, prüfte mit geübtem Blick, ob die untersten Schichten dieselbe Qualität waren, und ging, gefolgt von den schwarzgekleideten Fischweibern, zum nächsten Schiffsbug. Ehrfürchtig erregtes Murmeln begleitete den Sieg des Geldes. Wie immer hatte er neun Zehntel der Ware gekauft und nur diejenigen Körbe anderen Händlern überlassen, die nicht bis zum Rande oder nur an der Oberfläche mit guten Fischen gefüllt waren.
Um halb zwölf wurde Angèle von ihrer Mutter aus tiefem Schlaf gerüttelt, um bei Monsieur Honoré, Besitzer der »Vereinigten Mittelmeerfischereien«, die silbern schimmernden, tranig riechenden Fische zu verpacken.
Zwanzig halbwüchsige Mädchen von kaum mehr als fünfzehn Jahren arbeiteten dort jede Nacht in fieberhafter Eile. Mit roten, vom groben Salz verschwollenen, aufgesprungenen Händen, mit schlafmüden Lidern und auf matten Knien schwankend, griffen sie mechanisch nach den Fischen, spülten sie rasch im Wasser, das in schmaler Rinne über den Tisch floß, bauten ein schimmerndes Mosaik aus silbernen Leibern, so daß immer ein Kopf neben einem Schwanz zu liegen kam; die dicksten zuoberst, Salz auf jede Schicht, bei großer Hitze kleine Eisstücke dazwischen. Sechs Hammerschläge trieben die Nägel in den dünnen Holzdeckel, dann flog die Kiste auf den Stapel in der Ecke.
In der warmen Sommernacht, am eisernen Ring neben der Eingangstür angebunden, stand, geduldig wartend und genau so müde und schwankend wie die Mädchen, das alte graue Pferd Coco, um die Fische fortzubringen.
Von Minute zu Minute schrumpfte der Silberberg neben jedem

Platz. Jeder Handgriff, jede gefüllte Kiste brachte ihnen das warme Bett und den Schlaf näher. Die gekaufte Menge mußte aufgearbeitet werden, gleichgültig, ob viel oder wenig, ob siebzig oder siebenhundert Kilo.

Monsieur Honoré zahlte keinen Stunden- oder Wochenlohn, keinen Tag- oder Nachttarif; er zahlte pro Fang. Wurden die Mädchen bis zum Frühzug nicht fertig, mußte weitergearbeitet werden, um die übriggebliebenen Fische für den nächsten Zug zu verpacken. Lohn gab es immer erst, wenn kein Fisch mehr zu sehen war, wenn alle Kisten fertig dastanden.

Aus Müdigkeit versuchten sie zuweilen, händevoll Fisch unbemerkt die trübe, aus dem Arbeitsraum über die Straße sickernde Wasserrinne zum Meer hinabschwimmen zu lassen.

Aber was halfen diese paar Pfund, wenn noch zwanzig Körbe zu je fünfzig Kilo glitzernd und tranig neben dem Arbeitsplatz standen. Zudem konnte man nie wissen, ob nicht Monsieur Honoré gerade heute von dieser Seite bei einem Kontrollgang das Haus betreten und die fortschwimmenden Fische sehen würde.

Sie alle fürchteten Monsieur Honoré, dessen geübter Blick genau abzuschätzen vermochte, wann der Fang aufgearbeitet sein konnte. Eigentlich waren sie ja noch Kinder, eben aus der Schule entlassen, schlecht genährt, schläfrig; keines der Mädchen wagte es, auch nur ein Wort zu erwidern, wenn er ihnen Anweisungen oder Verweise erteilte. Es gab keine Kündigungsfrist, nur sofortige Entlassung, und Monsieur hielt es für angebracht, ihnen dies hin und wieder in Erinnerung zu bringen, auch wenn kein Grund vorlag.

Jedes Mädchen wußte, daß Prügel zu Hause warteten, wenn es den Verdienst verlor. Die Eltern waren arme Fischer, wie ihre Voreltern vom Wetter und von Monsieur abhängig. Es gab niemand, der selbst in schlechten Zeiten soviel zu kaufen vermochte wie Monsieur. Die Wut über ein entlassenes Kind konnte sich leicht auf die Eltern übertragen. Er war der reichste und der mächtigste Mann im Dorf, hatte seinen Kirchenstuhl in St. Vinzenz in der ersten Reihe vorm Altar, und die Plätze rechts und links von ihm mußten frei bleiben. Wenn der Bischof zur Firmung kam, begrüßte er Monsieur Honoré vor dem Pfarrherrn. Er selbst jedoch grüßte niemand im Dorf zuerst und unterhielt sich nur mit den Unteroffizieren, die die in der maurischen Festung oberhalb des Dorfes untergebrachten Sträflinge bewachten. Man durfte ihn nicht erzürnen, und man mußte ihm zulächeln, auch wenn man ihn haßte.

Sie waren alle von ihm abhängig, jeder in seiner Art, nach Besitz oder Armut. Sogar der reiche Weinbauer Sacams, dem er in schlechten Weinerntejahren Geld lieh, der Krämer, bei dem man die glasklaren, grellbunten Bonbons auf langen Stangen und die rotgelben Kopftücher kaufen konnte, der Bootsbauer, der sein Holz von Monsieur bezog, weil dieser ihm langfristigen Kredit gewährte, und viele andere, denen er während der langen sturmreichen Wintermonate Geld zu hohen Zinsen borgte.

Angèle wußte, wie schwer es war, jeden Tag warme Suppe und sonntags etwas Fleisch im Topf und immer Kartoffeln und ein wenig Schmalz im Haus zu haben; und wie schwer es war, den Bäcker zu zahlen. Das Geld, das sie vom Fischpacken, das Geld, das ihr Vater mit Kistenmachen verdiente, und auch das Geld der Mutter, die zu Madame Honoré waschen ging – es kam alles von Monsieur.

Obwohl Angèle das alles wußte und ihr klar war, daß man ihn nicht erzürnen durfte, wagte sie es heute, die Arbeit niederzulegen, wenngleich noch ein großer silbriger Fischberg neben ihrem Platz lag. Sie hielt die schmalen, wunden Kinderhände in die trübe Wasserrinne, streifte die Fischschuppen ab, trocknete sich an der Sackleinenschürze, die von Monsieur geliefert und vom Lohn abgezogen worden war und wandte sich zum Gehen. Ihr Leib schien mit einem Male noch größer und schwerer als die letzte Zeit, aufgeschwollen und riesenhaft, wie die bunten großen Luftballons, die beim Fischerfest verkauft wurden. Sie mußte sich zurückbiegen, um nicht unter dem schmerzenden Gewicht ihres Leibes zusammenzubrechen.

Die leise ziehenden Schmerzen der ersten Stunden hatten sich jetzt zu unerträglicher Qual gesteigert. Sie vermochte nicht mehr aufrecht zu stehen. Sie sehnte sich nach einem Winkel, in den sie sich hätte verkriechen können. Nur nicht nach Hause, wo Schläge und Vorwürfe sie erwarteten – nur irgendwohin und sich niederlegen, den müden Rücken entspannen.

Zum ersten Male empfand sie den Fischgeruch als ekelerregend. Eine Schmerzwelle überflutete sie, so daß sie sich an den Türpfosten klammern mußte.

Cocos breiter, grauer Rücken war dicht vor ihr. Er schnaufte leise und schläfrig vor sich hin, roch warm und gut nach Stall und Heu und Geborgensein. Es erinnerte sie an das Schlafzimmer der Eltern, den schmalen, dunklen, fensterlosen Alkoven hinter der Küche.

Während Angèle, den Körper gegen den Türpfosten gelehnt, mit zusammengepreßten Lippen um den Entschluß rang, die Last ihres Körpers von dieser Stütze zu lösen und in die Dunkelheit zu verschwinden, schwirrten die Stimmen der Mädchen mit Ratschlägen und Lachen wie aus weiter Ferne um ihr Ohr.

Das letzte, was sie zu unterscheiden vermochte, war Margots Stimme, die unter dem Gelächter der anderen erklärte, daß ein wirklich kluges Mädchen sich gut amüsieren könne, ohne gleich ein Kind zu kriegen. So was passierte eben nur den Dummen. Und Angèle sei eben eine dumme Gans, die nicht Bescheid wüßte.
Sie hörte auch nicht mehr, daß Lilli stolz berichtete, sie sei schon öfters bei Monsieur gewesen, wenn Madame zu ihrer Schwester gefahren war, ohne dick zu werden; worauf Mimi meinte, das könne auch an Unfruchtbarkeit liegen.
Angèle schlich die enge, dunkle Gasse entlang, die an Monsieur Honorés Wohnhaus vorüber zum Strand führte. Die Häuser standen schmal und hoch aneinander, mit fest geschlossenen Fensteraugen, verwitterten, sturmzerfurchten Steingesichtern und spitzigen Dächern, die wie riesige Kopftücher aussahen. Nur Monsieurs Wohnhaus hatte eine schöne, breite Steinterrasse.
Die Gasse war so eng, daß sie mit ausgebreiteten Armen von einer Wand zur anderen greifen konnte. Zwischen ihren Füßen, die in fadenscheinigen Sandalen steckten, sickerte das faul riechende Wasser aus dem Packraum langsam dem Meer entgegen.
Die Schmerzwelle kam wieder.
Angèle blieb keuchend stehen, die wenigen Schritte bis zu Monsieurs Haus schienen ihr unendlich weit; endlos wie ein Traumweg, dessen Ziel bei jedem Schritt vor ihr zurückwich.
Sie versuchte Worte zu Sätzen zu formen. Sie mußte es ihm erklären, daß es jetzt so weit sei, daß er helfen müsse, da er doch der Vater sei. – Die Eltern hatten ihr in den letzten Wochen immer wieder eingeschärft, daß sie Geld von ihm fordern müsse. Sie hatte auch hin und wieder versucht, ihn anzusprechen; aber er hatte sie entweder nicht sehen wollen oder wirklich nicht gesehen; während er sie doch vor kurzem angelächelt hatte! Sie fühlte, daß sie nicht gerade heraus sagen durfte, was die Eltern verlangten. Man durfte ihn nicht erzürnen. Aber die kleinen Umwege, auf denen sie zu ihm vordringen wollte, fielen ihr jetzt nicht mehr ein. Schmerz hatte jeden Gedanken ausgelöscht und verwischt. Sie schwankte, als stünde sie in einem der Fischerboote auf hoher See. Sie versuchte immer wieder zu hoffen, daß er ihr vielleicht Unterschlupf bieten würde – wenn auch nur in dem kleinen Raum hinter seiner Garage, bis alles vorüber war, vielleicht sogar ein weiches Lager, und vor allem erhoffte sie ein Geldgeschenk, das die Eltern besänftigen würde.
Er hatte ihr seinerzeit zu helfen versprochen, als sich ihr schmaler Leib zu runden begann und die Eltern sie so lange bedrängt hatten,

bis sie schließlich zu ihm gegangen war. Es schien ihr unmöglich, daß er das alles vergessen haben konnte, auch wenn er sich später nicht mehr um sie gekümmert und ihr ausgewichen war, wo er nur konnte. Aber ein Mann wie er, ein so allmächtiger Herrscher über alle Sardinen, die am frühen Morgen und nachts spät auf breiten Booten lautlos an Land glitten – ein Mann, an den man nur zu denken brauchte, um rascher zu arbeiten, während er sich im warmen Bett von einer Seite auf die andere drehte –, ein solcher Mann wie Monsieur mußte doch sein Versprechen halten. Sie war jetzt vor seinem Haus im breiten Schatten der Kirche angelangt.
Sie legte ihre Hände auf den Leib und spürte das Neue, das sich da bewegte. Sie stöhnte, stammelte unzusammenhängende Worte, trommelte mit den Fäusten an die Tür, ließ den kupfernen Klopfer auf die Platte fallen, daß es wie in der Schmiede metallen hämmerte. Ihr Stöhnen wandelte sich in das Wimmern eines verwundeten Kindes. Sie fürchtete Nacht, Dunkelheit, Einsamkeit und Schmerz. Sie fürchtete sich vor den Eltern, vor dem fremden, kleinen Menschen, der in ihrem Innern mit ungeheuerlichen Kräften kämpfte, müde wurde und von neuem begann.
Sie riß den Metallknopf wieder hoch, ließ ihn niederfallen, sie schrie laut: »Monsieur, Monsieur, kommen Sie bitte!« – Sie drängte sich gegen die Tür und sank wimmernd auf die Stufen nieder.
Die Kühle des Steines durchdrang sie. – Da weckte sie ein Guß kalten Wassers aus ihrer Ohnmacht, und sie hörte die ärgerliche Stimme von Monsieur: »So, ihr verdammten Jungens, nun packt euch fort«, dann hörte sie den Laden wieder zuklappen.
»Monsieur, Monsieur!« rief sie und hob das Gesicht zum ersten Stock empor.
Der Laden blieb eine kleine Weile geschlossen, dann öffnete sich ein schmaler Spalt.
»Was ist los?«
»Ich bin es, Monsieur.«
»Hast du fertig gearbeitet?«
»Nein, ich konnte nicht – die Schmerzen – das Kind – ich konnte nicht weiter –.«
»Scher dich an die Arbeit!« brüllte er in jäher Wut.
Sie beugte den Oberkörper ein wenig vorwärts, aber die Schmerzwelle ließ sich nicht unterdrücken, sie überflutete sie stärker als zuvor. Die verblassenden Sterne tanzten, die Kirche neigte sich tief, tief herab, bis die Turmspitze mit dem Kreuz die Wasserfläche berührte. Die eifrig hämmernden, flüsternden kleinen Wellen wurden mit einem Male riesengroß, wuchsen zu einer dunklen,

drohenden Mauer auf, sie schrie gellend, klammerte sich an die Steinstufen, sank erschöpft zusammen.
»Ihr Kind kommt, Ihr Kind kommt, helfen Sie mir doch, bitte – Sie haben es versprochen« – sagte sie mit leiser rauher Stimme irgendwohin in die Nacht, zu der ungeheuren Ferne, von der Hilfe kommen mußte.
Zuerst blieb oben alles still.
Dann hörte sie seine Stimme, vermochte aber nicht zu erfassen, was er sagte.
Sie begann wieder an die Tür zu hämmern und zu schreien.
»Ihr – Kind – kommt – kommt!«
Mit völlig veränderter Stimme, aus der mit einem Male alle Wut geschwunden schien, und die beinah ängstlich klang, sagte er: »Schrei nicht so, du weckst ja die Nachbarn, die Leute wollen schlafen, ich komme –.«
Sie hörte Schlüssel klirren, die Klinke zitterte, ein Riegel wurde zurückgeschoben, die Klinke bewegte sich, dann schlug die Sicherheitskette gegen das Holz, der zweite Riegel knarrte und glitt aus der Mauer.
Ein runder, gelber Mond stieg hinter dem Kirchdach empor, als ob die erleuchtete Uhr mit einem Male den Turm verlassen und sich auf Wanderschaft begeben hätte, stand wie eine matte Sonne, sternumkreist, glitzernd. Die dunkle Mauer war verschwunden und wieder zu kleinen flüsternden Wellen geworden; der Schmerz klang ab, sie war sehr müde.
Als sie den Kopf wandte, aus weiter Ferne zurückgekehrt, stand Monsieur dicht vor ihr. Heißer Dunst von seinem schlafwarmen Körper umfing sie, seine Füße – das nächste, was sie aus ihrer schmerzgekrümmten Lage zu sehen vermochte – waren wie Klauen eines Riesenvogels, Zehen, die aussahen, als ob sie zupacken und vernichten könnten.
Sie tastete nach seinem Hemdsaum, klammerte sich daran wie ein kleines, schutzbedürftiges, hilfesuchendes Kind, wiegte sich matt hin und her. Ihre schmalen Füße standen jetzt dicht vor den drohenden, dunklen Krallen auf den steinernen Stufen.
»Bitte, Monsieur, das Kind kommt, Ihr Kind kommt«, sagte sie leise, mit einem Male wieder die ängstliche Packerin, die beim Anblick des mächtigen Herrn zu zittern beginnt.
»Was geht's mich an –.«
Er zögerte, trat etwas vor, überflog die geschlossenen Fenster der anderen Häuser mit einem Blick und trat wieder in den tiefen Schatten des Hauses.

»Rennst so ohne weiteres von der Arbeit fort, schreist hier herum wie verrückt wegen dem bißchen Bauchweh. Die Ware wird nicht fertig – man wird ja ruiniert von euch verfluchten Leuten«, sagte er schließlich unsicher.
»Die Eltern sagen – die Eltern sagen, weil Sie es sind – die Eltern sagen, der Vater muß für ein Kind zahlen –.«
»Was gehen mich deine Eltern an?«
»Sie haben mir damals gesagt, ich soll zu Ihnen kommen. Sie würden mir schöne Sachen geben – von Kind haben Sie damals nichts gesagt. Lassen Sie mich hierbleiben. Damals haben Sie mich auch hereingelassen – ich habe Angst, Monsieur – lassen Sie mich herein –.«
Sie hob ihr kleines, schmales, schmerzverzerrtes Gesicht mit den dunklen Augen zu ihm auf. Sie war sehr schön, ganz mädchenhafte Madonna in schwerer Stunde, in ihrem dünnen, schwarzen Kleid, den rauhen Sack über dem hochgeschwollenen Leib.
»Sie haben mir versprochen, fest versprochen, wenn das Kind kommt, würden Sie für mich sorgen –.«
»Was habe ich dir damals gegeben?«
Er begann zu frösteln und gähnte und schob ihre Hände von sich fort.
»Sie wollten mir Geld geben, wenn es kommt.«
»Was habe ich dir damals gegeben?«
»Eine Tafel Schokolade – und viel Wein zu trinken –«
»Was noch?«
»Viel Wein –«
»Was noch?«
Sie schwieg.
»Und was noch?« wiederholte er.
»Wein und eine Tafel Schokolade – und Sie haben mir versprochen, für mich zu sorgen –«
»Ich will wissen, was du bekommen hast?«
»Das gelbe Tuch mit den bunten Blumen –«
»Und?«
»Ein Paar Strümpfe.«
»Und was noch?«
»Die – die Kette«, stammelte sie.
»Nun also –«, sagte Monsieur sehr langsam, sehr ruhig, aber auch sehr leise und trat in die offene Haustür zurück – »was willst du eigentlich noch? Du hast schöne Geschenke bekommen, man war gut und freundlich zu dir. Ich gebe dir drei Tage frei und bezahle sie dir, auch wenn du nicht arbeitest, und jetzt geh endlich!«

Am liebsten hätte er sie fortgestoßen. Aber er fürchtete Geschrei, geöffnete Läden und Fenster, neugierige Gesichter. Die Affäre mit der Packerin Louise, die ihr Kind – sein Kind – ertränkt hatte und kurz darauf gestorben war, war erst wenige Monate her und hatte Aufsehen und Unwillen erregt. Angèle war fünfzehn, die nächste Polizeistation eine kurze Bahnfahrt entfernt. Er wußte genau, daß er keine Freunde, eine eifersüchtige, wachsame Frau hatte, und daß der Revierwachtmeister sein Feind war.
»Gehe ruhig nach Hause, ich werde dir morgen oder übermorgen noch etwas geben – außer den drei bezahlten Tagen« – sagte er hastig und mit gedämpfter Stimme, denn irgendwo knarrte ein Fensterladen.
»Lassen Sie mich wenigstens bis morgen früh irgendwo hierbleiben. Sie haben soviel Platz. Wenn das Kind kommt – bitte –«
»Geh dorthin, wohin du gehörst, zu den Eltern – du kannst doch nicht hier entbinden, was fällt dir eigentlich ein.«
Sie schrie plötzlich auf.
»Sie sind schuld. Und Sie haben auch versprochen, mir zu helfen. Sie müssen mir helfen. Sie sehen doch, daß ich nicht mehr nach Hause kommen kann –«
Er blickte unsicher über sie hinweg.
»Wenn du hier herumschreist wie eine tolle Katze, dann bekommst du überhaupt nichts – auch keine Arbeit mehr. Gehe nach Hause. Hol dir dein Geld morgen früh.«
Er schloß die Tür, stieß den Riegel vor, die Sicherheitskette klirrte, der dumpfe Klang seiner Füße entfernte sich tappend, verhallte, eine Tür wurde geschlossen, ein Laden oben vorsichtig zugezogen.
Was er tat oder sagte, war immer unwiderruflich, das wußte sie. Sie wußte, daß Schreien oder gegen die Tür hämmern ihr nicht helfen, sondern nur schaden würde.
Sie preßte die Hände auf den Mund und wandte sich langsam um. Mauern umgaben sie kühl und verwittert.
Sie versuchte sich am Türpfosten hochzuziehen, aber ihre Beine versagten. Sie glitt wieder auf die Stufen und beugte den Kopf demütig dem anstürmenden Schmerz entgegen. Sie vermochte nicht mehr zu denken, alles war stumpf, alles war gleichgültig. Sie fürchtete nicht mehr die Nacht, das tiefe Dunkel der schmalen Gasse, in der sie allein und verlassen das Unbekannte erwarten mußte.
Eine Gestalt tauchte plötzlich aus dem Schatten der Kirchenmauer in das weiße Mondlicht. Sie erkannte Louis, den sechzehnjährigen

Sohn des Tischlers, ihren Schulfreund, der jetzt zum Köderfang ging, um sich etwas Taschengeld zu verdienen.
Sie rief leise, heiser seinen Namen, versuchte wieder aufzustehen, zog sich mühsam empor und stand auf zitternden Beinen an die Mauer gelehnt.
Louis erkannte sie und kam heran.
»Was machst du hier?«
»Das – Kind kommt.«
»Du mußt dich ins Bett legen. Komm, ich bringe dich nach Hause« –, sagte er und ergriff ihre Hand.
Sie hob abwehrend die kleine, feuchtkalte Hand.
»Nein – die wollen mich dort nicht haben.«
»Dann trage ich dich zum Strand.«
Er hob sie rasch auf seine Arme, ehe sie zu antworten vermochte. Am zitternden Druck ihrer Hände um seinen Hals fühlte er, daß sie litt. Ein nachtfeuchtes Gesicht legte sich an seinen warmen Hals, er spürte ihren Atem und war glücklich, sie nahe bei sich zu haben.
»Deine Kleider sind ja naß, Angèle –«
»Er hat mich mit Wasser begossen, als ich bei ihm anklopfte und ihn sprechen wollte.«
»Verdammter Hund –«
»Und dann hat er mich fortgejagt –«, flüsterte sie atemlos vor Schmerz.
Sie waren jetzt an dem kleinen Strand angelangt, der die Verbindung zwischen dem Festland und der St. Vinzenz-Insel mit der kleinen Kapelle herstellte.
Er legte sie vorsichtig auf die Steine nieder, zog seine geflickte Jacke aus, rollte sie zusammen und schob sie unter ihren Kopf. Sie war so schwach, daß sie nicht mehr zu sprechen vermochte. Er kauerte sich neben ihr nieder, die Hände in den Hosentaschen. Ihr Gesicht war mit einem Male seltsam fremd und alt.
»Soll ich deine Mutter holen? Ich glaube, es ist besser, wenn sie kommt.«
Sie öffnete die Augen, stöhnte, schüttelte den Kopf.
»Kommt nicht – geh nicht – hat heute Waschtag bei Madame gehabt – und sie ist ja böse wegen dem Kind – nein, nicht holen.«
Die nächste Schmerzwelle schlug über ihr zusammen . . .
Als alles vorüber war, fiel sie in einen tiefen Erschöpfungsschlaf. Er wagte es nicht, sie allein zu lassen und blieb neben ihr sitzen, den mageren, fröstelnden Knabenkörper vom grauen Morgenlicht umspielt, ein wenig vorübergeneigt, schläfrig und etwas unsicher, was jetzt geschehen würde.

Der gelbe Mond glitt hinter die Weinberge, die Sterne verblaßten, nur ein kleiner, mattblinkender Stern versuchte noch vor dem Erlöschen auf der Kirchturmspitze zu schweben. Dann war er mit einem Male verschwunden. Kühler Morgenwind trieb kleine eifrige Wellen vor sich her dem Strand zu. Über dem opalfarbenen Nebel, der dicht auf dem Wasser ruhte, schwebten die zur Morgenfahrt ausziehenden Segel der Fischerboote, wie große Schmetterlinge mit zusammengefalteten Flügeln, dem offenen Meer entgegen.

Angèles Gesicht war mit einem Male nicht mehr fremd, jetzt, wo der Schmerz daraus entschwunden, ihr Körper entspannt, ihre Züge geglättet und kindlich waren. Zwar lagen noch unter den Augen dunkle Schatten, aber der Mund leuchtete wieder rot, von zwei feinen Falten umklammert, die früher nicht dagewesen waren. Ja, nun war sie wieder ganz Angèle, Freundin und Vertraute, mit der man an fremden Türen geläutet und schnell davongelaufen war – mit der man aus dem Hinterhalt Fremde mit Steinchen bewarf, die mit ihm auf Köderfang nach nächtlicher Arbeit gegangen war, um etwas Extra-Geld zu verdienen, das sie den Eltern nicht abzuliefern brauchte, weil sie nichts davon wußten – Angèle, die mit ihm zusammen so manche Fensterscheibe eingeworfen hatte und mit ihrer Wildheit und körperlichen Gewandtheit es mit jedem Jungen in der ganzen Umgegend aufnehmen konnte.

Er fand sie genau so schön wie immer, fühlte sich alt und wichtig neben ihr, ganz Beschützer dieser beiden Geschöpfe, die neben ihm ruhten, und hatte Lust, sie zu wecken und Mann und Frau mit ihnen zu spielen, mit einem richtigen Kind, anstatt einem Holzklotz, den sie früher immer dazu genommen hatten.

Man könnte ein kleines Haus aus Steinen und Brettern und Seetang bauen. Er würde heimlich Möbel zimmern. Die alte zerrissene Matratze aus der elterlichen Rumpelkammer, auf Latten und vier Holzklötze gestellt, gab ein herrliches Lager. Der große Spalt in der Langustenklippe war ein sicheres Versteck, zu dem man nur mit einer Strickleiter gelangen konnte. Ein Langustenkorb mit Holzwolle ausgelegt und an Stricken hängend, war auch Wiege für seine Geschwister gewesen. Niemand würde sie dort vermuten, wenn sie dorthin verschwänden. Er würde auf Fischfang gehen, nachts holte man aus Gärten und Feldern Gemüse und Obst, Trauben gab es um diese Zeit in Hülle und Fülle in den Weinbergen, und feste, dunkelgrüne Feigen mit leuchtend rotem Fleisch wuchsen längs der Landstraße. Im Nachbardorf war eine große, unbewachte Melonenfarm. Er kannte einsame Hänge mit silbernen Olivenbäumen, die

man nur ganz verstohlen zu schütteln brauchte, um wochenlang mit Oliven versorgt zu sein.
Wenn Entdeckung nahte und Feinde drohten, blieb immer noch Flucht aufs Meer, denn ein schönes, selbstgezimmertes Boot würde stets in der Grotte versteckt vor Anker liegen. Der schwere Anker, den er vor vielen Jahren einmal in seine Kammer geschleppt und unter seinem Bett verborgen hatte, würde ihm jetzt gute Dienste leisten.
Was aber die Hauptsache war: Elterliche Prügel und Vorwürfe, daß er ein Träumer und kein richtiger Arbeiter wäre, hätten dann endlich ein Ende, denn wenn Vater betrunken nach Hause kam, war er immer streitsüchtig. Die Kinder bekamen Ohrfeigen, die Mutter Tritte, obzwar der Streit zwischen den Eltern meist bald mit einer Versöhnung endete.
Obwohl der Vater von morgens bis abends Sardinenkisten, Särge und einfache Möbel zimmerte, kamen sie nicht aus der Armut heraus. Die meisten Familienväter im Dorf tranken mehr oder weniger. Was sollten sie auch sonst tun, wenn sie vom Fischfang zurückkehrten und an den langen Winterabenden im Café Royal beim Kartenspiel saßen. Die Arbeit im Haus war Sache der Frauen. – Angst überfiel ihn plötzlich beim Anblick des reglosen Kindes. Er rüttelte Angèle an der Schulter.
»Du, wach auf, Angèle! Ich glaube, es ist tot!«
Sie schrak auf, blickte verwirrt um sich, auf ihn, auf die Kirche, die dunkel und geheimnisvoll mit schwerem Glockenturm am Ende des Strandes aus dem Wasser ragte.
»Es ist tot«, wiederholte er.
Sie richtete sich auf, nahm das leblose Kind in den Arm.
»Glaubst du wirklich?«
Er nickte nur ernst und traurig. »Soll ich den Pfarrer holen, damit er es nottauft? Ach, ich glaube, im Notfall kann man dies auch selbst tun.« Er bekreuzte sich und sagte feierlich: »Ich taufe dich im Namen des Vaters, des Sohnes und des heiligen Geistes auf den Namen –«, er hielt inne, sagte dann rasch, »auf den Namen Louis – Amen.«
Sie blickte auf das tote Kind und sagte leise: »Ein Begräbnis kostet Geld.«
Er sah sie durchdringend an und fragte dann nach einer Weile: »Monsieur, nicht wahr?«
»Ja – Monsieur.«
»Ich habe es mir immer gedacht, und alle im Dorf sagten auch, daß er es wieder mal wäre und daß er nie genug davon bekommen

könnte. Er kann's ja nicht lassen. Aber zahlen muß er. Ein Vater muß immer zahlen, auch wenn er mit einer anderen Frau verheiratet ist.«

»Das haben die Eltern auch immer gesagt.«

»Natürlich muß er das. Als die Braut von Maxime ihre Zwillinge bekam, mußte er auch zahlen. Zuerst wollte er natürlich nicht. Dann gab es einen Prozeß, er war wütend – aber zahlen mußte er.«

»Muß er auch für ein totes Kind zahlen?«

Louis stutzte.

»Das weiß ich nicht.«

»Er hat mir gesagt, daß er mir drei Tage bezahlt und noch etwas geben wird.«

»Wieviel?«

»Das hat er nicht gesagt.«

»Da kannst du mit dem Schuft schön hereinfallen. Der gibt dir einen Dreck und haut dir noch eine herunter.«

»Dann – erschlage ich ihn mit einer Eisenstange«, sagte sie in jäher sinnloser Erregung, »wir haben kein Geld für Sarg und Grab und Pfarrer, auch wenn er es ganz billig macht, und auf Armenrecht darf es nicht verscharrt werden«, sagte sie, während sie über den kleinen reglosen Körper strich.

»Wenn es am Leben geblieben wäre –«

»Dann hätte ich es adoptiert –«, fiel er ihr ins Wort.

»Wirklich?«

Er sagte sehr überlegen, sehr männlich: »Das ist doch selbstverständlich, weil wir uns ja doch einmal heiraten werden.«

Ihre Gedanken waren schon wieder weiter gewandert.

»Kannst du mir einen kleinen Sarg machen?«

»Ja«, versicherte er eilig, »bis heute nachmittag. Soll ein Kreuz darauf?«

»Ja, natürlich, es ist doch getauft.«

Und nach einer Weile setzte sie hinzu: »Später einmal werde ich es dir bezahlen, wenn ich erst reich bin.«

»Wie willst du reich werden?«

»Du wirst schon sehen. Ich gehe von hier fort, in die Stadt, in eine Fabrik oder in Stellung und spare. Mutter sagt, ich bin stark wie ein Mann – und wenn ich genug gespart habe, komme ich wieder.«

Er blickte den kleinen, fest geballten rosa Morgenwolken nach, die langsam über ihnen am Himmel dahinzogen.

»Ich glaube, es ist schwer reich zu werden. Sieh mal bei uns hier im Dorf: Fünftausend Menschen sind arm; reich ist nur Monsieur.

Ihm gehört alles, er bestimmt die Mieten, er gibt Arbeit. Wer ihm nicht paßt, den setzt er heraus, wer hochkommen will, den drückt er nieder.«

»Ich will aber reich werden –«

Und von jähem Energieaufwand herabstürzend, fügte sie kläglich hinzu: »Ich bin müde.«

»Gehe nach Haus, lege dich ins Bett. Wenn Frauen Kinder geboren haben, müssen sie immer etwas liegen. Du bist jetzt eine Frau, Angèle«, sagte er langsam, wandte sich um und ging mit dem gewichtigen Schritt eines alten Fischers dem Meeresstrand zu, während sie das Kind in die Schürze wickelte.

»Du warst sehr gut zu mir heute nacht, Louis . . .«

»Unsinn«, rief er über die Schulter hinweg zurück.

Als sie beim Kirchenportal um die Ecke bog, rannte er zur Mauer, blickte ihr nach, bis sie entschwunden war.

Das Kind war vor einer Woche in aller Stille gegen Abend im Grab der Großmutter begraben worden. Louis hatte den kleinen Sarg gestiftet.

Dies kleine Wesen, das gestorben war, während sie erschöpft schlief, begann schon ein wenig in ihrer Erinnerung zu verblassen, denn sie hatte nur ein lebloses Bündel im Arm gehalten, dessen Kommen sie gefürchtet und das ihr entrückt war, ehe eine innige Verbindung entstehen konnte.

Jetzt war sie auf dem Weg in die Stadt, stand an der Biegung, wo die Straße steil über dem Meer zwischen Kakteenhecken emporstieg und sich in blauer Ferne verlor. Das Dorf lag jenseits der Bucht, weit entfernt, tief unten. Die ersten Schiffe glitten zum Nachtfang hinaus, ihre Segel flatterten matt, bis sie am Leuchtturm volle Brise bekamen und in rauschender Fahrt vorwärtspfeilten.

Schmal, hoch und bunt umsäumten die Häuser halbkreisförmig den kleinen Hafen. In ihrer Mitte wuchs breit und gewichtig der Pfarrhof im Winkel bei der Kirche empor, das einzige Gebäude mit breiter Front. Nicht weit davon entfernt war Monsieur Honorés Haus, mit frischgestrichenen, dunkelgrünen Läden und flachem Terrassendach. Dort oben, zwischen den Schornsteinen, mit dem Blick über Dorf, Hafen und Bucht, hatte damals ein reich besetzter Tisch gestanden, Wein in schimmernder Karaffe, Süßigkeiten und Früchte, zwischen denen winzige Eisstückchen lagen.

Sie hatte sich sattessen dürfen, während er daneben saß und mit den Fingern auf den Tisch trommelte und sie anstarrte.

Dann hatte er sie in sein Schlafzimmer geführt, »damit sie sich ein

wenig ausruhen könnte . . .«
Von der Kirche her dröhnte in blechernen Schlägen das Ende des abendlichen Rosenkranzes. Aus dem hohen Portal quollen ameisengleich winzige dunkle Gestalten. Sie kniff die Augen zusammen, versuchte ihre Mutter unter ihnen zu finden. Aber sie waren alle gleich schwarz gekleidet und ähnelten einander in ihrer Hast, nach Hause zurückzukehren.
Monsieur hatte Angèle ein kleines Banknotenbündel mit der Bemerkung übergeben, daß dies für ihre Gesundheit wäre, damit sie so rasch wie möglich wieder zur Arbeit kommen könne. Über das Kind hatte er kein Wort verloren.
Seltsam lebendig war nur die Erinnerung an jene Nacht, an die Einsamkeit vor Monsieurs Haus, an die Kälte der Steinstufen. Sie hörte noch deutlich, während sie auf sein Haus blickte, seine leise, scharfe Stimme – wie er zu sprechen pflegte, wenn er seinen Packerinnen mit Entlassung drohte.
»Ich hasse dich, ich hasse dich – oh, wie ich dich hasse« –, sagte sie über das Wasser hinüber, zu seinem Haus.
Über die sonnenwarme Mauer glitt lautlos ein Salamander, starrte sie mit goldenen Augen an und entschwand in einer Ritze.
Sie blickte über die blauschimmernde, blendende Bucht hinweg, zu den vertrauten Häusern, in denen sie die Menschen kannte. Aber sie spürte nur Freude, endlich fortzugehen, in die Ungewißheit, die sie nicht kannte, und von der sie sich so viel erhoffte.
Auf ihrer Brust knisterten etliche Geldscheine, die so lange reichen mußten, bis sie eine Stellung gefunden hatte.
Sie hatte eigentlich die ganze Summe für sich behalten wollen, nachdem sie es den Eltern zur Besänftigung hingehalten hatte.
Aber die Mutter hatte einen Schein genommen und war fortgegangen, um Lebensmittel zu kaufen und kleine Schulden zu bezahlen, ein neues Hemd für den kleinen Bruder, einen neuen Eimer, lauter notwendige Dinge, von deren Anschaffung sie schon lange gesprochen hatte. Ihr Gesicht war kummervoll wie immer, als sie vom Einkauf zurückkehrte und von dem schönen Schein nur wenige Kupferstücke auf den Küchentisch klirrten, so daß Angèle nicht zu sagen wagte, dies wäre doch eigentlich ihr Geld, das sie für sich, für das Kind bekommen hatte.
Und der Vater hatte sich ebenfalls etwas genommen und war damit in das Café Royal gegangen, wo Absinth grünlich in kleinen Gläsern zwischen den kartenspielenden Männern stand.
Es war ihr nicht leichtgefallen, die Kommode zu öffnen, in der das Geld lag, und dann heimlich das Haus zu verlassen. Ihre Hände

hatten gezittert, ihr Herz so laut geklopft, daß sie fürchtete, jemand könnte es hören.
Da hatte es auch nichts geholfen, zu murmeln: »Mein Geld, mein Geld, es gehört mir; – fünftausend Francs für neun lange Monate, für Vorwürfe, Prügel und Hohngelächter der Freundinnen, für Schmerzen, Angst und die endlose, verzweifelte Nacht.
Fünftausend Francs, von denen jetzt nur noch zwei übrig waren. Sie brach eine Feige vom Baum, sie war hungrig, weil sie den ganzen Tag vor Aufregung nichts gegessen hatte. Aber es schmeckte nicht so gut wie sonst.
Ein heiserer Laut ertönte neben ihr, eine dunkle, feuchte Nase drückte sich in ihre Hand. Es war Toutou, der alte weiße Hund mit dem blinden Auge und dem Ringelschwanz, der ihr langsam keuchend gefolgt war, als sie ihn mitten im Dorf zurückgejagt hatte.
»Geh nach Hause, du mußt fort – du kannst nicht mitkommen«, sagte sie.
Er legte sich wedelnd zu ihren Füßen nieder, blickte mit seinem dunklen Auge flehend auf und hob wie bittend die Pfote.
»Geh – geh endlich!« schrie sie, während Tränen über ihre Wangen liefen.
Er wich ängstlich zurück, blieb stehen, wedelte, wartete zögernd und ungläubig, trabte fort, blieb wieder stehen und wandte sich unschlüssig um – das ist ja alles nur ein Spiel, sie wird mich schon zurückrufen – schien er zu denken. Aber Angèle hatte einen Stein aufgehoben, fest entschlossen, ihn zu werfen, um nicht mit ihm umkehren zu müssen. Denn Toutou – bedeutete zu Hause –, war die dunkle Küche mit dem ewigen Fett- und Zwiebelgeruch, war feuchter Wäschegeruch, Eltern und Geschwister, war vor allem die geliebte kleine Schwester Juliette.
»Mach, daß du fortkommst, geh!« schrie sie aufschluchzend und schleuderte den Stein, wie sie ihr bisheriges Leben hinter sich zu werfen entschlossen war.
Sie traf das Tier in die Flanke und fühlte den Schmerz am eigenen Leib. Während er heulend davonlief, begann sie in entgegengesetzter Richtung zu laufen, bog um die scharfe Kurve, die das Dorf den Blicken entzog, trabte auf dem warmen, weichen Asphalt bis zum Ende der langen Kakteenreihe, die mit gelben Knollen wie seltsame Bäume emporstrebten. Die Straße und die Felsen dampften noch von der Glut des Tages. Die Luft war schwer von aufsteigendem Opaldunst, wie an sonnabendlichen Wäschetagen zu Hause.
Ob jetzt die Mutter wohl den Zettel gefunden hatte, auf den sie

sorgsam mit großen Buchstaben gemalt hatte:
»Sorgt euch nicht, ich komme wieder, wenn ich reich bin! Juliette soll mich nicht vergessen! Angèle.«
Der Dunst hob sich aus dem Meere wie Schleier, die übereinandergelegt werden. Kein Laut war zu hören, nur der dumpfe Klang ihrer Tritte.

Ein kleines rotes Licht blinkte mit einem Male zitternd und warm durch den Dunst, rückte langsam näher, wie von Menschenhand getragen. Dunkle Umrisse erhoben sich wenige Meter von ihr entfernt am Straßenrand, hinter einer niedrigen Kakteenhecke. Eine graue Holzbaracke mit Wellblechdach, über deren Tür eine Laterne mit roten Glasscheiben die Inschrift beleuchtete: »Zur schönen Nacht.«
Aus dem Dach ragte ein langes, dünnes Rohr, dem grauweißer Rauch entstieg, der sich mit dem Nebel vermischte. Es roch verlokkend nach Wärme, Fett und Zwiebeln.
Sie spürte mit einem Male, daß sie hungrig und sehr müde war und blieb lauschend stehen. Aus der Baracke drangen Frauen- und Männerstimmen, und jetzt setzte das heisere Klappern eines Automatenklaviers ein.
Madame, Inhaberin des Bordells für schwarze und weiße Soldaten, für Straßenpassanten, Fischer und Matrosen, lehnte neben der Tür, als die schmale Gestalt im Lichtstrahl auftauchte, der aus der offenen Tür auf die Straße fiel.
Ohne sich zu rühren, sagte Madame: »Was macht ein so kleines Mädchen allein in der Nacht, he?« Und als Angèle sich ihr näherte und sie ihre Züge erkennen konnte, sagte sie: »Bist du nicht – ach ja – du bist ja die kleine Dufour, die Tochter vom Faßbinder. Ich wohnte voriges Jahr im Sommer im Nebenhaus. Deinen Vater kenne ich auch.«
»Ich bin fortgelaufen, ich will in die Stadt, Geld verdienen«, sagte Angèle, ohne sich von der Stelle zu rühren.
Madame machte einen Schritt vorwärts und stand dicht vor ihr. Ein süßlicher Geruch von Parfüm und Schweiß ging von ihr aus. Sie war etwas kleiner als Angèle, ihr schwammiges Gesicht war mit weißem Puder bedeckt, ihre Lippen blutrot geschminkt. Zwei Goldzähne funkelten in ihrem Mund. Sie trug ein glatt anliegendes schwarzes Seidenkleid, ein grellgrünes Seidenband mit bunten Glitzersteinen war durch ihr kupferrotes Haar geschlungen und eine sorgfältig geringelte Locke fiel in ihre Stirn.
Aber sie gefiel Angèle nicht, trotz ihres schönen Kleides.

»Aha, man langweilt sich also im Dorf, wo es keine Kavaliere gibt. Man will Toiletten, Tanz, Champagner! Ich weiß, ich bin auch mal so fortgelaufen, wie du.«

»Ich will arbeiten und Geld verdienen.«

Madame lächelte.

»Ach, Kind, Arbeit bringt nichts ein. Und reich werden wollen wir alle, Kleine. Es ist nur nicht so leicht, wie man glaubt, wenn man jung ist. Manche Geschäfte gehen gut, manche schlecht. Der Anfang ist immer schwer, auch wenn man hübsch und jung ist, – alle Männer sind sich ähnlich – und mit einem Male ist man alt und hat nichts erreicht.«

Sie seufzte, ihr Busen stieg aus dem tiefen Ausschnitt des Kleides wie der Bug eines Schiffes aus dem Meer; ihre heiße, ringgeschmückte Hand legte sich schwer auf Angèles Schulter.

»Du kannst heute nacht hierbleiben, wenn du willst. Den Abendzug kannst du sowieso nicht mehr erreichen –«

»Ich will zu Fuß gehen, das ist billiger«, sagte Angèle und fühlte ihren Körper schwer auf ihren Füßen lasten.

»Da kommst du aber auch heute nicht mehr hin. Und die Nacht allein auf der Straße – ich kenne das, wenn man jung ist – hier kannst du helfen, Gläser spülen, dich nützlich machen, Musik aufdrehen. Heute abend wird großer Betrieb sein, ein Schiff aus Algier liegt im Hafen; wir sind das einzige Haus am Platz, die Matrosen vom Schiff werden kommen und die Schwarzen haben Urlaub. Bleibe ruhig hier.«

Angèle wußte, was das Haus »Zur schönen Nacht« war. An manchen Abenden waren sie als Kinder in Trupps bis zur »Schönen Nacht« gezogen, um im Schatten der Kakteenhecke verborgen etwas von den schönen Damen zu sehen, die so ganz anders waren wie Schwester und Mutter. Aber was sie vom Straßenrand her sehen konnten, war immer nur Madames kleine, breite Figur, die von der Tür aus vorübergehende Männer anrief, sie möchten hereinkommen, sie würden es nicht bereuen, die Preise seien mäßig – während hinter ihrem Rücken Musik, Gelächter und das schrille Klappern des Automatenklaviers ertönten. Unerhörte Pracht, Lichterglanz, Gold und Silber und Ströme von Geld hatten die kleinen Buben und Mädchen hinter den Holzwänden verborgen geglaubt, genau wie beim Wanderzirkus, wenn er armselig und farblos am Tag vor dem Fest einzog und sich dann mit einem Male in einen Feenpalast mit goldenen Stühlen und Purpurvorhang, mit Männern und Frauen in glitzernden Gewändern verwandelte.

Nun betrat sie den Raum, den sie sich so oft auszumalen versucht

hatte. Er war groß, viereckig und innen so grau wie die Außenwände, zur Hälfte durch einen Vorhang getrennt.
Die anwesenden Damen waren weder schön noch prächtig gekleidet. Sie waren auch nicht mehr jung. Ihre Gesichter waren weiß und rosa geschminkt wie Madames Gesicht; sie trugen Blumen und Bänder im Haar, durchsichtige, an der Seite geschlitzte Hemden, zarte Nylonstrümpfe und steinfunkelnde Strumpfbänder. Zwei von ihnen trugen Seidenschuhe, deren Absätze schief getreten waren, und die dritte hatte nur Filzpantoffeln an den nackten Füßen. Sie würdigten Angèle keines Blickes und überhörten ihren Gruß. Sie schienen schlecht gelaunt zu sein, obwohl sie sich in Gesellschaft von zwei älteren Männern befanden. Und die eine, eine dicke Blonde, erkundigte sich, ob Madame eine Neue engagiert hätte, worauf Madame keine Antwort erteilte.
Sie mußte in den Nebenraum gehen, der Küche und zugleich Madames Schlafzimmer war.
Das mechanische Klavier stand hinter dem Bett. Wenn es angekurbelt wurde, flammte ein gelbes Licht in der Mitte auf und eine nackte Frauengestalt wurde unter einer erleuchteten Scheibe sichtbar.
Angèles Arbeit bestand darin, Geschirr abzuspülen und dieses dann durch das kleine Fenster in den Hauptraum zu schieben und außerdem das Klavier ständig in Gang zu halten.
Arbeiter, Matrosen und etliche Fischer aus der kleinen Hafenstadt kamen und gingen, tranken mit den Damen und verschwanden hinter dem Vorhang.
Da taten sie wahrscheinlich, was Monsieur mit ihr getan hatte. – Die Damen sahen nicht glücklich aus. Aber es mochte auch der Tabaksqualm, das rötliche Licht oder überhaupt die späte Stunde sein, die ihre Gesichter leblos, hart und müde aussehen ließen.
Angèle mochte einfach nicht darüber nachdenken. – Endlich bat sie Madame, während sie die Gläser durch die Klappe schob, ob sie abschließen dürfe. Sie war mit ihrer Arbeit fertig.
Madame war aber nicht mehr ganz nüchtern.
»Komm heraus und amüsiere dich, Kleine, das Leben ist kurz. Der Sohn vom Bürgermeister ist hier, zum ersten Mal. Er zahlt dir sicher eine Menge – wenn du nett bist.«
Sie schwankte unsicher, ein frisch gewaschenes Glas entglitt ihr und zerbrach am Boden.
»Verdammt noch mal«, sagte Madame und bog sich ächzend nach den Scherben.
Rauch, Hitze und Schweißgeruch quollen durch das kleine Fenster in die Küche. Der Andrang war jetzt so groß, daß die schmutzigen

Gläser neu gefüllt und nicht mehr in das trübe Wasser im Blechbekken getaucht wurden.
Immer neue Gäste drängten in das Lokal. Waren nicht alle diese Männer wie Monsieur Honoré? Angèle durchlitt wieder die ganze Furcht und Verzweiflung jener Nacht. Alle, alle waren genauso wie er. Sie haßte sie alle, wie sie ihn haßte. Und nie würde sie Monsieur Honoré vergessen. Sie verließ die Baracke »Zur schönen Nacht« kurz nachdem die Sonne matte Nebelschleier und kleine Wolken vor sich hergejagt und aufgelöst hatte. Aber das fröstelnde Grauen blieb in ihr, als sie schon weit entfernt von der Baracke hoch über dem hellblauen, schimmernden Meer der Hafenstadt zuschritt.

Sie erreichte ihr Ziel erst am späten Mittag, als die Ladenbesitzer bereits ihre Türen zu schließen begannen.
Auch vor Madame Saules Tür hing ein Schild, das besagte, daß die Stellenvermittlung für Personal jeglicher Art erst um drei Uhr wieder geöffnet würde.
Sie ging durch die mittagsstillen Straßen bis zu einem Brunnen, über dem eine Madonna mild lächelnd ihr Kind emporhielt und aß die Orange, die Madame ihr geschenkt hatte.
Der weite Platz lag grellweiß im Sonnenlicht, und die mächtigen breiten Häuser umsäumten ihn schweigend in der Mittagsglut. Nur hier und da hastete jemand zu seinem Essen und hielt sich dabei vorsichtig im schützenden Schatten. Ein Hund wanderte suchend umher, setzte sich in bescheidener Entfernung von ihr hin und blickte bittend und zugleich fluchtbereit zu ihr hin. Sie gab ihm eine Brotrinde, mit der er knurrend davontrabte, um kurz darauf wieder hoffnungsvoll zu erscheinen.
Sie zog die Sandalen von den Füßen, säuberte sie im kühlen Wasser, klopfte den Staub von ihrem schwarzen Kleid, kämmte sich sorgfältig, befeuchtete ihr Haar, daß es glatt am schmalen Kopf anlag, und sang leise vor sich hin.
Sie fühlte sich erleichtert und wohlhabend, denn die zweitausend Francs, sorgfältig zwischen Haut und Hemd verborgen, waren ein Vermögen. Und doch dachte sie ein wenig ängstlich an die Nacht, die in wenigen Stunden herabsinken würde. Sie war nur einmal, voriges Jahr, mit ihrer Mutter in der Stadt gewesen.
Alles wird gut gehen, es muß gelingen, dachte sie.
Zu Hause essen sie jetzt. Ob Juliette wohl sehr traurig ist? Mutter wird sich nicht ängstigen, sie hat ja genug andere Kinder.
Zurückgehen – nach Hause?
»Nein – reich werden und dann nach Hause kommen«, sagte sie

leise zu dem Platz, der sie schweigend mit seinen weißen Mauern umgab.
Ein Gendarm tauchte aus der Seitengasse auf, blickte zu ihr hinüber, blieb stehen, als sie gerade mit hochgezogenen Knien versuchte, die breiten Bänder ihrer Sandalen um ihre Fußgelenke zu wickeln. Er räusperte sich, um ihre Aufmerksamkeit zu erregen.
Als sie aufblickte, stand er vor ihr, erhitzt und verärgert.
»Was machst du hier?«
Als sie schwieg, weil sie nicht genau wußte, was für eine Antwort in ihrem Fall richtig wäre, fuhr er sie an: »Hast du gehört, wenn du keine Antwort gibst, nehm ich dich mit aufs Revier.«
Es fiel ihr ein, was die alte Landstreicherin Lommes ihr so oft gesagt hatte, nämlich, daß man Gendarmen und Wohltätigkeitsdamen immer belügen und sich niemals einschüchtern lassen dürfe.
Sie stand höflich auf, wie vor einem Lehrer, und sagte, daß sie auf ihre Mutter warten müsse.
Diese Antwort schien richtig gewesen zu sein, denn der Gendarm zögerte, steckte sein Notizbuch wieder ein und ging wortlos mit langen Schritten über den glühenden, flimmernden Platz und verschwand im Schatten einer kleinen Gasse zwischen den Häusern.

Als der Zeiger der Kirchuhr drei Minuten vor drei verkündete, machte sie sich auf den Weg zum Büro, das Zeitungsinserat in den Händen, in dem Madame Saules gute Kräfte für außergewöhnlich hochbezahlte Stellungen aller Art suchte.
Es war nicht leicht, sich vom Brunnen zu der Adresse durchzufragen, denn die Menschen waren schläfrig nach dem Essen und unwillig, Auskunft zu geben. Als sie endlich wieder vor der gesuchten Tür stand, fand sie diese noch verschlossen.
Erst kurz vor vier erschien eine ältere, schwerfällig atmende Frau mit rosengeschmücktem Hut, zog einen Schlüsselbund aus der Tasche und begann, langsam und umständlich aufzuschließen.
Dann nahm sie das Schild unter den Arm, ließ die Tür offen und ging hinein.
Sie schien Angèle nicht gesehen zu haben, obwohl sie dicht neben der Tür stand.
Ein graugestrichener Gang führte zu einer zweiten Tür, über der ein Plakat hing, auf dem in großen Buchstaben zu lesen stand, daß es den Stellungssuchenden verboten sei, Herrschaften anzusprechen oder sich anzubieten. Zuwiderhandelnden würde der Zutritt ein für allemal untersagt.

Sie setzte sich auf die Bank. Es war gut, sich endlich einmal anlehnen zu können.
Während sie zögernd überlegte, ob sie das Zimmer hinter der Glastüre betreten oder warten solle, ertönte eine kräftige Stimme:
»Ist jemand draußen?«
Sie öffnete die Tür und blieb zögernd auf der Schwelle stehen.
»Man klopft, wartet den Hereinruf ab, grüßt, schließt die Tür«, sagte Madame Saules und blickte Angèle über ihre Brille hinweg mit kleinen, dunklen Augen durchdringend an.
»Was willst du hier, Kind?«
»Ich suche eine Stelle, eine gute Stelle.«
»Das suchen alle. Was kannst du?«
»Bisher habe ich Sardinen gepackt und der Mutter geholfen.«
Madame unterbrach sie mit einer Handbewegung.
»Das kann ich nicht brauchen.«
»Ich kann auch waschen und nähen und flicken.«
»Nie in Stellung gewesen?«
»Nur in der Packerei.«
Madame machte eine Handbewegung.
»– und entlassen worden, was?«
»Nein – ich bin nicht mehr hingegangen.«
Madame schien dies nicht zu glauben.
»Packerei zählt nicht. Also eine Anfängerin. Anfängerinnen« – sagte sie sehr langsam – »Anfängerinnen in deinem Alter bekommen kein Gehalt, nur Kost und Logis, bis sie sich eingearbeitet haben.«
»Ich will Geld verdienen.«
»Das wollen wir alle, Kind. Aber es gibt heutzutage viel Stellungssuchende – die Arbeitslosigkeit ist groß.«
»Ich dachte, weil Sie in der Zeitung haben schreiben lassen, daß Sie Leute suchen.«
Madame lächelte, ihr kleines, rundes Gesicht war mit einem spinnwebdünnen Faltennetz überzogen.
»Geschäftsmethode, um mehr Material zu bekommen, mehr Auswahl zum Bearbeiten. Was brauchbar ist, verwerte ich. Die anderen schicke ich wieder fort. Also, hör zu, Anfängerinnen bekommen zuerst nichts, später ein Anfangsgehalt, wenn sie sich gut einarbeiten.«
Angèle stand vor dem breiten Schreibtisch, dessen Kante mit kleinen Metallpferdchen geschmückt war. Immer ein kleines grasendes Pferd hinter dem anderen.

»Viele sind froh, überhaupt ein Dach überm Kopf und zu essen zu haben.«
»Ich will aber eine gut bezahlte Stellung. Schlecht bezahlt war ich schon bei uns zu Hause. Ich will weiterkommen«, beharrte sie.
Madame lächelte.
»Bei dem Angebot? Bei der Fülle an Material? Und da kommst du ganz einfach daher, eine Anfängerin, die noch nie in einem Haushalt war – und willst auch noch Geld!«
»Ich will nicht umsonst arbeiten. Ich will Geld verdienen. Ich bin genauso stark wie eine Erwachsene, wirklich – sehen Sie –«, und sie streckte ihre sonnverbrannten Arme aus.
Madame schüttelte den Kopf.
»Ein Kind will Geld verdienen –«
»Ich kann ja warten, bis jemand kommt, der zahlen will.«
»Kannst du denn warten, hast du Geld?«
Sie zögerte.
Sie wußte nicht, ob es gut war, diese Frage zu beantworten.
Schließlich sagte sie sehr langsam:
»Ein wenig – nicht sehr viel.«
»Bist wohl abgefunden worden?«
Die Frage bestürzte sie. Woher konnte Madame Saules dies wissen?
»Ich habe etwas bekommen«, erwiderte sie.
»Gut. Also fünfhundert Francs müssen bei mir eingezahlt werden, für Porto und Geschäftsspesen. Du kannst bei einer Bekannten von mir wohnen, billig, gut und sauber, noch billiger, wenn du dich etwas nützlich machst, du hast ein Bett für dich allein – reichliches Essen.« Sie klopfte mit der Bleistiftspitze kleine schwarze Punkte auf das grüne Löschblatt.
»Hast du Eltern oder Verwandte, Bruder oder Vormund?«
Wieder zögerte sie.
Madame beobachtete sie und sagte dann nicht unfreundlich:
»Aha, also fortgelaufen – na, solange ich nicht mit der Polizei Unannehmlichkeiten habe, – ich kenne das Leben. Aber ich biete solche jungen Mädchen lieber als Waisen an. Es gibt Menschen, die Waisen gern haben – anhanglose Mädchen. Besonders ältere Herren haben das manchmal gern. Du bist also eine Waise, verstanden?«
»Ja – aber –«
»Kein Aber. Ich verstehe mein Geschäft.«
Sie beobachtete Angèle, als die den Tausendfrancschein aus dem Kleid zog, zählte fünfhundert Franc zurück und trug ihren Namen in ein Buch ein.

Im Gang draußen hustete jemand.
»So, das wäre alles. Du kommst jeden Tag hierher und wartest.«
Sechs Tage und sechs Nächte schlief sie bei Madames Saules Freundin, mit fünf anderen Mädchen in einem kleinen Raum, in dem die schmalen Betten sich berührten.
Das Essen war nicht reichlich. Sie mußten putzen und waschen und außerdem für jeden Tag hundertfünfzig Francs zahlen.
Madame Saules Freundin war ein sehr altes Weiblein, das streng wie eine Lehrerin die Mädchen befehligte. Um acht Uhr drehte sie das Gas aus, um halb sieben mußten sie aufstehen, um zehn durften sie zu Madame Saules zum Warten gehen.
Am zehnten Tag war ihr Geld bis auf wenige Scheine zu Ende.
Madame Saules Freundin vermietete ihr Bett an eine Frau. Sie hatte noch genug, um für wenige Tage Brot oder etwas Obst zu kaufen.
Sie wagte es nicht, Madame zu fragen, wohin sie diese Nacht gehen sollte, denn Madame liebte es nicht, gefragt zu werden.
Zwischen anderen Stellungssuchenden sitzend, erfuhr sie, daß Madame Saules von ihnen als Diebin angesehen wurde, die den armen Mädchen ihr letztes Geld abnahm und von den Herrschaften außerdem noch hohe Summen forderte, wenn sie eine Angestellte vermittelte. Heute saß sie zwischen einer jungen geschminkten Frau, einer Fabrikarbeiterin und einem Mädchen, das zum ersten Male hier war. Aber hinter der Glastür rührte sich nichts, und niemand war in dem Nebenraum, wo Herrschaften saßen, die Dienstboten suchten.
»Heute, Sonnabend, wird nichts mehr kommen«, sagte die Fabrikarbeiterin und schickte sich zum Gehen an.
Gegen sieben Uhr saß Angèle allein unter dem Schild, das das Ansprechen der Herrschaften untersagte.
Um halb acht erschien Madame, schloß schweigend zuerst die Glastür zu ihrem Büro ab, ließ Angèle heraus, riegelte die Tür zur Straße ab, nickte ihr zu und sagte: »Vielleicht Montag, Kind.«
Dann ging sie davon.
Die Nacht sank rasch herab wie immer im Süden. Es gab nur einen kurzen Übergang zwischen Tag und Nacht. Sie konnte nicht vor der Tür stehenbleiben, sie konnte auch nicht auf den Hauptplatz gehen, weil da heute getanzt wurde und der Gendarm sie sehen könnte.
Sie schlich planlos durch die Straßen, um irgendeinen versteckten Winkel zu finden – wie damals, vor zwei Wochen am Strand; wie ein kleines, hilfloses Tier, wie ein herrenloser Hund war sie.
Aber die Straßen hier waren anders als in ihrem Heimatdorf – gerade und breit, die Häuser standen dicht nebeneinander, dunkle

Winkel und Höfe schien es nicht zu geben.
Eine hohe Festungsmauer mit kleinen viereckigen Türmen erhob sich nahe dem Park, vor dessen Eingang ein Wächter patrouillierte. Ein Plakat sagte, daß der Park um neun Uhr abends für das Publikum geschlossen sei.
Sie bog in eine schmalere Gasse ein, Licht sickerte hie und da durch die geschlossenen Fensterläden, und Schatten bewegten sich dahinter.
Aus jedem Haus tönte Radiomusik – immer derselbe Marsch mit sehr lauten, etwas heiseren Trompeten.
Die Gasse war jäh zu Ende. Sie stand vor einem hohen Tor, dem Eingang zum Friedhof.
Grabmonumente ragten weiß und still in der Dämmerung, kleine kapellenähnliche Häuschen, in denen die Toten wie in Schubladen rechts und links über der Erde eingemauert waren.
Eine rote Ampel flimmerte in der Hauptkapelle.
Sie hörte Lommes, die alte Landstreicherin, sagen: »Weißt du, am besten und sichersten schläft man bei den Toten.«
In der Kapelle lagen noch einige Bretter vom letzten Begräbnis, die Umrisse einer Muttergottesstatue waren verschwommen im rotflackernden Schimmer zu sehen.
Solange sie da ist, kann mir nichts geschehen, dachte sie.
Sie hockte sich auf der Bank nieder, dann streckte sie sich aus. Ihre Müdigkeit wurde tiefer, sie spürte keine Furcht. Als die Tante und etwas später ihre Großmutter gestorben waren, hatte sie die Leichenwache mithalten dürfen, und die Gesichter der Toten waren zwar fremd, aber nicht furchterregend gewesen.
»Sie sind viel gastlicher als die Lebendigen«, hatte Lommes einmal gesagt.
Als die Sonne wärmend durch die bunten Fenster fiel, erwachte sie ausgeruht und hungrig.
Sie wanderte die Straße entlang, zwischen Klippen zum Meer hinunter. Am Wege blühten Kakteen, und ein Feigenbaum, beladen mit Früchten, gab ihr die erste Mahlzeit des Tages.
In einer kleinen Bucht konnte sie die Kleider ablegen und baden. Das Wasser war fast warm. Sie schwamm hinaus, warf sich auf den Rücken starrte zum wolkenlosen blauen Himmel empor.
Wie schön dies Leben jetzt war – entfernt von Monsieur Honoré, entfernt von den elterlichen Vorwürfen und dem Geschwätz der Packerinnen.
Sie schwamm zum Strand, trocknete sich in der Sonne, schlief fest bis zum Sonntagabend und schlich dann mit einem Vorrat reifer

Feigen zu ihrem Schlafplatz in der Kapelle zurück.
Ein Begräbnis mußte inzwischen stattgefunden haben, denn es roch nach Kerzen und Blumen, und die Bretter des Katafalks waren verschoben.
Eine Schleife, blauseiden mit Goldaufdruck, lag am Boden.
»Meiner unvergeßlichen Mutter.«
Sonderbar, daß sie immer »unvergeßlich« auf die Bänder druckten.
Sie wußte, daß niemand mehr an die Großmutter oder an die verstorbene alte Tante Marie dachte.
Am Montagmittag, nachdem sie stundenlang zwischen anderen Wartenden auf der Bank gesessen hatte, wurde sie hinter die Glastür gerufen.

Sie war jetzt in Stellung bei Monsieur Verres, einem alten Junggesellen, der ein kleines Vermögen besaß, von dem er sorglos leben konnte. Ein Leiden, das ihm das Gehen erschwerte und ihm ständige Schmerzen verursachte, plagte ihn dauernd, ohne ihn zu verbittern.
Sein Dasein war genau eingeteilt in kleine Spaziergänge und die Sorge um sorgfältig zubereitete und servierte Gerichte, die er in langen Ruhestunden im halbdunklen Zimmer zu verdauen pflegte.
In den freien Stunden, die ihm kulinarische Genüsse und seine Gänge ließen, sammelte er Tabakdosen und Spieluhren, deren sanfte Klänge Tag und Nacht das alte Haus mit den hellen niedrigen Zimmern und der breiten Treppe mit den ausgetretenen Steinstufen erfüllten. Obwohl er seit einem Menschenalter bemüht war, sie einmal alle zu gleicher Zeit schlagen und spielen zu lassen, war ihm dies nie gelungen. Aber das Bestreben, es immer wieder zu versuchen, war ein angenehmer Zeitvertreib.
Er liebte das Leben, guten Wein in kostbarem Glas, sein schönes Porzellan, seine mattgelben Rosen im kleinen Garten und seinen alten Kater Minou, der seit einiger Zeit aufgehört hatte, nächtlichen Abenteuern nachzugehen, weil er den Kampf mit seinen jungen Rivalen nicht mehr aufnehmen konnte.
Von Monsieur Verres wurde erzählt, daß er einmal ein flotter Lebemann gewesen sei. Angèle bekam dies beim Einkaufen zu hören. Die Nachbarinnen sagten es laut, wenn sie vorüberging. Sie hörte Bemerkungen, daß es wirklich eine Schande für einen so alten Wüstling sei, ein halbes Kind im Hause zu haben. Sie tat, als hörte sie es nicht, wenn man allzu deutlich sprach oder sie mit neugierigen Fragen belästigte.

Sie fühlte sich wohl und heimisch in dem schönen Haus, das sie ganz allein versorgte. Sie liebte die weißen Wände, die weichen Teppiche und die Bilder, sie liebte die freundliche Küche und ihr schönes Zimmer mit dem weichen Bett und den kühlen, glatten Leinentüchern, die so ganz anders waren als die rauhen, klebrigen Flanelllaken zu Hause.
Zuweilen dachte sie an die armselige Pumpe zu Hause, wenn sie das Wasser aus den blitzenden Hähnen rinnen ließ, an das knappe Essen, das die Mutter mit ewig sorgenvollem Gesicht auftrug – ja, sie war froh, hier zu sein.
Es war nicht leicht, die vielen Wünsche des alten Herrn zu erfüllen, besonders an den Tagen, wo er besonders von Schmerzen geplagt war. »Es wird schon gehen, nur ruhig, du wirst es schon lernen«, sagte er zuweilen, wenn sie mit zitternden Händen den Tisch nach seinen Anordnungen zu decken begann.
»Möchtest du lieber wieder nach Hause – oder bist du wirklich gern bei mir?«
Er legte seine dürre Hand auf ihren Arm.
Sie wich scheu zurück.
»Man darf nicht immer Hintergedanken oder Angst haben, wenn ein alter Mann freundlich ist. Ich meine es wirklich gut mit dir. Du bist hier zu Hause – nicht wahr, du wirst nicht fortgehen?«
Sie blickte ihn an. Sein Gesicht war seltsam verfallen und blaß. Er tat ihr leid, wie er in seinem Lehnstuhl hockte, ein altes Männchen, ein trauriger alter Großvater, der scharfgewürzte Speisen liebte, obwohl er sie nicht vertrug.
»Es gefällt mir bei Ihnen – und ich will gern bei Ihnen bleiben.« Sie wollte hinzufügen: Nur dürfen Sie niemals Ihre Hand auf meinen Arm legen, weil es mich erschreckt. Aber sie sagte nur:
»Ich habe es ja gut bei Ihnen.«
Sie dachte an ihr schönes Zimmer, in dem sie die ganze Nacht hindurch schlafen konnte, ohne daß die Mutter sie wachrüttelte, an die neuen, hellen Kleider, die er ihr gekauft hatte, weil er ihr schwarzes, zerlumptes Kleid nicht mehr sehen wollte, an das tägliche Bad, das sie in aller Frühe nahm.
»Kannst machen, was du willst, kleine Frau, kleine Hausfrau – und ein Sparbuch hast du auch, bald werde ich mir von dir was leihen – damit du was hast, wenn der alte Verres einmal tot ist. Du darfst nicht böse sein, wenn ein so alter Mann sich an deiner Schönheit erfreut. Die Freude ist ganz platonisch, sie ist aber das Traurigste, was es gibt, nämlich wenn man sich nur noch mit den Augen freuen kann – aber das verstehst du nicht, weil du noch ein Kind bist.«

»Ich will alles tun, damit Sie nicht traurig sind, weil Sie so gut zu mir sind«, sagte sie eifrig.
Er blickte auf und lächelte mit seinem verrunzelten Altmännergesicht.
»So ein bißchen Freundlichkeit hie und da, ein bißchen Güte – oh, nicht viel, nur ein wenig, wird dankend angenommen. Man wird bescheiden, wenn man auf der Lebensleiter herunterklettert, wenn der Mörtel vom alten Haus bröckelt.«
»Wollen Sie nicht den Doktor kommen lassen? Sie sehen nicht gut aus, Monsieur.«
Er hob abwehrend die Hände.
»Diese Kerle, diese Scharlatane wissen doch nichts, obwohl sie lange genug studieren. Das einzige, was sie gern und zuweilen erfolgreich tun, ist, den Patienten den Bauch aufzuschneiden. Das kommt bei mir ja nicht in Betracht, weil ich ganz einfach alt und müde bin. Nein, weder Arzt noch Priester. Rück mir die kleine Vitrine näher, damit ich die süßen Gesichter von meinen Figürchen besser sehen kann – so – wie bezaubernd die kleine Schäferin den jungen Schäfer anlächelt!«
Er faltete die Hände, lehnte sich zurück und blinzelte schläfrig den bunten, verliebten Pärchen zu, die zwischen kleinen Porzellanputten und goldenen Tabakdosen hinter den blanken Scheiben standen.
Sie nahm ihre Näharbeit und setzte sich an den runden Tisch.
Es war still im Zimmer.
Nur hin und wieder bog eine Straßenbahn in der Ferne kreischend in ihren Gleisen um die Ecke.
Die Stühle mit ihren steifen, dünnen Lehnen standen aufgereiht an den Wänden, die Uhren sangen aus allen Ecken, trillerten Lieder und Tänze in die verrinnenden Stunden. Es roch süß nach Orangen, gelben Rosen und altem Wein.
Monsieur Verres bewegte leise seine Hände, wandte den Kopf hin und her, öffnete die Augen und blickte zu ihr hinüber.
Die Kirchenuhr schlug dröhnend die dritte Nachmittagsstunde, die Spieluhr mit dem sich langsam drehenden Mädchen in Schweizertracht verkündete fünf, und nach kurzer Pause erklang ein zartes, zögerndes Menuett.
Minou, der Kater, erhob sich schnurrend vom Fenstersims, sprang auf seinen Schoß und miaute klagend.
»Es gibt nichts Traurigeres als zwei alte Männer, die nicht mehr so recht können, nicht wahr, Minou? Du hast das auch erkannt, mein lieber Freund!«
Nach einem Monat aber mußte der Arzt doch gerufen werden, weil

die Schmerzanfälle häufiger wurden und die Schwäche zunahm. Keines der Lieblingsgerichte wollte ihm mehr schmecken. Er sagte mit spitzbübischem Lächeln zu dem glattrasierten, jungen Mann mit den breiten, wattierten Schultern und den kühlen Augen:
»Nicht mehr viel zu machen, fertig, das denken Sie wohl, was?«
Der junge Arzt überhörte die Frage.
Er behorchte das Herz, beklopfte den Rücken, fühlte lange den Puls und begann, krause Buchstaben auf einen Rezeptblock zu malen.
»Ich schreibe Ihnen hier Tropfen auf, dreimal täglich zu nehmen, ferner Pillen, die Sie unzerkaut schlucken müssen. Abends, vor dem Schlafengehen, einen leichten Aufguß Kamillentee –«
Monsieur Verres' Gesicht war jetzt ganz zerknittert, vergilbtes Pergament, ganz Ironie und verhaltene Heiterkeit.
»Wie ich mich freue, daß die gute, alte Kamille, die ich seit über einem halben Jahrhundert täglich abends trinke, wieder in die moderne Medizin aufgenommen worden ist.«
Der junge Arzt überhörte diese Bemerkung.
»Leichte, reizlose Kost«, sagte er langsam.
»Was verstehen Sie darunter?«
»Keinen Kaffee, natürlich möglichst wenig Salz und Pfeffer, Mehlsuppen und Haferbrei.«
»Kenne ich nicht, habe ich nie gegessen«, sagte der Kranke mit einem Male grämlich und verzog den Mund zu einer Grimasse.
»Keinen Alkohol, keinen Tabak – da es sich um eine Schwäche lebenswichtiger Organe zu handeln scheint, was sich aber durch Diät und vorsichtige Lebensweise wieder einigermaßen ausgleichen läßt.«
Monsieur Verres machte eine kurze, abwehrende Handbewegung.
»Ich weiß, ich weiß – eine ganz gewöhnliche Altersschwäche.«
»Mit Ruhe und Mäßigkeit in jeder Beziehung kann man viel bessern.«
Monsieur Verres legte ihm die schmale, kühle Greisenhand beschwichtigend auf die wattierte Schulter.
»Liebe brauchen Sie mir nicht mehr zu verbieten.«
Er atmete tief und sprach, wie zu sich selbst.
»Als das Mädchen zu mir kam, ja, seit sie vor einem halben Jahr zu mir kam, regte sich in mir nur so etwas wie ein väterliches Gefühl. Ich muß selber über mich lachen, wenn ich Gestern und Heute miteinander vergleiche . . .«
Er machte eine leise abschiednehmende Bewegung.
»Und wie lange könnte ich noch ungefähr so weiter existieren, wenn

ich mich in allem mäßige, nur das esse, was ich nicht mag, und mich so benehme, als ob ich ein schwer Buße tuender Mönch wäre?«
Das glatte junge Gesicht blieb unbeweglich, die wattierten Schultern sanken ein wenig herab.
Die alten Leute stellten immer dieselben Fragen, die klammerten sich ans Leben und langweilten ihn.
»Solche Störungen können zuweilen recht lange dauern. Zeitpunkte lassen sich nicht bestimmen, aber schließlich hat jeder Mensch ein gewisse Zeitspanne zu absolvieren, die seinen physischen Kräften entspricht. Meine Patienten gewöhnen sich an die Diät, und Sie werden sich genauso daran gewöhnen, hoffe ich.«
Monsieur Verres lächelte.
»Diese Leute wissen nicht, welch großer Genuß gutes Essen und guter Wein ist. Sehen Sie sich den Banjuls dort in der Karaffe an. Pures Gold, hundertjährig, also etwas älter als ich – ja, wirklich pures Gold – er hat alle Sonne und alle Süßigkeit des Sommers in sich. Er ist eigentlich wohl die beste Medizin für alte Leute wie mich.«
»Ich kann leider Ihre Behandlung nicht übernehmen, wenn Sie meine Vorschriften nicht einhalten«, sagte der junge Arzt.
»Es wird auch ohne Sie gehen, lieber Doktor. Mit dem Unabwendbaren muß man ja schließlich selbst fertig werden.«
Er holte tief Atem und fügte hinzu, nicht unfreundlich, aber in bestimmten Ton:
»Durch Haferschleim, Wasser und ohne Gewürz mein Leben verlängern, auf ein oder zwei Monate? Das lohnt sich nicht. Aber es war sehr nett, daß Sie nach mir gesehen haben. Angèle war so besorgt, das arme Kind.«
»Ein schönes Mädchen – außergewöhnlich schön«, sagte der junge Arzt sachlich.
»Ja – es ist sehr freundlich vom Schicksal, mir Schönheit für die letzte Zeit zu senden.«
Er rief sie, nachdem der Arzt gegangen war.
Sie hatte vergeblich versucht, den jungen Mann nach Monsieur Verres zu fragen, als sie ihm die schwere Haustür öffnete. Aber er schien sie überhört zu haben, denn er ging grußlos, ohne einen Blick an ihr vorüber – genauso, wie er im Hospital an den stundenlang wartenden Patienten vorüberging, als durchschreite er einen leeren Raum.
»Schluß, aus, fertig – einmal muß es ja schließlich sein«, sagte er so ruhig wie möglich, als sie ins Zimmer kam.
Aber seine Stimme schwankte, und er vermied es, sie anzusehen.

Sie trat neben den Lehnstuhl, schlang ihre schmalen Kinderarme um seine gebrechliche Gestalt.
»Was ist denn? Ich habe ihn gefragt – aber er ging an mir vorüber – wie –«, sie wollte sagen, wie Monsieur Honoré, und stockte, »ich weiß nicht, wie – ganz sonderbar – so unfreundlich.«
»Er hat mir in der Medizinersprache das Todesurteil verkündet, kleine Angèle. Ich habe dir ja schon oft gesagt, es geht zu Ende. Er hat es eigentlich nur bestätigt, weiter nichts. Sonderbar, wie ungern man die Wahrheit hört.«
Er hielt inne, lächelte.
»Seltsam, wie sehr man an diesem Leben hängt, weil man vom sogenannten Leben nach dem Tode nichts weiß – und weil es trotz allem immer wieder kleine Freuden gibt.«
Sie schluchzte laut auf.
»Sie dürfen nicht sterben, Monsieur, bitte – ich werde Sie so pflegen, daß Sie wieder gesund werden. Der dumme Arzt weiß wahrscheinlich gar nichts.«
Und als er schweigend aus dem Fenster blickte, in dem seine Rosen mattgelb, mit kleinen, roten Streifen an der Mauer, nahe der Palme glühten, fügte sie hastig hinzu:
»Sie dürfen nicht sterben, weil ich Sie gern habe – ich will es nicht.«
»Man gewöhnt sich sehr schnell an die kleine Lücke, die ein Mensch hinterläßt, mein Kind – der Klang einer Stimme, ein Gesicht wird vergessen – und das Leben geht weiter –.«
»Ich werde Sie nie vergessen, weil Sie so gut zu mir waren. Niemand ist jemals so gut zu mir gewesen wie Sie.«
Er strich mit seinen dünnen, kühlen Fingern über die feste kleine Kinderhand auf seiner Schulter.
»Danke, mein Kind. Und weißt du was, heute abend machst du mir eine besonders schöne Mayonnaise aus Gemüse und Kräutern, und hinterher gibt es ein junges Hühnchen mit Johannisbeergelee – und zum Schluß eine Karamelcreme mit Schlagsahne – und dazu Banjuls-Wein. Ich will noch besonders gut essen, ehe ich meine letzte Reise antreten muß. Man weiß ja nicht, wie die Küche da oben ist.«

Sie fühlte das traumhafte Gück des Geborgenseins unaufhaltsam entrinnen, denn Monsieur Verres verfiel sichtlich von Tag zu Tag. Jede Nacht, jeder neue Tag nahm ein Stück vom gebrechlichen Körper, vertiefte seine Müdigkeit.
Der Garten blühte in tropischer Spätsommerbuntheit vor ihrem Fenster unter dem tiefblauen Himmel, die Uhren tönten leise in die Gartenstille wie zarte Stimmen aus allen Räumen.

Der verwitterte Faun inmitten des Goldfischteichs sandte einen kristallenen Wasserstrahl aus weitgeöffnetem Mund, der in tausend buntschillernden Tropfen niedersank. Das Jahr hatte seinen großen Feierabend.
Sie versuchte, seine Tage so schön wie möglich zu gestalten, und war glücklich, wenn er mit kindlichem Lächeln aus dem großen Lehnstuhl am Fenster dankte, ein kleines, schrumpfendes Männchen, ihr ganz anvertraut.
Nach dem kleinen schwarzen Buch, in dem seine Mutter um die Jahrhundertwende mit sorgfältigen Buchstaben köstliche Rezepte notiert hatte, bereitete sie sorgfältig seine Lieblingsspeisen.
Der Garten gab Blumen und Blüten für die Fensternische und den Tisch.
Sie garnierte die Silberspieße mit kleinen Rosenblüten, pikante Salate wurden unter ihren Händen zu leuchtend bunten Beeten, die Obstschalen waren mit gelben, samtenen Pfirsichen gefüllt, die abendliche Wassermelonenschnitte sorgfältig geeist.
Bis in die späten Nachtstunden war sie zuweilen damit beschäftigt, Leckereien und Überraschungen für den kommenden Tag vorzubereiten, die Stirn sorgenvoll gekraust über Zeitschriften, in denen Abbildungen von besonderen Gerichten veröffentlicht waren.
Da er nicht mehr umherzugehen vermochte, um seine Uhren aufzuziehen, hatte sie es übernommen, sie zu regulieren, damit sie in geringen Abständen die verrinnenden Stunden mit sanften Klängen verkündeten. Sie überredete ihn dazu, am späten Nachmittag auf der Gartenterrasse zu sitzen, weil es dort am kühlsten war.
Er war so mager, daß sie sein Gewicht kaum spürte, wenn sie ihn stützend hinausführte.
Er war heiter und zufrieden, wenn sie neben ihm saß, und voll unausgesprochener Dankbarkeit.
Es entging ihr nicht, daß er zuweilen seinen Blumen und Sträuchern wie abschiednehmend zunickte.
Die Nachbarschaft wußte natürlich, wie es um ihn stand.
Unbekannte Frauen hielten sie auf der Straße an, wenn sie einkaufen ging, und erkundigten sich nach seinem Befinden.
Eine Nachbarin fragte sie augenzwinkernd, ob sie alles erben würde, wenn der alte Herr endlich die Augen geschlossen habe.
Monsieur Verres' Haus schien mit einem Male Glaswände zu haben, durch die die Menschen sehen konnten, wie rasch sich sein Leben dem Ende zuneigte.
Sie hatte keinen Augenblick Ruhe. Die Klingel schrillte in einem

fort. Als sie sie abstellte, klopften und hämmerten die Menschen rücksichtslos an die Haustür.
Allerlei Menschen, die von Krankheit und Tod lebten, erschienen diensteifrig mit Prospekten und Visitenkarten mit beredten Lippen, mit scheinheiligen Trauermienen. Vertreter von Begräbnisinstituten, Druckereibesitzer, die Trauerkarten anboten, Blumengeschäfte, die Preislisten für Kränze und Kapellendekoration sandten, Leichenfrauen, die ihre Adresse hinterließen, chemische Fabriken, die Kräftigungsmittel anpriesen. Menschen, die sie nie gesehen, baten mit leiser, aber eindringlicher Stimme, den armen Kranken noch einmal sehen zu dürfen. Kleidertrödler ersuchten sie im Flüsterton, die Garderobe des Toten ihnen zu verkaufen, da nur sie höchste Preise zahlen würden. Es nützte nichts, sich taub zu stellen, die Menschen klopften und hämmerten und riefen so lange, bis sie aufmachte, um Monsieur nicht aus seinem Halbschlummer aufzuschrecken.
Als sie abends ziemlich spät wieder den Klopfer auf der Kupferplatte hörte und öffnen ging, stand ein Kapuziner vor ihr, der den Kranken zu sprechen wünschte.
»Monsieur empfängt keine Besuche«, sagte sie kurz.
Er blieb unbeweglich, prüfend vor ihr stehen.
»Bist du seine Tochter?«
»Nein.«
»Eine Verwandte?«
»Nein.«
»Du lebst ganz allein mit diesem alten Herrn?«
»Ja, ich bin bei ihm angestellt«, erwiderte sie ungeduldig und versuchte, die Tür langsam wieder zuzuschieben. Aber der Pater rührte sich nicht. Breit und unbeweglich blieb er vor ihr stehen.
»Wie alt bist du?«
»Sechzehn, seit vier Monaten.«
»So – so«, er drängte sich an ihr vorüber und begann, die Treppe emporzusteigen.
»Monsieur darf keine Besuche empfangen, er ist viel zu schwach, es strengt ihn an, es schadet ihm«, sagte sie hastig.
»Es ist höchste Zeit, daß ich komme, scheint mir, und du solltest dich schämen, mich hindern zu wollen«, sagte er mit tönender Stimme und schritt lautlos die Stufen empor, die braune Kutte etwas lüpfend.
Aus der Wohnzimmertür, die sie offen gelassen hatte, fiel ein breiter goldener Lichtstrahl auf den Gang.
Monsieur Verres wandte den Kopf zur Tür, als der Kapuziner auf

der Schwelle erschien.
»Wie schlecht muß es um mich stehen, daß die Geistlichkeit ihre Hilfstruppen zum stadtbekannten Atheisten schickt.«
Der Pater schloß sorgfältig die Tür vor Angèle, die mit ihm heraufgekommen war, und schritt lautlos auf den Lehnstuhl zu.
»Der Mensch muß immer bereit sein, vor seinen höchsten Richter zu treten. Ich bin gekommen, um Ihnen Frieden zu bringen.«
Monsieur Verres lächelte.
»Ich bin schon lange reisefertig. Das Faß ist leer«, sagte er freundlich.
»Das Faß?« wiederholte der Mönch.
»Nun ja, das Faß – unten im Keller. Es waren immerhin fünfhundert Liter hundertjähriger Banjuls. Wissen Sie, was das bedeutet – hundert Jahre!«
»Tausend Jahre sind vor ihm wie eine Nachtwache«, sagte der Mönch etwas unsicher.
»Jetzt, wo die Karaffe da mit den letzten Tropfen gefüllt ist, verlängere ich die selbstgestellte Frist – ich wollte nämlich immer sterben, wenn das Faß leer ist – und nun trinke ich ihn schluckweise.«
Der Mönch hob die schmale, sehr weiße Hand.
»Die Ewigkeit ist wichtiger, mein Sohn, vielleicht haben Sie nur noch ein kurze Spanne Zeit.«
»Ich habe immer gewußt, wie kurz und wie herrlich dies Leben ist, und versucht, soviel wie möglich zu genießen. Und sehr oft, hören Sie, mitten in größter Freude – Freude, von deren Art Sie nichts wissen dürfen – mitten drin habe ich an die kalte Grube gedacht.«
»Die Ruhestätte bis zum Jüngsten Gericht.«
»Sie wissen ebensowenig etwas darüber wie ich. Was Sie wissen, ist Vermutung.«
»Man muß glauben, ohne zu sehen.«
»Kann ich leider nicht, mein Lieber. Ich glaube nur, was ich sehe und fühle und ertaste. Die Zartheit einer Blume, der Körper einer Frau, der Duft von feuchter Erde oder Seetang, das sind die Dinge, an die ich glaube.«
Der Mönch stand regungslos, der Schatten seines breiten Körpers fiel über die kleine Gestalt im Lehnstuhl.
Er versuchte noch einmal, eine Brücke zum Kranken zu schlagen.
»Es wäre besser, sich vergangener Sünden zu entledigen, ehe man vor den ewigen Richter tritt.«
»Ich habe viel geliebt, deshalb wird mir hoffentlich auch viel vergeben werden. Das einzige, was ich aufrichtig bereue ist –«

Monsieur Verres zögerte, blickte zu der kleinen Vitrine mit den verliebten Schäfern und Schäferinnen hinüber.
Der Mönch beugte sich ein wenig über ihn.
»Was bereust du, mein Sohn?«
Monsieur Verres' Gesicht verzog sich zu abertausend Fältchen. Mit seiner dünnen, hellen Greisenstimme erwiderte er:
»Ich bereue zutiefst, daß ich nicht noch viel mehr geliebt habe.«
Der Mönch trat zurück, blieb dann betroffen und etwas ratlos stehen.
»Sie haben eine Halbwüchsige im Haus, die nicht Ihre leibliche Tochter und auch sonst nicht mit Ihnen verwandt ist, Monsieur.«
»Ich wünschte, sie wäre es. Sie sorgt für mich, wie keine Verwandte, ja, wie wahrscheinlich keine Tochter für mich sorgen könnte.«
»Man redet in der Stadt davon, daß Sie –«
Monsieur Verres unterbrach ihn rasch:
»Menschen schwätzen immer, und wenn ich ihnen ein interessantes Klatschthema biete, soll es mir recht sein.«
»Christliche Mütter haben sich beim letzten Zusammensein beschwert, daß so etwas geduldet wird. Sie haben ein Kind mißbraucht.«
»Ich habe ein armes Kind aufgenommen, weiter nichts. Ich bin glücklich, daß sie um mich ist und nicht irgendeine alte Betschwester mit gestärkter Haube.«
Wieder überhörte der Mönch, was er sagte.
»Minderjährige gehören ins Waisenhaus oder in eine christliche Familie. Die Behörden werden sich des Falles annehmen.«
Ehe er weitersprechen konnte, wurde die Tür aufgerissen. Angèle kam herein, stürzte auf ihn zu und packte ihn beim Ärmel.
»Gehen Sie jetzt, sofort! Monsieur ist krank und darf sich nicht aufregen. Ich will es nicht. Wenn er sich aufregt, wird er kränker. Ich will ihn nicht verlieren. Er ist der einzige Mensch, der gut zu mir ist, der einzige Mensch, den ich gernhabe. Er ist wie ein Vater zu mir.«
»Hast du etwa draußen an der Tür gehorcht?«
»Ja, natürlich. Jedes Wort habe ich gehört. Und ich habe genau verstanden, was Sie da gesagt haben. Ich bin nicht seine Geliebte, wie Sie glauben. Hören Sie mich? Und jetzt lassen Sie ihn endlich in Ruhe!«
»Verrohte, gottlose Jugend unserer Tage«, sagte der Mönch.
»Ich möchte jetzt allein sein, ich bin sehr müde«, klang die dünne, helle Stimme aus dem Lehnstuhl.
»Wenn Ihre Stunde gekommen ist, wie sie ja für alle einmal

kommen wird, so stehe ich Ihnen immer zur Verfügung; denn wir sind dazu da, um einander in brüderlicher Liebe beizustehen und zu verzeihen, wie es uns kraft unseres Amtes befohlen ist.«
Er wandte sich zu Angèle und sagte:
»Ich möchte einen Augenblick allein mit dir sprechen, meine Tochter.« Der lange hölzerne Rosenkranz klirrte leise, als sie mit ihm die Treppe hinunterschritt.
Sie öffnete die schwere Tür, stand wartend neben ihm, mit einem Male wieder ein Schulkind, das sich vor dem Lehrer fürchtet.
»Du solltest dich schämen, mit einem so gottlosen, alten Lebemann unter einem Dach zu wohnen. Von deinem Benehmen mir gegenüber will ich schweigen und es deiner kindlichen Unzurechnungsfähigkeit und seinem schlechten Einfluß zuschreiben.«
»Er ist sehr gut zu mir«, wandte sie ein.
»Nun ja – natürlich – aber ein Kind wie du gehört in ein streng christliches Hauswesen. Ich werde mich bemühen, dich in einer guten Familie unterzubringen, und die Behörden werden sich etwas mit dir beschäftigen.«
»Ich werde ihn nie verlassen, niemals, solange er lebt. Er braucht mich, und ich möchte nicht ohne ihn sein.«
Er legte seine schwere, heiße Hand auf ihre Schulter.
»Du stehst dem Leben wie ein kleines Kind gegenüber. Du kennst die Gefahren der Welt nicht. Vergiß nicht, daß nur die Gesegneten, die rechtmäßig Getauften selig werden können, wie du es ja auch im Katechismus gelernt hast. Wenn du Rat brauchst, komme in unser Kloster und frage nach Bruder Bernhardus.«
Er hob die Hand, machte das Zeichen des Kreuzes und entschwand in die Nacht.
Sie blickte ihm nach.
Die Luft war kühl und ein wenig feucht. Der Mond glitt golden wie eine riesige Orange über den Häusern empor.
Sie dachte mit einem Male an die erleuchtete Kirchturmuhr zu Hause, an den Strand, an die hohe, feuchte Mauer, an die die Wellen leise klopften.
Nur die Gesegneten können selig werden, nur die rechtmäßig Getauften, die Getrauten, die Konfirmierten. Was wurde aus den anderen?
Sie schlug die Haustür hinter sich zu, jagte die Treppe hinauf, stand atemlos neben dem Lehnstuhl und schlang ihre Arme um seine Schultern.
Er hob den Kopf und lächelte.
»Nun, ist der Himmelsbote davongeflogen?«

Er sah ihr blasses, zuckendes Gesicht, sah, wie sie hastig schluckte, um aufsteigende Tränen zu bekämpfen.
»Was ist, kleine Angèle? Hat er dir mit Himmel und Hölle gedroht? Nimm es dir nicht zu Herzen. Die Menschen leben in Angst und Hoffnung von der Wiege bis zum Grabe: zuerst Angst um die Milchflasche, später um andere Dinge.«
Sie beugte sich nieder und blickte ihn prüfend an.
»Bitte, Monsieur, Sie müssen mir etwas sagen, ich muß Ihnen etwas sagen. Ich glaube, ich muß es Ihnen sagen –«, sie schluckte, rang nach Worten und sagte dann plötzlich mit ihrer lauten, hellen Kinderstimme:
»Ich habe gelogen. Madame Saules hat Sie auch angelogen. Ich bin keine Waise, ich habe Eltern und Geschwister und viele andere Verwandte. Aber Madame Saules sagte, ich würde rascher eine Stellung bekommen, wenn sie mich als Waise ausgibt. Mir war es gleich, ich wollte nur Geld verdienen, damit die Eltern und Juliette es besser haben. Juliette ist meine Lieblingsschwester. Aber jetzt will ich Sie nicht mehr belügen, weil Sie so gut zu mir waren, und weil ich Sie so gerne habe. Sind Sie mir sehr böse, Monsieur?«
Er hatte seinen Kopf über seine Hände gebeugt.
»Kein Mensch ist gezwungen, einem anderen Menschen Aufschluß über sich selbst zu geben. So ein bißchen Schwindel, ein bißchen Geheimnistuerei gehören zum Leben. Jeder lügt ein bißchen. Viele tun es aus Sport, zum Vergnügen – sehr viele aus Not. Du hast aus Not gelogen. Ich wußte das schon lange.«
Sie atmete tief, die Last begann sich von ihr zu heben. Sie wollte nun auch den letzten Rest von sich werfen.
»Ich habe ein Kind bekommen, Monsieur. In der Packerei bekommen sehr viele Mädchen ihre Kinder von Monsieur Honoré, weil er der Besitzer von der Sardinenpackerei ist. Mein Kind ist gestorben, Louis hat es notgetauft, Louis ist ein Schulfreund. Er war dabei, damals, als es kam, weil die Eltern mich nicht haben wollten – sie sind nicht böse, die Eltern, aber sie haben schon so viele Kinder und so wenig Geld – und – und jetzt –«, sie stockte.
»Und was ist noch, Angèle, da ist doch noch etwas anderes, das dich quält?«
»Und – da wollte ich Sie fragen, glauben Sie, daß es in den Himmel kommen kann, ohne richtig in der Kirche getauft zu sein? Louis hat es notgetauft. Das geht, ich weiß, wir haben es in der Schule gelernt; aber vielleicht hat er es doch nicht ganz richtig gemacht. Und der Mönch sagte, nur die Gesegneten können in den Himmel kommen.« Sie blickte über ihn hinweg in die monderhellte Gasse.

»Ich habe schon ein paarmal geträumt, daß man es nicht hereinläßt. Ich glaube zwar nicht mehr an Gott, weil er es zugelassen hat, daß es mir so schlecht geht – er hätte das alles nicht zulassen sollen. Aber wenn es ihn gibt, dann kann es nicht herein. Glauben Sie, daß es draußen stehen muß?«
Monsieur Verres blickte jetzt auf, nahm ihre Hände in seine kühlen Finger und sagte sehr ruhig, sehr langsam und sehr bestimmt:
»Wenn es ihn wirklich geben sollte, dann ist dein Kind bestimmt freundlich aufgenommen worden, als es so hilflos angeklopft hat.«
»Sind Sie ganz sicher, Monsieur?«
Monsieur Verres lächelte.
»Ja – natürlich. Sieh mal, der Gott, von dem man berichtet, daß er nicht nur allwissend und allmächtig, sondern auch allverstehend ist, weiß auch, daß du nicht schuldig bist, sondern das Leben, die Menschen, die Umstände. Und wenn es ihn wirklich gibt, so versteht er dann auch das alles. Mach dir keine Sorgen. Dein kleines Kind hat es sicher besser als hier, auf dieser seltsamen Erde.«
Sie zog sich den niedrigen Hocker mit dem bunten Strohsitz neben seinen Stuhl, legte ihre Hände auf die Lehne und sagte zwischen zusammengebissenen Zähnen:
»Ich hasse ihn, weil er so gemein zu mir war. Er ist an allem schuld. Vielleicht wäre das arme Kleine nicht gestorben, wenn es eine Decke oder eine Wiege gehabt hätte, wenn eine Hebamme dagewesen wäre. Aber ich hatte ja nichts, und es war kalt am Strand, und ich war so müde. Monsieur Honoré ist eigentlich ein Mörder. Niemand liebt ihn bei uns, alle möchten ihm eins auswischen, aber niemand wagt es, weil er so mächtig ist und weil er so viel Geld hat. Aber wenn ich einmal reich bin, werde ich mich rächen. Ich habe mir alles genau ausgedacht. Und dann wird er arm werden und selbst sehen, was das heißt, arm sein und hungrig.«
Er legte seine Hand auf ihre zitternden Kinderhände:
»Versuch, das alles zu vergessen. Haß und Rachsucht sind böse Gedanken. Sie machen den Menschen selbst böse. Vergiß –.«
Sie unterbrach ihn heftig.
»Ich kann nicht – so was kann man doch nicht vergessen. Sie wissen nicht, wie alles war, wie die Eltern zu mir waren. In einem fort haben sie mich geplagt und gesagt: Was sollen wir mit dem Kind anfangen, wir haben selber mehr, als wir ernähren können. Sieh zu, daß er dir Geld gibt, geh zu ihm, sprich mit ihm. Wenn du kein Geld herbeischaffst, kannst du sehen, wo du bleibst. Du bist verlottert, du bist schlecht. Neun Monate lang haben sie mich so geplagt, neun

Monate. Sie ahnen nicht, wie lang neun Monate sind, wenn man Angst hat.«
»Ich kann es mir denken.«
»Jetzt habe ich Angst vor jedem Mann. Ich glaube, ich werde nie heiraten, weil ich solche Angst habe.«
»Jeder von uns muß einmal oder mehr als einmal im Leben Schweres durchmachen. Du hast sehr jung, viel zu jung, etwas Schweres erlebt. Aber glaube mir, es wird auch einmal jemand kommen, den du so gern hast, daß du keine Angst spürst.«
»Vor Louis fürchte ich mich nicht. Er ist immer gut zu mir gewesen, seit wir ganz kleine Kinder waren.«
»Siehst du, da ist also schon ein männliches Wesen, vor dem du keine Angst hast. Sei nicht mehr unruhig, Angèle. Setz dich hin, lies mir etwas vor aus unserem schönen, bunten Bilderbuch, vom Tartarin von Tarascon, der so herrlich aufschneiden konnte. Und dann gehst du schlafen und schläfst ohne böse Träume, weil jetzt alles in Ordnung und gut ist, nicht wahr?«
Sie blickte ihn nachdenklich an und nickte. Sie begriff auf einmal die große Güte, die in den Worten dieses einsamen alten Mannes lag. Dann holte sie das Buch, setzte sich neben ihn in den warmen Schein der Lampe und begann zu lesen.

Sein Atem ging sehr leise und setzte zuweilen aus.
Er begann zu frieren, obwohl sie ihn sorgsam in wollene Decken gepackt hatte und die Sonne das Zimmer erwärmte.
»Nein, ich will nicht zu Bett, ich sitze hier ganz bequem«, murmelte er.
Sie nahm seine kalten, kraftlosen Hände zwischen ihre lebenswarmen Finger. Seit zwei Tagen war sie nicht aus den Kleidern gekommen; aber sie fühlte keine Müdigkeit in der angespannten Sorge, ihn zu verlieren, in der immer schwächer werdenden Hoffnung, ihn vielleicht doch am Leben zu erhalten.
»Ich habe es gut, im Anblick von Schönheit, Jugend und Grazie sterben zu dürfen, statt eine grämliche, alte Person um mich zu haben.«
Sie beugte sich über ihn.
»Sie werden nicht sterben. Sie dürfen nicht sterben, weil ich es nicht haben will.«
»Ich darf nicht?«
»Nein, Sie dürfen nicht.«
»Aber Kind, es ist doch längst Zeit für mich. Die Räder drehen sich langsamer und langsamer, alle Schrauben sitzen schon locker, die

ganze Maschine ist abgenützt, die Motoren arbeiten längst nicht mehr so, wie sie sollten –.«
»Ich habe Sie sehr lieb – wenn Sie sterben, habe ich niemand mehr – dann bin ich wieder ganz verlassen – und –«, sie stockte.
»Du brauchst keine Angst zu haben. Ich habe für dich gesorgt. Du kannst niemals mehr in Not kommen, wenn ich tot bin.«
»Ich will, daß Sie am Leben bleiben. Ich will immer bei Ihnen sein.«
»Lieber als Geld zu haben?«
»Natürlich, ich habe Sie doch so gern.«
»Aber du wolltest doch so gern reich werden –.«
»Wenn ich wählen muß, dann wähle ich Sie«, sagte sie rasch.
Er neigte das seltsam klein gewordene Gesicht über seine Hände.
»Wie schön so etwas zu hören, aber ich fürchte, du wirst doch das Geld nehmen müssen, kleine Angèle.«
Er schloß die Augen und schien einzuschlafen.
Sie saß regungslos, wartend, aufmerksam neben ihm.
Sie spürte keine Furcht, nur brennende Sorge.
Als der Morgen kühl und grau, in opalfarbene Schleier gehüllt vor den Fenstern stand, wachte er auf. Sein Blick glitt zu der Vitrine, zu den bunten, verliebten Schäferpaaren und den rosigen Putten.
»Verliebte Gesellschaft«, sagte er sehr leise. Und als Angèle sich angstvoll über ihn beugte, fügte er mühsam hinzu:
»Ich verbiete dir, einen Arzt oder einen Priester zu holen, wenn ich das Bewußtsein verliere. Laß mich ruhig einschlafen. Ich liebe die berufsmäßigen Mitarbeiter, die Schmarotzer an Krankheit und Tod nicht. Sie können ja doch nicht helfen und verbergen ihre Unwissenheit hinter dummem Geschwätz. In unseren schwersten Stunden sind wir immer allein.«
»Ich bin ja bei Ihnen.«
»Ich weiß und bin froh darüber. Aber siehst du, den allerletzten Weg muß man ja doch allein gehen.«
Er hob die Hand sehr langsam, sehr mühselig, als höbe er eine schwere Last, und wies zum Fenster hinaus auf die Gartenmauer, die plötzlich zu glühen begann.
»Sieh mal, die Palme bekommt rosige Hände – wie eine richtige, warme Menschenhand.«
Er wandte sich zu ihr, sie hatte den Kopf gesenkt.
»Aber Kind, Angèle, warum weinst du denn? Sehe ich denn schon so verändert aus – sieh mal – wir müssen alle sterben, das ist nun einmal so –.«
»Ich bin so unglücklich«, sagte sie hilflos.
»Fürchtest du dich etwa vor mir?«

Und als sie schweigend vor sich hinweinte, fügte er hinzu: »Kinder und Hunde fürchten sich vor dem Tod. Du kannst ruhig fortgehen, wenn du Angst hast. Man stirbt trotzdem, auch wenn man allein ist.«
Sie sprang auf und schlang ihre Arme um die kleine schmächtige Gestalt:
»Heute nacht, als Sie so still waren, habe ich Angst gehabt; aber jetzt bin ich nur noch traurig, weil Sie immer vom Sterben sprechen. Sie können doch hundert Jahre alt werden. Früher, wenn jemand bei uns zu Hause starb, bin ich immer davongelaufen. Aber als ich mein Kleines im Arm hatte, war ich ganz ruhig. Ich hab es den ganzen Tag im Arm gehalten, bis Louis den Sarg brachte. Ich glaube, damals habe ich die Angst vorm Tod verloren.«
Sie hielt inne und fügte leise hinzu: »– und den Haß gelernt.«
»Man muß so viel wie möglich lieben und so wenig wie möglich hassen«, sagte er, »glaube mir, Liebe ist etwas viel Schöneres.«
»Ich kann nicht vergessen, was er mit mir gemacht hat, nein, ich kann nicht vergessen.«
Er sank mit einem Male in sich zusammen, sein Gesicht war kindlich und hilflos und seltsam verändert. Es glich einer Fotografie von ihm, die vor vielen Jahren aufgenommen worden war.
»Jetzt ist es wohl soweit. Ich fühle es, er kommt. Gib mir deine Hand, halte mich noch ein wenig, liebes Leben«, sagte er sehr leise.
Er blickte auf die leere Weinkaraffe, auf den rosigen Amor, der in der Vitrine lächelnd seinen Bogen spannte, auf die bunten, lächelnden Figürchen aus Porzellan und sagte vor sich hin, zu dem unendlichen Raum, der sich jetzt vor ihm öffnete, zu dem Leben, das jetzt hinter ihm lag, vielleicht auch zu dem fassungslosen Mädchen an seiner Seite:
»Es war wunderschön, danke –.«

Gedämpft murmelnd bekundeten die zwei schwarzgekleideten Herrn in Rock und Zylinder ihr Beileid und erklärten ihr dann zungenfertig die Vorteile der Erd- und Feuerbestattung.
Angèle, sehr schmal in ihrem schwarzen Kleid, hob die Hand und gebot ihnen zu schweigen.
Die Herren in ihren schwarzen Röcken verstummten abwartend.
»Ich führe alles genauso aus, wie er es sich gewünscht hat, danke«, sagte sie ruhig mit ihrer klingenden Kinderstimme. »Ich habe alles schon angeordnet und brauche nichts und niemand mehr.«
Die Herren verbeugten sich kurz, ehe sie die Tür heftig hinter sich zuwarfen. Sie war wieder allein.

Das Wohnzimmer schien seltsam leer und bedrückend still. Sie ging zu dem Toten hinüber, der sehr klein, sehr blaß und sehr zufrieden auf seinem breiten Bett unter der blauseidenen Decke lag. Zwei hohe Kerzen brannten feierlich mit goldenen Flammen im dunklen Raum. Es roch nach mattgelben Rosen, die sie über das Lager gestreut hatte, nach Chrysanthemen, die in hohen Vasen zu Häupten standen, nach Nelken, die in flachen Schalen spätsommerlich glühten, so daß das ganze Zimmer wie ein kleiner bunter Garten zur Nachtstunde glühte und duftete.
Sie setzte sich neben ihn und las den Brief, der seine letzte Bestimmung enthielt und den ihr der Notar am Morgen übergeben hatte.
»Aus Dankbarkeit für ihren Fleiß und ihre große Güte vermache ich Angèle Dufour meinen gesamten Besitz, mein Haus, alle Möbel und mein Vermögen zur beliebigen Bestimmung. Mein Notar soll, falls dies notwendig sein sollte, ihr Vormund sein. Ich wünsche ihr ein schönes, sehr glückliches Leben. Sie möge niemals vergessen, daß Liebe besser ist als Haß.«
»Danke, du Guter«, sagte sie leise zu dem Schweigenden und strich zärtlich über die Decke, die den kleinen Körper verhüllte.
Die Gartentür knarrte, leise Schritte kamen die Treppe herauf, die Tür wurde leise geöffnet, die Leichenfrau erschien, die am Morgen Monsieur Verres mit Angèle zusammen auf sein Bett getragen hatte.
Mit geschäftig kummervoller Miene machte sie sich im Zimmer zu schaffen, zog die Vorhänge fester zusammen, rückte einen Stuhl von der Wand, besprengte das Lager mit Weihwasser aus dem kleinen Gefäß und seufzte:
»Ja, er hat's gut, hat's besser als unsereiner, als wir Armen, die wir in dieser Elendswelt weiterleben müssen und fürs tägliche Brot kämpfen«, sagte sie geläufig und bat dann mit leiser, eindringlicher Stimme um die Anzüge und die Schuhe des lieben Toten für ihren armen, arbeitslosen Mann.
»Wir werden die Sachen hoch in Ehren halten«, fügte sie ebenso geläufig hinzu, als Angèle zustimmend nickte.

Als vier schwarzgekleidete Männer mit stumpfen Zylindern Monsieur Verres am nächsten Tag abholten, begannen die Uhren gerade die dritte Nachmittagsstunde zu künden. Klingend, klirrend, ein wenig stockend, singend unter dem Klang von Walzern, Menuett und einer etwas heiseren Polka, verließ er sein Haus.
Der alte Kater Minou kauerte erschrocken und leise fauchend über soviel Unruhe unter dem leeren Lehnstuhl seines Herrn, den man

jetzt mit leisen Zurufen, hin und wieder etwas anstoßend, auf den Wagen hob. Angèle hatte einen Teppich bunter Blumen über die Treppe bis zur Haustür gestreut.
Die Sonne schien, schon ein wenig schwächer und von herbstlich-goldenem Opaldunst verschleiert. Die Schimmel nickten vor dem Erntewagen, der eine wieherte laut und freudig, als der Kutscher, zu Füßen des Sarges stehend, mit der Zunge schnalzte.
Auf der Straße drängten sich die Neugierigen; sie formten sich zum Zug hinter der schmalen, tief verschleierten Gestalt, die allein hinter dem Wagen schritt.

Sommerliche Wärme umschloß sie, trotzdem die Sonne schon untergegangen war, als sie den Zug in der Hafenstadt verließ, um den Heimweg zu Fuß fortzusetzen.
Es war ein besonders heißer Oktobertag gewesen, so heiß, daß sie ihr neues schwarzes Seidenkleid anziehen konnte.
Soll ich mir ein Taxi mieten? überlegte sie.
Aber dann wurde sie doch wieder von Unsicherheit überwältigt, ob der Chauffeur sie auch würde fahren wollen, weil sie so jung aussah, und ob es nicht doch zuviel kosten würde. Denn der jäh über sie hereingebrochene Reichtum überwältigte sie.
Ich könnte mich in das Café setzen und soviel Eis essen, wie ich will. Ich könnte – ich könnte auch den ganzen Kuchen dort kaufen – aber erst will ich nach Hause.
Der schwache Abendwind kräuselte das Meer in silberne Schuppen und trug den Salzgeruch zu ihr herüber. Der Asphalt war noch weich von der Hitze des Tages.
Opalfarbene Nebel stiegen in Fetzen hier und da empor und wehten um die halbrunden Steinbrüstungen, hinter denen sich die Vogelsteller verbargen.
Zwischen damals und heute lag ein Jahr. Sie kam im gleichen Monat zurück, in dem sie fortgegangen war.
Aber es schien, als hätte die Zeit wartend stillgestanden. Wieder ragten Kakteen hoch und blühend am Straßenrand empor.
Wie damals, vor einem Jahr, zitterte rotes Licht durch die Dämmerung, und die grauen Umrisse der Baracke »Zur schönen Nacht« erschienen hinter der Kakteenhecke.
Madame, Inhaberin des Bordells, stand wartend im hellen Rahmen der offenen Tür, dick, verschminkt, im schwarzen Kleid, auf Beute lauernd – wie damals – oder war es erst gestern?
Ein Motorradfahrer kam aus entgegengesetzter Richtung, verlangsamte das Tempo und blickte zur Baracke hinüber.

»Schöne Frauen, Musik – vernünftige Preise, komm, Liebling«, sagte Madame mit eintöniger Stimme.
Er lehnte sein Motorrad in den Straßengraben und kam zu ihr hinüber. Sie verhandelten mit halblauter Stimme. Dann trat er ein, während Madame auf der Schwelle stehenblieb.
»Armes, kleines Mädchen, ganz allein auf der Straße, eh?« rief sie Angèle nach.
Und als Angèle, ohne den Kopf zu wenden und ohne stehenzubleiben, weiterschritt, schrillte es hinter ihr her:
»Eh, bist wohl stolz, kleine Kanaille. Komm lieber rein und lerne was bei uns –«
Das jäh einsetzende Toben des mechanischen Klaviers übertönte ihre Worte.
Die opalfarbenen Nebelschleier stiegen höher, wurden durchsichtiger, zerrissen. Sterne glitzerten zwischen den leise wehenden Fetzen. Ihre Schritte wurden vom Trommelwirbel der Grillen am Straßenrand begleitet.
Schlafende Salamander, von den Tritten des Mädchens aufgeschreckt, raschelten hastig davon. Fledermäuse umschwebten sie in lautlosen Bogen, stumm und geheimnisvoll wie Traumtiere.
Der Heimweg, in ihrer Erinnerung nur eine kurze Strecke, dehnte sich jetzt endlos vor ihr. Ihre Gedanken waren schon am Ziel angelangt, sie hatte jetzt Eile, vielleicht sogar Sehnsucht, so rasch wie möglich das Dorf zu erreichen, und begann, vorwärts zu hasten. Ihre Füße schmerzten vom ungewohnten Gehen in den neuen Spangenschuhen mit ungewohnt hohen Absätzen.
Ihre Tritte hallten laut und dumpf, als schritte jemand dicht hinter ihr in der Dunkelheit und müsse sie jeden Augenblick überholen.
Die Stille war unendlich, drohend und tief, so daß sie laut vor sich hinzusprechen begann, um sie zu übertönen. Ich freue mich auf Juliette, was werden die Eltern sagen. Mutter, hier bin ich – guten Abend – Vater, wie gehts Juliette. Juliette muß gleich mit mir zurück in die Stadt kommen, wir werden uns ein Geschäft einrichten, später – wenn ich mit ihm abgerechnet habe. Juliette soll es besser haben als ich. Wir werden nächste Woche alle Sardinen vor Monsieur Honorés Nase aufkaufen. Ich kann auch eine Packerei aufmachen. Vater, es langt dazu – oh, ich bin sehr reich, ja, wirklich, sieh mal her – ich habe nur etwas mitgebracht, ihr könnt mehr haben. Ich freue mich auf Louis. Was wird Louis sagen. Ob sie mich vermißt haben? Nein, wohl nicht sehr, sonst hätten sie mich suchen lassen. Louis muß auch zu mir kommen, damit ich nicht allein in

dem großen Haus bin. Auf Juliette und Louis freue ich mich am meisten.

»Juliette, Louis – Louis, Juliette«, sagte sie im Singsangton vor sich hin.

Als sie endlich die Straßenbiegung erreichte, die das Dorf noch ihren Blicken entzog, blieb sie atemlos stehen.

Weiterschreitend sah sie jetzt mit einem Male das matte Blinken der Fenster jenseits der Bucht, fühlte sich geborgen und seltsam erregt.

Die Kirche stieg mächtig und vertraut aus dem mondflimmernden Wasser, ein schlafendes, riesiges Fabeltier mit dem spitzigen Einhorn des Glockenturms, der zu Araberzeiten, vor Jahrhunderten, einmal ein Leuchtturm gewesen war. Die Leuchtuhr zeigte die achte Abendstunde.

Das Pfarrhaus lag breit daneben. Bei Monsieur Honoré verlosch eben das Licht – weil er um diese Zeit seine Kontrollrunde in der Packerei machte.

Vor dem Hafencafé brannte noch immer die große runde Ampel, von der sie als Kind geglaubt hatte, daß es der Mond wäre.

Die Schiffe waren schon im Hafen und lagen still mit zusammengerollten Segeln am Strand. Hier und da blinkte eine Hecklaterne.

Jetzt hat er wieder alles aufgekauft, dachte sie. Und wenn es ihm paßt, bietet er so hoch, daß niemand mitbieten kann. Und wenn er sieht, daß die anderen nicht so eifrig bieten, geht er vorüber und tut, als ob er nicht kaufen will. Wenn die Fischer dann unruhig werden, aus Furcht, daß sie den Fang nicht verkaufen können, kommt er mit einem Male wieder zurück und kauft ganz billig, der Schuft.

Aber am Montag biete ich mit, ganz hoch hinauf – höher und höher, mehr als die Fische wert sind. Und dann packen wir sie zu Hause und schicken sie in die Stadt. Und er wird ärmer und ärmer werden, bis er gar nichts mehr hat.

»Ganz, ganz arm«, sagte sie zu den dunklen Schatten, die die Felsen über die Straße warfen.

Sie begann wieder zu laufen, es tat sehr weh, sie stolperte mit ihren hohen Absätzen.

An diesem Abend standen die schläfrigen Mädchen, wie jeden Tag, an ihren Plätzen, um die kalten, schlüpfrigen Fische zu packen. Immer einen Kopf neben einen Schwanz, Salz zwischen die Schichten, die dicksten Fische nach oben, dann kleine Eisstückchen darüber, Deckel zunageln, auf den Stapel damit, zu den anderen Kisten.

Sie kam wie eine Märchenprinzessin zurück. Mit neuen Kleidern, einer neuen Handtasche, in der kleine Geschenke für Eltern und Geschwister waren, mit einem Banknotenbündel, elegant geklei-

det, wie die Herrschaften, die im Sommer mit ihren Autos kamen, fotografierten und seltsam blicklos weiterfuhren.
Sie bog in die heimatliche Gasse ein, sah das schmale Haus mit der festgeschlossenen, engen Haustür. Zwischen den Schuppen der Fensterläden schimmerte Licht.
Plötzlich hörte sie einen heiseren Laut neben sich. Etwas Warmes, Weiches berührte ihre Füße.
»Toutou, o Toutou«, sagte sie leise, beugte sich zu dem alten Tier nieder, das mühselig an ihr hinaufzuspringen versuchte.
Eine altbekannte Stimme grüßte aus der Dunkelheit:
»Wir sind jeden Abend hierher gelaufen, weil man von hier aus die Straße so gut überblicken kann – um zu sehen, ob du wiederkommst.«
»Louis –«
»Angèle – gut, daß du wieder da bist.«
Er stand jetzt dicht vor ihr, die Hände in den Hosentaschen. Er war jetzt viel größer als sie.
Sie griff nach seinem Arm.
»Hast du wirklich auf mich gewartet? Wirklich?«
»Ja – und Toutou hat mir dabei Gesellschaft geleistet. Na, und ob man hier herumsitzt oder woanders, ist doch gleichgültig, nicht wahr? Ich gehe nie gern früh zu Bett. Es lohnt sich auch nicht, weil ich jede Nacht auf Würmersuche gehe. Der Alte läßt mich am Tag nicht fort. Er trinkt jetzt wieder mehr als je.«
»Du hast ja eine Stimme wie – wie ein richtiger Mann.«
»Ich rasiere mich jetzt jeden Sonntag«, sagte er stolz. »Und du siehst aus wie eine aus der Stadt, furchtbar fein, wie eine Dame, und die Lederschuhe – toll«, fügte er hinzu und ließ den schmalen Strahl seiner Taschenlampe auf ihre Füße fallen.
»In der Stadt kann man keine Sandalen tragen, da würden die Leute lachen. Aber morgen ziehe ich gleich wieder welche an – neue, vom alten Marcel.«
»Stadtleute sind Idioten«, sagte er mit seiner rauhen, noch etwas krächzenden Stimme.
Sie schwieg und trat von einem Fuß auf den anderen.
Ein Jahr lag zwischen ihnen. Die Fremdheit war noch nicht überbrückt. Sie waren beide befangen und wußten nicht, was sie als Nächstes sagen sollten.
Der Mond glitt über die Häuser, sein Licht fiel auf ihre Gesichter. Sie lächelten sich an.
»Na – wie war's denn in der Stadt? Lange hast du es nicht ausgehalten. Hier hat man sich zuerst gewundert, aber dann wurde die junge

Marie Jeanine von ihrem Geliebten erstochen. Das war viel interessanter. Ein Eifersuchtsdrama; und hast du nun viel Geld verdient, bist du reich?« fragte er mit einem ironischen Ton in der Stimme.
»Ja – ich habe viel Geld«, antwortete sie rasch und spürte zugleich, wie unwahrscheinlich das klingen mußte.
»Red keinen Unsinn«, sagte er schließlich.
Sie zog ihn in den Schatten einer engen Gasse.
»Es ist wahr – wirklich.«
»Schwindel!«
»Nein – es ist wahr, wirklich wahr!«
»Du lügst.«
»Nein. Ich habe Geld und ein schönes Haus dazu, einen Garten mit Rosen, und im Haus sind Dutzende von Spieluhren und schönes Porzellan und Teppiche –«
»Und sonst nichts, du Millionärin?«
»Hier ist der Hausschlüssel zu meinem Haus.«
»Schlüssel hab ich auch, dutzendweise, rostige und neue. Das ist noch lange kein Beweis.«
Sie fuhr unbeirrt fort:
»– und im Garten ist ein Springbrunnen, ein Steinmann sitzt im Goldfischteich und speit Wasser, hoch in die Luft. Und eine Uhr sieht aus wie eine Landschaft, und hinter dem Glockenturm ist ein Spielwerk, das erst die Stunden schlägt und dann ein Lied spielt – und in der Küche ist heißes und kaltes Wasser, den ganzen Tag – du mußt mich mal in der Stadt besuchen, Louis –«
»Du hältst mich wohl für einen Idioten, dem man alles vorreden kann – bloß, weil du ein Jahr Gott weiß wo warst.«
»Ich pfeife darauf, ob du mir glaubst oder nicht!«
»Wenn du es beweisen kannst, aber das kannst du ja nicht.«
Sie zog den Brief von Monsieur Verres aus der Tasche:
»Da, leuchte mit deiner Lampe drauf und lies.«
Er sagte unsicher:
»Hast du vergessen, Angèle, ich war doch immer der Schlechteste in der Schule. Und mit dem Lesen hab ich's immer schwer gehabt.«
»Hör zu, ich lese es dir vor.«
Sie las die wenigen Zeilen des Vermächtnisses, sehr langsam, stockend, wie ein Kind in der Schule seine Aufgabe liest. Er hörte ihr mit wachsendem Staunen zu.
Der Mond stand hoch und weiß über ihnen, es war sehr still.
»Glaubst du mir jetzt? Du kannst mir glauben, Louis.«
»Wieso kommst du zu dem allen?« fragte er heftig, als sie wartend vor ihm stand. »Warum hat er dir das gegeben, eh?«

»Ich war in Stellung bei ihm, er war sehr gut zu mir und als er starb, hat er mir das alles hinterlassen, weiter nichts.«
Er stellte sich breitbeinig vor sie hin, so dicht, daß ihre Körper sich berührten und sein Atem über ihre Stirm strich.
Wie ein alter Fischer, die Hände in den Hosentaschen vergraben, versperrte er ihr den Weg.
»Und du hast natürlich mit ihm geschlafen?«
»Nein – natürlich nicht. Bist du verrückt?«
»Niemals?«
»Niemals – nie!«
»Kannst du das beschwören, wenn ich es von dir verlange? Kannst du schwören, daß du nie –.«
»Ja –«, erwiderte sie rasch.
Er überlegte unschlüssig, dann sagte er schnell über ihren Kopf hinweg, ohne sie anzusehen, als spräche er zu einem Dritten, der hinter ihr war:
»Kannst du es beschwören, bei der Gottesmutter und allen Heiligen, daß du nie mit ihm geschlafen hast? Willst du auf der Stelle tot umfallen, wenn du mich anlügst?«
Sie küßte ihre Fingerspitzen, hob die rechte Hand feierlich zum Mond empor, der jetzt hinter dem Dach des anderen Hauses niedersank, zum sternglitzernden Himmel, und sagte sehr langsam:
»Ich schwöre, daß ich tot umfallen will, wenn ich dich angelogen habe. Ich schwöre bei der Gottesmutter und allen Heiligen, daß ich nicht mit ihm geschlafen habe.«
Er atmete tief auf, stand einen Augenblick überlegend vor ihr und sagte dann:
»Na, dann ist's gut, komm, ich bringe dich bis zur Haustür.«
Sie gingen die wenigen Schritte bis zu der vertrauten Tür.
»Das Loch neben der Klinke ist noch immer nicht repariert«, sagte sie fast zärtlich. Dann fügte sie leise hinzu:
»Vielleicht sind sie noch sehr böse auf mich, weil ich mein Geld mitgenommen habe.«
Er legte seinen Arm um sie.
»Ach was, wirf ihnen gleich das Geld auf den Tisch. Das ist das Beste. Dann sind sie gleich still.«
Von oben her tönte die Stimme der Mutter, der Vater antwortete.
»Geh schnell hinauf – gute Nacht«, sagte er. »Und komm gleich morgen früh in die Werkstatt.« Seine Schritte verhallten.
Sie drückte die Klinke nieder, stand im dunklen Gang vor der schmalen, steilen Treppe, die in die Küche führte.

»Aber nein, rede doch nicht solchen Unsinn«, sagte der Vater oben unwirsch.
»Es ist aber so«, erwiderte die Mutter.
Sie hastete die Stufen empor und stand in der Wohnküche.
Die Eltern saßen am Tisch, vor geleerten Kaffeetassen. Der Vater war sehr gealtert, die Mutter sah wie immer müde und abgearbeitet aus.
Sie wandte den Kopf, als Angèle auf sie zukam und lächelte.
»Bist du wiedergekommen, kleine Angèle, das ist recht.«
»Hast du das gestohlene Geld wiedergebracht?« fragte der Vater nicht unfreundlich.
»Ja – und ich bringe noch etwas mehr.«
Sie setzte ihre Handtasche nieder, öffnete sie, suchte nach den Scheinen.
Ihr Blick fiel auf den Wäschekorb in der Ecke, in dem sich etwas rührte, eine kleine Hand hob sich.
»Ist das ein Neues, von uns?« fragte sie.
»Ja, eine kleine Schwester, drei Monate, sehr groß für ihr Alter.«
»Na, wo ist das Geld, Angèle. Wir können was gebrauchen«, sagte der Vater.
»Ich habe eine sehr gute Stelle gehabt – und sehr gut verdient – und –«, sie stockte. Jetzt war der Augenblick gekommen, den sie sich so oft ausgemalt hatte.
Sie zog die kleine Brieftasche unter ihrem Hemd hervor, holte einen Tausend-Francs-Schein heraus, legte ihn sorgfältig auf die Tischplatte.
»Das ist für euch und für Juliette.«
»Soviel Geld – aber Angèle, nein, sowas«, sagte die Mutter.
»Hast du das gestohlen, sind sie hinter dir her?« fragte der Vater, nahm den Schein, hielt ihn gegen das Licht und legte ihn wieder auf den Tisch.
»Er ist echt – woher hast du den?« wiederholte er.
Auch diese Frage hatte Angèle vorausgesehen.
Schweigend legte sie Monsieur Verres Vermächtnis auf den Tisch, neben den Schein.
»Da – hier, lest selber«, sagte sie.
»Ach, ich kann doch nicht lesen, das weißt du doch«, sagte die Mutter.
Der Vater nahm das Schriftstück, glättete es sorgfältig, fing an, halblaut vorzulesen. Er tat es langsam, bedächtig. Dann faltete er den Bogen sorgfältig wieder zusammen und legte ihn auf den Geldschein.

»Ist in Ordnung, vom Notar bescheinigt. Sie hat was geerbt.«
»Vom Notar«, wiederholte die Mutter langsam.
Er betrachtete den Schein mit sichtlicher Freude.
»Reicht gerade für ein eigenes Boot. Ich habe mir immer gewünscht, nicht mehr Matrose, sondern Kapitän zu sein.«
»Die Hälfte ist für Juliette, Vater. Sie soll sie auf ihrer Decke finden, wenn sie morgen aufwacht«, erklärte Angèle, als der Vater den Schein sorgfältig zusammenfalten wollte.
Der Säugling wimmerte, begann zu schreien.
»Die Hälfte ist für Juliette, Vater«, wiederholte Angèle.
»Paul braucht eine neue Hose und Maria Strümpfe für sonntags«, bat die Mutter.
»Zuerst wird das Boot gekauft, dann werden wir sehen, was übrig bleibt«, sagte der Vater kurz, gähnte, streckte sich, ging in den Alkoven, zog Sandalen und Hose aus und warf sich auf das Bett.
Angèle dachte an ihr helles, sauberes Zimmer, an die blitzenden Wasserhähne, an das tägliche Bad und wie sie sich gewaschen hatte, ehe sie zu Bett ging.
»Er hat das Geld für Juliette genommen, Mutter«, sagte sie leise, um den Einschlafenden nicht zu stören.
»Du weißt doch, daß er bei uns bestimmt«, sagte die Mutter im Flüsterton und fuhr fort: »Heute war ich bei Monsieur waschen, und da ist er gekommen und hat gesagt, ich wasche zu langsam. Er nimmt sich eine jüngere Kraft. Ich fühle es ja, daß es nicht mehr so rasch geht. Aber gründlich und sauber bin ich doch und im Bügeln nehme ich es noch mit jeder auf – soll ich nun wieder wie immer hingehen oder warten, bis er mich ruft? Was meinst du?«
»Du wirst überhaupt nicht mehr waschen gehen. Vater wird sein eigenes Boot haben. Ihr dürft nicht mehr für ihn waschen, weil das nicht mehr nötig ist. Ich habe ein schönes Stadthaus, und genug Geld für uns alle.«
»Ach Kind, was redest du bloß?«
»Du hast doch gehört, Geld, Haus, alles Mobiliar gehört mir.« Sie stand auf und legte die Arme um ihre Mutter. »Verstehst du denn noch immer nicht, daß du nicht mehr zu arbeiten brauchst. Morgen kannst du Fleisch kaufen, und wenn dieses Geld hier zu Ende ist, kann ich mehr –«, sie stockte und sagte feierlich, – »von der Bank abheben. Vater wird gut verdienen, wenn er sein eigener Herr ist«, sie wollte hinzufügen, daß sie gleich morgen darangehen würde, eine provisorische Packerei in der alten Holzhalle einzurichten, und daß sie gleich morgen abend mitsteigern würde – daß Louis die Kisten liefern könnte, daß sie die Mädchen, die jetzt für Monsieur

arbeiteten, für besseren Lohn anstellen könnte. Aber sie schwieg, denn die Mutter hätte dies mit ihrem müden Kopf nicht verstanden.
»Hingehen muß ich wohl doch, auch wenn er mich nicht haben will, und vielleicht hat er es auch nur so hingesagt und nicht so gemeint«, sagte die Mutter leise, um den schnarchenden Vater nicht aufzuwecken.
»Ich habe doch so viele Jahre für ihn gearbeitet.«
Angèle rüttelte die schmale Gestalt im schwarzen Kleid.
»Hör doch endlich zu, was ich dir sage, Mutter. Du brauchst nicht mehr zu arbeiten, brauchst überhaupt nicht mehr zu arbeiten, niemals mehr, verstehst du. Für niemand, für keinen Menschen. Ich habe genug für uns alle. Paulot kann zu mir in die Stadt kommen und in eine gute Schule gehen, und Mimi kann etwas lernen, was ihr Freude macht – vielleicht kann sie Modistin werden. Und wenn ihr alt seid – oder wenn ihr nicht mehr hier leben wollt, könnt ihr zu mir kommen und im Garten in der Sonne sitzen.«
»Ich möchte nie aus unserem alten Haus fort, Angèle.«
»Gut, dann kommt ihr mich eben besuchen – aber wenn du mein Haus gesehen hast, die schöne Küche und die schönen Zimmer, dann wirst du sicher bei mir bleiben – denn ich gehe ja wieder zurück, wenn –«, sie wollte hinzufügen, wenn ich Monsieur Honoré überboten habe, wenn er arm ist – aber sie wußte, daß die Mutter ihren Gedanken nicht folgen konnte und sagte nur noch:
»– und Juliette soll es am besten haben – am besten von allen, weil sie mir die Liebste von allen ist. Schläft sie oben, in unserem alten Bett?«
Die Mutter blickte auf ihre Hände.
»Nein sie schläft nicht mehr dort, sondern da –« sie wies auf den schmalen Diwan in der Ecke, über dem eine graue Wolldecke lag.
»Sie ist fortgegangen, ehe du kamst – eine halbe Stunde vorher –«
»Fortgegangen – um die Zeit – wohin denn?« fragte Angèle.
Die Mutter senkte den Kopf tiefer über ihre Hände.
Dann sagte sie still, ergeben, ganz unter das schwere Joch eines harten Lebens gebeugt:
»Juliette arbeitet bei Monsieur in der Packerei.«
»Warum habt ihr das zugelassen?«
»Aber Kind, er kam und sagte, er brauchte eine Arbeiterin, weil du fortgelaufen wärst – und weil doch alles etwas hilft, jeder Geldschein etwas dazu beiträgt, nicht wahr, da haben wir Juliette eben erlaubt, zu Monsieur zu gehen. Wir haben doch immer Schulden – beim Bäcker, beim Krämer – ach, hast du denn vergessen, wie schwer das alles ist, Kind?«

Angèle fiel ihr erregt ins Wort:
»Das werde ich alles bezahlen – ich habe ja das Geld. Juliette muß von Monsieur fort – jetzt gleich – ich hole sie fort. Sie soll nicht eine Minute länger bei dem Schuft bleiben.«
Die Mutter hob den Kopf, blickte sie unsicher an:
»Laß das lieber, geh nicht hin. Er wird nur böse, und es gibt eine Szene – du weißt doch, wie er ist, Angèle – du weißt doch genau –, wie böse er sein kann.«
Angèle richtete sich auf, jeder Muskel, jeder Nerv angespannt in dem schlanken, sehnigen knabenhaften Körper mit den breiten, geraden Schultern, den schmalen Hüften. Alle Energie konzentrierte sich in ihren geballten Fäusten. Sie begann vor Erregung zu zittern, als sie versuchte, das schwere, dunkle Tor zum stumpfen Gehirn der Mutter aufzuzwingen.
»Hör doch zu, Mutter! Verstehst du mich denn nicht. Wir brauchen alle keine Angst mehr vor ihm zu haben. Wir sind unabhängig – es ist ganz gleichgültig, hörst du, ganz gleichgültig, was er denkt oder tut oder ob er böse ist, ob er uns haßt oder ob er uns liebt – das ist jetzt alles vorüber.«
Die Mutter schüttelte den Kopf. Ihre Finger strichen unaufhörlich über den schwarzen Stoff ihres Kleides, zupften am schwarzen Kopftuch, glitten wieder zum Kleid zurück.
»Ja, ja, Kind – aber er darf nicht böse werden –«
»Er kann sein, wie er will – wir brauchen ihn nicht mehr, nie mehr.«
Die Mutter blickte auf:
»Nein, er darf jetzt nicht böse werden, jetzt nicht, sonst zahlt er die versprochenen fünftausend Francs nicht. Das ist viel Geld, fünftausend, und wenn er wütend wird, zahlt er sie nicht«, wiederholte sie leise, um den schlafenden Mann nicht aufzuwecken, der sich jetzt mit einem unwilligen Laut auf die andere Seite warf.
Angèle blieb einen Augenblick regungslos stehen. Ihre geballten Fäuste sanken herab, die Finger öffneten sich, dann packte sie die Mutter, rüttelte sie, hielt ihr Gesicht dicht vor das ihre und starrte sie an, so daß sie ihrem Blick nicht ausweichen konnte.
»Ist Juliette in der Hoffnung, Mutter?«
Die Mutter wandte den Kopf unruhig von einer Seite zur anderen:
»Schrei nicht so, du weckst den Vater auf!«
»Er soll aufwachen. Es ist mir egal, ob er aufwacht. Ich pfeife darauf, ob er aufwacht. Ich will wissen, ob Juliette in der Hoffnung ist?«
Die Mutter hielt ihren Kopf seitwärts gewandt, wich ihrem Blick aus und sagte halblaut:
»Es ist immer dasselbe, wenn er eine in der Packerei hat, die ihm

gefällt, eine neue, junge, dann nimmt er sie – du weißt doch selbst, wie es ist, Kind.«

»Aber er durfte Juliette nicht nehmen – nicht Juliette – die nicht – meine schöne, liebe Juliette. Die ist nun dick, wie ich damals. Die muß jetzt dasselbe durchmachen, wie ich damals. Und sie wird es nie vergessen können, wie ich es nie vergessen kann – und nicht vergessen will. Zuerst Freundlichsein, dann Schokolade und Wein – viel, viel Wein – und ein paar schöne Strümpfe – und dann kommt das. Man weiß nicht mal recht, wie schnell das kommt. Und ich wollte, daß Juliette es besser hat als ich – ein schönes Leben, ohne Sorgen –, sie sollte es so gut bei mir haben in der Stadt. Und du – du wartest auf das Geld, du und Vater – ihr wartet wie bei mir – und vorher – die langen Monate mit Vorwürfen und Drohungen – schämst du dich denn nicht?«

Die Mutter wiederholte ängstlich, mit einem scheuen Blick auf den schlafenden Mann:

»Mach ihn bloß nicht wütend, sonst hat er eine gute Ausrede, nicht zu zahlen –.«

»Ich weiß, wie ihr sie gequält habt, sie soll Geld ins Haus schaffen. – Eine Tochter nach der anderen zu Monsieur ins Bett; wenn er für alle fünf zahlt, so gibt das eine hübsche kleine Summe.« – Sie zitterte, die Stimme versagte ihr vor Erregung.

»Hübsche kleine Summe – dies Jahr Juliette, nächstes Jahr Mimi, übernächstes Jahr Jeanette – die ist dann dreizehn, da könnt ihr mehr von ihm fordern, wie?«

»Wie kannst du bloß so reden, Angèle – Kind, man bekommt ja direkt Angst vor dir. Du bist so verändert, hast du vergessen, wie das hier nun einmal so ist. – Ach, weißt du, ich bin so müde von all den Aufregungen. Das Leben ist schwer genug mit deinem Vater.« – Angèle unterbrach sie heftig mit ihrer klaren, klingenden Kinderstimme:

»Es hat keinen Zweck, mit dir zu sprechen. Du verstehst nicht. Du verstehst überhaupt nichts. Ich kann ebensogut zum Stuhl sprechen oder zur Wand hin. Du bist taub und blind, du bist wie eine Tote – wie ein toter Mensch im Sarg – du spürst nichts mehr, Mutter!«

»Sei doch still, Angèle, es hat doch keinen Zweck – es ist nun mal geschehen. Das Leben ist nicht leicht, besonders für uns hier. Wir sind immer zuviel Mäuler und wir haben immer zuwenig Geld.«

»Schweig – ich kann dein dummes Gerede nicht mehr mit anhören.«

»Juliette wird bald hier sein, dann können wir alles in Ruhe besprechen«, sagte die Mutter müde.

Angèle schlug mit den Fäusten auf den Tisch, daß der Mörtel von den grauen Wänden rieselte.

»Ich warte keine Minute – keine Minute länger darf Juliette für ihn arbeiten. Ich schicke sie nach Hause, wenn er nicht in der Packerei ist, dann hole ich ihn aus seinem Bett. Das habe ich schon einmal gemacht. Aber diesmal habe ich keine Angst vor ihm – nicht die Spur von Angst.« –

Sie stürzte davon, schlug die Tür hinter sich zu und lief die Treppe hinunter. Sie hörte nicht mehr, wie der Vater aus dem Schlaf aufgeschreckt, wütend rief:

»Könnt ihr denn keine Ruhe geben, verdammte Weiber!«

Angèle schlug die Haustür hinter sich zu.

Sie stand einen Augenblick still.

Von oben her, durch die Ritzen der Fensterläden, fiel mattgelber Lichtschimmer. Sie hörte die Stimme der Mutter, leise beschwichtigend. Dann war alles wieder still.

Es roch vertraut nach Salz, Teer und Fischen.

Am Ende der Gasse atmete das Meer leise und schläfrig gegen die Klippen.

Zwischen knorrigen Olivenbäumen mit gespreizten, verkrüppelten Armen führte ein schmaler Weg zur Gasse, in der Monsieur Honorés Haus stand.

Die Sterne funkelten am tiefblauen Samt des Himmels dicht über ihr, das Band der Milchstraße leuchtete über dem Kirchturm, dessen Uhr die zehnte Nachtstunde kündete.

In ihren Schläfen klopfte das Blut so stark, daß sie an nichts mehr zu denken vermochte, als fort, weiter, weiter, schnell vorwärts, nicht stehenbleiben, weiter. Juliette muß fort, sie darf nicht für ihn arbeiten. Keine Minute länger, keine Sekunde. Nun hat er auch Juliette. Alle kommen an die Reihe. Was hatte die Mutter selbstverständlich mit ihrer leisen, müden Stimme gesagt: Es ist immer dasselbe – wenn ihm eine gefällt, wird sie eingeladen. Komm heut abend zu mir. Es gibt Kuchen und süßen Wein und Schokolade. Ich zeige dir schöne Bilder. Du bekommst Nylonstrümpfe und was Gutes zu essen, und viel Wein, süßen Wein – und – und Schokolade, hämmerte es in ihr. Erst war ich an der Reihe, und vor mir Leniels Colette, und vor Colette –. Das Hämmern übertönte, betäubte alles Denken. Dann blitzte es wieder auf – und da war doch die dicke Margot, die immer so lustig war, die sich dann erhängt hat. – Du bekommst Zucker in den Wein, mein Kind – Zucker ist gesund für kleine Mädchen, und ein bißchen Kognak, mit einer süßen Frucht drin – das macht lustig. So, und jetzt komm mal her, Kleine. Näher, noch näher –. Ich zeige dir ein neues Spiel, ein schönes neues Spiel, – nein, keine Puppe, kein Spielzeug, hahaha. »Ein nettes, kleines Spielchen, dann gibt's mehr Schokolade – und – und Strümpfe –.« Sie hastete weiter.

Die Strecke zwischen Elternhaus und Dorf wurde so rasch zurückgelegt, daß sich die Häuser ihr entgegendrängten, mit friedlich geschlossenen Fensteraugen und den dunklen, geheimnisvollen Winkeln, in denen herrenlose Katzen und Hunde, Salamander und obdachlose Wanderer, wie die alte Lommes, ungestört die Nacht verbringen konnten.

Als sie in die Gasse einbog, in der Monsieur Honorés Packerei war, hörte sie das dröhnende Hämmern, mit dem die Kisten zugenagelt und auf den Stapel geworfen wurden.

Wie vor einem Jahr, wie damals – oder war es erst gestern, und dies alles ein Traum – stand das alte Pferd Coco schläfrig, schwankend, mit hängender Unterlippe wartend auf seinem alten Platz.

Fischdunst drang ihr entgegen.

Aus der halbgeöffneten Tür des Arbeitsraumes fiel ein schmaler, gelber Lichtstreif auf das trüb sickernde Schmutzwasser, das vom Fischewaschen abfloß.

Sie blickte durch das kleine Fenster, sah den vertrauten Raum in dem die Mädchen standen, jedes neben einem Berg silberner Fische, sah hastige, rote Hände vertraute Griffe verrichten, sortieren, waschen, schichten – die Dicksten obenauf, Salz auf jede Schicht, kleine Eisstückchen, Deckel aufsetzen, sechs kurze, harte Schläge, fertig, auf den Stapel damit.

Sie war in einem seltsamen, traumhaften Zustand. Heimkehr, Geld, Vater, Mutter, Fischgeruch, Juliette, alles verschmolz zu einem mächtigen Kreis, der sich rasch vor ihr drehte – schwindelerregend rasch.

Da – jetzt erschien Juliette wieder – Juliette mit dem Kind von Monsieur Honoré – oder war sie es selbst, die dort schwer und müde stand und packte – träumte sie vielleicht nur, daß Juliette schwanger war, während sie bei Monsieur Verres in dem hellen, schönen Zimmer schlief.

Monsieur Verres war ein guter Mensch.

Sie preßte ihr Gesicht gegen die Fensterscheibe, erkannte Gesichter und Gestalten, sah die blonde Lili, die so gern ins Kino ging – sah Marie und Colette, über ihre Arbeit geneigt, stumpf, schläfrig ein Mosaik aus Fischleibern bauen – immer einen Kopf neben einen Schwanz, eng nebeneinander, die Dicksten obenauf. Sie sah Nini, die größte von allen Mädchen, die schon einen richtigen Busen

hatte, wie eine erwachsene Frau.
Juliette schien nicht da zu sein – aber Monsieur Honoré war da. Er hatte es wieder einmal für notwendig befunden, persönlich anwesend zu sein – entweder, um das Arbeitstempo zu beschleunigen, oder, um seine Macht zu zeigen.
Seine Stimme dröhnte laut und rauh, wie vor einem Jahr.
Sie begann unwillkürlich zu zittern, als spräche er zu ihr.
Er schwor, alle verfluchten Mädchen fristlos zu entlassen, ohne sie zu bezahlen, wenn sie sich nicht beeilten und wenn noch ein einziger Fisch unverpackt in einer Stunde zu sehen wäre. Sein mühsam verdientes Geld für diese Dreckbande hergeben, nein, so dumm wäre er nicht. Stinkende Fische in die Stadt liefern, weil sie erst mit dem zweiten Zug abgehen könnten, den Dreck zurückzubekommen, unbezahlt –, ihnen wäre es gleichgültig, aber nicht ihm. Ihnen wäre es gleichgültig, ob er ruiniert würde – aber er wollte nicht ruiniert sein, bloß weil ein Dutzend fauler Mädchen sich nicht beeilen wollte.
»Wer so gut bezahlt wird wie ihr – überbezahlt sogar –, der muß auch was leisten, sonst fliegt er eben – alle miteinander, verstanden, Saubande!« schrie er mit rotem Kopf.
Sie drückte das Gesicht noch fester gegen die Fensterscheibe.
Monsieur ging jetzt langsam, drohend, die Hände auf dem Rücken verschränkt, den Hut ins Genick geschoben, hinter den Arbeitenden auf und nieder. Er machte kleine Pausen, in denen er über die Schultern der Mädchen hinweg das Tempo kontrollierte, und auch, ob nicht hier und da eine gute Sardine in die Abfallrinne geschmuggelt wurde.
Das Gesicht vornüber geneigt, mit zusammengekniffenen Augen unter der wutgeröteten Stirn, die Finger abwechselnd geballt oder griffbereit gespreizt, schritt er langsam näher und näher, dem Fenster zu.
Jetzt blieb er plötzlich vor einer Arbeiterin stehen, deren Rücken sie nur sehen konnte, einer plumpen Gestalt, mit schmalem Nacken, über den rötlich schimmerndes braunes Haar fiel.
»Faules Luder, mach rascher, oder ich helfe dir – willst mich bloß an den Bettelstab bringen, was?« schrie er dann.
Sein Gesicht war dunkelrot, der Hals quoll aus dem Kragen, er atmete mühsam, er erstickte fast an seiner Wut und an seinen eigenen Worten. Die Augen bildeten schmale, schimmernde Schlitze. Er war sinnlos vor Wut, vor zitternder Angst, daß die Ware zu spät fertigwerden könnte. Seine Fäuste flogen drohend vom kurzen, feisten Rücken in die Höhe.

Angèle konnte deutlich das blasse, ängstliche Gesicht der Bedrohten sehen, als diese sich umwandte:
Es war Juliette, die ihre Hände über den Leib gelegt hatte und vor Monsieur zurückwich.
Ohne zu überlegen, als wäre sie selbst bedroht und müsse sich schützen, drang sie durch die Tür. Eine Eisenstange versperrte ihr den Weg; sie packte sie, wollte sie zur Seite schleudern – aber ihre Finger krampften sich um das kalte Eisen. Sie stürzte auf die Kreatur zu, die ihre Schwester bedrohte, begann zu schlagen.
Mit zusammengebissenen Zähnen, stöhnend vor Wut, schlug sie zu, wie sie schon als kleines Kind auf die großen Polypen mit den drohenden Saugarmen eingeschlagen hatte, weil es böse und gefährliche Tiere waren.
Dieser Mann mit dem feisten, roten Gesicht war nichts anderes als ein großer, böser Polyp.
Sie geriet in einen Taumel, in Raserei mit den ersten Schlägen. Ein böser Mensch ist zäh, wie ein Polyp –.
Sie schlug nicht nur, um Juliette zu schützen.
Sie schlug für ihre eigenen Schmerzen, für Demütigungen, für die Not langer Jahre, für alle Ängste, die von diesem bösen Geschöpf erzeugt wurden –. Es gab nicht genug Schläge für die Unzahl an bösen Taten und Grausamkeiten.
Sie hörte Stimmen, Rufe, Schreie um sich her.
Eine Hand umklammerte ihren Arm. Man versuchte sie festzuhalten.
Sie riß sich los, schlug weiter auf das Kleiderbündel, das da auf dem schlüpfrigen Steinboden lag – bis ihr Arm erlahmte und die schwere Eisenstange auf ihren Fuß fiel.
Der scharfe Schmerz brachte sie wieder zur Besinnung.
Sie stand jetzt an der Tür, blickte mit erwachenden Augen auf die Mädchen, die sich wie eine verängstigte Tierherde in einer Ecke zusammendrängten.
Unter ihnen stand Juliette, sehr blaß unter dem flimmernden Helm ihres Haares.
Angèle wandte sich um und verschwand in der Nacht.
Wie damals, vor einem Jahr – oder war es gestern – taumelte sie zwischen den dunklen, nachtkühlen Häusern die enge Gasse hinunter, trat achtlos in das trübe, zum Meer sickernde Wasser aus der Packerei, Sardinen glitten lautlos den schmalen Strom entlang, stießen an einen Stein, drehten sich, lösten sich wieder und trieben weiter, auf der Seite liegend, wie kleine lecke Schiffe.
Hinter ihr her gellten die Schreie der verängstigten Mädchen, die

sich nicht an dem Toten vorüberwagten, der, quer vor der Tür liegend, den Eingang versperrte.
Sie schrien wie Besessene hinter Gittern um Hilfe.
Ihre Stimmen dröhnten wie Lautsprecher hinter ihr her zur Kirchenwand, wo sie dumpf verhallten.
Sie hörte, wie Fensterläden über ihr und hinter ihr geöffnet wurden, und aus dem Schlaf geschreckte Erwachsene nach der Ursache des Tumultes fragten oder erregt um Ruhe baten.
Das ganze Dorf schien hinter ihrem Rücken zu erwachen. Sie blickte sich um, während sie vorwärtsstolperte.
In einem Tor dicht neben ihr flammte Licht auf. Schritte näherten sich, Türen schlugen, während die Mädchen weiter schrien, mit hohen, schrillen Stimmen, von denen eine immer »Polizei, Mörder« wiederholte. Das alte Pferd begann zu wiehern, eine Kette klirrte, – Angèle jagte die Gasse entlang, Schmutzwasser drang in ihre dünnen Stadtschuhe. Sie stolperte auf den hohen Absätzen – vielleicht erhob sich das stille, formlose Kleiderbündel doch mit einem Male und wurde wieder Monsieur Honoré. Vielleicht war Monsieur Honoré ebenso schwer zu töten wie manche besonders zähen, alten Polypen, die man längst totglaubt und die mit einem Male, nach einer kurzen Weile, ihre tastenden Saugarme drohend ausstrecken.
Sie stolperte vorwärts, planlos, ohne zu wissen, wohin. Sie wollte einen Augenblick Stille haben und das Klappern der Läden und Türen, das Rufen und Schreien des Dorfes nicht mehr hören.
Da war die Kirche mit ihrem hohen, geschwungenen, fest verschlossenen Tor, hinter dem Tag und Nacht das Ewige Licht leise flackernd glimmte. – Da war auch – sie blieb einen Augenblick stehen –, ja, dort war auch etwas zu finden, was der alte Dorfpfarrer ihnen so oft gepredigt hatte – Herzensfrieden.
Ein Satz, den sie, ohne ihn recht zu verstehen, so oft von ihm gehört hatte, schoß ihr durch den Kopf. – »Sein Wille ist unser Frieden.« – Sein Wille – war es sein Wille gewesen, der das gewollt hatte – diese Nacht mit Monsieur, das Kind, die Schmerzen –.
Sie strich sich über die feuchte Stirn. Ihr Herz dröhnte so laut in der Stille, als trüge sie eine Glocke in sich.
Weiter – vorbei am Tor, den holprigen Weg zum Strand – zu demselben unveränderten Strand mit den runden Steinen, die ihre Füße unsicher stolpern ließen.
In der tiefen Dunkelheit stieß sie an etwas Hartes, der Schwung ihres vorwärts geneigten Körpers wurde jäh aufgehalten.
Sie schrie auf wie in einem Alpdruck, hob die Hände schützend

gegen ihre Verfolger, die sich ihr da entgegenstellten. Sie schrie auf, wie die Mädchen vorhin aufgeschrien hatten. Dann erkannte, erfüllte sie, wo sie war – in dem Felsspalt unter der Vinzenzkapelle, wo sie die Nacht mit Louis verbracht hatte, als das Kind zur Welt kam und starb.

Sie sank in die Knie und drückte die schmerzende Stirn gegen den kühlen, rauhen Stein.

Die Kühle tat ihr wohl. Sie brachte Klarheit in Bilder, Gestalten und Gedanken ihres verwirrten Hirns, ließ langsam das Zittern ihres Körpers verklingen.

In kindlichem Staunen erkannte sie, wie Anfang und Ende der Geschehnisse sich ineinander fügten. Sie hatte sich rächen wollen, als sie damals haßerfüllt, ohnmächtig und schmerzgeschüttelt vor seiner Tür kauerte. Damals hatte sie die Fäuste geballt, gedroht, und der Wille zur Tat war ein Keim geworden, der in ihr geschlummert hatte und jetzt erwacht war, als sie Juliette und sich selbst, zu einer Gestalt verschmolzen, in derselben Not erblickt hatte und einfach handeln mußte.

Was sie damals unbewußt tun wollte, als er schlaftrunken und gewalttätig vor ihr in der Nacht stand, war jetzt geschehen. –

Sie wußte, daß sie nur noch eine sehr kurze Spanne Zeit von dem Augenblick entfernt war, wo man sie finden, packen und festhalten und fortführen würde – unerbittlich, wie sie vorhin von der Felswand aufgehalten worden war.

Es gab keine Flucht und kein Ausweichen.

Um sie waren Fels, Meer, Mauer.

Sie blickte auf die geliebte Bucht, die im fahlen Mondlicht wie ein mattes Seidentuch vor ihr ausgebreitet lag. Sie wußte nicht, wie lang sie hier hockte.

In der Ferne zuckte in regelmäßigen Abständen der Leuchtturm, der Schiffe vor den Felsen warnte.

Die Boote ruhten behäbig mit eingerollten Segeln an Land.

In einigen Stunden kamen die Fischer, hüftschwingend, mit lautlosen Schritten, wie Katzen, auf ihren Sandalen, um die träumenden Boote aufzuwecken und zum Morgenfang zu fahren.

Die kleinen, eifrig murmelnden Wellen hielten inne, wurden stiller und leiser, während der letzte Schein des gelben Mondes hinter den Weinbergen verblaßte. Nur ein kleiner, weißer Stern versuchte auf der Kirchturmspitze zu schweben, ehe er erlosch.

Über ihr, auf dem schroffen Fels, erhob sich jetzt die Vinzenzkapelle aus der Dämmerung. Sie ging langsam die Treppe empor.

Das Ewige Licht schimmerte warm durch die Tür, die stets offen

stand, damit Fischer und Frauen zu jeder Stunde Zutritt zu dem Sarkophag hatten, der Reliquien des Heiligen barg.
Es hatte keinen Zweck, vor der Statue zu knien.
Früher hatte sie oft versucht, beim heiligen Vinzenz Rat und Hilfe zu holen, aber der heilige Vinzenz schien aus Stein zu sein, taub, stumm, blind und eiskalt. Es nützte nichts, lange und inbrünstig, mit lauter Stimme das Gebet zu sprechen, das zu seinen Füßen in einem schwarzen Rahmen aufgestellt war.
»Du Hilfe aller Hilflosen,
Du Gütiger,
Du Mächtiger, Fürbitter vor dem Thron des Herrn,
Beschützer des Fischervolkes,
Besänftiger des Meeres,
Einzige Zuflucht aller Schiffbrüchigen,
Hoffnung für Hoffnungslose und Verzweifelte,
Hilf mir!«
Aber seine leeren Augenhöhlen starrten über die Kniende hinweg, aus der Tür, über das Meer, das jetzt opalfarben und durchsichtig schimmerte.
Seine steinernen Hände waren nicht geöffnet, um zu schützen, sondern unnahbar gefaltet, geschlossen wie Tore in der Nacht.
Nichts schien ihn zu erreichen.
Wie damals, in ihrer schweren Stunde, war sie allein – nicht einmal Louis war um sie.
Sie preßte ihre heißen Hände zusammen, blieb kauernd sitzen, den Kopf gesenkt.
Es wurde langsam heller.
Die Berge färbten sich blaugrau, verwandelten sich in Tiefviolett, wie das Meßgewand des Pfarrherrn bei Begräbnissen und zur Fastenzeit.
Ein rötlicher Schimmer überzog den Himmel, wurde zu flammenden Streifen, zu lodernder Glut, die sich mehr und mehr ausdehnte.
Eine tiefrote Kuppel schwebte am Horizont empor.
Das Murmeln der Wellen verstummte. Inmitten der seltsam feierlichen, gespannten Stille stieg die Sonne leuchtend hinter Weinbergen und silbergrauen Olivenwäldern empor.
Begleitet vom mächtig einsetzenden Akkord jubelnder Möwenstimmen und Vogelgesang, vom Gebell erwachender Hunde und schrillem Hahnenschrei erschien der neue Tag.
Ein warmer Hauch wehte durch die offene Kapellentür zu ihr hin.
Sie stand auf, legte den Kopf in den Nacken, schloß die übernächtigten Augen und flüsterte:

»Ich muß zu Louis, ich will sie bei ihm erwarten. Sie können mich bei ihm holen. Wenn ich seine Hand halte, werde ich ruhig und furchtlos sein.«

Louis stand an der Tür zur Werkstatt und sah zu seinem Vater hinüber.
Der Alte durchwühlte torkelnd, unverständliche Worte murmelnd, mit der scheinbar planlosen Zähigkeit Betrunkener Späne, Kisten und Schubladen, warf einen halbfertigen Stuhl um, kletterte mühsam auf den Tisch, um ein Brett an der Wand zu untersuchen, stieg herunter, nahm einen Sargdeckel auf, spähte in den Sarg, zog dann seine Okarina aus der Tasche und begann leise und traumhaft zart das Fischerlied zu blasen, diese sanfte Melodie, die wie der hüftwiegende Schritt der Männer klang, wenn sie zu ihren Booten gingen.
Der Morgen stand licht und mattblau vor dem breiten Fenster. Die letzten Schiffe glitten lautlos zwischen Nebelschleiern aus dem Hafen.
Der Vater war wieder nicht zum nächtlichen Fischfang ausgegangen, weil Monsieur gestern einen Teil der gelieferten Kisten bezahlt hatte. Das Geld von Monsieur Honoré kreiste jetzt, hellgrün schimmernd, durch seinen Körper, verwirrte seine Gedanken, schwächte seine Hände und konnte jeden Augenblick einen sinnlosen Wutanfall auslösen, wenn man ihn störte oder wenn ihm irgend etwas nicht paßte.
Er war kein böser Mensch. Aber der Absinth veränderte ihn, verwandelte ihn in einen anderen Menschen, vor dem er sich zuweilen fürchtete, weil er dann imstande war, seine eigene Arbeit kurz und klein zu schlagen.
Nun suchte er wieder nach Geld, um in das Café Royal zum Absinth zurückzukehren.
Er suchte auch jemand, um Streit zu beginnen, weil er Streit liebte, wenn er betrunken war.
Aber es war kein Mensch da, ihm zu widersprechen, niemand, an dem er seine verhaltene Wut auslassen konnte.
»Wenn du Geld suchst, Vater, es liegt oben, in der Blechschachtel – auf dem Schrank«, sagte Louis ruhig und ging zur Hobelbank.
Der Vater setzte die Okarina von den Lippen ab, sein Gesicht rötete sich und er schrie:
»Was geht's dich an, kümmere dich um deine Arbeit, ich bin hier Herr im Hause, kann machen, was mir paßt. Wem gehört der Laden, dir oder mir, eh?«
»Mir, denn ich arbeite hier Tag für Tag, von sechs Uhr früh bis zum

Rosenkranzläuten. Du tust nichts. Seit Monaten bist du nicht ausgefahren. Aber am Ersten gehe ich, dann bist du allein hier, dann gehört dir alles, und wenn du saufen willst, kannst du dich an die Bank stellen oder Fischen gehen – denn ich gehe fort. Ja, ich gehe fort, in die Stadt«, wiederholte er.
Die kleinen rotunterlaufenen Augen blinzelten unsicher. »Fort willst du, wohl nach Amerika – rüberschwimmen, weil du vielleicht glaubst, drüben ist das Paradies? Gratuliere! Du hast ja zur Genüge gesehen, was für ein Pack dort drüben wächst – Gauner, Einbrecher, der Abschaum der Menschheit –, schön, geh nur zu ihnen.«
»Nein, ich gehe in die Stadt, um dort eine Tischlerei aufzumachen. Keine Särge, nur Tische und Stühle und Bücherregale. Hier kommt man nicht weiter – aber in der Stadt – ich kenne da jemand«, er unterbrach sich, fuhr hastig fort: »Das Geld, das hier ins Haus kommt, wird in Absinth versoffen. Ich hab genug davon, schon lange. Ich will weiterkommen als du und die Mutter und als die Großeltern. Arbeit macht Freude, aber wenn Arbeit versoffen wird, dann hat die Schufterei keinen Sinn. Ich will glücklich sein –.«
Er fügte hörbar hinzu: »– in ihrer Nähe.«
Er drehte dem Vater seinen Rücken zu, machte sich an die Arbeit.
Der Vater schwieg eine ganze Weile betroffen still.
Dann sagte er plötzlich ungewöhnlich kleinlaut:
»So sind die Kinder – gehen fort und lassen die armen Eltern im Elend zurück; ein schlechter Sohn, ein verlorener Sohn – haben wir das verdient?«
Die Okarina in seinen Händen zitterte und fiel zu Boden.
»Du wirst dir den Schritt noch überlegen. Wer soll denn hier alles schaffen?«
Louis sagte kurz: »Du, natürlich. Ich gehe fort, das steht fest.«
Der Alte sagte weinerlich:
»Wenn du gut verdienst, schickst du mir was, eh?«
»Nein, nicht dir, sondern Mutter. Du weißt, wie schwer sie es hat.«
Er wandte sich ab.
»So ein Kerl, so ein undankbarer Kerl, so ein Schweinehund – jawohl, das bist du, ein Schweinehund, ein Scheißkerl, jawohl – und was für einer –«, stammelte der Alte. Von jäher Wut in Müdigkeit fallend, tastete er sich zur Tür des Schlafraumes, der fensterlos und dunkel an die Werkstatt angebaut war.
Zögernd hob er den Fuß über die Schwelle, verlor das Gleichgewicht, stolperte, fluchte und fiel auf das Lager, wo er schnarchend und Unverständliches murmelnd einschlief.
Die Tür wimmerte in den Angeln und klappte zu.

Louis beugte sich ungerührt über seinen Hobel und ließ ihn glättend über den Sargdeckel gleiten, auf und nieder; die Späne flogen, es roch nach frischem Holz; in der Ecke lehnte ein Stuhl, dem zwei Beine fehlten, eine Standuhr mußte eine neue Rückwand bekommen, die Kistenlieferung für Monsieur Honoré für die nächste Woche war erst halb fertig. Aber der Sarg mußte zuerst bereit sein, denn die alte Madame Boucher lag im Sterben, und alle Toten mußten innerhalb von vierundzwanzig Stunden begraben werden.

Jemand riß an der Klinke zur Werkstatt. Kühler Morgenwind strömte von der geöffneten Tür her zu ihm auf, er sah Angèle, lachte ihr entgegen.

»So früh kommst du schon«, sagte er und beugte sich wieder über seine Arbeit.

Sie erwiderte kein Wort, sondern ging zu ihm hinüber, nahm den Hobel aus seiner Hand und hielt sie dann fest.

Ihre Finger waren kalt und zitterten.

Er versuchte sich aus ihrer Umklammerung zu lösen, denn der Sarg würde bald abgeholt werden, aber sie ließ nicht los.

»Laß mich fertigarbeiten, er muß fertigwerden, du weißt doch sicher, daß Nanette im Sterben liegt. Der neue Lack trocknet so langsam – und die Kisten für Monsieur Honoré dort hinten –.«

»Monsieur Honoré braucht keine Kisten, er ist tot. Ich habe ihn erschlagen.«

Und als er stumm zurückwich und sie schweigend ansah, fügte sie sehr ruhig, mit heiserer Stimme hinzu:

»Ja, Monsieur Honoré ist tot. Er braucht keine Kisten mehr – er braucht nichts mehr, nur noch einen Sarg.«

Er packte sie an den Schultern und rüttelte die schmale Gestalt im dunklen Stadtkleid.

»Rede doch keinen Unsinn, Angèle. Er war gestern abend erst hier und hat fünfzig Dutzend bestellt.«

»Laß mich hier warten, bis sie mich holen. Sie sind schon hinter mir her. Laß mich warten, bitte – bei dir habe ich keine Angst.«

Er nahm den zarten Körper in seine Arme und drückte sie fest an sich.

»Sei doch vernünftig, dumme Kleine. Monsieur ist nicht tot. Du hast schwer geträumt«, sagte er unsicher; denn irgend etwas im Klang ihrer Stimme ließ ihn fühlen, daß sie die Wahrheit sprach.

Sie schloß die Augen und lehnte das blasse Gesicht an seine Schulter.

»Du bist der einzige Mensch auf der ganzen Welt, zu dem ich

kommen kann, zu dem ich Vertrauen habe, bitte, schicke mich nicht fort.«
Der Vater nebenan wälzte sich stöhnend auf seinem Lager.
»Warum hast du mir nichts davon gesagt, warum hast du das nur getan? Sie werden dich einfangen.«
»Ja, sie werden mich einfangen – sie sind schon hinter mir her.« –
»Vielleicht köpfen sie dich.« –
»Ja, sie werden mich einfangen und vielleicht köpfen«, sagte sie tonlos.
»Aber – aber – du hast vielleicht doch alles nur geträumt.« –
Der Alte fluchte laut, dann begann er, auf der Okarina seine zarten Lieder zu spielen, die er in fremden Ländern und Häfen gehört hatte, als er, Schiffsjunge und Matrose, um die Welt gefahren war.
»Du mußt dich verstecken, sie dürfen dich nicht finden«, sagte er hastig. Er blickte sich suchend um.
Die Werkstatt war ein großer, heller Raum, ordentlich, ohne dunkle Winkel. Die einzige Tür führte zur Straße hinaus, gegenüber war der Krämerladen; zwei Frauen standen erregt vor Kartoffelkörben, gestikulierten und schüttelten die Köpfe.
Sie wissen es schon, sie haben sie wahrscheinlich hereingehen sehen, dachte er in ohnmächtiger Hilflosigkeit.
»Du kannst hier nicht mehr raus, es ist zu spät, leg dich in den Sarg, ich lege den Deckel ganz leicht auf. Wenn sie dich hier suchen, werden sie sicher nicht auf den Gedanken kommen, da nachzusehen. Die Leute sehen nicht gern in leere Särge, weil die denken, daß sie selbst drin liegen könnten. Ich stelle noch ein paar Kisten davor.«
Er dachte einen kurzen Augenblick nach. Seine Hände umschlossen warm ihre kalten, leblosen Finger.
»– und weißt du was? Später gebe ich dir ein Hemd und eine Hose von mir, du verkleidest dich, und wir gehen zusammen zurück in die Stadt. Ich kann dich über die Bucht rudern. Oder noch besser, du gehst vorläufig allein, damit sie nicht Verdacht schöpfen, wenn wir beide verschwinden.«
Sie hob ihre Hand und strich sehr leicht und sehr langsam über seine Stirn, wie eine alte, müde Frau, mit einem leisen, mütterlichen Lächeln.
»Du bist sehr gut, Louis. Aber sie wissen es ja alle schon. Und sie werden mich finden, auch wenn ich mich verstecke oder verkleide. Zuletzt bekommen sie mich doch. Überall und immer. Zuerst bin ich fortgelaufen. Aber jetzt weiß ich, daß es keinen Zweck hat. Ich will nicht gehetzt werden.«

»Warum hast du es getan, gerade jetzt, wo du reich und glücklich bist?«
»Ich wollte ihn nicht töten. Ich hatte mir ausgedacht, ihn arm zu machen; aber als ich von Mutter hörte, daß meine Schwester jetzt ein Kind von ihm bekommen wird, und als ich gesehen habe, daß er sie schlagen wollte, da mußte ich ihr doch helfen gegen ihn. Die Eisenstange stand im Weg, in der Tür, als ob jemand sie für mich hingestellt hätte – handlich hingestellt für mich, für ihn –«, wiederholte sie mit ihrer heiseren, müden Stimme.
»Wer wird jetzt Kisten kaufen?« fragte er.
»Meine Eltern vielleicht. Heute abend kann Vater schon mitsteigern. Ich werde nicht dabei sein, denn bis dahin haben sie mich längst geholt.«
»– und ich wollte doch zu dir in die Stadt kommen und dort arbeiten, Angèle.«
Sie schien seine Worte nicht gehört zu haben.
Sie begann zu frösteln, sagte laut und eindringlich, die zitternden Finger fest zwischen seinen Händen:
»Ob sie mich köpfen oder für mein Leben lang einsperren, ist mir gleichgültig. Mir ist alles gleich. Er ist tot. Das ist die Hauptsache. Wenn er weitergelebt hätte, wäre es immer so weitergegangen wie bisher. Immer wieder hätte er Kinder verführt – mit Schokolade und süßem Wein – und schönen Strümpfen. Jetzt kann er nicht mehr sagen, komm heut abend zu mir, es gibt was Gutes. Ich zeig dir was Schönes – ich weiß, wie das ist. Und wenn er satt und besoffen ist, dann – du weißt ja. Wie bei mir, wie bei Juliette, wie bei allen anderen, die ihm gefielen. Und hinterher ist ihm alles egal. Ob es verreckt oder verhungert, ob es krank ist oder stirbt, ob man es ins Wasser wirft oder ins Waisenhaus gibt – oder ob man es in der Stadt an kinderlose reiche Leute verkauft – alles egal, alles egal – wenn er sich nur gut amüsiert hat. Und das kann er jetzt nie mehr tun, nie mehr. Das ist nun alles für immer vorbei – und das ist gut so. Ich bin eine Mörderin, Louis, ekelst du dich vor mir?«
Sie öffnete die Augen und blickte ihn forschend an.
»Ich bin eine Mörderin, Louis, eine Mörderin, ekelst du dich vor mir?«
Er schlang seine dünnen, muskulösen Knabenarme um ihre Schultern, zog sie fest an sich, spürte ihren Körper durch das dünne Kleid an dem seinen.
»Ich habe dich doch so gern, Angèle. Und wenn man jemand liebt, liebt man immer und alles. Ich habe so lange auf dich gewartet –«, er hielt sie so fest an sich gepreßt, daß sie atemlos, halb erstickt sagte,

mit der warmen, bewußten Hingabe einer reifen Frau:
»Du bist der einzige Mann, vor dem ich keine Angst habe. Monsieur Verres, der alles wußte und von dem ich so viel gelernt habe, hat mir oft gesagt, daß ich keine Angst mehr haben werde, wenn ich jemand erst wirklich liebe. Vielleicht liebe ich dich, aber ich bin ja eine Mörderin. Warum machst du mir keine Vorwürfe?«
Sie begann mit einem Male zu zittern, trotzdem die Morgensonne auf ihrem Rücken brannte.
Er sagte ruhig und langsam, in die Stille des hellen Raumes hinein:
»Ich verstehe dich und liebe dich – und ich weiß, was für ein böser Mensch er war. Es ist eigentlich ganz gut, daß er endlich tot ist. Aber was wird aus dir – und aus uns?«
Er schob sie ein wenig von sich fort, legte den Kopf an ihre Schläfe und streichelte sie:
»Ich verstehe dich und weiß, wie alles hier war. Aber die in der Stadt lieben dich nicht und kennen dich nicht. Ob sie dich und alles hier verstehen werden?«
Sie sagte leise und unruhig:
»Sie – sind schon ganz nahe – es kann nicht mehr lange dauern – jeden Augenblick können sie hier sein – ich spüre es.«
»Vielleicht wird es nicht so schlimm für dich ausgehen, wenn du ihnen genau erzählst, wie alles war. Vielleicht verstehen sie dich doch«, versuchte er, sich selbst zu beruhigen.
Und als sie schwieg, in seinem Arm vornübergeneigt, angestrengt lauschend, denn von irgendwoher aus der Ferne kamen Stimmen, Geräusche und Unruhe, fügte er hastig hinzu:
»Ja, jetzt wird er wohl in den Sarg kommen – sicherlich – ich muß ihn schnell fertig machen und den neuen für die Alte anfangen.«
Sie warf ihre Arme um seinen Hals und drückte ihr Gesicht gegen das seine:
»Du mußt dich um Juliette kümmern. Ich schreibe an den Notar, daß er euch hilft und Geld gibt. Am besten wäre es, wenn du in mein Haus ziehen könntest. Hier ist der Schlüssel. Ich schreibe dem Notar, daß ihr beide, du und Juliette, dort wohnen könnt. Euch gehört jetzt alles, aber ich muß es aufschreiben – du mußt eine schöne Wiege für Juliettes Kind machen. Mutter tut mir leid; aber Vater wird schon weiterkommen, er hat ja genug Geld für den Anfang –«, sie atmete tief auf, hielt den Atem an und lauschte. »Warten ist furchtbar, Louis. Ich wünsche beinahe, daß sie mich schon gepackt hätten.«
Eine Menschenmauer schob sich jetzt lärmend und rufend die Gasse entlang; erhobene Arme wiesen auf die Werkstatt, das breite

Fenster war mit einem Male verdunkelt. Kopf an Kopf, die Stirnen an die Scheiben gepreßt, mit offenen Mündern, starrten sie herein. Eine tiefe Stille entstand.
»Soll ich sie niederschießen – ich habe noch drei Schuß in meiner Pistole?« fragte er.
Sie schüttelte den Kopf.
Ein leises, mütterliches Lächeln zuckte für einen Augenblick um ihren Mund.
»Aber Louis, sei doch nicht so kindisch – drei Schuß gegen das ganze Dorf. Da sperren sie dich nur auch ein, und du mußt doch jetzt für Juliette sorgen – und dich um den Garten und das Haus kümmern.«
Die Tür wurde aufgerissen, zwei Gendarmen blieben rechts und links vom Eingang stehen.
Sie trugen Gewehre mit aufgepflanztem Bajonett, Revolver steckten in ihren Gürteln.
Der eine fragte kurz: »Sind Sie Angèle Dufour?«
Sie ging von Louis fort zur Tür, ihnen entgegen.
»Ich habe ihn getötet.«
Ein kleiner Junge schrie laut und rauh in die tiefe Stille: »Sie haben sie, sie haben sie, sie haben Angèle geschnappt!«
Louis machte einen Schritt vorwärts, stellte sich neben Angèle und sagte halblaut und heiser:
»Alle Menschen, alle Dorfbewohner werden als Zeugen zum Richter kommen und aussagen, was für ein Mensch er war, und wie er uns alle gequält hat, und wie wir uns nicht wehren konnten, und was er mit den Mädchen getrieben hat, die ihm gefielen – ihm hätte man das Handwerk längst legen müssen, dann wäre das alles nicht passiert.«
Er zitterte vor Erregung.
Der Gendarm nahm keine Notiz von ihm, sondern trat vor und wollte Fesseln um ihre Handgelenke legen.
Louis stieß ihn zurück und riß sie ihm heftig aus den Händen:
»Sie tun ihr weh, lassen Sie sie«, schrie er erregt.
Der Gendarm schob ihn zur Seite, lächelte und nahm ihm die Eisenringe wieder ab, klappte sie mit geübtem Griff um Angèles Handgelenke, die sie ihm hinhielt.
»Und du, Bursche, halt's Maul und misch dich nicht ein, sonst nehmen wir dich auch gleich mit, sei ruhig, weitergehen da draußen, Platz machen, hier ist nichts zu sehen. Wir haben sie schon, Herrschaften«, sagte der Gendarm an der Tür und versuchte, die Neugierigen fortzudrängen.
»Platz machen, hört ihr mich nicht, seid ihr alle taub, eh?«

»Ich laufe nicht fort, ich habe hier auf Sie gewartet«, sagte Angèle sehr ruhig.
Ihre ausgestreckten Hände sanken unter dem Gewicht der Fesseln herab, sie sagte im Fortgehen, über ihre Schulter hinweg:
»Vergiß mich nicht, ich habe nur noch dich und Juliette.«
Und als sie sein verstörtes, blasses Gesicht sah, fügte sie mit dem Abglanz eines Lächelns hinzu:
»Nicht traurig sein, du siehst ja, ich weine nicht einmal.«
»Vorwärts, vorwärts! Marsch, keine Zeit verlieren«, sagte der Gendarm und schob sie durch die Menschenmauer, die widerwillig Spalier bildete.
Die Hände vor sich haltend, an einer Kette vom Gendarm geführt, schritt sie in ihrem dünnen Seidenkleid, den verstaubten, zerkratzten Stöckelschuhen an den Leuten vorbei.
Wie aus weiter Ferne, wie hinter Nebelschleiern sah sie die Gesichter ihrer Eltern und Juliette, die sie neugierig wie die andern Dorfleute anstarrten.
Sie nickte der Schwester zu.
Aber Juliettes Antlitz blieb unbeweglich und stumpf unter dem schimmernden Helm ihres Haares, in dem die Sonne kleine goldene Funken entzündete.
Eine Frauenstimme sagte dicht neben ihr:
»Armes kleines Mädchen!«
Sie blickte sich um, sah die Landstreicherin Lommes mit ihrem Lumpenbündel ihr zulächeln, spürte die alte Hand leicht über ihren Arm streichen.
»Vorwärts! Keine Zeit verlieren! Los, los – Platz machen, bitte!« sagte der Gendarm laut und zog sie an der Kette vorwärts.
Die Tür der Schreinerwerkstatt fiel knarrend ins Schloß.
Die Menschenmauer schob sich dichtgedrängt weiter, die Gasse entlang, der Raum wurde wieder hell, sonnenerfüllt und freundlich.
Die Stimmen der Neugierigen, die die kleine Gruppe so umdrängten, wie sie sich an Feiertagen an Marktbuden entlangschoben, wurden leiser und leiser. Dann erloschen sie.
Louis wandte sich um, der Hobelbank zu, nahm den Hammer auf und begann zu hämmern.
Mit jedem Schlage, den er weit ausholend auf den Sargdeckel niederfallen ließ, sagte er laut in die jäh entstandene Stille, während nebenan der Betrunkene unbekümmert seine zarten Lieder aus fernen Ländern spielte:
»ICH WARTE AUF DICH!«

Wenige Monate später konnte man in einigen Zeitungen eine kurze Notiz lesen:
»Die des Totschlages an ihrem früheren Chef angeklagte Sardinenpackerin Angèle Dufour wurde vom Schwurgericht einstimmig freigesprochen.«

# MENA

Der zwiebelförmige Kirchturm wies mit seiner Spitze zum Morgenhimmel, auf dessen graublauem Samt ein Stern verlöschend flackerte.
Metallene Glockenseufzer wehten über niedrige, wie aus dem Erdboden gewachsene, breitspurige Bauernhäuser mit grünen Läden und Balkons, auf denen Geranien glühten, bis zu den violetten Felsgipfeln. Dann erzwangen die Glockenseile den vorgeschriebenen Rhythmus, kündeten das Ende der Frühmesse.
Die Kirchenfenster, hinter denen eben noch goldenes Kerzenlicht geflackert hatte, wurden wieder grau wie der kühle Atem des dunklen Sommertages.
Die schwere Kirchentür knarrte, und gleich Schemen der vergangenen Nacht huschten einige alte Leute, meist Weiber in schwarzen zeitlosen Gewändern, heraus, Wolltücher um Kopf und Schultern, vergriffene Gebetbücher in pergamentfarbenen Händen und einige Männer in zu lang gewordenen und zu weit gewordenen Joppen.
Sie gehörten zur Kirche wie Altar, Meßgewänder, Weihrauch, diese Greise und Greisinnen mit ihren zerfurchten Gesichtern. Der Pfarrherr konnte mit ihnen zu jeder Jahreszeit rechnen. Sie kamen bei jedem Wetter, Minderheit einer aussterbenden Generation, denen der Sonntag noch heilig, ein Segen wichtig, der Glaube Mittelpunkt ihres Lebens war.
Sie knieten jeden Morgen, noch ehe der verschlafene Meßbube die Kerzen entzündete, auf jenen Plätzen, auf denen sie schon als Kinder neben den Eltern gekniet hatten, die Häupter über gichtgekrümmte Finger mit dem Rosenkranz gebeugt.
Nur wenige vermochten bei der Kollekte mehr als ein kleines Geldstück in den Beutel zu geben, denn der Ertrag ihrer Arbeit war die Ernte ihrer Felder gewesen. Ihre Nachkommen säten und ernteten jetzt, schienen eine andere Sprache zu sprechen, hantierten mit fremdartigen, lärmenden Geräten, die diese Alten mißtrauisch und ein wenig ängstlich betrachteten, weil alles so viel rascher wie zu ihrer Zeit ging – aber war es auch besser?
Außer ähnlicher Kleidung, gebückter Haltung, mühselig atemlosem Humpeln und Gebrechlichkeit hatte dieser kleine Trupp etwas gemein: Sie spürten unbewußt das Ende ihres Erdenlebens, ohne es sich einzugestehen, auch wenn zuweilen bemerkt wurde, jetzt könne es nicht mehr lange dauern, in der verstohlenen Hoffnung, der Unerbittliche, der Unvermeidliche würde sie beim nächsten

Rundgang übersehen. Deshalb versuchten sie auch, durch kleine Geldopfer die Vorsehung zum Hinauszögern jenes endgültigen Augenblicks zu bewegen: Ich geb Dir was, laß mich noch eine Zeit herunten, denn trotz allem hatte dies Leben noch etliches Lebenswerte, war Gewißheit, auch wenn der Pfarrherr immer wieder verkündete, daß es im Paradies schöner als hier auf Erden sei – vorausgesetzt, daß man *das* tue, was er immer wieder erwähnte: viel beten, ein Opfer bringen, Kerzen entzünden, deren goldener Schein ihre Gebete beschleunigt emportrügen – eben all *das* tun, was die neue Generation mit überlegenem Lächeln ablehnte.
Die Wutzlingerin war an diesem Morgen inmitten der Alten, die mit fröstelnd zusammengezogenen Schultern die Kirche verließen. Sie kam von einer schweren, nächtlichen Entbindung, hatte gerade noch das letzte »und gebenedeit ist die Frucht Deines Leibes – bitt für uns arme Sünder jetzt und in der Stunde unseres Absterbens« gehört und den Endsegen des Pfarrherrn über die Knienden erhalten.
Jetzt wanderte sie mit den Alten die stille Dorfstraße entlang. Nichts war zu hören als das Schlurren mühselig nachgezogener Füße in derbem Schuhwerk und die Stimme der senilen Anna, die unaufhörlich »Amen-Amen« plärrte, während sie in groteskem Hüpfgang vorwärts stolperte.
In Kleidung und Haltung glich die Wutzlingerin schon ein wenig den Alten, die atemlos, seufzend nach Hause strebten, obwohl ihr Gang noch rasch, ihr sonngebräuntes Gesicht noch etwas glatter, ihre Augen nicht fahl und teilnahmslos, sondern aufmerksam und beobachtend waren, Augen, denen nichts entging.
Obwohl Altersmüdigkeit und Erschöpfung ihr bisher unbekannt gewesen, spürte sie doch heute, zum ersten Mal, nach der langen, durchwachten Nacht neben einer schwer Erstgebärenden, jene Müdigkeit, die sie bisher nur vom Hörensagen kannte, von Ratsuchenden, die sie »meine Patienten« nannte und bei denen sie als »Kräuterheilkundige und überhaupt recht wissend« galt, denn sie war wie ihre Mutter und ihre Großmutter durch diese besonderen Kenntnisse zu einer Persönlichkeit geworden, von der man sich beraten und behandeln ließ. Man ging zuerst zur Wutzlingerin, wenn man sich krank fühlte, sparte die Reise in die Stadt zum Arzt. Manche Leute behaupteten, sie wisse besser Bescheid als einer von den Studierten. Auch der Bezirksarzt gab auf ihr Urteil, seitdem sie ihn mit ihrer besonderen Kräutermischung behandelt hatte.
Müd bin ich heut, furchtbar müd, so müd wie noch nie, dachte sie.
Die schwarze Wachstuchtasche schien heute so schwer wie ein

angefüllter Rucksack. Dabei enthielt sie nur jene wenigen Requisiten, die sie seit Jahrzehnten zu jeder Entbindung, jeder Nachtwache am Krankenbett, zu jedem Leichenauslegen mitnahm: eine Flasche Wundtropfen, Wehentrank, Kreißsalbe, einige kleine Beutel mit Kräutern, die ihr streng gehütetes Geheimnis waren und stets nur mit »ist gut für dich« bezeichnet wurden, um weitere Fragen auszuschließen, eine blecherne Tasse auf der in verblaßten Goldbuchstaben »Zur Erinnerung« stand, einen weißen Kittel und ein weißes Kopftuch, das sie bei jedem Dienst kunstvoll wie eine Schwesternhaube knotete.
Heut spür ich mein Jahr, obwohl ich den Sechziger noch nicht erreicht hab. Aber wenn die Kleider zu weit werden, die Füß wie Bleiklumpen sind, wenn die Schuh zu eng und zu schwer, der Kopf leer, daß man nimmer recht denken kann und schlafen möcht, ist's Zeit, daß man die Händ in den Schoß legen und sich still hinhocken sollt. Aber zuerst muß mein Mena-Kindel gut versorgt sein, am besten verheiratet, mit einem schönen Sparbüchel.
Philomena, auf Ferienbesuch aus dem städtischen Institut, war bei der Vorsteherin als Beamtentochter gemeldet. In Wirklichkeit war sie, vor fünfzehn Jahren, in einer stürmischen, dunklen Winternacht von einem Handlungsreisenden gezeugt worden. Er hatte es, redegewandt, wie er seine Warenproben anpries, erreicht, bei ihr zu schlafen.
Er war bereits weitergezogen, als sie von dieser einzigen Liebesnacht in ihrem Leben erwachte, wenn man dies überhaupt eine Liebesnacht nennen konnte. Sie hatte ihn nie wiedergesehen, wußte nicht einmal seinen Namen, wußte nicht, woher er gekommen. Mena war Beweis jener Nacht, an die sie sich nur flüchtig und ungern erinnerte.
Die alten Leute verschwanden in ihren Häusern. Der greise Franzl im Armenhaus, in dem kürzlich ein Totschlag geschehen war, als zwei alte Männer nachts zur gleichen Zeit dasselbe Gefäß benützen wollten. Sie waren in Streit geraten, der eine Alte hatte den anderen erschlagen, ein Ereignis, das wochenlang Gesprächsstoff gewesen war und sogar in der Stadtzeitung ausführlich geschildert wurde, nachdem ein Reporter das abgelegene Dorf aufgesucht hatte.
Nur die senile Anna humpelte jetzt noch, »Amen, Amen« murmelnd, hinter ihr her bis zum Marterl für die Großbauerntochter, die vor Jahren beim Kühehüten vom Schlag getroffen wurde, kehrte dann kichernd in ihrem seltsamen Hüpfgang um, rief ihr Unverständliches nach.
Die Wutzlingerin ging allein weiter.

Ein junger, buntfarbener Hahn, der regungslos auf dem Gatterpfosten hockte, breitete seine Flügel plötzlich aus und grüßte den neuen Tag mit heiserem Schrei.
Die Bergspitzen hatten ihre kardinalfarbenen Gewänder abgelegt, ihre kleinen, von der Sommersonne geschrumpften Schneehüte glitzerten silbern.
Irgendwo sang eine Männerstimme, Rauchwolken stiegen aus Schornsteinen, ein Pferd wieherte, Eimer klirrten. Es roch nach Dung, feuchtem Gras, Tannenduft wehte vom Wald her. Ein Schmetterling erhob sich vom goldenen Kelch einer Butterblume, entschwand im Opaldunst, der noch über den Feldern schwebte.
Aber die Wutzlingerin spürte in dieser spätsommerlichen Symphonie mit ihren geschärften Sinnen doch schon jene leise, kühle Bitternis, die jede Reife in ewiger Wandlung aller Dinge in sich birgt – den nahen Herbst.
Ja, es herbstelt schon, durchfuhr es sie.
Bald muß die Mena wieder fort, in die Stadt zurück, zur Weiterbildung. Wie kurz war immer die Ferienzeit. Wie gut, das Kind hier zu haben, auch wenn Mena diesmal verändert war, seltsam verschlossen und ablehnend.
Vielleicht wirds einmal eine Lehrerin, obwohl sie's selbst net so recht will; was Mena wollte, sagte sie nicht, nur hin und wieder ein kryptisches: »Ich habe besondere Pläne«, ohne Näheres zu verraten.
Sie blieb Atem schöpfend stehen.
Müd bin ich heut, wie noch nie, grad heut, warum bloß.
Aber ich darf net nachlassen, bis das Mena-Kind versorgt ist, muß weiter arbeiten, muß sparen, um die Bildung zu bezahlen. Soll's besser haben, wie ich's gehabt hab.
Kein gutes Zeichen, wenn der Mensch kurzatmig wird. Bisher hab ich die Steile zum Haus überhaupt nie gespürt. Aber heut wird's mir *so* schwer.
Sie starrte auf den fetten Mistkäfer, der mühselig kleine Hindernisse, Steinchen und Erdklumpen überwindend, ihren Weg kreuzte.
Dem geht's wie mir. Möcht auch schon daheim sein, Schuh ausziehen, mich niederlegen, bisserl schlafen, wenn keine Leut auf mich warten.
Aber am Montag kamen immer Ratsuchende, ihre Patienten.
Vom jenseitigen Ufer des schmalen Baches kläffte ein Hund. Gleich darauf kroch der Dorftrottel Maxi auf allen vieren aus dem Gebüsch, in dem er sich oft verbarg, durch das seichte Wasser auf sie zu, fletschte gelbe Zahnstumpen, starrte sie aus rotumränderten

Glotzaugen an, hob das Bein gegen sie, machte ein leis zischendes Geräusch.
»Weiß schon, Maxi, bist ein brav's Hundel, sehr brav, aber jetzt lauf heim und friß eine Wurst.«
Sie schob ihn beiseite, ging weiter, aber er blieb neben ihr, trottete kläffend und knurrend bis zum Gatter.
»So, jetzt ist's genug, lauf heim, sonst gibt's Schläg«, sie hob drohend die Tasche. Er knurrte, hob wieder das Bein, trottete schließlich kläffend die Straße entlang.
Und sowas wird einer Mutter geboren, die fünf Gesunde hat. Und ich hab mich bei seiner Geburt noch soviel geplagt, damit er am Leben bleibt. Warum wohl setzt der Herrgott sowas für arme Leut in die Welt?
Die Klingel unter dem schmalen Dach schlug blechern an, als sie das Gatter zuschlug. Es war gut, nach Hause zu kommen. Ein schönes Heim, ein schönes Kind, immer Arbeit und Verdienst, von allen geachtet.
Die bunten Zierkugeln auf ihren langen Stecken im Rosenbeet spiegelten verzerrt ihre Gestalt wider: den schlanken, sehnigen Körper, breite, gerade Schultern, sonngebeiztes, ein wenig starres Gesicht unter blondem von grauem Netz überzogenen Haar, porzellanfarben blaue Augen, tiefe Falten um den Mund.
Ein altes Weib mit einem jungschönen Kind.
Ich bin wohl ein glücklicher Mensch – aber soviel müd.
Sie überblickte den kleinen Garten, die Blumenbeete, die hellgrün glasierten Salatköpfe, samtene, gelbrosa Pfirsiche, die gigantischen Blutstropfen reifer Tomaten am Spalier, Stachelbeeren, die ihre rauhe Hülle abgelegt hatten, die rubinfarbenen Johannisbeertrauben.
Bienen summten eintönig von Kelch zu Kelch.
Die Kröte hockte wie immer an ihrem Platz neben dem Asternbusch. Ihr Kropf pulsierte wie ein Blasebalg, die goldenen Augen starrten ins Leere; sie schnappte eine Blaufliege, verschlang sie gemächlich.
Mechanisch strich die Wutzlingerin über das blanke Messingschild neben der Tür, entfernte ein paar Staubfäden, verscheuchte einen Marienkäfer, der über die Inschrift kroch:

KATHARINA WUTZLINGER
APPROBIERTE HEBAMME

Ja, ich hab ein gutes Leben, muß nur immer Vergeltsgott zum Herrgott sagen, dachte sie und schrak im selben Augenblick zusammen, weil sie etwas hinter sich spürte, als wehe ein kühler Windzug

aus sommerlicher Wärme über ihren Nacken.
Sie blickte um sich.
Niemand war zu sehen, bis auf eine Amsel auf dem Gartenzaun und lärmende Spatzen im Birnbaum.
Wenn man so müd ist, spürt man oft etwas. War eine lange Nacht, aber jetzt kann ich ausruhn – wenn keine Leut warten.
Sie öffnete die Tür, ging in die von warmem Dunst erfüllte Küche.
Die Magd Leni brühte gerade Kaffee auf: »Viere hocken schon drüben. Und eine Auswärtige aus der Stadt, die wo noch nie da war. Hab denen gesagt, daß die Frau über Nacht bei der Arbeit war. Sie möchten später kommen oder am Nachmittag. Aber sie bleiben stur hocken, als obs mich nicht hören täten. Wenn ich die Leut so seh, wies daherkommen, denk ich mir jeds Mal: sie kommen daher, als wenns pilgern täten. Mich freut's, wenn ein Geschäft geht, ganz gleich was für eins, wenn ich wo im Dienst bin, auch wenn ich nix davon hab wie meinen Lohn. Ja, ich mag ein guts Geschäft. Mir paßt's, wenn sich was rühren tut –.«
»Schon recht, Leni.«
»Der Auswärtigen ihr Wagen steht drüben – wohl ein schöner Wagen.«
»Gib mir rasch meinen Kaffee, bin todmüd.«
»Die Frau sollt sich niederlegen, ich schick die Leut fort – oder sollens halt warten –.«
»Nein, ich versorg sie schon noch. Kann mich nachher ausruhn.«–
Sie schob sich hinter den Tisch im Herrgottswinkel unter das große mit Strohblumen geschmückte Kruzifix, stützte ihr Gesicht in die Hände, schloß ihre Augen.
»So müd – so müd –«
Leni sah aus dem Fenster, als die Gatterklingel schrillte:
»Schon wieder kommt einer daher. Jetzt sag ich's aber doch denen, daß die Frau zu müd ist, schrei's ihnen in ihre Ohren, auch wenns so tun, als obs mich net hören. Ist eh zuviel Arbeit für eine, die wo nimmer jung ist.«
»Laß sie bleiben, leg mich später nieder. Und mein Alter brauchst mir net vorhalten, spür eh, wieviel Jahr ich auf dem Buckel mitschleppen tu –«, sie gähnte, atmete tief, »ich werds abfertigen, dann hab ich meine Ruh.«
Leni legte den Brotlaib auf den Tisch, zeichnete ein Kreuz mit dem Messer, schnitt einige Scheiben ab, schob Butter, Milch und Tasse vor sie hin.
»Ist die Mena schon wach oder schläfts noch, soll sich ausschlafen,

solang sie mag –«, sagte sie, als der Kuckuck im Schweizerhaus die kleine Tür aufriß und sich achtmal verbeugte.
Leni gab nicht gleich Antwort, sondern goß ihr die dunkle Brühe ein, wandte sich dann dem Herd zu und begann, die Platte sorgfältig zu putzen.
»Schläft die Mena noch, frag ich?«
»Das Fräulein war bereits herunten und hat sich dann wieder in die Federn gelegt.«
»Hats ihren Kaffee gehabt?«
»So gegen siebene wars herunten.«
»Obs ihren Kaffee gehabt hat, frag ich.«
Wieder antwortete Leni nicht gleich, sagte schließlich langsam:
»Aber gesehn hab ichs doch, wenns auch vielleicht geglaubt hat, ich habs net gesehn –«
»Was hast gesehn, red doch net so blöd umeinander.«
»No, was das Fräulein hinter den Johannisbeerstauden getan hat – war wohl net das erste Mal.«
Die Wutzlingerin sprang auf, schrie sie an:
»Was ist jetzt, ha? Kannst net richtig antworten, wenn ich dich frag. Was ist mit der Mena und den Stauden?«
Leni faltete das Putztuch betont langsam zusammen, legte es fort, setzte sich an den Tisch, schnitt sich eine dicke Brotscheibe ab, teilte sie in kleine Würfel, legte sie in die Tasse und goß Kaffee und Milch darüber.
Dann begann sie schweigend zu löffeln.
Die Wutzlingerin blickte sie unsicher an: »Was ist jetzt. Spiel dich doch net so auf und antwort. Hast der Mena das Frühstück hergerichtet, wie ich's dir gestern abend angeschafft hab, ha?«
»Hergerichtet schon. Das Fräulein hat ihr Frühstück gehabt – aber –«.
»Aber was, so red doch!«
»Aber behalten hat sie's net. Mußt gleich hinaus laufen und brechen, hinter den Johannisbeerstauden.«
»Hast genau gesehn, daß sie gebrochen hat?«
»Ganz gewiß. Und nachher ists zum Gatter hingelaufen, weil der Ochsenwirt-Hansl ihr gepfiffen hat, wie er aufs Feld gefahren ist. Der ist ja hinter ihr her, ganz narrisch. Aber unterm Reden mit ihm hat sie's wieder derpackt, und sie mußt schnell wieder hinter die Stauden und später ists dann hereingekommen und hat gesagt, ›mir ist nicht ganz gut, ich lege mich wieder hin‹, hats gesagt. Und jetzt liegts noch immer in den Federn und nix rührt sich heroben« – sie wies mit dem Löffel zur Küchendecke, – »sogar ihr Radiokasterl hats

heut net aufspielen lassen wie so sonst immer in aller Herrgottsfrüh«; sie zögerte, fügte hochdeutsch hinzu: »Ich glaube, es ist nicht das erste Mal, daß es ihr zustößt.«
Die Wutzlingerin blickte vor sich hin: »Soll sich ausschlafen. Hat wieder einmal zuviel rohes Obst gegessen, ißt's ja so gern, hat sich den Magen verdorben.«
»Könnt sein, wollen's hoffen.«
»Was meinst damit?«
»Was ich halt so mein, weiter nix.«
Sie fragte nicht weiter, stand auf. »Ich geh jetzt die Leut versorgen, störs net, laß sie schlafen, hat Ferien.«

Die Tür, an der ein Zettel »Wartezimmer« hing, wurde geöffnet, und ein älterer Mann in schweren Schaftstiefeln stapfte herein, wünschte allerseits Guten Morgen, erhielt keine Antwort und setzte sich schwer atmend auf einen der an der Wand aufgereihten Stühle.
Der Raum war lang, schmal, die Luft drückend dumpf, das einzige Fenster war geschlossen.
An einer Wand hing ein Buntdruck »Christus heilt Kranke«, an der anderen ein Marienbild, auf dem rosarote dickliche Engel die Muttergottes in grellblauem Faltengewand umschwebten.
Vier Bauernweiber hockten regungslos auf ihren Stühlen, schwerfällig, ein wenig erhitzt, ein wenig schläfrig. Die eine hielt ein Kind auf dem Arm, dessen unförmig großen Kopf mit fahlen, ausdruckslosen Augen sie stützen mußte, weil der dünne, stengelartige Hals ihn nicht aufrecht zu halten vermochte.
Die städtisch Gekleidete nahe dem Fenster räusperte sich:
»Muß man immer so lange warten?«
Sie erhielt keine Antwort.
»Ich habe nämlich meinem Chauffeur gesagt, es lohnt sich nicht für ihn, in die Wirtschaft zu fahren, weil es höchstens eine halbe Stunde dauern kann. Jetzt warte ich schon über eine Stunde, bin extra früh gekommen, und er wartet noch immer draußen, er wartet nicht gern, er ist Jugoslawe –.«
»Muß halt weiter warten wie wir auch«, bemerkte der ältere Mann und starrte fasziniert auf ihre schlanken Schenkel unter dem kurzen Rock.
»S' warten tut sich aber schon lohnen. *Sie* kennt sich aus, besser als wie ein jeder Arzt«, bemerkte ein altes Weiblein in schwarzem Kopftuch.
»War heut die ganze Nacht bei einer Wöchnerin, hat die Leni

gesagt. Kann sein, daß sie erst bißerl ausrasten tut. Aber ich wart gern«, bemerkte eine Frau.
Man stimmte ihr zu.
»Erst neulich hats der Anna vom Bäcker ihre schlechte Haut kuriert. Ganz fleckig wars schon, ganz grauslich zum anschauen. Der Professor im Spital in der Stadt hat ihr auch net helfen können. Nur die Wutzlinger-Kathi hat's geschafft«, erklärte die Frau mit dem wasserköpfigen Kind.
»Sogar beim Spezialisten braucht man nicht *so* lange zu warten wie hier auf dem Land«, bemerkte die Städtische.
»Kennt sich besser aus als wie so ein Spezi oder wie mans heißt«, bestätigte der ältere Mann.
»Krebs kanns auch kurieren«, sagte eine Frau.
»Krebs ist unheilbar, und wer behauptet, daß er heilbar ist, läßt sich eben düpieren«, stellte die Städtische fest und zog den kurzen Rock etwas höher, was der ältere Mann mit tiefem Interesse beobachtete. Sie wollte ihrer Behauptung noch etwas hinzufügen, wurde aber von einem Protestchor unterbrochen, der das Loblied der Wutzlingerin anstimmte.
Der Raum war mit einem Male erfüllt von erregten Berichten über wunderbare Heilerfolge. Geschwüre, geschwollene Gliedmaßen, innere Beschwerden, Schmerzen, Husten waren kuriert worden. Schwerkranke, »schon in den letzten Zügen Liegende« waren durch das Eingreifen der Wutzlingerin und ihre Heilkräuter dem Leben zurückgegeben worden und durch etwas, was mit ehrfürchtig gedämpfter Stimme mit »weißt schon, was ich mein« jedoch nicht näher bezeichnet wurde, von dem aber alle, außer der isoliert abseits sitzenden Städtischen wußten, was gemeint war.
»Aber Krebs ist und bleibt unheilbar, das ist eine Tatsache«, sagte die Städtische überlaut, als die Lobpreisungen verklungen waren.
»Brauchst net so laut schreien, daß man's bis ins Dorf hinein hört«, sagte der ältere Mann vor sich hin.
Zwei Frauen begannen den Fall einer »schwer Krebsigen« zu besprechen, die völlig kuriert war, geheiratet und drei pumperlgesunde Kinder besaß.
»Dann war's eben kein Krebs, sondern ein harmloses Gewächs«, warf die Städtische ein.
»Warum kommen S' dann jetzt überhaupt daher, wenns nix glauben. Warum bleiben S' net dort, wo S' ansonsten sind, ha?« erkundigte sich der ältere Mann.
»Der Grund meines Kommens ist meine Privatangelegenheit. Man soll alles versuchen, solange man sich selbst keinen Schaden antut«,

sagte die Städtische und fügte einige Worte in einer Fremdsprache hinzu, was den älteren Mann erregte:
»Und wann S' noch soviel kinesisch oder sonstwas daherreden. Wir wissen, was wir wissen und damit punktum«; zur Bekräftigung spuckte er in weitem Bogen auf den Fußboden.
»Wie unhygienisch«, bemerkte die Städtische.
Schweigen entstand.
»Ja, ja, leicht hat die Kathi es nicht mit der Mena. Ist eine Richtige. Tut auftreten und umeinandersteigen mit den Burschen.«
»Habs erst gestern wieder mit dem Sepp gesehn. Sonst gehts immer mit dem Ochsenwirt-Hansl.«
»Mag die Abwechslung, scheints.«
»Geht aber doch mehr mit dem Hansl, mein ich.«
»Kost der Kathi einen Haufen Geld, das Institut in der Stadt.«
»Erst fünfzehn oder kaum und tut sich wie eine von zwanzig.«
»Wenns nur das Umeinandersteigen und Großtun in der Stadt herinnen gelernt hat, ist das sauer verdiente Geld von der Kathi zum Fenster herausgeworfen.«
»Auf Lehrerin solls studieren, sagt die Kathi.«
»Bis jetzt scheint studierts sich die Natur. Aber blitzsauber ists, das muß man schon sagen – und wissen tut sie's auch«, bemerkte der ältere Mann.
»Dir tät's wohl passen, Saubartl, ha?« sagte die Frau mit dem wasserköpfigen Kind.
»Hat vielleicht das unruhige Blut vom Vater. War ja ein Auswärtiger, vielleicht ein Ausländer, weils gar net so ausschaut, wie eine von den Unsrigen«, bemerkte die alte Frau mit zittriger Stimme.
»Frau Wutzlinger hat scheinbar eine moderne Tochter, wie die jungen Mädchen eben heutzutage sind«, versuchte die isoliert auf ihrem Stuhl sitzende Städtische sich einzuschalten.
Man nahm keine Notiz von ihr.
»Hätt besser dahier bleiben sollen.«
»Wär billiger und besser.«
»Wär unter Aufsicht wie sichs gehört.«
»Ich seh nix Guts nicht kommen – wenn sie's jetzt schon so treibt, was wird in ein, zwei Jahr sein.«
»Mich dauert die Kathi, tut sich plagen und abschinden, damits das Geld dafür zusammenbringt.«
»Ein richtigs kleins Luder, aber blitzdonnersauber, das muß man ihr lassen«, wiederholte der ältere Mann.
Dann verstummten alle, denn im Nebenzimmer ging eine Tür. Schritte, die Stimme der Wutzlingerin wurden hörbar.

»Jetzt fängts an«, sagte die Frau mit dem wasserköpfigen Kind.
Die Städtische sprang auf: »Wird auch höchste Zeit! Mein Chauffeur wird schön ärgerlich sein, weil er warten mußte.«
»Nachher fahren S' halt gleich mit ihm ab, Frau«, sagte der ältere Mann.
Die Wutzlingerin öffnete die Tür, ohne hereinzusehen:
»Wer war zuerst da?«
»Ich, ich komme von auswärts!«
Die Städtische war schon an der offenen Tür, aber die alte Frau schob sie zurück: »Dös ist wurscht, verstehst, und wennst von Afrika hintri daherkommst, hier geht's der Reihe nach. Ich hock schon seit sieben dahier.«
»Und ich komme als Zweite dran«, sagte die Mutter mit dem wasserköpfigen Kind.
Die Wutzlingerin stand im Türrahmen, überflog die Wartenden, ein Mann, vier Weiber aus dem Dorf, eine Fremde.
Brauch eine kleine Stunde, bis ich sie versorgt hab.
»Hier geht alles hübsch der Reihe nach«, stellte sie fest und schloß die Tür hinter der Alten, hörte nicht mehr, wie die Städtische »unerhört« sagte.
»Und wo fehlt's heut, Marie?«
Die Alte begann mit Zitterstimme zu berichten: Gestern habe *es* wieder einmal arg angefangen, im Magen, in den Gedärmen. Sie könne nicht schlafen vor Schmerzen und auch weil sie soviel denken müsse.
». . . und überhaupt haben dir deine Leut zu Haus wieder einmal arg zugesetzt?«
Die Alte nickte.
». . . und die Aufregung hat sich dir auf die Gedärm geschlagen und aufs Hirn, weiß schon. Ist ein jeds mal so, wenn die zu Haus mit dir streiten«; sie ging zum Wandschrank, in dem Glasdosen, sauber etikettiert, aufgereiht standen, griff jedoch nicht nach der Dose, die sie bereits im Sinn hatte, sondern stand überlegend da.
Diese erwägende Haltung war ihre Technik. Die Leute sagten: Sie studiert lang, tut spekulieren, eh sie was verschreibt.
»Ich geb dir heut Numero fünf zum Aufgießen, Marie. Mußt es zehn Minuten kochen lassen, zehn Minuten ziehen lassen, dann abends vorm Schlafengehen trinken. Ich geb dir für eine Woche mit. Brauchst dann den weiten Weg net so bald wieder zu gehn. Und laß dich net von deinen Leuten tratzen. Geh aus der Stube, wenns das Streiten wieder anfangen, antwort nix, geh in deine Kammer, schließ ab – erreichst ja nix mit dem Herumstreiten – weiß schon, du

hast's net leicht.«
Die Alte sagte leise: »In den Austrag möchtens mich jetzt schon geben. Am Misthaufen möchtens unsereinen am liebsten werfen, wo ich mein ganzes Leben gearbeitet hab, damit sie's gut haben. Aber jetzt, wo's nimmer so recht geht mit der Arbeit bei mir, mögens mich nimmer.«
»Weiß Bescheid. Ist a alte Geschicht. Keiner mag ein altes Leut. Aber laß dich's net verdrießen«; sie schüttete die Kräuter in einen Papierbeutel, sagte abschließend: »So, das wär's für heut, schön aufgießen, jeden Abend trinken.«
»Und was kost's?«
»Nix für dich. Hast eh genug zu tragen. Aber sag's net den anderen. Ich mach nur eine Ausnahm für so Leut wie dich. Dafür zahlt ein anderer halt bißerl mehr«, sie schob die Alte zur Tür heraus, sagte wieder: »Und wer ist jetzt dran?«
Die Städtische machte wieder einen Versuch sich vorzudrängen. Aber die Mutter mit dem großköpfigen Kind stieß sie grob zurück.
»Bist schon wieder da?« sagte die Wutzlingerin.
Die Frau wollte etwas zur Verkleinerung vom Kopf des Kindes haben und mußte vertröstet werden. Die Wutzlingerin riet wieder, was sie selten tat, in die Stadt in die Kinderklinik zu fahren. Aber die Mutter weigerte sich:
»Die tun doch bloß operieren und 's Kindel quälen. Hast denn wirklich nix, was helfen könnt, ha?«
Die Wutzlingerin überlegte, strich über den unförmigen Kopf am dünnen Stiel des Halses: »Ich hätt da noch eine Salbe, ist recht gut für manches Geschwür. Kannst es ja versuchen. Aber viel Hoffnung hab ich da net. Weils angeboren ist, verstehst, weil der Herrgott es *so* geschaffen hat, warum weiß man net, hab's dir schon so oft erklärt.«
Die Mutter sagte hastig: »Gib's her, ich versuch's«, nahm in ihrer Erregung die stützende Hand vom Riesenkopf, der haltlos auf die Brust fiel. Das armselige Geschöpf mit den ausdruckslosen fahlen Augen begann sogleich in tierhaften Lauten zu wimmern.
»Wär besser net geboren, mein ich oft.«
»Weiß schon, weiß schon, aber da kannst nix machen.« Sie gab der Frau eine kleine grüne Dose.
»Versuch's halt damit. Aber ich hab dir schon so oft gesagt, es gibt unheilbare Fälle.«
»Hab gedacht, daß ich's mit dem Erdbeuterl versuchen möcht.«
»Kommt dafür net in Betracht, versuch's mit der Salbe, aber mach dir keine Hoffnung. Macht fünfzehn Schilling.«

Die Frau zögerte, den Geldbeutel in der Hand.
»Das letzte Mal waren's doch zehne.«
»Das letzte Mal war's was anderes, aber wenn du's net haben willst.«
»Nein, ich nehm's schon, will ja alles versuchen, hab schon soviel versucht.«
»Warst immer eine, die gern feilscht, obwohl du eine Großbäuerin bist, aber ich sag dir nochmals: Mach dir keine Hoffnung ... 's ist was Angeborenes«; sie schob die Frau zur Tür, rief wieder in den anderen Raum: »Wer ist jetzt dran?«
Aber sie war heute nicht bei der Sache, hörte Klagen abwesend an, hantierte, betastete mechanisch, wog Kräuter ab, während sie an Mena dachte und an das, was Leni, sonst so geschwätzig, zögernd und in eigenartigem Tonfall bemerkt hatte.
Leni konnte Mena nicht leiden. Diese zum Haß gesteigerte Feindseligkeit hatte sich erst entwickelt, als Mena diesmal aus der Stadt auf Sommerferien gekommen war, verändert, betont hochdeutsch sprechend, was Leni besonders reizte, launenhaft und herrisch. Aber auch ihr gegenüber war sie verändert. Die forschenden grauen Augen machten sie unsicher, als würde sie von einem fremden Wesen beobachtet.
»Kopfschmerzen hat ein jeder Mensch einmal, ist der Wechsel bei dir. Ich geb dir was dafür, dann wird's bald besser«, sagte sie einer Frau, die sich klagend die Stirn rieb, – »zehn Minuten ziehen lassen ...« sie wurde unterbrochen, denn aus der Küche ertönte Lenis Lieblingslied:

»Er drückt sie, er drückt sie
Am Busen so sehr
Da hört sie das Rauschen
Der Donau nicht mehr –«

Sie riß die Tür zum Gang auf, schrie zur offenen Küchentür hinüber:
»Was fällt dir jetzt ein zu plärren, wo die Mena heroben im Bett liegt!«
»Ein Gesangerl wird *der* heroben in ihren Federn nix schaden!« schrie Leni zurück.
Die Frau mit den Kopfschmerzen starrte sie neugierig an:
»Ist die Mena krank? Habs doch erst vorgestern gesehn. So fesch wars beieinander. Und der Ochsenwirt-Hansl war mit ihr – gehn immer zusammen.«
»Sie schläft nur bißerl länger. Soll sich gut ausschlafen. Hat ja Ferien.«

»Die Meinige dürft net so lang im Bett liegen. Ist net gesund für junge Leut, macht träg.«
»Die Mena ist auf Urlaub. Hat in der Stadt viel studieren müssen, soll sich ausruhn und überhaupt tun, was sie mag, bis sie wieder fort muß.«
Die Frau beobachtete sie: »Die jungen Leut. Sind heutzutag anders, viel freier leider, leider, muß man sagen«, und als die Wutzlingerin die Stirn runzelte, fügte sie rasch hinzu: »Bei uns auf Neundorf sagen die Leut, geh halt wieder zur Wutzlinger-Kathi, wenn einer helfen kann, ist's die.«
Die Wutzlingerin sagte im Tonfall des Arztes, bei dem sie seinerzeit die Hebammenschule besucht hatte: »Wir tun unser Bestes, aber wir sind auch nur arme, unwissende Menschen. Kommt vor, daß ein Mensch leiden muß, weil der Herrgott es so haben will – dann kannst nix machen.«
Die Städtische trat mit einem hochfahrenden »endlich, es wird aber auch Zeit« ein, das die Wutzlingerin überhörte.
Es schien ihr überall zu fehlen: Müdigkeit und Schwindel, Gliederschmerzen und Depressionen: ». . . und *die* Nervosität. Manchmal zittere ich, als ob ich geschüttelt würde. Und manchmal möchte ich laut schreien.«
Die Wutzlingerin beobachtete die vor ihr Stehende.
Sie kannte diese Gattung und hätte gern gesagt: Schrei halt, wird dir gut tun. Was dir fehlt, ist Arbeit, wie unsereiner.
Statt dessen sagte sie langsam, sehr hochdeutsch, indem sie ihren Puls fühlte: »Am besten versuchen wir es mit Numero sieben Tee. Dreimal täglich, zehn Minuten ziehen lassen. Reinigt den Organismus, stärkt das Nervensystem, schwemmt alles Schlechte heraus.«
Sie wog Kräuter ab, füllte einen Beutel.
»Ich würde gern Ihre Heilerde versuchen, von der mir erzählt wurde – ich bin eigentlich nur deswegen gekommen.«
Die Wutzlingerin war jetzt ganz Autorität.
»Wenn ich es für Ihren Fall richtig hielte, würde ich es natürlich geben. Aber Sie müssen erst einmal den Tee versuchen, dann werden wir weitersehen. Macht fünfundzwanzig Schilling.«
Die Städtische öffnete den Mund, wagte aber nicht, ihre Bitte um Erde zu wiederholen, zahlte, verließ das Zimmer.
Als letzter war ein alter Mann an der Reihe, der spät gekommen war.
»Hab heut wenig Zeit, Xaverl. Werd dir was zum Einreiben für deine Füß geben. Bist halt nimmer jung, da kommen die Beschwerden wie Schnee im Winter.«

Er hüstelte, atmete mühsam, starrte sie aus altersblassen Augen an. Sein Unterkiefer zitterte, sein weißes Haar war schütter, das Gesicht zerfurcht.
Sie entsann sich, was für ein schöner junger Bursche er vor dreißig und mehr Jahren gewesen war. Jetzt schwankte ein armseliges, verbrauchtes Wesen vor ihr, blickte sie hilfeflehend an.
*Das* wird aus uns, wenn wir alt sind, dachte sie.
»Ich spür, wie's abwärts geht, Kathi. Nicht nur die Füß, das Herz spür ich und schwer Luft holen tu ich – und möcht doch noch gern bißerl leben – ja, ja – möcht gern noch bißerl leben, wenn's auch schwer ist – weil man doch nix Genaues nicht von der Ewigkeit weiß. Der Pfarrer tut nur viel verheißen, aber nix Genaues weiß der auch net, kann's ja net wissen – aber wie's herunten ist, weiß man schon –.«
Die Wutzlingerin ging nicht auf seine Jenseitsvermutungen ein. Sie wollte fertig werden, sich um Mena kümmern.
»Keiner weiß, wann seine Stund daherkommt. Geh heim, sitz in der Sonne, ist das beste Heilmittel für alte Leut. Reib die Füß mit der Schmier ein, mußt aber die Füß vorher waschen, und nimm den Tee hier mit, brüh gut auf, laß ziehen, trink den statt dem Schnaps, der dir nur in die Glieder fährt«, und als er seinen Geldbeutel zog: »Kost nix für dich – ich nehm's von denen, die's haben.«
Sie schob ihn zur Tür heraus, stand überlegend da, blickte sich um, begann mechanisch aufzuräumen, schob die Kräuterdose gerade, stellte fest, daß sie neue Erdbeutel anfertigen müßte, diese weißen, mit rotem Kreuz bestickten Beutel, an deren magische Wirkung viele Menschen glaubten, und die geholfen hatten, wenn andere Mittel versagten.
Sorgfältig verschloß sie den kleinen Instrumentenschrank, der ihrer Tätigkeit besonderen Nimbus verlieh, obwohl sie nur hin und wieder ein Gerät zum Öffnen eines Geschwürs benützte. Aber die Leute sagten ehrfürchtig:
»Operieren tuts auch, die Kathi.«
Sie öffnete das Fenster.
Drückend warme Sommerluft strömte herein.
Sie lehnte sich auf das Fensterbrett, horchte nach oben, zu Menas Fenster. Aber alles war still, bis auf Lenis betont lautes Rumoren, ein Zeichen, daß die Magd verärgert war.
»Wenn sich die zwei bloß vertragen würden. Aber das Städtischsein der Mena paßt ihr net«, sagte sie vor sich hin. Dann ging sie in die Küche.
Leni stieg gerade auf die Bank im Herrgottswinkel, um das

Kruzifix abzustauben, breithüftig, mit flachem, rosigem Gesicht, stumpfer Nase und breitem Mund.
Sie wandte sich nicht um, als sie die Wutzlingerin hereinkommen hörte, sondern arbeitete weiter.
Jetzt ists bös mit mir, weil ich ihr das Singen verboten hab.
In jäher Erregung fuhr sie die Erstaunte an: »Warum hast jetzt plärren müssen, wo das Kind heroben schläft und ich angeschafft hab, daß sie sich ausschlafen soll, solangs mag und wenn's mitten am Tag ist?«
»Spät genug, bald zehne.«
»Hat Ferien, hat genug in der Stadt gearbeitet.«
»*Ich* nenn das net Arbeit.«
»Studieren ist auch Arbeit, strengt grad so an wie Boden reiben.«
»Ein Gsangel wird das Fräulein net kränker machen, als sie eh ist.«
»Was meinst damit?«
»Was ich halt mein, weiter nix.«
Die Wutzlingerin zögerte. Sie wagte nicht, das Mädchen noch einmal anzufahren und damit zu riskieren, daß sie kündigte und zum Großbauern ging, der mehrmals versucht hatte, sie mit höherem Lohn fortzulocken.
»Was meinst eigentlich wirklich?« fragte sie unsicher.
»Ich mein, daß die Frau zuviel Aufhebens mit dem Fräulein treibt. Als obs eine Besondere wär, dabei ists doch nur ein Dorfmädel wie die anderen, weils nix weiter tut als wie umeinanderspazieren. Aber wenn einer ihr pfeift, wie der Ochsenwirt-Hansl, dann tuts grad springen wie alle anderen Mädeln auch. Ich mein, sie sollt der Mutter bisserl helfen und nicht nur in einem Gewand spazieren, das wo so kurz ist, daß man fast bis hinauf zur Pusch sehen kann. Ich brauch keine Hilf, aber der Mutter könnts schon helfen, wenns im Garten arbeiten tut.« Leni sprach mit einem Mal sehr langsam, sehr hochdeutsch. »Das ist nicht nur meine Meinung, sondern andere Leut meinen's auch, aber sie sagen's Ihnen bloß nicht. Und überhaupt ist alles anders, seit *sie* aus der Stadt gekommen ist. Soviel Unruh. Alles ist anders.«
»Geh red doch net solchen Unsinn, Mädel.«
»Ist kein Unsinn, ist Wahrheit. Ich seh doch wie die Frau sich plagt, ums Geld für die heroben herzuschaffen, nur damit die heroben Fräulein spielen kann – und nicht nur ich meins, andere auch, jawohl, andere auch. Mir paßt's net, daß die Leut ihr Maul vollnehmen, hinter Ihrem Rücken – und ins Gesicht hinein schön tun. Mir paßt's net, weil ich der Frau gern dien.«
»Geratscht wird in jedem Dorf, das gehört zum Dorfleben – aber hör

mir endlich auf, die Mena Fräulein zu nennen.«
»Wenn sie sich aber als Fräulein aufspielen tut und mir anschaffen tut, als obs eins wär . . . und weils doch . . .«, sie stockte, wandte sich ab und schwieg.
»Die Leut ratschen immer gern, Leni. Am besten ist, man hört net hin, dann hörens von selbst auf – so, und jetzt schau ich, ob die Mena wach ist – bist ein braves Mädel, Leni, ich weiß«, fügte sie hinzu.
Dann stieg sie langsam die Holztreppe empor. Die siebente Stufe knarrte laut. Als Mena ein Kleinkind war, hatte sie diese Siebente immer die Knarzerin genannt.
Das Steigen fiel ihr heute schwer. Die Stiege schien ihr heute steiler und länger zu sein. Bei jedem Tritt wurde ihr Körper schwerer, als schleppe sie eine ungewohnte Last, atemlos, keuchend, erschöpft, erfüllt von unerklärlichem Angstgefühl, daß sie auf jeder Stufe innehalten mußte. Im Rahmen des kleinen Treppenfensters schwebten verspielt zwei Zitronenfalter wie vom Wind verwehte Goldblätter, kreisten umeinander und entschwanden im grellen Sonnenlicht.
Ihr fiel mit einem Mal ein Vers ein, den sie auf einem Kalenderblatt gelesen hatte:
»Siehst in dem späten Sommer du
Dem Spiele zweier Falter zu . . .«
Die anderen Verse hatten sie vergessen, bis auf zwei Zeilen:
»Sich meidend, eh sie sich erkoren
Und scheidend, eh sie sich verloren . . .«
Wie komm ich jetzt darauf. Weiß ja, wie kurz alles ist und nicht immer leicht und daß Mena von mir fortwächst, ein junger Zweig am alten Stamm. Das große Glück war, als Mena noch ein Kleinkind gewesen und ihr so ganz gehört hatte. Jetzt schien sie mit einem Mal entfernt, entfremdet, als wäre ein anderes Kind im Haus, das Mena ähnlich sah.
Wenn sie bloß nicht ernsthaft krank ist.
Kommt von den Johannisbeeren, die mags so gern, hat wieder einmal zuviel davon gegessen. Tut überhaupt alles immer bißerl zuviel von allem, das ihr paßt.
Warum fürcht ich mich vor dem eigenen Kind, warum erschreckts mich so, weils bisserl gebrochen hat, warum hat sie's heimlich getan, wie die Leni sagt.
Sie blieb zögernd vor der Tür stehen, lauschte.
Im Zimmer war alles still.
»Bist wach, Menerl?« fragte sie leise und erhielt keine Antwort.
Sie zögerte noch einen Augenblick, drückte dann die Klinke nieder,

öffnete vorsichtig die Tür, blieb im halbdunklen Raum stehen.
Die Fensterläden waren noch geschlossen, nur ein paar helle Lichtstreifen fielen durch die offenen Rippen auf den Fußboden. Sie blickte zum Bett auf die Liegende.
Mena war wach, sah sie schweigend an, das Gesicht in die Hand gestützt. Das sehr helle blonde Haar fiel in glatten Strähnen über die Schultern.
Sie konnte das lähmende Gefühl der Unsicherheit und Befangenheit nicht abschütteln. Es war, als läge dort eine fremde Halbwüchsige, die sie aus weit offenen grauen Augen ansah, mit der zu sprechen ihr schwerfiel.
Vielleicht hatte sie zuviel vom Vater, jetzt da sie heranwuchs, von jenem Mann mit dem Musterkoffer, diesem Unbekannten in einer Winternacht, der aufgetaucht und verschwunden war, und von dem sie nicht einmal mehr wußte, was für Waren er ihr angeboten hatte.
»Also schon wach, Kindel«, wiederholte sie.
Sie erhielt keine Antwort.
»Die Leni hat mir gesagt, du hast gebrochen.«
»Die Leni ist eine blöde Gans. Sie spioniert mir immer nach und frech ist sie außerdem.«
Die Wutzlingerin tastete nach dem Handgelenk.
Der Puls ging rasch, die Hand war heiß.
»Hast bisserl Temperatur. Kommt bei verdorbenem Magen oft vor. Die Leni muß eine Schleimsuppe kochen, und ich geb dir einen Magentrank, der kühlt und heilt, wenn da bisserl Entzündung im Bauch ist.«
Mena antwortete nicht, sondern sah sie weiter unverwandt an.
»Kommt gewiß vom rohen Obst, magst ja die Johannisbeeren so gern. Hast halt bisserl zuviel davon gegessen.«
»Ich fahre morgen in die Stadt.«
»In die Stadt, ja, warum denn, hast ja noch Ferien.«
»Zum Arzt.«
»Aber Kindel, du brauchst doch wegen dem bisserl verdorbenen Magen net in die Stadt zum Arzt, wo ich doch alles hier hab, um dich zu kurieren; wär ja zum lachen.«
»Mir ist nicht zum lachen, ich will's los sein, so rasch wie möglich.«
»Aber ja, wirst es auch los, bis morgen ist alles besser, wahrscheinlich ganz in Ordnung – wegen dem bisserl Übelkeit fährt man doch net in die Stadt«; die unverwandt auf sie gerichteten grauen Augen verwirrten sie, sie wiederholte unsicher: »Wegen dem bisserl Übelkeit zum Arzt; – ich koch dir einen Tee, du bleibst heut ruhig liegen, morgen bist wieder pumperlgesund.«

»Ich will nicht länger warten . . . *es* ist zum zweitenmal ausgeblieben.«
Die Wutzlingerin atmete kurz auf, sagte rasch: »Kommt bei so jungen Mädeln leicht vor, wenn die Innerein net ganz in Ordnung sind, ist nix besonderes, kannst es mir glauben, kommt vom rohen Obst, mußt halt Diät halten, kein rohes Obst mehr essen, ist eh net gut für den Organismus«; sie sprach hastig weiter, wußte kaum, was sie noch sagen sollte, wiederholte daher bloß: »Gewiß kommt's vom rohen Obst, heut abend gibt's eine Schleimsuppe und später den Kräutertrank.«
Mena richtete sich auf: »Hör mir bloß mit deiner Schleimsuppe und dem Kräuterzeugs auf, das ist doch nur Hokuspokus für die Bauern hier.«
»In der Erde und in den Kräutern liegt eine besondere Heilkraft, wenn man sich gut auskennt.«
Mena warf die Decke zurück, sprang auf, schrie sie an:
»Verstehst du nicht oder willst du nicht verstehn, was ich dir sage: *Es* ist ausgeblieben, hörst du, ausgeblieben. Ich bin schwanger. Ehe ich herkam habe ich noch geglaubt, alles ist in Ordnung. Aber jetzt weiß ich's genau, meine Übelkeit kommt auch nicht vom Obst, sondern dem da«; sie schlug sich auf den Leib, »*das* da macht mir speiübel und ich will's so rasch wie möglich los sein, deshalb will ich auch in die Stadt.« Sie hielt inne, erschrak vor dem fassungslosen Gesicht der Mutter, »ich spür, wie das Ding wächst und wächst, es muß fort, ich bin schwanger, hörst du?«
»Schrei doch net so, die Leni könnt dich hören –«
»Die Leni, die Leni, was geht die mich an, die denkt sich vielleicht sogar schon was, sie spioniert mir ja immer nach.«
»Aber Kindel, wie kannst denn im Institut schwanger werden, wer soll's denn gewesen sein, der wo? . . .«
»Wer war mein Vater?« erkundigte sich Mena, und als die Wutzlingerin bestürzt schwieg, fügte sie hinzu: »In einem Institut gibt's nicht nur Lehrerinnen, sondern auch Lehrer.«
»Ein Lehrer – geh, kann doch net sein, wer könnt denn so etwas an einem Kind tun, sich so vergreifen.«
»Ich bin kein Kind mehr – schon lang nicht mehr. Du hast es nur nicht gemerkt – ich weiß wenigstens, wer's war und habe alles mit ihm besprochen. Er hat mir Geld für den Fall gegeben, daß es wirklich so ist, ein Arzt dafür ist nicht billig.«
»Ja, könnt ihr denn net heiraten? Wär doch besser.«
»Er ist längst verheiratet und außerdem viel zu alt, beinah dreißig; ich möchte ihn auch nicht heiraten.«

»Und warum hast du's dann überhaupt getan?«
»Warum hast du's getan?«
Und als die Wutzlingerin schweigend vor sich hinblickte: »Er hat mir gefallen, ich ihm. Es hat uns beiden Spaß gemacht; das sollte nicht passieren, ist aber doch passiert.«
»Bist doch kaum fünfzehn, eine Minderjährige. Muß ein elender Lump sein, sich an einem Kind zu vergreifen, noch dazu ein Lehrer.«
»Er hat sich nicht ›vergriffen‹, nur das sollte eben nicht passieren, und jetzt muß der Klumpen eben so rasch wie möglich fort. Sobald er fort ist, ist alles wieder in Ordnung.«
»Man sollt's der Oberin melden, was in ihrem Institut vorgeht«, sagte die Wutzlingerin leise, »eine Beschwerde einbringen, ich hab geglaubt, du bist dort gut aufgehoben und sowas könnt dort nie passieren.«
»Wenn's aber doch passiert ist – jetzt muß der Klumpen so rasch wie möglich fort, verstehst?«
»Kindel, es ist kein Klumpen, sondern ein kleiner Mensch. Und wenn's wirklich so ist, ziehen wir's halt in Gottsnamen auf, wie ich dich aufgezogen hab, obwohl ich's anders für dich haben wollt, besser, solltest dich nicht so plagen müssen, sondern weiter lernen, studieren, wo du doch schon im Herbst auf die Fortbildungsschule kommen sollst. Und jetzt kommst so daher.«
»Genauso wie du dahergekommen bist. Nur daß ich eben kein Kind haben mag, sondern es loswerden will.«
Sie wiegte sich auf Zehenspitzen vor ihr hin und her, begann rasch, überstürzt zu sprechen.
»Mach doch kein Aufhebens. Es wird fortgeschafft, vergessen, und alles ist wieder in schönster Ordnung. Ich habe die Adresse von dem Arzt, der das ganz schnell macht. Ein anderes Mädchen aus dem Institut ist auch bei ihm gewesen. Es war eine Kleinigkeit. Sie ging angeblich ihre Tante besuchen und als sie von der ›Tante‹ zurückkam, war sie es los. Heutzutage geht alles schneller. Alles ist anders wie zu deiner Zeit. Was man nicht haben will, wird ohne viel Federlesen fortgeschafft. Je eher, desto besser. Je länger man wartet, desto gefährlicher ist es.«
»Ist doch aber gegen das Gesetz, ist doch verboten.«
Mena fiel ihr ins Wort: »Vieles ist verboten und wird doch getan.«
»Ist nicht nur gefährlich, sondern auch sündhaft.«
Mena sagte mit dieser seltsam fremden, hellen, geläufigen Stimme – und wieder schien es, als spreche ein fremdes Mädchen zu ihr: »Ach, komm mir bloß nicht mit dem altmodischen Zeugs, mit

Sünde oder dem lieben Gott, das soll doch nur den Menschen Angst machen, weiter nichts.«

Sie sah ihre Mutter an, fügte langsam hinzu: »Wenn du nicht so altmodisch wärst, würdest du mir helfen. In der Stadt tun's nicht nur Ärzte, sondern auch Hebammen, eben weil es eine Kleinigkeit ist. Irene, das Mädchen, das es sich machen ließ, sagte, es ist nicht schlimmer wie der Zahnarzt, eher weniger schlimm; ich habe schon alles Notwendige gepackt . . .« Die Wutzlingerin bemerkte erst jetzt den kleinen Handkoffer auf dem Tisch, ». . . weil ich vielleicht über Nacht in der Stadt bleiben muß, wenn ich den Abendzug nicht erreiche, und zu lang bei ihm warten muß, er hat viel zu tun, ich bin nicht die einzige.«

Sie ging zum Tisch, legte noch ein Kleidungsstück in den Handkoffer, sagte leichthin: »Es lohnt sich nicht, lang herumzureden. Wenn alles gut geht, bin ich morgen abend wieder da . . .«, sie betonte, wenn alles gut geht, ohne ihre Mutter anzusehen, als spräche sie zu sich selbst, ». . . ich habe schon an den Arzt geschrieben und mich angemeldet.«

»Aber du kannst doch net so einfach mutterseelenallein dorthin fahren, zu einem stockfremden Menschen. Und zu wem denn? Wie heißt er, wo wohnt er?«

Mena wich der Frage aus, wiederholte bloß: »Ich habe mich schon angemeldet.«

»Ich kann doch mein Kind nicht einfach fortfahren lassen und ich weiß net einmal, wo du bist, wer weiß, was da passieren kann, und ich weiß net, wo du bist«, sie wiederholte, hilflos dieser ruhigen Überlegenheit gegenüber: »Weiß net, wo du bist, wenn du net heimkommst, weiß net, wo ich dich suchen soll!«

»Ich fahre morgen, habe schon viel zu lang gewartet. Das Ding wächst und wächst, je eher es fortkommt, desto besser.«

Mena nahm noch einmal ein Kleidungsstück aus dem Koffer, legte es wieder hinein, ging dann zum Fenster, stieß die Läden auf.

»Mach doch kein Aufhebens von der Sache.«

»Ich hab nur gelernt, wie man den Kleinen in die Welt hinein hilft, hab niemals ein Leben zerstört, denn es *ist* ein Leben vom ersten Funken an. Zuweilen ist schon ein Mädel mit dem Ansinnen zu mir gekommen, ich soll's ihr nehmen. Aber ich habs immer fortgeschickt und gesagt, damit geb ich mich net ab, ich nicht, weil's Unrecht ist.«

»Deswegen fahre ich ja fort, weil du so rückständig bist.«

Die Wutzlingerin blickte in den leuchtenden Sommertag, ein schöner, warmer Spätsommertag könnte es sein, wenn *dies* nicht mit

einem Mal über sie hingestürzt wäre.
Es war still und drückend warm im Zimmer.
»Übermorgen um die Zeit ist alles vorüber, und ich bin wieder hier, wenn alles gut geht.«
Die Wutzlingerin sagte plötzlich überlaut, als riefe sie es in den Garten, zum Waldrand hinüber: »Ich laß dich nicht fort, Kindel. Kann es net verantworten. Du mußt hierbleiben.«
»Ich muß fort, weil ich's los werden will, mach doch kein Aufhebens, ich komm ja wieder, es wird schon gut gehn.«
Die Wutzlingerin sah sie an, ballte die Hände, atmete tief auf, wollte sprechen, zögerte, sagte schließlich:
»Nein, Kindel, du bleibst hier. Mußt hier bleiben. Ich weiß, ich muß es vor meinem Gewissen verantworten, muß die Last auf mein Gewissen nehmen, etwas gegen mein Gewissen tun und wissen, daß ich ein Unrecht tu. Weiß noch net, wie ich damit fertig werd. Aber ich laß dich net fort. Bleib hier, Kindel, wir werden's halt richten, brauchst net zum Fremden in die Stadt, wo dir was geschehen könnt«, sie stand langsam auf, strich sich über die Stirn, »weiß schon kaum mehr, was ich sag, bin ganz wirr im Hirn, muß mein Denken ordnen, muß nachdenken. Bleib hier, daheim, wir werden's halt richten, in Gottesnamen«; sie ging zur Tür, blieb stehen, wandte sich um, »werd die Leni zu ihrer Schwester schicken – ja, ist das Beste, denn sie darf nichts wissen – ist das Beste und du bleib daheim, ein Kind gehört zur Mutter, immer.«
Mena stand am Fenster und antwortete nicht.
Sie schloß leise die Tür, ging zur Treppe. In ihrer Bestürzung, ihrer völligen Verwirrung und Hilflosigkeit hörte sie nicht, daß ein blecherner Walzer aus Menas kleinem roten Transistor schrillte.
»Na, und wie geht's dem Fräulein jetzt?« fragte Leni, als sie die Küche betrat, schweigend stehen blieb, vor sich hinblickte.
»Wie ich's mir schon gedacht hab. Hat sich den Magen verdorben, weiter nichts. Hat zuviel rohes Obst gegessen. Muß ein paar Tag Diät haben, sich ruhig halten. Unser Essen ist halt bisserl zu schwer, in der Stadt wird anders gekocht, und da habens net soviel Obst wie hier.«
Und als Leni sie bloß ansah, schrie sie mit einem Mal die Erstaunte in jäher Erregung an: »Und ich sag dir noch einmal, hör endlich auf mit dem blöden Fräulein-Nennen, verstehst?«
Ihre Stimme war seltsam heiser.
Ihre Hände, ihr Mund zitterten.
Jetzt begann das Lügen.
Eine Lüge erzeugt die andere.

Ich hab niemals gelogen.
Bisher hab ich's nicht gebraucht.
Jetzt muß ich's immer weiter tun.
Und noch anderes mehr, gegen mein Gewissen handeln, weil ich das Kind über alles lieben tu, kann das ein Unrecht sein? Aber fortlassen kann ichs auch net, und wenn ich's net tu, gehts mir fort. Sie hat ihren festen Willen.
Sie sah zur Magd hinüber, die bedächtig ein Wäschestück plättete. Ahnte, vermutete Leni etwas?
Beschämt versuchte sie, unbefangen zu wiederholen:
»Bisserl verdorbener Magen, vom rohen Obst, die Johannisbeeren haben's in sich, und unsere Kost ist halt anders, müssen bisserl weniger fett kochen.«
»Soviel Umständ machen und soviel Unruh wie jetzt im Haus ist, seit *die* aus der Stadt da ist. Vorigs Mal wars noch anders, obwohls schon bisserl herrisch war. Aber jetzt tuts nur noch kommandieren: Leni, bring das, Leni, ich brauch das, Leni, komm gleich, als obs net selbst zulangen könnt. Ich will nur hoffen, sie macht der Frau keinen Kummer, wos eh genug mit der Arbeit hat, um's Geld für die da heroben aufzubringen, während die da in den Federn liegt und bloß anschafft und ihr Kastel spielen läßt, wenns net grad spazieren geht und . . .« Leni hielt jäh inne, verschluckte, was sie sagen wollte, sagte dann bloß: ». . . weil's wahr ist, was ich sag.«
Die Wutzlingerin antwortete nicht.
Sie saß am Tisch, blickte vor sich hin, versuchte, sich ihre Lehrzeit in der Hebammenschule ins Gedächtnis zurück zu rufen. Sie hatte gesehen, wie eine Leibesfrucht entfernt wurde – *wenn es notwendig war* –, versuchte, sich der Einzelheiten zu entsinnen, aber da waren nur unklare Bilder von vermummten Ärzten und Schwestern und ein blutiges Etwas, das in den Eimer geworfen wurde.
Wenn es notwendig war, notwendig, notwendig.
Aber ich kanns net fortlassen. Wenn ihr was zustößt, würd ich mir Vorwürfe machen, daß ichs hab gehen lassen, und wenn sie's schon durchaus haben will, in die Stadt zu einem fremden Mann laß ichs net.
Sie schrak zusammen, weil sie laut aufgestöhnt hatte, starrte auf Leni, die in ihrer Arbeit innehielt und sie beobachtete.
»Mir scheint's grad so, als ob die Frau heut selbst nicht gut beinander ist.«
»Bin nur müd, todmüd, weiter nix. War halt eine lange Nacht und dann noch die Leut versorgen müssen. Werd mich hinlegen, bisserl schlafen. Und du kannst heut zur Schwester gehn, kannst auch über

Nacht bleiben, damit sich der Weg lohnt.
»Mögen tu ich schon. Aber die Wäsch draußen wär grad recht zum Bügeln.«
»Hat Zeit bis morgen, wenn du wieder heimkommst.«
»Aber wir bügeln doch immer, wenn's grad recht ist, so wie heut.«
Die Wutzlingerin wurde mit einem Mal wieder von unerklärlicher Erregung gepackt und begann zu schreien, hämmerte mit den Fäusten auf den Tisch, als wollte sie Furcht, Verzweiflung, Hilflosogkeit auslöschen und die von oben schrillende Musik übertönen: »Hat Zeit bis morgen, sag ich. Ich geb dir frei. Gehst halt zur Schwester. Erst plagst mich fast jeden Tag, daß du zu ihr gehen willst, jetzt geb ich dir frei, also geh halt, zur Schwester, auch wenn die Schwester wie der Postbot ausschaut. Geh zu ihr oder zu ihm, zu wem du halt gehn magst.«
Leni stimmte ihre Hände in die Hüften, stand spreizbeinig da, ihr breites, rosiges Gesicht lief rot an. Sie starrte fassungslos auf die Erregte: »Möcht bloß wissen, was in die Frau gefahren ist. Seitdem *die* heroben da ist, gibt's nix wie Unfrieden im Haus. War soviel schöner vorher. Aber jetzt, jetzt ist mit einem Mal alles anders.«
Sie wartete auf Antwort.
Aber die Wutzlingerin schien sie nicht gehört zu haben. Sie saß zusammengesunken am Tisch, den Kopf in die Hände gestützt, die Augen geschlossen.
»Dann geh ich halt gleich zur Schwester, wenns mich fortschicken. Alles ist anders, seitdem *die* heroben da ist und ist doch nur ein Dorfmädel wie die anderen auch, tut grad springen, wenn einer ihr pfeift. Geht manchmal zu, als ob wir eine Kätzin im Haus haben, die wo katern tut – d'Kater streichen nur so umeinander, kommen in den Garten, wenn die Frau net zu Haus ist«, fügte sie hinzu.
Die Wutzlingerin reagierte nicht, blieb regungslos sitzen, den Kopf in die Hände gestützt.
»Und überhaupt ist bei uns jetzt alles, aber auch wirklich alles anders, aber net schöner«, sagte Leni unvermittelt, schlug die Tür hinter sich zu, ging nach nebenan, in ihre Kammer.
Nach einiger Zeit begann sie zu singen, es war das Lieblingslied der Wutzlingerin, das sie oft mit ihr zweistimmig gesungen hatte:

»Dies eilende Leben geht schnelle dahin,
So schnelle dahin
Wie Räder am Wagen, wie Räder am Wagen,
Wer weiß, ob ich morgen am Leben noch bin.«

Aber die Wutzlingerin hörte weder sie noch die schrille Radio-Musik aus Menas Zimmer.

Sie spürte nicht, daß ihre Handflächen feucht wurden. Sie bemerkte auch nicht, daß Leni nach einiger Zeit im Sonntagsstaat am Küchenfenster vorüber ging, einen Augenblick wartend stehen blieb, besorgt zu ihr hineinsah. Sie hörte nicht die kleine Glocke über dem Gatter, als das Gatter zugeschlagen wurde. Sie hörte nicht, daß jemand von der Straße her schrill pfiff.

Sie stand neben Menas Bett, wie sie jahrzehntelang an Wochen- und Krankenbetten gestanden hatte, aufmerksam, beobachtend. Aber diesmal war sie ängstlich und unsicher, denn Mena sah schlecht aus, schien schwach und fiebrig zu sein.
»Ich hab immer noch Schmerzen –.«
»Weiß schon, Kindel, bist noch etwas wund. Wird bald wieder besser sein, glaub mir.«
»Das hast du mir gestern auch gesagt, aber ich habe noch immer Schmerzen.«
»Mußt brav den Tee trinken, der kühlt und lindert. Hast bisserl Temperatur.«
»Das Zeug da hilft mir doch nicht. Wär ich bloß in die Stadt gefahren, dann wäre ich längst in Ordnung. Meine Freundin hat nichts gespürt, war nicht krank, hat keine Schmerzen gehabt und schon am nächsten Tag wieder Tennis gespielt. Und ich kann mich nicht mal zum Fenster schleppen.«
»Bist noch bisserl müd und hast noch Temperatur. Aber hier bist gut aufgehoben, besser als wie bei fremden Leuten. Die Mutter pflegt dich schon gesund, kannst es mir glauben«, aber während sie zuversichtlich zu sprechen versuchte und zugleich den unsicheren Ton ihrer Stimme hörte, tönte im Rhythmus ihres Herzschlags: wenns bloß net wirklich krank ist. Hat mein Enkelkind getragen und ich hab meinem Enkelkind das Leben genommen. Werd's niemals vergessen können.
Sie nahm die schmale, heiße Hand, die unruhig über die Decke strich.
»Warst so brav. Hätt ich bloß ein Chloroform gehabt, wär's leichter für dich gewesen – aber woher soll unsereiner das haben?«
Mena versuchte sich aufzurichten, packte ihren Arm: »Ich fürchte mich, ruf einen Arzt, bitte, ruf einen Arzt.«
Und als die Wutzlingerin schwieg, wiederholte sie: »Ruf einen Arzt, heute . . . wär ich bloß in die Stadt gefahren.«
»Aber Kindel, wir brauchen doch keinen Arzt. Ich kenn mich ja aus, wenn's einem Mensch nicht ganz gut geht«, sie wagte nicht, ihre Unsicherheit zu verraten und zu sagen, daß sie nicht den Mut hatte,

nach dem Arzt zu schicken.
Wenn der kommt und sie untersuchte, erkennt er gleich, was war – und was dann?
»Ich bring dir einen anderen Tee, der bisserl stärker ist, und jetzt tust schön schlafen, versuch's halt, Schlaf ist heilsam –«; sie strich über die feuchte heiße Stirn, wiederholte: »Bring dir bald den Tee, inzwischen schläfst ein bisserl.«
Mena antwortete nicht, wandte das Gesicht der Wand zu. Sie blieb überlegend auf dem Gang stehen.
Mena hatte Schmerzen und Fieber, am dritten Tag. Das dürfte nicht sein. Hab ich was versäumt – aber was? Kann doch keinen Arzt rufen, müßt ihm alles sagen; die Schand, wenn alles aufkommt.
Der Bezirksarzt in der nahe gelegenen Kleinstadt war ein alter Bekannter, der sich auf ihre Aussagen verließ, aber hier würde er ja untersuchen müssen.
Was würde er tun, wenn er die Wahrheit erführe?
Ich brüh jetzt noch den stärkeren Tee auf, der die Hitz fortnimmt, dachte sie.
Leni wies mit dem Kinn zur Tür, die in den Garten führte, als sie in die Küche kam: »Der Ochsenwirt-Hansl ist schon wieder da. Möcht mit der Mena sprechen. Wär wichtig, meint er. Geht mir net fort. War schon gestern zweimal da und ist umeinander gestrichen und hat ihr gepfiffen, als die Frau im Dorf war. Geht mir net fort. Hab ihm gesagt, sie ist net gut beinander, wie mir scheint, aber er steht draußen und rührt sich net – und die Marie wartet herüben auf die Frau.«
»Die Mena ist nicht schlecht beinander, fühlt sich nur bisserl müd, wie's halt ist, wenn man's in den Gedärmen hat – red doch net so blöds Zeug.«
Sie blickte hinaus.
Der Bursche lehnte am Gatter, die Pfeife im Mund.
Sie ging rasch durch den Garten, auf ihn zu: »Hast doch gehört, daß der Mena net ganz gut ist. Muß sich bisserl ruhig halten, nimmt einen Menschen mit, wenn er's in den Gedärmen hat. Geh halt heim.«
Er rührte sich nicht, sog an seiner Pfeife, starrte sie an.
»Hätt schon vorgestern etwas mit ihr besprechen wollen. Sie ist aber wieder net gekommen. Eine Stunde hab ich gewartet. Hab ihr was zu sagen, ist wichtig, daß sie's weiß.«
»So. Und was wäre jetzt das?«
Er scharrte mit dem Fuß, sagte schließlich zögernd, ohne sie anzusehen: »Ist nur zwischen uns beiden, geht keinen anderen

Menschen an. Wollt ihr nur sagen, daß der Vater Bescheid weiß, weiß aber net alls, weil's net notwendig ist, braucht net alls zu wissen.«
»Und was habt ihr für Heimlichkeiten, ihr zwei?«
Er sagte leise: »Sie hat mir gesagt, daß sie in der Hoffnung ist und zwegen dem in die Stadt fahren will, zum Loswerden. Und ich wollt ihr nur sagen, sie sollt net fahren, alls wird schon recht werden, weil ich die Mena gern hab. Auf Ostern haben wir alles schon abgesprochen. Nur bisserl anders war's dann, weil damals noch nix mit dem alten Bock, dem Professor gewesen ist. Wir heiraten halt bisserl früher, weils in der Hoffnung ist . . .«; er zögerte, schluckte, stammelte: »Wär mir schon lieber, wenn's anders gewesen wär – 's ist aber jetzt so.«
Sie unterbrach ihn: »Geh, schwätz doch net solchen Unsinn. Mena ist *nicht* in der Hoffnung, kann beschwören, daß sie's net ist, kann sogar einen heiligen Eid schwören, hörst mich? Ist nur bisserl krank, hats im Magen und in die Gedärm, nix anderes hats, verstehst. In ein paar Tagen ists pumperlgesund, und jetzt geh heim und komm mir net mit solchen Lügengeschichten daher. Ich hab alle Händ voll zu tun und keine Zeit, das Geschwätz von einem dummen Buben anzuhören, und laß mir die Mena in Ruh, sag ich.«
Er rührte sich nicht, starrte sie unverwandt an.
Sie spürte, wie sie errötete und sagte hastig: »Kommt daher und schwätzt narrisches Zeugs.«
»Sie hat mir aber selbst gesagt, sie weiß es ganz genau. Und daß der alte Bock in der Stadt ihr ein Geld für den Arzt gegeben hat, damit sie's fortbringen läßt, in der Stadt, und ich wollt ihr sagen . . .«
Wieder unterbrach sie ihn: »Und ich sag dir nochmals, ich verbitt mir dein Geschwätz. So, und jetzt geh heim«, sie wandte sich um, ging zum Haus zurück.
Er folgte ihr, wiederholte: »Wenns mir aber doch gesagt hat, sie weiß gewiß, daß sie in der Hoffnung ist. Sie muß doch wissen, wie's um sie steht. Und ich wollt ihr sagen, wir können das Geld vom alten Bock sparen, etwas kaufen dafür. Wollt ihr auch sagen, daß der Vater bald übergeben wird wegen seinem Asthma, dann wird die Mena Ochsenwirtin, keine schlechte Partie, kann Buchführen, hat ja all das in der Stadt gelernt. Müßten halt bald heiraten, damit alles stimmt und, und . . .«; er schwieg, versuchte seine Pfeife wieder anzuzünden, sog heftig, sagte schließlich leise: »Ich mags, sie mag mich, und ich werd halt denken, es wär das meinige, weil's von ihr her kommt.«
Sie blieb stehen, unterbrach ihn, wieder von hilfloser, verzweifelter

Wut gepackt, schrie ihn an: »Und ich sag dir jetzt, hör mit deinem Geschwätz auf, scher dich heim zum Vater und laß mir die Mena in Ruh, verstehst? Ihr seids noch zwei Kinder, habt nix zu bestimmen und jetzt aber marsch fort!«
Er wich vor ihren geballten Fäusten zurück, wandte sich um, sagte über die Schulter hinweg: »Spielens Ihnen net so auf wie ein Schulmeister. Auf uns zwei kommt's alleinig an. Nicht auf Sie. Nur auf uns zwei. Wir wissen, was wir wollen und haben alles abgesprochen. Sind halt altmodisch, auch die Mena sagt immer, wieviel altmodisch Sie sind. Können nix dafür, sind alt; sagens der Mena, ich komm morgen wieder, aber dann müßt ichs sprechen«; er lief den Gartenweg zurück, schlug das Gatter hinter sich zu, fuhr klingelnd davon.
Sie ging zur Küchentür, schrak zusammen, bemerkte, daß eine Frau am offenen Fenster vom Wartezimmer stand und sie ansah.
Hatte sie etwas gehört?
»Sind heut frech und blöd, die jungen Leut, man sollt's net glauben, bilden sich allerlei ein«, sagte sie unsicher.
»Ja, die Jugend ist anders, als wir waren, tun was sie mögen, fangen recht früh an. Was kannst schon tun, wenns net hören wollen?«
Und als die Wutzlingerin schwieg, fügte sie hinzu: »Komm um einen Tee, bittschön, hab's wieder in den Gliedern, und überhaupt geht's bei uns zuhaus recht schlecht.«
»Ich komm gleich dich versorgen. Hab nur noch etwas zu tun.«
»Ein frecher Bursch, der Hansl, soll sich net mehr herwagen«, bemerkte sie, als sie wieder in die Küche kam.
Leni blickte sie schweigend an, sagte schließlich:
»Der? Der läßt sich net vertreiben. Daß er mit ihr geht, weiß ein jeder im Dorf. Treffen sich im Wald, in der Holzhütte. Hab Ihnen ja gesagt, daß er hinter ihr her ist wie ein Kater hinter einer katernden Kätzin. Und daß was net so recht stimmt, hab ich mir schon vorige Woche gedacht.«
»Was soll net stimmen?«
»Ich mein bloß, aber ich halt zur Frau, was auch ist.«
Die Wutzlingerin beobachtete sie. Ahnte Leni etwas, hatte sie irgendwo eine Spur vom Geschehen entdeckt?
»Trag keinen Tratsch weiter, Leni, bittschön.«
»Ich nicht, aber andere Leut tun schon reden.«
»Laß sie reden, hör net hin«; sie goß kochendes Wasser auf sorgfältig abgemessene Kräuter, rührte ausführlich, kostete: »So, das muß noch abkühlen, dann bring ich's ihr und derweilen versorg

ich die Marie.«
Sie ging in den kleinen Raum, blickte sich prüfend um. Alles war in Ordnung.
Das schwarze Wachstuchsofa glänzte, der Tisch war poliert, die Kräuterdosen standen gerade aufgereiht, beschriftet, numeriert.
Die wenigen Instrumente im kleinen Wandschrank glitzerten hinter der Glasscheibe. Er war wieder fest verschlossen, der Schlüssel in der Schublade. Sie starrte den kleinen Schrank an, wandte sich rasch ab, rief die Frau aus dem Warteraum herein, die sogleich eifrig zu reden begann.
»Man sollt's net für möglich halten, wie die jungen Leut heutzutag sind. Hab schon zur Mutter gesagt, die Mena schaut aus wie eine Zwanzigjährige, sind ein schönes Paar, sie und der Hans. Er ist wohl scharf auf sie, und sie tut ihn so lieb anschauen. Werden vielleicht einmal ein Paar, später, die zwei Kinder. Und die Mena ist krank, hat mir die Leni gesagt, schon ein paar Tag. Will nur hoffen, daß es nix Schlimms ist?«
Sie wollte weiterreden, aber die Wutzlingerin unterbrach sie schroff: »Bist jetzt dahergekommen, um zu ratschen oder weilst was brauchst? Hab heut keine Zeit dafür. Kann net weit bei dir fehlen.«
Die Frau verzog sogleich wehleidig ihr Gesicht und begann ihre Leidenslitanei, erwähnte auch, daß es ihrer Mutter wieder schlechter gehe.
Die Wutzlingerin kannte diese Art Kundin; sie wollte für sich und für ihre Mutter etwas zum selben Preis ergattern.
». . . und d' Mutter ist wirklich schlecht beieinander, hat mir angeschafft, ich soll ihr was mitbringen – sag der Wutzlingerin, sie möcht dir was mitgeben.«
»Für deinen Kopfschmerz geb ich dir Numero Drei.« Sie strich der vor ihr Stehenden leicht über die Stirn, »hast bißerl Hitz, kommt im Wechsel oft vor. Macht zehn Schilling.«
Die Frau zog ihren Geldbeutel, legte den Schein auf den Tisch.
»Die Mutter meint halt, ob sie was für ihr Gedärm haben könnt, plagt sich arg, möcht gern ein Beuterl zum Auflegen.«
Aber die Wutzlingerin gab diesen Trumpf nicht so leicht aus der Hand. Obwohl noch verstört von der Unterredung, war sie doch zu sehr darauf bedacht, ihre Autorität zu wahren, ihr überlegenes Wissen zu betonen. Sie wußte, daß manche Leute der älteren Generation behaupteten, ihre Heilerde käme auf irgendeinem geheimnisvollen Weg aus dem Heiligen Land, obwohl der Postbote immer versicherte, daß die Wutzlinger-Kathi keine Auslandssen-

dungen und überhaupt nie Post erhalte.
Fragte man sie, vermied sie es, zu verneinen oder zu bejahen, sondern erklärte bloß: »Ist recht heilsam, tut helfen, *wenn es helfen soll.*«
Und so sagte sie auch jetzt nur: »Wenn ich es für ratsam hielte, würde ich es dir für die Mutter geben. Ist aber in diesem Fall nicht ratsam. Ich geb dir noch Numero Sechs-Tee mit – und wenn's net besser wird, solls halt selber herkommen. Macht zusammen zwanzig.«
Sie wartete, bis die Frau ihr Geld auf den Tisch gezählt hatte, ehe sie die zwei Papiertüten aus der Hand gab, schob sie dann rasch zur Tür, sagte mechanisch: »Gut ziehen lassen, zweimal am Tag eine Tasse trinken, wird schon helfen. Und die Mutter muß drei Tassen trinken.«
Dann ging sie in die Küche.
»Koch für die Mena eine Gemüsesuppe für den Abend, sie hat's gern. Sie braucht bisserl was Stärkendes. Hat sie arg mitgenommen, wie's oft ist, wenn ein Mensch sich seine Innereien verdirbt. Werd von jetzt ab bisserl aufpassen, was sie da ißt, vor allem kein rohes Obst.«
»Hab's schon gehört. Vor mir braucht die Frau net anders reden.«
»Was meinst jetzt damit?«
»Bloß so – ich laß nix auf die Frau kommen, was die Leut auch daherreden. Tut mir net passen, wenn die Frau ins Gerede käm, bloß wegen *der* da heroben. Weiß aber auch, daß nur die da schuld am Unfrieden und am Wispern im Dorf ist – und überhaupt . . .«, sie stockte, sagte dann unvermittelt: »Aber jetzt ist das Haus voll von Unruh, daß man's direkt spüren tut – war soviel schön, vorher.«
Die Wutzlingerin antwortete nicht.
Sie saß am Tisch und blickte vor sich hin. Gedanken kreisten, summten chaotisch durcheinander: Mena, das Institut, der Mann in der Stadt, der Hansl und das unwiderruflich Geschehene.
Ich geb ihr noch bis morgen, wenn's dann nicht besser ist, muß ich den Arzt rufen, dann ist alls aus, für sie, für mich, aber vielleicht ist's doch bis morgen besser. Der Trank wird das Fieber senken, tut immer gut, wenn ein Mensch die Hitze hat.
»Also, koch eine gute Suppe, damits was Stärkendes bekommt, nimmt den Menschen mit, wenn er's in den Gedärmen hat«, wiederholte sie, ohne aufzusehen.
An der Tür wandte sie sich um, versuchte, leichthin zu sagen und spürte doch, wie heiser und unsicher ihre Stimme klang: »Wär eine bessere Welt, wenn die Leut net soviel schwätzen täten, sollen sich

lieber um ihr eigenes Leben kümmern und nicht bei anderen herumschnüffeln.«
Mena war wach und sah ihr mit diesen seltsam prüfenden grauen Augen entgegen.
Sie erschrak.
Das junge Gesicht schien mit einem Mal seltsam verfallen, rote Flecken auf den Backen, die Augen eingesunken, als wäre in der kurzen Zeit ihrer Abwesenheit eine jähe Wandlung vorgegangen.
»Hast bisserl geschlafen?«
»Nein.«
Menas Atem war unregelmäßig, sie keuchte.
»Komm, trink etwas, tut dir gut, kühlt, Kindel.«
Sie hielt ihr die Tasse an die Lippen, aber Mena wehrte ab.
»Laß mich doch in Ruh mit dem Zeug. *Das* hilft ja nicht.«
»Doch, es hilft schon – versuch's nur.«
Mena schob ihre Hand fort.
Sie sagte zögernd: »Muß mit dir sprechen, Kindel; wie ich herunter kam, war der Hansl da und erklärte, ihr seids verlobt. Und ich weiß nix davon. Und außerdem bist ja noch ein Kind.«
»Ich bin längst kein Kind mehr.«
»Das ganze Dorf scheint zu wissen, daß ihr mitsammen geht.«
»Warum sollen sie's nicht wissen? Es ist ja wahr, wir sind verlobt.«
»Ich mein ja bloß, alle scheinen's zu wissen, nur ich weiß nix, und der Hansl weiß auch von dem, was in der Stadt passiert ist und daß du in der Hoffnung bist, warst, will ich sagen, aber ich versteh jetzt nicht, wenn du mit dem Hansl versprochen bist, warum du dich mit dem in der Stadt eingelassen hast, ich versteh das alles net, bin ganz wirr im Kopf, mein Kind treibt sich herum, muß ich mir sagen lassen. War bisher nie im Gerede.«
Mena atmete keuchend, antwortete nicht gleich, sagte dann tonlos: »Ich treibe mich nicht herum. Ich bin mit Hansl verlobt. Wir wollen später heiraten, und das in der Stadt« – sie machte eine Handbewegung, als wolle sie alles, was damit zusammenhing, auslöschen, »das ist gewesen, ist fertig, ist tot, war aber ganz lustig.«
»Der Hansl weiß, was war, und ich muß ihm sagen, daß du nicht in der Hoffnung bist, hab ihm aber das andere net gesagt, weil niemand etwas davon wissen darf, sonst ist's aus; er soll, er muß glauben, du hast dich geirrt, ist besser so. Und überhaupt, Kindel, ihr seids doch noch zu jung zum Heiraten, er ein halber Bub, du noch ein Schulmädel, sollst lieber weiter lernen, dann sehen wir weiter.«

»Plag mich doch nicht. Ich habe Schmerzen, hörst du – *Schmerzen!*«
Sie starrte ihre Mutter feindselig mit weit aufgerissenen Augen im fiebrigen Gesicht an. Die Augen hatte sie wohl von ihm und dies seltsam bestimmte Wesen.
»Wäre ich bloß in die Stadt gefahren. Meine Freundin hat nichts gespürt, war nicht krank, war es ganz schnell los.«
»Jetzt ist hier auch alles vorüber. Und morgen bist sicher wieder viel besser oder ganz wohlauf.«
»*Das* hast du schon vorgestern und gestern gesagt: morgen. Aber heute geht es mir schlechter, ich habe mehr Schmerzen«; sie wandte den Kopf unruhig von einer Seite zur anderen, wiederholte leise: »Viel, viel schlechter, siehst du das denn nicht?«
»Hast bisserl Temperatur, bisserl Wundfieber, trink den Tee, der kühlt und stärkt, gibt nix Besseres, glaub mir.«
Sie hielt die Tasse an Menas Mund. Widerstrebend nahm sie ein paar Schluck.
»Dein Gebräu hilft doch nicht.«
Sie hustete, atmete mühsam, lag dann sehr still da.
»Ich werd's wohl nie verstehn, warum du dich drüben in der Stadt mit einem eingelassen hast, wo du doch hier mit dem Hansl seit Ostern versprochen bist, wie er sagt, kann's net verstehn.«
»*Das* sind zwei verschiedene Dinge, du verstehst das nicht«; sie wollte etwas hinzufügen, schwieg.
»Versuch, bisserl zu schlafen, Schlaf heilt, tut gut.«
»Wie kann ein Mensch mit solchen Schmerzen schlafen, gib mir doch was gegen die Schmerzen.«
»Aber ja, Kindel, ist ja im Tee, wird schon wirken, versuch zu schlafen«; sie strich über die feuchtheiße Stirn.
Mena antwortete nicht, lag mit geschlossenen Augen da.
Es war still im Zimmer, bis auf das mühsame, stoßweise Atmen der Liegenden und das monotone Summen der Fliegen.
Die vertraute Symphonie des kommenden Abends begann, während die Sonne hinter die Felszacken glitt.
Die Berge lagen wie schlafend zusammengerollte Ungeheuer im violett-grauen Dämmerlicht um das Tal.
Vom Wald her kam der klagende Ruf einer Eule, vom Garten schläfriges Vogelzwitschern und aus der Küche, Lenis Gesang.
Schön könnte so ein Tagende sein, wenn alles in Ordnung wäre, aber alles schien verworren und unüberwindlich schwer. Das Lügennetz wurde enger und enger, sie spürte, wie es sie erstickend umschnürte.

Und nicht vergessen, was man gelogen hat, sich nicht widersprechen, immer dabei bleiben, stets das gleiche sagen.
Von der Kirche her klang das Abendläuten.
Jetzt betete die kleine Schar der Alten den englischen Gruß.
Die Alten?
Gehör ja selbst dazu, mit meinen bald sechzig.
»– und gebenedeit ist die Frucht Deines Leibes –«
Die Frucht . . . die Frucht . . . ich hab eine Frucht zerstört.
Ein kleines blutiges Etwas lag im Garten unter einem winzigen Hügel, auf ihm, unauffällig, zwei blühende Zweige in Kreuzform.
»Bitt für uns arme Sünder«, beteten die Alten in der Kirche, obwohl sie längst jenseits von sündigen Taten waren.
Mena bewegte sich.
»Heut abend leg ich dir noch ein Erdbeuterl auf den Bauch.«
Sie antwortete, ohne die Augen zu öffnen: »Ach, dein Hokuspokus ist doch nur für blöde Bauern«, ihre Stimme schien seltsam verändert, undeutlich, als fiel ihr das Sprechen schwer.
»Nein, Kindel, in der Erde steckt mehr Kraft, als man denkt, genauso wie in den Kräutern und Beeren und Blättern, im Salbei, in der Melisse, in der Nessel, im Arnika, in den Blaubeeren, wenn man alls zur rechten Zeit pflückt, wenns im vollen Saft sind; trink jetzt noch bisserl, komm, nur ein bisserl . . .« Sie stützte den Kopf, hielt die Tasse an Menas Lippen, aber Mena vermochte nicht zu schlukken, der Tee rann wieder aus ihrem Mund.
»Versuch's später nochmal, ist heilsam, kannst es mir glauben, nimmt die Hitz aus dem Organismus und stärkt die Nerven«, wiederholte sie mechanisch den so oft schon hergesagten Satz. Nur sprach sie diesmal nicht zu irgend einem Menschen, sondern zu ihrem Kind.
»Erzähl mir die Geschichte von der Ahnin und dem Licht.«
»Ja, die hast ja immer so gern als Kleinkind gehört. Also gut, fang ich an.« Aber sie war unfähig, sich zu konzentrieren. Die Gedanken dröhnten verwirrend hinter ihrer Stirn, und immer wieder der eine Gedanke: Wenn's morgen net besser ist, muß ich den Arzt rufen.
»Erzähl vom Licht«, wiederholte Mena leise.
Sie richtete sich auf, schloß die Augen, versuchte, den Anfang der Erzählung zu finden, sagte schließlich:
»Es war einmal – ja, es war einmal.«
»Und, was war dann?«
»Also hör zu, vielleicht schläfst dabei ein. Deine Urahnin ist vor vielen Jahren – über hundert oder mehr sind's wohl gewesen – mit einem Zigeunerwagerl und anderen Zigeunerleuten ins Dorf ge-

kommen. Von Böhmen her oder von irgendwoher. Auf dem Weg nach irgendwohin, wies halt noch umeinanderziehen, die fahrenden Leut. Man sieht sie net gern, traut ihnen nicht. Um die Zeit war grad eine Krankheit im Dorf, was für eine, weiß ich net. Aber deine Urahnin, ein junges Mädel, hat mit ihrer Mutter die Kranken mit Kräutertränken und Erdauflagen kuriert, zum Dank für die Unterkunft. Die Erde und die Kräuter habens von einem bestimmten Platz im Wald bei Vollmond um Mitternacht geholt, dort wo ein goldens Lichtel vor ihnen her geschwebt ist und ihnen den Weg zu dem ganz bestimmten Platz gezeigt hat. Ein Lichtlein, wie man sich's überhaupt net ausdenken kann. Deinen Urgroßvater, den Wutzlinger-Bauer, der recht krank war, habens auch kuriert. Die Junge hat ihm so gefallen, daß er sie net mit den anderen Zigeunerleuten hat weiterziehen lassen, sondern zu seiner Bäuerin gemacht hat. Das war den Leuten im Dorf net recht, weil's ja im Dorf genug Mädeln gegeben hat, und wie auch jetzt habens keine Fremden gemocht und schon gar net aus dem Zigeunerwagerl. Von *der* Ahnin hat meine Großmutter und meine Mutter das Kräuterwissen gelernt und auch den Platz für die heilsame Erde. Ich hätt dir schon mein Wissen weitergegeben, weil's nämlich nur eine wissen soll, warum weiß ich net so recht, ist aber so. Aber du hast ja studieren sollen und net mein Leben führen, weil's zu schwer ist; hab's anders geplant, jetzt weiß ich halt net, was werden wird.«
Mena atmete kaum hörbar, sagte, ohne die Augen zu öffnen: »Hast du das Licht gesehn?«
»Nein, ich nicht, aber ich weiß um den Platz, wo es geschienen hat.«
Mena zerrte mit zitternden Händen an ihrer Decke, als wolle sie sie zum Gesicht emporziehen.
Sie deckte sie vorsichtig zu.
»Bist schön schläfrig, wirst schlafen, Kindel, schlaf dich gesund, ich bleib bei dir.«
Durch das offene Fenster drang der Geruch taufeuchter Erde, vermischt mit Wiesenduft.
Das Zimmer war von Dämmerung erfüllt.
Nur die kleine weiße Gipsstatue der heiligen Philomena auf ihrem Sockel schimmerte matt über dem Bett.
Eine Fledermaus flatterte herein, stieß an die Decke, entschwand wieder durch das Fenster.
Mena seufzte leise, dann war alles still.
Leni tappte auf bloßen Füßen den Gang entlang, öffnete vorsichtig die Tür.

»Ich bring die Suppe.«
»Sie schläft, wills jetzt net stören, schläft endlich, schläft alles aus.«
Sie beugte sich über die Liegende, bettete den zur Seite gesunkenen Kopf vorsichtig wieder auf die Kissen. Aber Menas Kopf rollte haltlos zurück, das Gesicht ihr zugewandt. Ihre weit geöffneten Augen starrten blicklos zur Zimmerdecke.
»*Die* braucht keine Suppe mehr. Was die braucht hätt, wär die letzte Wegzehrung. Möge ihr das Ewige Licht leuchten«, sagte die Magd und legte ihren Arm um die Wutzlingerin.

Sie saß wortlos, erstarrt, neben dem Bett, ihre Hand auf der schmalen, regungslosen Hand, als wolle sie Mena am Fortgehen hindern.
»Kommens, Frau, müssen sich endlich bisserl niederlegen. Können hier eh net mehr helfen«, sagte Leni leise.
Und als die Wutzlingerin bloß den Kopf schüttelte, fügte sie hinzu: »Hab mir eh schon denkt, wie's so schlecht beisammen war, daß dös net vom Obst kommt. Ist grad, als obs einen Abgang gehabt hat.«
»Die Innereien können einem Menschen arg mitspielen, aber daß es so bös war, hab ich nicht geahnt. Muß doch eine Darmvergiftung gewesen sein und ein Herzversagen.«
»Darmvergiftung, Herzversagen«, wiederholte sie, als Leni schwieg, »und jetzt muß ich hier Ordnung schaffen, das Kind herrichten.«
»Das könnens auch später tun.«
»Nein, will's jetzt tun. Geh du nur nachtmahlen und dann zu Bett. Ich bleib hier, bei ihr.«
Und als Leni nach einigem Zögern das Zimmer verlassen hatte, begann sie ihren Totendienst, wie sie ihn Jahrzehnte lang für andere Verstorbene getan hatte.
Sie wusch Mena sorgfältig, zog ihr das neue Sommerkleid an, überlegte, ob sie ihr auch die neuen Sandalen anziehen sollte, entschloß sich schließlich, sie ihr anzuziehen, denn es hieß ja »in die Ewigkeit eingehen«, faltete die Hände der Toten über dem kleinen Kommunionskreuz, holte zwei Kerzenleuchter, nahm das Weihwasserbecken, stellte alles neben das Bett.
Dann begann sie, Schubladen und Schrank aufzuräumen.
Zwischen Wäschestücken fand sie ein Banknotenbündel und einen Zettel: »Kleiner Liebling, inliegend für den Notfall, falls es sich bewahrheiten sollte, was ich aber nicht hoffe.«

Die Unterschrift fehlte, statt dessen stand da nur ein verschnörkeltes S.
Das war der Unbekannte, der Lehrer in der Stadt, der alte Bock, wie Hansl ihn genannt hatte.
Sie zerriß den Zettel sorgfältig in kleine Stücke.
Wäre Mena noch am Leben, wenn sie in die Stadt zum Arzt gefahren wäre? Aber was für Vorwürfe hätte sie sich gemacht, wenn das Kind nicht zurückgekommen, sondern dort gestorben wäre?
War sie schuld an diesem Tod, oder war Mena doch an etwas anderem gestorben und nicht an »den Folgen eines unerlaubten Eingriffs«, wie sie das zuweilen in der Zeitung las, wenn ein Arzt verurteilt wurde.
Hab vielleicht mein Kind und mein Enkelkind auch getötet und wollte doch nur helfen, wollt sie net fortlassen.
Fragen, Zweifel kreisten unaufhörlich, verwirrend in ihrem müden Hirn, während sie jedes Wäschestück prüfte, beiseite legte, was zu reparieren war, Kleider sorgsam wieder in den Schrank hing, denn alles sollte so bleiben, als ob Mena noch am Leben und nur verreist sei.
»Bist aber nicht verreist, Kindel, kommst nie wieder heim«, sagte sie in die stille Nachtkühle, zu der regungslosen Gestalt mit dem seltsam gealterten, abweisend-wächsernen Gesicht.
»Kommst nie wieder, bist nicht verreist.«
Sie setzte sich neben das Bett, legte ihre Hand auf die Decke, als hielte sie Nachtwache bei einer Schlafenden.
Als Leni wieder leise hereinkam, sagte sie: »Geh endlich, Mädel, leg dich nieder. Laß mich bei meinem Kind.«
»Soll ich nicht mit der Frau aufbleiben, wär doch besser, wenns net so alleinig ist.«
»Nein, wills ganz für mich die kurze Zeit haben. Hab einmal gehört oder gelesen, daß ein Toter die ersten Stunden noch spürt, wenn einer da ist. Weiß net, ob's wahr ist, könnt aber doch sein, geh schlafen, Leni.«
Sie saß in derselben Stellung neben dem Bett, als Leni im ersten Morgengrauen in das Zimmer kam.
Die Fensterläden waren geschlossen.
Das Zimmer nur vom goldenen Fackelschein der Kerzen zu Häupten des Bettes matt erhellt.
»Jetzt muß die Frau aber endlich rasten, versuchen zu schlafen. Hab schon einen Kaffee gekocht, und dann muß sie sich niederlegen.«
»Nein, bleib die kurze Zeit noch bei ihr.«
Und als Leni wartend stehen blieb:

»Bist brav, meinst es gut, ich weiß, aber geh schon.«
Leni zögerte, ging dann wieder in die Küche, überlegte eine Zeitlang und malte schließlich in großen Buchstaben auf einen Zettel: »Wegen Todesfall bis auf weiteres geschlossen«, und klebte ihn auf die Tür zum Wartezimmer.
Die Wutzlingerin kam nicht aus ihren Kleidern, lehnte den Kaffee ab, den Leni in der Küche später vor sie hinstellte.
Als die Kuckucksuhr die achte Stunde verkündet hatte, ging sie ins Dorf, um jene Formalitäten zu erledigen, die sie als Hebamme und Leichenauslegerin so oft für andere übernommen hatte.
Sie meldete Menas Tod auf dem Bezirksamt.
Dann bestellte sie den Sarg beim Schreiner und handelte gewohnheitsmäßig einige Schillinge ab.
Ihr nächster Gang galt dem Pfarrherrn, um Begräbnis und Messe zu besprechen, hörte abwesend seine Trostworte vom Herrn, der gegeben und genommen hatte und dessen Namen man trotzdem preisen müsse, antwortete dem Erstaunten tonlos »Schon recht, Hochwürden« und ging dann zum Totengräber.
Sie wollte Mena nicht im Familiengrab beerdigen lassen, sondern in einem Doppelgrab, um später mit ihrem Kind allein zusammen zu liegen. »Mach's recht schön groß, damits gut herinnen liegt, ich wünsch, es wär schon soweit mit mir«, fügte sie hinzu, stockte, verbesserte sich: »Ich mag's net, wenn ein Grab eng ist«, als der Totengräber sie erstaunt ansah.
Dann ging sie langsam nach Hause, erreichte das Gatter, als die Totenglocke in feierlichen Abständen verkündete, daß jemand gestorben war. Es klang, als riefe sie ME NA ME NA.
Sie bekreuzte sich, schrak im selben Augenblick zusammen, sah auf, denn der Hansl vom Ochsenwirt lehnte vor dem Gatter.
»So, aber jetzt will ich die Mena sprechen. Hab schon hinaufgerufen. Aber nix rührt sich. Nur die Leni hat mir von irgendwoher recht grob geschrieen, ich soll mich fortscheren, aber dem Weibsbild werd ich's noch mal heimzahlen!«
»Kannst die Mena net sprechen.«
»Wieder net. Und warum net, ha? Wenns noch schläft, wart ich halt, bis sie wach ist. Kann ja zum Fenster kommen, muß sie sprechen.«
»Kannst d'Mena net sprechen. Ist gestorben.«
Er starrte sie an, schrie: »Ist doch net wahr, kann doch net wahr sein.«
»Ist aber wahr, wenn ich's dir sag.«
»Hast doch aber erst gestern gesagt, sie ist bisserl schlecht beisam-

men, da kanns doch heut net auf einmal tot sein!«
»Ist aber tot. Gestern abend ists unerwartet an Herzversagen gestorben. Hörst die Totenglocke? Tut für Mena läuten. Ja, gestern abend ists gestorben. Und jetzt geh heim, kannst später wiederkommen, Abschied nehmen.«
Er trat dicht vor sie hin, schrie ihr ins Gesicht: »Warum hasts sterben lassen, ha? Warum hasts net kuriert, ha? Weil du net kurieren kannst, wenn einer krank ist – ist alls Schwindel, deine Kräuterei; hast sie sterben lassen, hast keinen Arzt gerufen, hast sie sterben lassen«; er begann fassungslos laut wie ein Kind zu heulen, wandte sich ab, rannte den Weg entlang, blieb stehen, schrie zurück: »Hast sie sterben lassen, weil du net kurieren kannst!«
Der Dorftrottel Maxi, im Gebüsch verborgen, kroch langsam, auf allen vieren kläffend heran, beroch das Fahrrad, das Hansl hatte stehen lassen, kläffte es an, hob das Bein.
Sie dachte: Bald wird's das ganze Dorf wissen. Der Hansl wird net schweigen. Was wird werden?

Der Bezirksarzt erschien gegen Mittag, eilig wie immer, hörte zu, was sie vom Obst, von den Gedärmen, vom Herzversagen berichtete, warf einen flüchtigen Blick auf die Tote, schrieb auf den Totenschein »Herzschwäche« und hastete zur Tarockpartie beim Bürgermeister zurück.
Nachmittags kamen die ersten Beileidsbesucher, ältere Frauen, keine Männer, auch der Ochsenwirt-Hansl kam nicht.
Es war eine beliebte Abwechslung, Tote zu besichtigen, den Kummer anderer Menschen zu sehen, ohne selbst betroffen zu sein.
Sie kamen durch die Küche, sprachen mit Leni, stiegen bedächtig die Treppe hinauf, die siebente Stufe knarrte warnend. Sie schlurrten durch den Gang, durch die offene Tür in das halbdunkle, dumpfigwarme Zimmer, in dem es nach Wachs und Blumen roch, die Mena wie ein bunter Teppich umhüllten.
Sie bekreuzten sich, schüttelten die Köpfe, murmelten, drückten der Wutzlingerin die Hand.
Sie stand regungslos neben dem Bett, auf dem die Tote seltsam zusammengeschrumpft ruhte, als läge dort nur ein körperloser Kopf auf dem Kissen; eine fremde, gelbe Maske, umrahmt vom hellblonden Haar und ein wenig unterhalb wie zufällig ein paar Hände, während der Körper kaum die Decke wölbte.
Es war qualvoll schwer, immer wieder dieselben Fragen zu beantworten, wie denn der Tod eines jungen, gesunden Mädchens möglich gewesen sei. Sie spürte an Blicken und Tonfall, daß Ge-

rüchte bereits im Umlauf waren, obwohl allgemein gelobt wurde, wie schön sie wieder einmal eine Leiche hergerichtet hatte.

Stimmen umschwirrten sie, punktiert von Seufzern: »War doch vor Tagen noch so munter.«

»Habs erst letzthin gesehn, in ihrem schönen blauen Kleidel, mit dem Ochsenwirt-Hansl. Und jetzt liegts in demselben blauen Kleidel da und lebt nimmer.«

»Ganz außer sich ist er, der Hansl.«

»War doch wohl die Tag recht krank, oder?«

»Kennst dich doch so gut aus, hast es denn bei ihr nicht erkannt, wie's wirklich um sie steht?«

»Und das viele Geld für die Stadt-Erziehung ist jetzt umsonst.«

»So dahinsterben, so früh im Leben.«

Und immer wieder dieselbe quälende, eindringliche Frage, warum sie, die Heilkundige nicht bemerkt habe, wie schwer krank das Kind war.

Es wurde auch vorsichtig gefragt, warum sie nicht den Arzt gerufen hatte. Immer wieder mußte sie versichern, daß es der Kranken anscheinend besser ging; daß man nicht gleich das Schlimmste denken müsse, wenn einer sich die Innereien, noch im Sommer, bisserl verdorben habe, mit dem zuviel rohen Obst essen. Da käme schon Tempratur vor, und dann war eben, wie auch der Herr Bezirksarzt festgestellt habe, eine unerwartete Herzschwäche dazu gekommen, ein Herzversagen, ganz plötzlich, wie's auch einem gesunden Menschen zustoßen kann. Mena war ja immer recht zart.

»Ja, das Herzversagen und die Innereien und das Obst, im Sommer«, sie bemerkte mit einem Male, daß sie stockte und stotterte, sich versprach, sich wiederholte, sich verbesserte.

»Vom Obst stirbt keiner«, bemerkte eine Frau.

Sie starrte sie verwirrt an: »Ein Herzversagen kann einem gesunden Menschen zustoßen, war schon am Besserwerden, die Mena, aber dann hat das Herz halt versagt. War wohl Schicksal, Herrgotts Wille. Ja, zuletzt war's Herzversagen.«

Die Stimmen schwirrten, murmelten unaufhörlich weiter: »Und vorige Woche hats mir noch gesagt, wie gut es ist, daß die Bergbahn im Dorf eröffnet wird, dann kommt endlich Leben in dies fade Dorf, hats gesagt.«

»Auf die Sommerfrischler hat sie sich schon gefreut.«

»So jung und jetzt liegts so da.«

Endlich konnte sie die Haustür hinter dem letzten Besucher verriegeln.

»Zwei Tag hat die Frau nix angerührt, ist nicht aus den Kleidern

gekommen. Schaut jetzt schon selbst wie eine Kranke aus.«
»Bin's wohl auch, Leni, bin's wohl auch, nur halt anders.«
Sie ging wieder in das Totenzimmer, strich über die Hände, über die weiße Rose, die sie neben das Kruzifix geschoben hatte, dachte: muß ihr morgen früh eine frische mitgeben, eh sie's abholen.
Hats den Tod wohl schon vorher in sich getragen, sagte sie leise. Werd's nie wissen, nie wissen, nie eine Antwort haben. Ein Geräusch schreckte sie aus ihrem Grübeln.
Sie wandte sich um, erkannte die Gestalt im Türrahmen in ihrer Verwirrung zuerst nicht.
Es war Leni, die besorgt auf bloßen Füßen heraufgetappt war.
»Darf ich net mit der Frau wachen?«
Und als die Wutzlingerin sie nur schweigend anstarrte, fügte sie leise hinzu: »Wenn ich gewußt hätt, was ihr bevorsteht, wär ich anders zu ihr gewesen, jetzt ist's zu spät.«
»Alls ist zu spät, Leni, alls. Nein, laß mich die letzte Nacht noch bei ihr sein. Morgen wirds mir ja ganz fortgenommen.«

Mit allumfassender Geste zum wolkenlosen Himmel verhieß der Pfarrer, wie stets bei Begräbnissen, jenen, die sich ohne Murren in Gottes unerforschlichen Willen fügten, ewiges Leben und ein Wiedersehen mit ihren lieben Verstorbenen nach der langen Erdenwanderung.
». . . die uns Vorangegangenen wandeln im Licht, während wir noch im Dunkeln wandern müssen«, unterließ er nicht, hinzuzufügen.
Dies erweckte stets Rührung bei älteren weiblichen Trauergästen, obwohl er immer dieselben Sätze wiederholte. Trotzdem war die allgemeine Ansicht, er habe diesmal besonders schön gesprochen.
Er vergaß auch heute nicht zu erwähnen, daß eine hochgeschätzte Mitbürgerin von schwerem Verlust durch das jähe Ableben ihrer Tochter, der ehrsamen Jungfrau Philomena, betroffen sei, die der Herr zu sich in sein Engelreich berufen habe.
Der Ochsenwirt-Hansl, schon zu Beginn der Ansprache unruhig, begann mit einem Male Unwirsches dazwischen zu rufen, wollte sich zum Grab vordrängen und wurde unsanft vom Totengräber und einem anderen Mann aus dem Friedhof entfernt. Über die Mauer hinweg schrie er noch einmal herüber, doch die Worte des Pfarrherrn machten seine Zurufe unverständlich, und geballte Fäuste verscheuchten schließlich den mit einem Mal laut Aufheulenden.
Die Wutzlingerin trat nicht vom Grab zurück, um anderen Platz zu

machen, nachdem sie einige Erdbrocken auf den Sarg geworfen hatte, sondern blieb regungslos, vornüber gebeugt, am Rand stehen.
Dann schrie sie auf.
Es war ein tierischer Schrei, langgezogen, schrill, der die Anwesenden ängstlich zurückweichen ließ.
Leni und eine Frau mußten die Fassungslose zurückreißen, weil sie zu schwanken begann, in die Grube zu stürzen drohte.
»Komm schon, arms Mutterl, komm, geh mit«, sagte Leni und zog sie in die Kirche zum Totenamt.
Schweigend, zusammengesunken, hockte sie auf ihrem Platz, starrte auf die Namensplatte neben der ihren: Philomena Wutzlinger.
Letzten Sonntag hatte Mena noch neben ihr gesessen. Sie war nur widerstrebend mitgekommen, weil ihre Mutter sie darum gebeten hatte. Mit einem Male sagte sie laut, in das mechanische Murmeln des Pfarrhern, als wäre sie allein, als knie sie im Beichtstuhl: »Durch meine Schuld, durch meine Schuld.«
Sie hörte nicht das Raunen der hinter ihr Sitzenden, bemerkte nicht, daß der Pfarrherr einen Augenblick innehielt, zu ihr hinblickte, um dann gemessen weiter zu hantieren und zu murmeln.
Leni, die neben ihr saß, berührte ihren Arm, flüsterte: »Ruhig sein, Frau, fürs Kind beten.«
Die Wutzlingerin hörte sie nicht, rüttelte sich erst wieder wie eine jäh Erwachende auf und starrte um sich, als der Pfarrherr den Endsegen erteilte.
Ungeduldig wehrte sie zwei weinerliche alte Frauen ab, die sich an sie herandrängten und etwas von Kaffeetrinken murmelten, als sie aus der kühlen, weihraucherfüllten Kirche wieder in die leuchtende Außenwelt trat.
Der Totengräber warf eben die letzten Spatenstiche dunkler, bitter duftender Erde auf den Hügel und ordnete die Blumen. Ihr Kranz aus kupferfarbenen Astern trug einen kleinen Zettel in ihrer klaren Schulhandschrift: VON DEINER MUTTER.
Sie blieb stehen, starrte auf den Hügel.
Sie hätte gern gesagt: Ich möchts noch einmal sehn, nur noch einmal, bittschön, machts die Grube und den Sarg auf.
Statt dessen senkte sie den Kopf, ließ sich von Leni zum Ausgang des Kirchhofs führen.
»Möcht gern noch bisserl dableiben, Mena ist so alleinig herinnen«, sagte sie leise.
Aber Leni zerrte sie weiter.

»Nein, jetzt heißt's ausruhen, sonst haben wir eine Kranke im Haus. Und die Leut brauchen die Frau.«
»Ach, die Leut. Mag niemand sehn. Mena ist fort, und ich weiß net so recht, wohin. Möcht nur glauben, daß sie's gut hat.«
»Gewiß besser als wir. Kommens nur weiter, Frau«, sie stützte die erschöpft Keuchende, zog sie den steilen Weg entlang, zum Gatter. Der kleine Garten, in dem vor wenigen Tagen noch sommerliche Buntheit gestrahlt hatte, war blumenleer, denn alles, was da an Rosen und Astern gewesen, häufte sich auf dem Grabhügel. Nur die großen bunten Glaskugeln staken noch auf ihren Stecken und spiegelten verzerrt die zwei Frauen wider, ein greisenhaft vornüber gebeugtes, hinfälliges Geschöpf in weitem schwarzem Gewand und schwarzem Kopftuch, den Altweibern aus dem Gemeindehaus ähnlich, deren Lebensinhalt beten, auf Mahlzeiten warten und Todesfurcht war.
Neben ihr, drall, erhitzt, im zu engen Sonntagsstaat, ein wenig hinkend, weil die neuen Schuhe drückten, die junge Magd, den Hut etwas schief auf dem blonden Haar.
Die Kröte hockte wie immer mit pulsierendem Kropf neben der Haustür und starrte mit blicklosen Goldaugen ins Weite.
Mena hatte sie zuweilen in die Hand genommen.
Und jetzt liegts dort draußen, so weit fort von mir.
Sie hörte nicht, daß Leni etwas sagte, ehe sie in ihre Kammer ging, um so rasch als möglich den unbequemen Sonntagsstaat mit ihrem Arbeitsgewand zu vertauschen. Einen Augenblick stand sie überlegend in der Küche, sagte leise: Morgen werd ich oben aufräumen, heut schaff ich nichts mehr.
Sie fürchtete das leere Zimmer, die Stille, das leere Bett, legte den Kopf auf die Tischplatte, hörte nicht das Schrillen der Gatterklingel, hörte nicht, wie Leni durch den Garten rannte und zu irgend jemand sagte: »Nein, heut nicht, nächste Woche, vielleicht.«
Eine Frauenstimme antwortete, dann war alles wieder still. »Schon wieder war wer da, hab sie fortgeschickt. Die Frau muß sich ausruhen«; sie half der völlig Erschöpften aufzustehen, führte sie zur Treppe, half ihr die Stufen herauf, die die Wutzlingerin nur mühsam, Schritt für Schritt bewältigen konnte.
»Die Knarzerin knarzt«, sagte sie kaum hörbar, auf der siebenten Stufe. »Hats immer soviel gern knarzen lassen.« Auf dem Gang zögerte sie, sah zu Menas Zimmertür, ging dann in ihr Zimmer.
»So, und jetzt niederlegen und ruhen, Frau.« Leni half ihr aus den Kleidern, aber als sie schließlich auf dem Bett lag, blieb Leni zögernd an der Tür stehen, sagte schließlich unsicher: »Hätt gern was

gesagt. Könnt wichtig sein, daß die Frau es weiß und trau mich nicht.«
Die Wutzlingerin wandte ihr das blasse Gesicht zu.
»Was könnt jetzt noch wichtig sein, wos doch fort ist.«
Leni antwortete nicht gleich, schöpfte tief Atem: »Es ist nur, weil ich der Frau schon so viele Jahr dien und die Frau immer eine gute Dienstherrin war, wie eine Mutter fast, deswegen ist mir auch drunten im Friedhof das Mutterl so herausgefahren. Und deswegen glaub ich auch, daß ich reden muß, wenn's mir auch schwer fällt«; sie zögerte, wiederholte: »Weil ich doch der Frau schon soviel Jahr dien und gern dien und ich mein, sie sollt Bescheid wissen, wär besser, mein ich.«
Die Wutzlingerin blickte die dem Weinen nahe ungewöhnlich Erregte erstaunt an: »Willst kündigen und einen besseren Posten nehmen oder den Postboten heiraten. Ist ja schon so lang hinter dir her. Hat mir auch schon gesagt, daß er's im Sinn hat. Ist ein braver Mann.«
Leni antwortete nicht gleich, scharrte mit dem Fuß, sah vor sich hin: »Nein, das ists net, der kann warten, habs net eilig mit dem Heiraten. Jetzt hab ich was zu sagen, das ich sagen muß. Weiß nur net recht, wie ichs anfangen soll, will aber auch net zu lang damit warten.«
»Sag's mir halt morgen oder irgendwann, nix pressiert mehr jetzt.«
»Weiß schon, wie die Frau fühlt. Aber ich glaub, es wär besser, wenns weiß, was wirklich ist.«
»Erst plagst mich damit, daß ich rasten soll und jetzt, wo ich dalieg, kommst daher und läßt mir keine Ruh.«
Leni stand regungslos da, sah sie an: »Weil's mich schon seit gestern wurmt und ich halt doch mein, es wär besser, die Frau weiß Bescheid«; sie holte tief Atem, sagte dann rasch, als werfe sie eine Last ab: »Der Hansl hats wohl schon umeinandergetragen, was er da geschrieen hat. Und ich glaub, die Leut meinen, die Frau hätt einen Arzt rufen müssen und net selbst kurieren dürfen, als die Mena so schlecht beisammen war. Ins Gesicht hinein tuns der Frau ja scheinheilig, aber hinterm Rücken tuns wispern. Gestern, wie die Mena noch heroben gelegen ist und sie zum beschauen gekommen sind, hat's schon angefangen. Hier in der Küch habens mich ausfragen wollen. Ich hab ihnen nur das gesagt, was die Frau immer sagt, das vom Obst und die Gedärm und dem Herzversagen. Aber gestern, wie die Bergersche Mali fortgegangen ist, hats recht deutlich vom Garten her was von gerichtlicher Untersuchung gesagt – recht laut und ganz bösartig, damit ich's nur hören soll.

›Eine Untersuchung muß sein‹, hats gesagt, aber heroben hats recht weinerlich getan, als wär's das eigene Kind. Und sind doch alls Leut, die zur Frau um Hilf kommen und jetzt schleichens umeinander und reden sogar vom Ausgraben.« Leni stockte jäh, das Blut schoß ihr ins Gesicht, sie stammelte, verbesserte sich, sagte hastig: »Das wollt ich der Frau net sagen, aber davon sprechens jetzt auch, aber ich halt zur Frau, was die Leut auch sagen mögen.«

»Dank dir, Leni, meinst es gut, ich weiß.«

Leni zögerte, die Hand auf der Klinke.

»Hätt vielleicht bis morgen warten sollen, aber ich hab mir halt denkt, es ist besser, wenns Bescheid weiß.«

»Ist recht, dank dir, aber laß mich jetzt.«

Dann lag sie hellwach da, starrte auf den schmalen Sonnenstreifen, der an der Zimmerdecke entlang glitt und schließlich entschwand.

Ihr Herz schlug so langsam und so laut, daß es im ganzen Zimmer zu dröhnen schien.

Untersuchung – Ausgraben – Grabesruhe – Kriminalbeamte – Polizei – Verhör.

Sie versuchte, die quälenden Gedanken auszuschalten, versuchte zu schlafen, aber die bösen Worte flüsterten, drohten dicht an ihrem Ohr. Schließlich wurden sie zu einem wirren, monotonen Brausen, bis sie erschöpft in unruhigen Schlaf fiel.

Als sie am folgenden Morgen Menas verdunkeltes Zimmer betrat, schien es zuerst, als sei sie nur aufgestanden und in den Garten gegangen.

Aber da waren die Kerzenhalter mit den ausgebrannten Kerzenstummeln, das Kruzifix, das Weihwasserbecken auf dem Nachttisch, verwelkte Blumen lagen auf dem Boden und der zurückgeschlagenen Bettdecke.

Sie stieß die Fensterläden auf, zog Leintücher und Kissenbezüge ab, faltete alles sorgsam zusammen, legte es auf den Gang und breitete die Staubdecke über das Bett.

Dann öffnete sie Schubladen und Schrank, betastete Wäsche und Kleider, strich über das Kleid, in dem Mena vor einiger Zeit in die Stadt gefahren war, angeblich, um eine Freundin zu sehen, die ins Ausland reiste. Vielleicht aber, um *ihn* zu sehen.

Ich werd mich zeitlebens fragen, ob sie am Leben geblieben wäre, wenn ich sie zum Arzt in die Stadt gelassen hätte. Und werd nie Antwort bekommen, aber immer die Frage hören.

Hinter mir werdens wispern, wenn das stimmt, was die Leni sagt; ja, die Berger-Mali hat mich schon recht scharf angeschaut, aber das

Taschentuch an den Mund gehalten, als obs um die Mena weinen tät.
Untersuchung, hat Leni gehört, Untersuchung.
Beamte werden kommen und fragen wie damals, als sie von Haus zu Haus gegangen sind und alle wegen dem Mord am Thomas-Bauer vernommen haben. Jedes Haus habens aufgesucht.
Diesmal fangens wohl bei mir an.
Sie nahm das kleine rote Radiogerät vom Tisch, stellte es wieder neben das Bett, nachdem sie Kerzenhalter, Kruzifix und Weihwasserschale fortgeräumt hatte, blickte zur Statue der heiligen Philomena über dem Bett auf, schrie sie mit einem Male an: »Hättst ihr und mir helfen sollen, hättst sie schützen sollen. Wozu seids denn ihr Schutzheiligen überhaupt da, wenn ihr unsereinem net in der Not beistehts, ha?«
In jäher Wut riß sie die Statue vom Sockel, schleuderte sie auf den Boden, wo sie in kleine, weißstaubende Scherben zersplitterte.
»So, das hast davon, weil du nix getan hast. Ich wollt doch nur helfen, wollts nicht im Stich lassen, und jetzt glaubens, ich wär an allem schuld.«
Sie starrte auf die Scherben.
Morgen putz ich den Fußboden. Heut schaff ich nix mehr, vielleicht schaff ich überhaupt nix mehr, weil alle Kraft in mir fort ist. Mag keine Leute sehen. Vielleicht überhaupt nie mehr. Aber vielleicht kommt überhaupt keiner mehr, weils mir jetzt nicht mehr trauen.
Mißtrauen statt Vertrauen. Gerüchte. Stammtischgespräche, neugierige Blicke.
Sie wußte, wie es war, wenn Gerüchte im Dorf kreisten, sich veränderten, verzerrt wurden, sie wußte, wie lang es dauerte, bis sie endlich verstummten, von anderen Gerüchten überholt.
Die Glocke über dem Gatter schlug an.
Ein Mann hustete.
Sie erschrak, ging zum Fenster, starrte hinter dem Vorhang verborgen in den Garten.
Ein großer, schwarzer Wagen wartete auf der Straße.
Ein dunkel gekleideter Mann mit kleinem Handkoffer kam langsam auf das Haus zu, blieb stehen, nahm seinen schwarzen Hut ab, wischte sich die Stirn, sah sich um.
Das Gesicht kam ihr bekannt vor, rot, etwas gedunsen, graues Haar.
War es jener Kriminalbeamte, der sie nach dem Mord am Bauern Thomas aufgesucht und so eindringlich ausgefragt hatte, als ob sie des Mordes verdächtig wäre?
So eindringlich war diese Vernehmung gewesen, daß sie schließlich

unsicher wurde, sich versprach und in Tränen ausgebrochen war.
Vernehmung – Untersuchung – Ausgraben – Gericht.
Die Hausklingel ertönte jetzt mehrmals, ungeduldig.
Eine Männerstimme rief Hallo.
Leni schrie von irgendwoher: »Wart's ab«, und als gleich darauf wieder anhaltend geklingelt wurde: »Komm schon, kannst net warten, bis einer kommt und überhaupt sind wir geschlossen!«
Dann wurde die Haustür geöffnet.
Sie wich in das Zimmer zurück, sagte leise: Ist's schon so weit, schon jetzt?
Sie hörte Lenis Stimme und eine laute Männerstimme.
Dann wurde die Küchentür zugeschlagen.
Der kommt für mich, kommt wegen *dem*. Ist die Untersuchung, wird gleich heraufkommen, vielleicht gleich verhaften.

Der Mann in der Küche nahm keine Notiz von Lenis abwehrender Haltung, stellte seinen Koffer auf den Tisch, öffnete ihn, entnahm ihm ein leuchtend grün lackiertes Gerät.
»Hab Ihnen doch gesagt, wir brauchen nix. Und außerdem sind wir geschlossen, steht ja jetzt deutlich an beiden Türen: Wegen Trauerfall geschlossen«, sagte sie betont hochdeutsch.
Er überhörte ihre Worte, stellte ein Gerät auf, schraubte, drehte: »Wieder mal nach langer Zeit im Bezirk. Diesmal mit anderer Ware. Besondere Erfindung, Fräulein. Für alle guten Hausfrauen. Erleichterung. Der Mixifaxi rührt, quirlt, schneidet, dreht fein durch, mit einem Handgriff einstellbar auf das Gewünschte, direkt von der Fabrik. Kein Zwischenhandel. Habe schon Hunderte verkauft. Macht das schwere Hausfrauendasein leicht.«
»Das Kind von der Frau ist gestern begraben worden. Packens ihr Zeug wieder ein. Wir kaufen nix. Wir rühren und tun alles selbst.«
»So, ein Trauerfall. Bedaure. Aber der Mensch muß leben. Man lebt und liebt weiter, Fräulein. Sehen Sie her: Sie brauchen den Stecker nur in die Dose stecken, einschalten, und schon saust es los, und im Handumdrehen ist alles geschafft, besonders preiswert, kein Zwischenhandel.«
»Ich kauf nix. Und die Frau hat jetzt anderes im Sinn.«
Er hantierte am Gerät herum, zog eine winzige Parfümflasche aus seiner Tasche hielt sie ihr hin: »Hier, für Sie, Fräulein. Ein kleines Etwas. Wenn Sie sich damit betupfen, duften Sie wie ein Maientag, und die Männerwelt läuft Ihnen nur so nach, haha. Das Leben geht weiter, die Welt dreht sich weiter, wir drehen uns mit. Jeder Tag bringt was Neues; und Mixifaxi ist das Allerneueste auf diesem

Gebiet, gemäß dem Wahlspruch meiner Firma: Alles und nur das Beste für unsere Hausfrauen, billiger als alle anderen!«
Sie übersah die Flasche: »Wenn ich Ihnen doch sag, wir brauchen nix und daß die Frau jetzt anderes im Sinn hat; hat nur das einzige Kind gehabt, sitzt heroben in *ihrem* Zimmer und will ihre Ruhe, weiter nix.«
»Mit der Zeit wird sie sich trösten, das tun wir alle. Rufen Sie sie nur, es wird sie auf andere Gedanken bringen, zerstreuen, was Neues zu sehen.«
»Und überhaupt mag die Frau keine Hausierer. Wenn so einer daherkommt, schickts ihn immer gleich wieder fort, direkt von der Haustür, läßt ihn überhaupt nicht erst ins Haus hineinkommen, weil sie's net mag, hat einen besonderen Grund.«
Er schraubte an dem Gerät, breitete einen bunten Prospekt aus, sagte geläufig: »Na, vielleicht macht sie bei mir eine Ausnahme, weil es sich um ein besonders günstiges Angebot handelt. Ich glaube auch, daß ich vor Jahren schon mal hier war, vielleicht besinnt *sie* sich. Unsereiner kommt ja soviel in der Welt herum, das ist das Los von uns Vertretern, wir sind alle Weltreisende, haha. Na, also, rufen Sie sie nur, aber etwas dalli, wenn ich bitten darf. Zeit ist Geld, muß noch andere Häuser aufsuchen«; er hielt einen Augenblick inne, starrte auf den Buntdruck an der Wand, fügte hinzu: »Ja, kann sein, daß ich vor Jahren mal hier war. Also, Fräulein, rufen Sie Ihre Gnädige schon.«
Und als Leni zögerte: »Ich habe hier auch Muster von Briefpapier, besonders preiswert, so eine kleine Nebenbranche, besonders preiswert.«
»Die Frau schreibt sich mit niemand, weils keine Verwandten mehr hat.«
Er trommelte ungeduldig auf den Tisch: »Rufen Sie sie schon, aber Tempo, bitte.«
Als Leni zögernd zur Treppe ging, schrie er ihr durch die offene Küchentür nach: »Kein Zeitlupentempo, Galopp, Galopp, wenn ich bitten darf!«
Als bald darauf von oben her ein Aufschrei ertönte, sagte er bestürzt, die Hände schützend über seinem Gerät: »Was soll denn das, was ist los?«
Leni schrie um Hilfe: »Die Frau hängt am Fensterkreuz!«

Als eine Untersuchungskommission nach einiger Zeit ins Dorf kam, um Nachforschungen über die Todesursache der Philomena Wutzlinger anzustellen und die Tote zu exhumieren, weil Gerüchte

über einen unerlaubten Eingriff nicht verstummen wollten, wölbte sich Menas Grabhügel auch über der Wutzlingerin.
Da sie keine Angehörigen besaß, hatte Leni ein Holzkreuz errichten lassen, das beider Namen trug.
Unter dem Geburts- und Sterbedatum der Katharina Wutzlinger stand in goldenen Buchstaben: »Herr, sei nicht Richter, sondern Seligmacher.«

*Elisabeth Castonier*

Die beliebte Erzählerin (bekannt durch ihre Mill Farm-Geschichten und die Autobiographie »Stürmisch bis heiter«) enthüllt eigenes Erleben in einem Schlüsselroman zur Französischen Revolution.

*Das Gesicht am Fenster*

Es ist die Geschichte einer Hofdame von Marie Antoinette, die im französischen König und späteren Emigranten Charles X, ihre große Liebe findet.

*Roman* *Herbig*

248 Seiten, DM 19,80

# Beliebte Erzähler

Pearl S. Buck · Die Frauen des Hauses Wu (1766)
Truman Capote · Die Grasharfe (1086)
Wilkie Collins · Lucilla (1201)
James F. Cooper · Conanchet oder Die Beweinte von Wish-Ton-Wish (1287)
Albrecht Goes · Das Brandopfer (1524)
Manfred Hausmann · Abel mit der Mundharmonika (1525)
Ernest Hemingway · Wem die Stunde schlägt (408)
Alice Herdan-Zuckmayer · Die Farm in den grünen Bergen (142); Das Kästchen (733); Das Scheusal (1528)
Hermann Hesse · Schön ist die Jugend (1273)
Hugo von Hofmannsthal · Das Märchen der 672. Nacht / Reitergeschichte / Das Erlebnis des Marschalls von Bassompierre (1357)
Henry James · Daisy Miller (1647)
Janosch · Cholonek oder Der liebe Gott aus Lehm (1286)
Eduard von Keyserling · Beate und Mareile (1552)
Siegfried Lenz · So zärtlich war Suleyken (312)
Jack London · Goldgräbergeschichten (1431)
Boris Pasternak · Doktor Schiwago (587)

FISCHER
TASCHENBÜCHER

# Beliebte Erzähler

Ernst Penzoldt · Die Powenzbande (1406)
Luise Rinser · Mitte des Lebens (256); Die gläsernen Ringe (393); Der Sündenbock (469); Hochebene (532); Abenteuer der Tugend (1027); Daniela (1116); Die vollkommene Freude (1235); Ich bin Tobias (1551); Ein Bündel weißer Narzissen (1612); Septembertag (1695)
Antoine de Saint-Exupéry · Nachtflug (322)
Arthur Schnitzler · Casanovas Heimfahrt (1343)
Mark Twain · Ein Yankee aus Connecticut an König Artus' Hof (1087)
Franz Werfel · Das Lied von Bernadette (1621)
Patrick White · Der Maler (1482)
Thornton Wilder · Die Brücke von San Luis Rey (1); Der achte Schöpfungstag (1444); Die Iden des März (1638)
Carl Zuckmayer · Engele von Loewen und andere Erzählungen (1729); Herr über Leben und Tod (6); Der Seelenbräu. Erzählung (140); Eine Liebesgeschichte (1560); Die Fastnachtsbeichte (1599)
Stefan Zweig · Phantastische Nacht (45); Sternstunden der Menschheit (595); Schachnovelle (1522); Ungeduld des Herzens (1679)

FISCHER
TASCHENBÜCHER

# Carl Zuckmayer

**Herr über Leben und Tod**
(Bd. 6)

**Der Seelenbräu**
Erzählungen
(Bd. 140)

**Eine Liebesgeschichte**
(Bd. 1560)

**Die Fastnachtsbeichte**
(Bd. 1599)

**Als wär's ein Stück von mir**
Horen der Freundschaft (Bd. 1049)

**Theatertexte**

**Der Hauptmann von Köpenick**
Ein deutsches Märchen in drei Akten
(Bd. 7002)

**Der fröhliche Weinberg / Schinderhannes**
Zwei Stücke
(Bd. 7007)

**Des Teufels General**
(Bd. 7019)

**Der Rattenfänger**
Eine Fabel
Originalausgabe
(Bd. 7023)

**FISCHER**
TASCHENBÜCHER